데이터 과학 기반의

파이썬 빅데이터 분석 2판

HB 한빛아카데미
Hanbit Academy, Inc.

지은이 **이지영** J.Ann.LEE@skuniv.ac.kr

현재 서경대학교 미래융합학부 AI/빅데이터전공(소프트웨어학과) 부교수로 재직 중입니다. 빅데이터&AI 프로젝트 컨설턴트와 프로젝트 관리기술사로 활동하며 인공지능교육원에서 교육 콘텐츠를 개발하고 있습니다. 대표 저서로 『자바로 배우는 쉬운 자료구조』(2009년 우수학술도서 선정), 『C로 배우는 쉬운 자료구조(4판)』 등이 있습니다. 주요 연구 분야는 소프트웨어공학, 머신러닝/딥러닝 알고리즘, 딥러닝 기반 자연어 처리이며 자료구조, 빅데이터 마이닝, 데이터 크롤링, 머신러닝 분석 등을 강의하고 있습니다.

데이터 과학 기반의 파이썬 빅데이터 분석 2판

초판발행 2024년 11월 25일
2쇄발행 2025년 7월 30일

지은이 이지영 / **펴낸이** 전태호
펴낸곳 한빛아카데미(주) / **주소** 서울시 서대문구 연희로2길 62 한빛아카데미(주) 2층
전화 02-336-7112 / **팩스** 02-336-7199
등록 2013년 1월 14일 제2017-000063호 / **ISBN** 979-11-5664-018-9 93000

총괄 박현진 / **책임편집** 유경희 / **기획 · 편집** 유경희 / **교정** 박정수 / **진행** 유경희
디자인 이아란 / **전산편집** 김미경 / **제작** 박성우, 김정우
영업 김호철, 김태진, 김성삼, 이정훈, 임현기, 이성훈, 김주성, 심지연

이 책에 대한 의견이나 오탈자 및 잘못된 내용에 대한 수정 정보는 아래 이메일로 알려주십시오.
잘못된 책은 구입하신 서점에서 교환해 드립니다. 책값은 뒤표지에 표시되어 있습니다.
홈페이지 www.hanbit.co.kr / 이메일 question@hanbit.co.kr

데이터 과학 기반의

파이썬 빅데이터 분석 2판

이지영 지음

한빛아카데미
Hanbit Academy, Inc.

4차 산업혁명 시대의 핵심 역량은 데이터 과학 기반의 빅데이터 분석 능력!

우리는 초연결, 초지능, 초융합의 4차 산업혁명 시대에 살고 있습니다. 네트워크로 연결된 오늘날의 환경에서는 지능화된 융합 서비스를 통해 수많은 문제를 해결할 수 있는데, 데이터 과학의 체계적인 틀 안에서 정보를 담고 있는 빅데이터를 수집 · 분석하면 답을 찾을 수 있습니다. 이러한 시대적 요구에 따라 데이터 과학, 데이터 과학자, 빅데이터 분석에 대한 수요가 지속적으로 증가하고 있습니다.

이 책은 데이터 과학과 빅데이터 분석을 배우려는 컴퓨터 공학 전공자 또는 융합 전공자를 위한 초중급 입문서입니다. 입문서답게 개념을 쉽게 파악할 수 있도록 큰 틀 안에서 설명하고, 실제로 활용해 볼 수 있는 18개의 빅데이터 분석 프로젝트를 이론 설명과 함께 구성하였습니다.

❶ 빅데이터 분석 – 이해

4차 산업혁명 시대에 필요한 데이터 과학의 개념과 구체적인 방법론을 소개합니다. 빅데이터 분석의 개념과 필요성을 다양한 그림과 표로 설명하며 데이터 과학과 빅데이터 분석의 관계도 짚어줍니다.

❷ 빅데이터 분석 – 준비

데이터 과학 기반의 빅데이터 분석에 필요한 파이썬 프로그래밍을 다룹니다. 특히 가장 유용한 빅데이터 수집 방법 중 하나인 데이터 크롤링을 파이썬으로 구현하는 방법에 대해 알아봅니다.

❸ 빅데이터 분석 – 기본 프로젝트

데이터 과학 방법론과 빅데이터에 대한 이해를 바탕으로 기술 통계/상관 분석의 통계 분석과 영어/한글 데이터에 대한 텍스트 빈도 분석, 지리 정보 분석 등을 시각화 기법과 함께 파이썬 프로젝트로 진행합니다.

❹ 빅데이터 분석 – 머신러닝/딥러닝 프로젝트

머신러닝을 데이터 과학의 분석 모델에 적용하여 머신러닝 기반의 빅데이터 분석 프로젝트를 수행합니다. 머신러닝의 지도 학습 방식으로 회귀 분석, 로지스틱 회귀와 결정 트리를 사용하는 분류 분석 프로젝트를 다루고 비지도 학습으로 K-평균 군집화를 프로젝트로 다룹니다. 그리고 텍스트 마이닝 핵심 기법으로 감성 분석과 토픽 모델링 프로젝트를 수행합니다. 딥러닝 프로젝트에서는 LSTM 모델을 사용한 시계열 분석, CNN 모델을 사용한 이미지 분류 프로젝트를 수행합니다.

이 책에서 소개하는 이론을 이해하고 빅데이터 분석의 기본 프로젝트와 머신러닝/딥러닝 프로젝트를 완수한다면 빅데이터 분석의 상위 레벨로 올라갈 기초 체력은 단단히 다져졌으리라 기대합니다.

학구적 호기심과 창의적 질문으로 매너리즘에 빠질 틈을 주지 않는 나의 소중한 학생들, 이 책이 출판되기까지 함께 고생해 준 한빛아카데미 식구들, 도움을 주신 모든 분에게 고마운 마음을 전합니다. 나의 존재 이유이며 항상 힘이 되어주시는 부모님과 가족에게 감사합니다. 지칠 때마다 에너지를 충전해 주는 사랑하는 조카 상원이와 상범이에게도 고마움을 전합니다.

4차 산업혁명 시대의 핵심 인력이 될 여러분의 내일을 응원합니다. 상황이 어떻든 무조건 파이팅입니다. 하루하루 여러분 각자의 행복을 만들어가길 바랍니다. 감사합니다.

저자 **이지영**

- **강의 보조 자료** 한빛아카데미 홈페이지에서 '교수회원'으로 가입하신 분은 인증 후 교수용 강의 보조 자료를 제공받을 수 있습니다. 한빛아카데미 홈페이지 상단의 [교수전용공간] 메뉴를 클릭하세요.
  http://www.hanbit.co.kr/academy

- **학습 보조 자료** 학습에 필요한 자료는 아래 주소에서 내려받을 수 있습니다.
  http://www.hanbit.co.kr/src/40018

- **연습문제 해답 안내** 본 도서는 대학 강의용 교재로 개발되었으므로 연습문제 해답은 제공하지 않습니다.

- **본문 구성**

  1부. 빅데이터 분석 – 이해(1~3장)
  4차 산업혁명, 데이터 과학, 빅데이터의 관계를 이해하고, 데이터 과학 방법론을 적용하는 빅데이터 분석에 대해 이해합니다.

  2부. 빅데이터 분석 – 준비(4~6장)
  데이터 과학 기반의 빅데이터 분석에 필요한 파이썬 프로그래밍을 배웁니다. 특히 파이썬을 이용한 데이터 크롤링은 유용한 빅데이터 수집 방법이므로 잘 알아두도록 합니다.

  3부. 빅데이터 분석 – 기본 프로젝트(7~9장)
  데이터 과학 방법론과 빅데이터에 대한 이해를 바탕으로 기본적인 빅데이터 분석 프로젝트를 수행합니다. 통계 분석, 텍스트 빈도 분석, 지리 정보 분석을 시각화 기법과 함께 파이썬 프로젝트로 진행합니다.

  4부. 빅데이터 분석 – 머신러닝/딥러닝 프로젝트(10~14장)
  먼저 머신러닝 기반의 빅데이터 분석 프로젝트를 수행합니다. 머신러닝의 지도 학습 방식인 회귀 분석과 분류 분석, 비지도 학습 방식인 K–평균 군집화를 프로젝트로 다루고, 텍스트 마이닝 프로젝트를 수행합니다. 딥러닝 기반 빅데이터 분석에서는 LSTM 모델을 사용한 시계열 분석, CNN 모델을 사용한 이미지 분류 프로젝트를 수행합니다.

  부록
  프로젝트 실습에 필요한 아나콘다 주피터 노트북 설치 방법 및 사용 방법을 안내합니다. 또한 웹 브라우저에서 개발자 모드를 사용하는 방법과 한글 텍스트 분석을 위한 KoNLPy 라이브러리 설치 방법을 제공합니다.

• 구성 요소

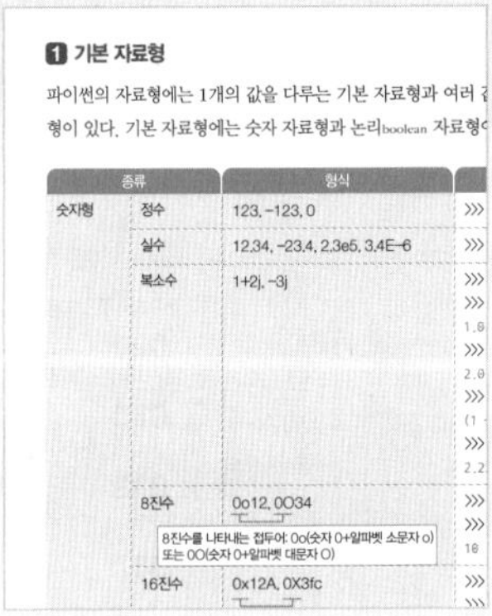

❶ 기본 자료형

파이썬의 자료형에는 1개의 값을 다루는 기본 자료형과 여러
형이 있다. 기본 자료형에는 숫자 자료형과 논리boolean 자료형

종류		형식
숫자형	정수	123, -123, 0
	실수	12.34, -23.4, 2.3e5, 3.4E-6
	복소수	1+2j, -3j
	8진수	0o12, 0O34
	16진수	0x12A, 0X3fc

파이썬 기본 문법

2부에서 빅데이터 분석에 필요한 파이썬 문법을 따라 할 수 있는 코드를 표로 일목요연하게 정리했습니다.

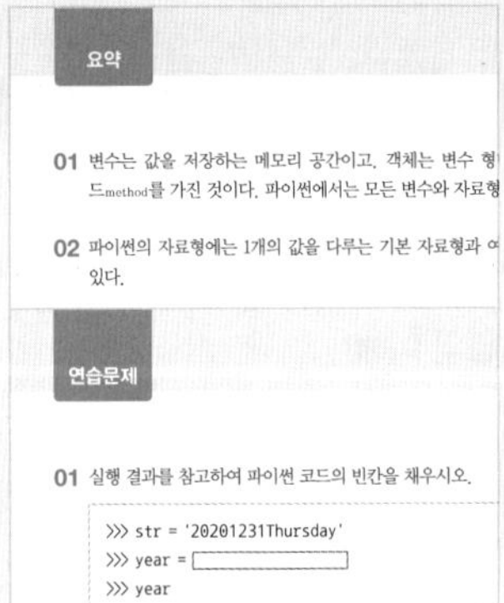

요약

01 변수는 값을 저장하는 메모리 공간이고, 객체는 변수 형
드method를 가진 것이다. 파이썬에서는 모든 변수와 자료형

02 파이썬의 자료형에는 1개의 값을 다루는 기본 자료형과 여
있다.

연습문제

01 실행 결과를 참고하여 파이썬 코드의 빈칸을 채우시오.

```
>>> str = '20201231Thursday'
>>> year = [          ]
>>> year
```

요약/연습문제

1~2부에서는 각 장이 끝날 때마다 핵심 내용을 요약 · 정리합니다. 배운 내용을 복습하면서 전체적인 맥락을 파악할 수 있습니다.

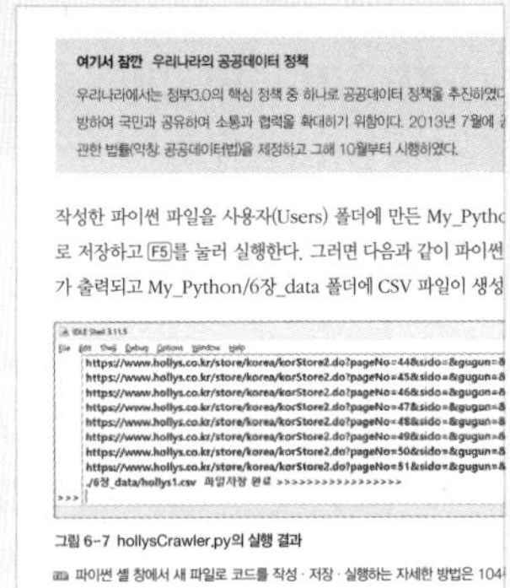

여기서 잠깐 우리나라의 공공데이터 정책

작성한 파이썬 파일을 사용자(Users) 폴더에 만든 My_Pytho
로 저장하고 F5를 눌러 실행한다. 그러면 다음과 같이 파이썬
가 출력되고 My_Python/6장_data 폴더에 CSV 파일이 생성

그림 6-7 hollysCrawler.py의 실행 결과

여기서 잠깐, TIP

[여기서 잠깐]에서는 참고할 내용을 소개하거나 용어를 보충 설명하고, [TIP]에서는 실습 시 발생할 수 있는 오류를 미리 점검하도록 안내하고 해결 방법을 제시합니다.

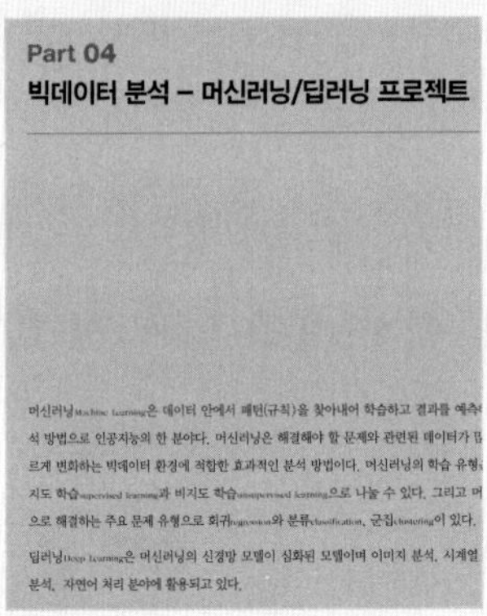

Part 04

빅데이터 분석 – 머신러닝/딥러닝 프로젝트

프로젝트

18개의 프로젝트를 '연구 목표 설정 → 데이터 수집 → 데이터 준비 → 데이터 탐색 → 데이터 모델링 → 결과 시각화' 순의 데이터 과학 방법론에 따라 실습합니다.

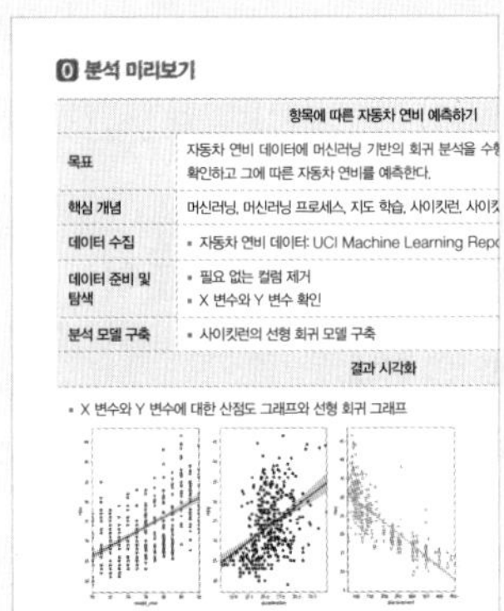

⓪ 분석 미리보기

항목에 따른 자동차 연비 예측하기

목표	자동차 연비 데이터에 머신러닝 기반의 회귀 분석을 수 확인하고 그에 따른 자동차 연비를 예측한다.
핵심 개념	머신러닝, 머신러닝 프로세스, 지도 학습, 사이킷런, 사이
데이터 수집	• 자동차 연비 데이터: UCI Machine Learning Repo
데이터 준비 및 탐색	• 필요 없는 컬럼 제거 • X 변수와 Y 변수 확인
분석 모델 구축	• 사이킷런의 선형 회귀 모델 구축

결과 시각화

• X 변수와 Y 변수에 대한 산점도 그래프와 선형 회귀 그래프

분석 미리보기

3~5부에서는 데이터 과학 방법론 절차에 따라 진행할 프로젝트의 내용을 한눈에 파악할 수 있도록 표 형태로 정리했습니다.

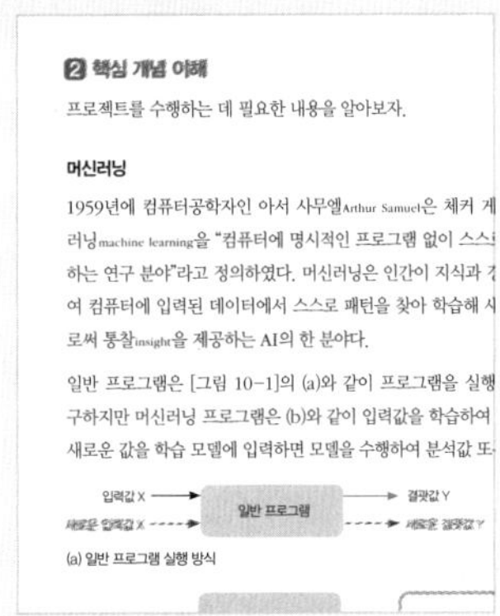

❷ 핵심 개념 이해

프로젝트를 수행하는 데 필요한 내용을 알아보자.

머신러닝

(a) 일반 프로그램 실행 방식

핵심 개념 이해

3~5부에서는 각 프로젝트를 수행하기 전에 알아두어야 할 핵심 개념을 짚어주어, 프로젝트를 원활하게 진행할 수 있도록 하였습니다.

차례

PART 01 빅데이터 분석 – 이해

Chapter 01 4차 산업혁명과 데이터 과학

Chapter 02 빅데이터의 이해와 활용

Chapter 03 데이터 과학 기반의 빅데이터 분석

PART 02 빅데이터 분석 – 준비

Chapter 04 파이썬 프로그래밍 기초

Chapter 05 오픈 API를 이용한 빅데이터 크롤링

Chapter 06 웹페이지 분석 기반 빅데이터 크롤링

PART 03 빅데이터 분석 – 기본 프로젝트

Chapter 07 통계 분석

Chapter 08 텍스트 빈도 분석

Chapter 09 지리 정보 분석

PART 04 빅데이터 분석 – 머신러닝/딥러닝 프로젝트

Chapter 10 회귀 분석

Part 01

빅데이터 분석 – 이해

Part 01
빅데이터 분석 – 이해

1부에서는 빅데이터 분석을 수행하기 전에 이해하고 있어야 할 내용을 살펴본다.

- 1장: 빅데이터를 자원으로 움직이는 4차 산업혁명에 대해 소개한다. 4차 산업혁명의 핵심 개념과 이를 실현시키는 데이터 과학의 개념도 함께 이해한다.
- 2장: 빅데이터의 개념과 특징을 이해하고 빅데이터를 활용하여 가치를 창출하는 데이터 과학을 이해한다.
- 3장: 빅데이터 산업을 살펴보고 빅데이터 분석 서비스를 공급하기 위해 사용하는 데이터 과학 방법론을 이해한다.

Chapter

01

4차 산업혁명과 데이터 과학

학습목표

- 4차 산업혁명의 개념과 특징을 안다.
- 4차 산업혁명과 데이터 과학의 관계를 이해한다.
- 4차 산업혁명 기술이 적용된 대표적 서비스의 사례를 들 수 있다.

01 4차 산업혁명의 이해

18세기는 증기기관을 기반으로 한 기계화 혁명의 1차 산업혁명 시대이고 19~20세기 초반은 전기를 사용한 대량 생산 혁명의 2차 산업혁명 시대였다. 20세기 후반에는 컴퓨터와 인터넷이 보급되면서 지식 정보 혁명의 3차 산업혁명 시대를 보냈고 21세기에 들어선 현재 우리는 4차 산업혁명 시대를 살고 있다.

4차 산업혁명 시대에는 3차 산업혁명 시대에 보급된 컴퓨터와 인터넷 기술을 토대로 혁신적으로 발전 및 진화한 지능 정보 기술에 바탕을 둔 서비스가 일상화되었다. 이를 통해 구현된 초연결, 초지능, 초융합이 4차 산업혁명 시대의 특징이라 할 수 있다.

지능 정보 기술은 인간의 고차원적 정보 처리를 ICT로 구현하는 기술로 지능(인공지능)과 ICBM 기반의 정보 기술이 결합된 것이다. 여기서 ICBM은 사물인터넷IoT, 클라우드 컴퓨팅Cloud computing, 빅데이터Big data, 모바일Mobile을 의미한다.

각 키워드를 통해 우리가 살아가고 만들어갈 4차 산업혁명 시대에 대해 좀 더 자세히 알아보자.

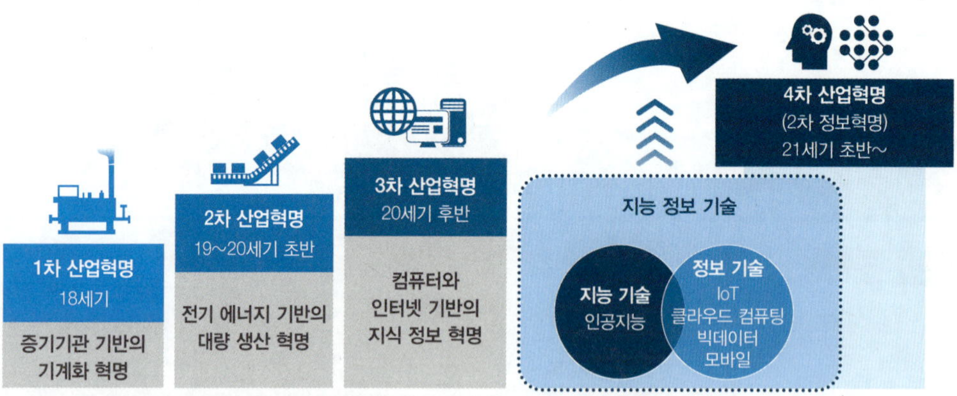

그림 1-1 산업혁명의 흐름 (출처: 미래창조과학부 블로그)

1 초연결

4차 산업혁명의 첫 번째 키워드는 초연결hyper-connectivity이다. 초연결은 사물인터넷의 진화와 디지털화로 인해 사물과 공간, 인터넷의 상호의존성이 증폭되고 제품과 서비스의 연결성이 무한 확장되는 것을 의미한다. 사물인터넷, 클라우드 컴퓨팅 등의 정보통신기술Information and Communications Technology이 급진적으로 발전 및 확산되면서 인간과 인간, 인간과 사물, 사물과 사물 간의 연결성이 기하급수적으로 확대되어 초연결성이 강화되고 있다.

현재 우리 사회는 세상 모든 것이 인터넷을 통해 소통하는 초연결 사회로 진입하고 있다. 이러한 초연결 사회를 실현시킨 대표적 기술인 사물인터넷과 5세대 통신(5G)에 대해 알아보자.

사물인터넷

사물인터넷(IoT Internet of Things)의 개념은 2005년 국제전기통신연합(ITU International Telecommunication Union)에서 처음으로 공식 정립하였다. ITU에 따르면 IoT는 '언제나, 어디서나, 어느 것과도 연결될 수 있는 새로운 통신 환경'이다. 다시 말해, IoT는 네트워크 기능을 탑재하고 유무선 인터넷에 연결된 사물이 사람의 개입 없이 스스로 데이터를 수집·전송하는 기술 및 환경을 의미하며 사람과 사물, 사물과 사물이 언제 어디서나 서로 소통하게 하는 인터넷 기술이다. 2010년 이후에 IoT를 갖춘 기기(디바이스)가 증가하면서 모든 사물과 사람이 연결되는 초연결이 실현되고 있다.

IoT는 사물에 RFID Radio Frequency IDentification 태그를 부착하여 정보를 수집하는, 단순한 센서 네트워크(USN Ubiquitous Sensor Network)에서 시작하였다. 센서 네트워크는 사물과 사물 간 통신을 의미하는 M2M Machine to Machine으로 발전하였고, 사물과 사물의 경계가 무너지면서 연결에 중점을 둔 IoT로 진화하였다. 이후에는 사물뿐 아니라 사람, 업무, 데이터까지 모든 것이 연결되어 상호 통신하는 이른바 만물인터넷(IoE Internet of Everything)으로 발전할 것이다.

[그림 1-2]를 보면, 2008년에 이미 네트워크에 연결된 사물의 수가 세계 인구수를 넘어섰으며 2025년에는 연결된 사물의 수가 1조 개를 넘을 것으로 예측된다.

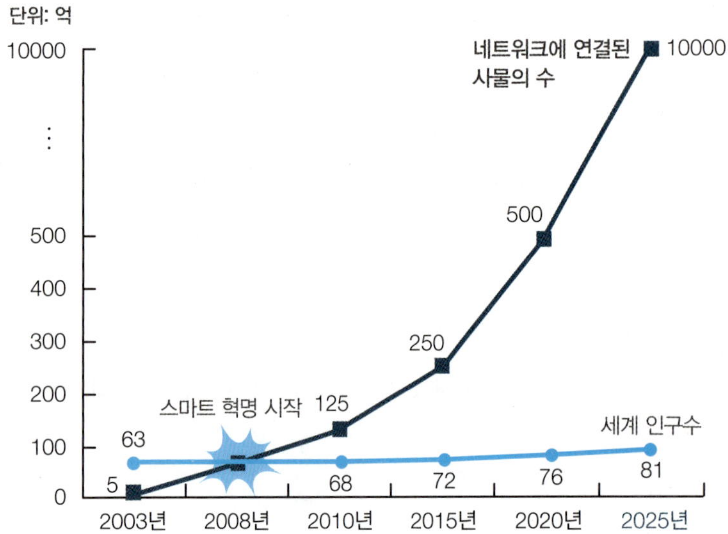

그림 1-2 네트워크에 연결된 사물과 세계 인구수 비교 (출처: CISCO, IBSG, HP)

스마트 체중계를 이용하면 체중과 체지방 등의 데이터가 스마트폰이나 스마트워치의 앱으로 전송되어 체중 변화를 관리할 수 있고 집 밖에서 앱으로 에어컨을 제어하여 집안 온도를 조절할 수 있다. 이와 같은 IoT 서비스는 이제 일상화되어 가고 있다.

5세대 통신 5G

스마트폰으로 대표되는 이동통신 기술은 초연결 사회에서 중요한 역할을 한다. 이동통신 기술은 3G, 4G를 넘어 5G 시대로 들어왔다. 5G는 데이터의 송수신 용량과 속도 관점에서 유선과 무선이 차이가 없을 정도로 빨라진 '이동통신 환경'과 많은 기기가 접속해도 서비스의 안정성을 보장하는 'IoT 통신 환경'을 동시에 구현할 수 있는 이동통신 기술이다.

5G는 다음과 같은 6가지 특징으로 정의할 수 있다.

- 최대 20Gbps 속도가 가능하고 일상적으로는 100Mbps 속도가 가능한 고속high speed
- 기존보다 1만 배 이상 더 많은 트래픽을 수용하는 대용량high capacity
- 1제곱킬로미터당 1백만 개의 기기 사용이 가능한 고밀집high density
- 1ms 이하의 낮은 지연시간low latency
- 이동 간 제로 중단을 실현하는 고안정성high reliability
- 배터리 하나로 10년간 구동 가능한 고에너지 효율high energy efficiency

결국 5G의 특징은 초고속, 초연결, 초저지연으로 요약된다. 5G는 이러한 특징을 하나의 망과 기술로 구현 가능한 옴니 연결성omni connectivity을 제공하는 최초의 이동통신 기술이다.

표 1-1 5G의 특징 (출처: ICT 2020 산업전망_5G의 확산과 신산업 변화, 한국정보화진흥원(NIA), 2019)

특징	설명
초고속	초광대역 무선통신eMBB, enhanced Mobile BroadBand • 유선과 무선의 차이가 없는 **대용량** 및 **고속**의 데이터 이용 환경 제공 • 4G에 비해 최대 20배 더 빠른 20Gbps까지 구현 가능(일상적으로는 100Mbps 보장 목표) • 모바일로 8K 콘텐츠 송수신 가능
초연결	대규모 사물통신mMTC, massive Machine Type Communication • 산업 또는 일반인에게 IoT 사용 환경 제공 • 현재보다 최대 500배 더 많은 기기와 **고밀집** 연결 가능 • **고에너지 효율** • 스마트폰의 인터넷, PC의 인터넷을 넘어 진정한 IoT 가능
초저지연	고신뢰/초저지연 통신uRLLC, ultra-Reliable Low-Latency Communication • 최대 1ms까지의 **낮은 지연성**과 **고안정성**을 목표로 한 데이터 통신 서비스 품질QoS 제공

2 초지능

초지능을 영어로 슈퍼 인텔리전스 또는 하이퍼 인텔리전스라고 하는데, 두 단어의 의미를 하나로 정의하기에는 약간의 견해 차이가 있다. 슈퍼 인텔리전스super-intelligence는 인공지능의 지능이 인간을 넘어서는 특이점singularity을 통과하여 거의 모든 영역에서 인간의 인지 능력을 크게 능가하는 경우를 의미한다. 하이퍼 인텔리전스hyper-intelligence는 슈퍼 인텔리전스와 같은 의미로 사용하기도 하지만 인간의 지능과 인공지능이 협력하여 더 스마트한 서비스를 제공하는 것을 의미한다. 또는 인공지능 기능을 추가하여 사물을 더 스마트하게 만드는 사물의 지능화를 의미하기도 한다. 현재로서는 인공지능이 특이점에 도달하는 시점이 언제일지 예측하기 어렵다. 우리는 초지능을 하이퍼 인텔리전스에서 슈퍼 인텔리전스로 진화하는 인공지능으로 이해하도록 한다.

초지능의 원료인 빅데이터와 초지능을 만드는 인공지능에 대해 알아보자.

빅데이터

빅데이터big data란 PC와 인터넷, 모바일 기기는 물론이고 IoT 환경의 사물에서 발생하는 데이터, 즉 디지털 환경에서 발생하는 모든 데이터를 의미한다. 4차 산업혁명에 따른 새롭고 진화된 서비스에서 이전에 사용하지 못했던 빅데이터를 사용하게 되자 많은 것이 가능해졌다. 예를 들어 빅데이터의 발생 위치와 시점에 따라 위치 기반의 상황 인지 서비스가 가능해졌고 개인에 대한 빅데이터 사용이 가능해짐에 따라 개인별 맞춤 서비스가 제공되기 시작했다.

빅데이터에 대한 자세한 내용은 2장과 3장에서 다루기로 하고, 여기서는 빅데이터에 대한 이슈를 살펴보자.

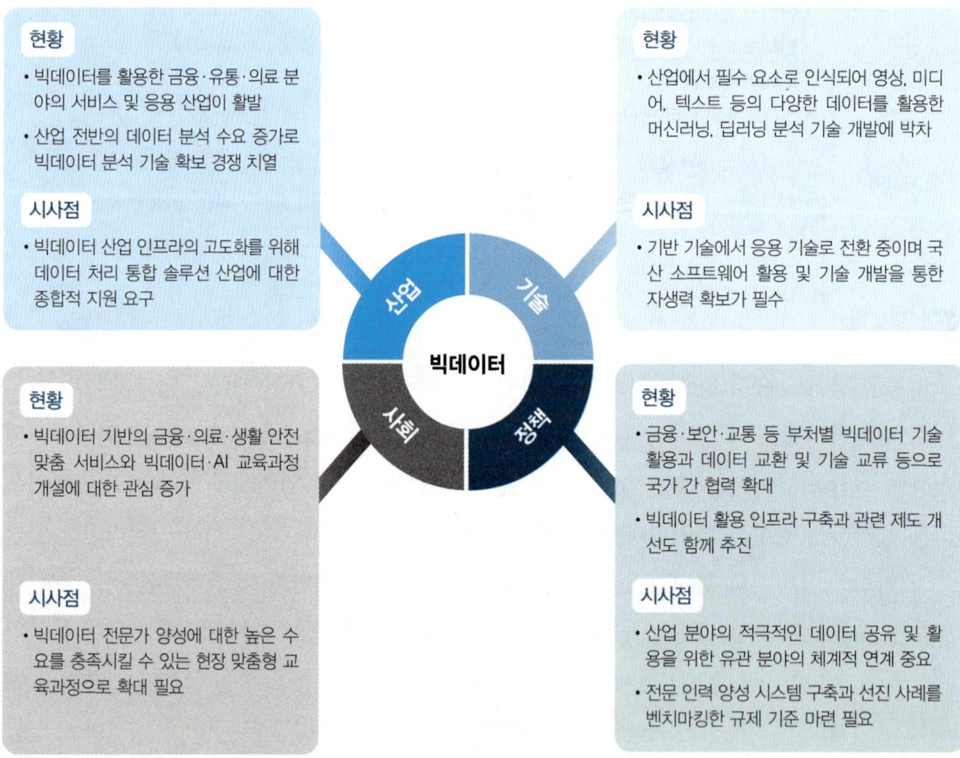

그림 1-3 온라인 뉴스의 빅데이터 키워드 분석 – 분야별 현황과 시사점

(출처: 언론 빅데이터로 본 D.N.A+ 기술의 사회적 확산 현황, 한국정보화진흥원(NIA), 2020. 5)

[그림 1-3]은 빅데이터의 현황을 알아보기 위해 4년간(2016.1.1~2019.12.31) 국내 언론사의 온라인 뉴스에서 빅데이터 연관 키워드를 도출한 뒤 산업·사회·기술·정책 분야별 이슈를 현황과 시사점으로 분석한 보고서의 일부다. 산업 분야에서는 금융·유통·의료를 중심으로 빅데이터와 신기술 융합을 통한 맞춤형 서비스 혁신이 주요 이슈로 나타났고, 사회 분야에서는 금융·의료에서 빅데이터 활용 서비스 및 인재 양성 교육에 대한 관심 증가가 주요 이슈로 나타났다.

인공지능

인공지능(AIArtificial Intelligence)은 인지·학습·추론·이해 능력과 같이 인간의 고차원적인 정보처리 능력을 구현하는 기술이다. AI 기술은 앨런 튜링Alan Turing이 기계의 사고 능력에 대해 처음 질문을 제기한 1950년 이래로 크게 발전해 왔다. 현재는 특정 영역에서 인간의 인지 능력 일부를 모사하는 약한 인공지능weak AI 단계다. 이에 반해 인간의 모든 지적 능력을 창조적으로 학습하여 수행하는 인공지능을 강한 인공지능strong AI이라고 하는데 아직 이 단계는 아니다.

AI의 역사는 파란만장하다. 먼저, 1950년 앨런 튜링의 튜링 기계와 이미테이션 게임에서 컴퓨터 기계와 지능에 대한 논의가 시작되었다. 1956년에는 다트머스대학교의 하계 콘퍼런스에서 Artificial Intelligence라는 용어가 처음 사용되면서 인공지능이 학문 분야로 진입하였다. 이후 추론과 탐색, 자연어 처리 등의 많은 연구가 진행되면서 큰 기대를 받는 1차 전성기를 맞이하였다.

그러나 1970년대에 들어와서 컴퓨터의 계산 기능과 논리 체계의 한계로 인공지능 이론 구현에 실패하자 1차 인공지능 겨울에 빠지게 된다. 1980년대에는 신경망 다층 퍼셉트론이 개발되면서 2차 전성기를 맞게 되지만, 신경망의 성능을 높이는 데 필요한 데이터가 부족한 데다 프로세서의 계산 능력 한계로 인해 다시 2차 인공지능 겨울에 빠진다.

2000년대에 들어서면서 메모리, CPU, GPU 등의 하드웨어와 네트워크의 성능이 향상되어 신경망 연구가 다시 활발해진다. 2011년 IBM의 슈퍼컴퓨터인 왓슨이 미국의 제퍼디 퀴즈쇼에서 우승하는 성과를 내고 빅데이터가 출현하면서 딥러닝의 성능 향상이 가속되었다. 그에 따라 2016년에는 구글 딥마인드DeepMind의 알파고AlphaGo가 바둑대회에서 우승하는 등 3차 전성기를 맞이하였다.

대부분의 딥러닝 모델은 분류 작업을 수행하는 판별 모델이었다. 판별 모델에 대한 관심은 2014년 오토인코더Autoencoder 및 생성형 적대 신경망(GANGenerative Adversarial Network)이 등장하면서 생성형 모델에 대한 관심으로 발전하였다. 2018년에 등장한 GPTGenerative Pre-trained Transformer는 2022년에 오픈AI에서 발표한 챗GPT(GPT-3)로 이어지면서 생성형 인공지능Generative AI에 대한 기대가 급격히 상승하였다. 기존 인공지능이 데이터와 패턴을 학습해 대상을 이해하는 방식과 달리, 생성형 인공지능은 기존 데이터와 비교 학습을 하여 새로운 창작물을 만들어낸다. 생성형 인공지능은 사용자가 입력한 텍스트를 분석하고 이해하여 그에 대한 대답 및 멀티모달 콘텐츠를 생성해서 제공하는 대화형 인터페이스 방식을 사용함으로써 사용자 수가 급격히 증가하고 있으며, 다양한 분야와 서비스로 빠르게 확산되고 있다.

인공지능의 주요 기술 분야와 산업 활용 사례는 다음과 같다.

표 1-2 인공지능의 주요 기술 분야

분야	설명
추론	인간의 사고 능력을 모방하는 기술
지식 표현 및 언어 지능	사람이 사용하는 자연어 이해를 기반으로 사람과 상호작용하는 기술
청각 지능	음성, 음향, 음악을 분석 · 인식 · 합성 · 검색하는 기술
시각 지능	사물의 위치 · 종류 · 움직임, 주변과의 관계 등에 대한 시각 이해를 기반으로 지능화된 기능을 제공하는 기술
복합 지능	시공간, 촉각, 후각 등 주변 상황을 인지 및 예측하고 상황에 적합한 대응을 제공하는 기술
지능형 에이전트	개인 비서나 챗봇과 같이, 가상 환경에 위치하여 특별한 응용 프로그램을 다루는 사용자를 도울 목적으로 반복적인 작업을 자동화하는 기술
인간과 기계의 협업	인간의 감성이나 의도를 이해하기 위해 인간의 뇌 활동에 기계가 연동되어 작동하는 기술
AI 기반 하드웨어	초고속 지능 정보 처리를 구현하도록 지원하는 하드웨어 기술

표 1-3 인공지능 산업 활용 사례 (출처: [이슈분석 255호] AI 산업활용 동향 및 시사점, 글로벌 과학기술정책정보 서비스, 2024)

구분	영역	인공지능 기술
제조	제품 설계	• 제너레이티브 설계Generative Design 기술 – 사용자가 원하는 요구사항에 맞는 제품 설계 자동 생성 및 추천 – 제품 설계 전 주기의 지능화 · 자동화를 통한 설계 비용 및 시간 절감
	작업 환경	• 스마트 작업대Smart Workbench 기술 – 최적의 인간 – 로봇 협업을 통한 생산성 향상 및 노동 피로도 감소
		• 지능형 실감 인터랙션 가이드Real-Sense Interation Guide 기술 – 작업자 숙련도 향상을 위한 AR/VR/XR 기반 작업 증강 시스템
	품질 관리	• 이상 탐지Anomaly Detection 기술 – 제조 공정에서 이상 작동 상황이 발생하거나 품질 저하 요인을 탐지
	설비 운용	• 지능형 설비Intelligent Manufacturing Facility 기술 – 생산 현장에서 발생하는 다양한 동적 상황에 대한 신속한 자율 대응
물류/유통	상태 감지 및 분석	• 수집된 데이터 패턴을 통해 물류 상태 감지 및 분석 기술 – 입출고 예측, 배송을 위한 적재 순서 및 근로자 배치
	자율 이동	• 자율주행차, 로봇 및 드론 등의 자율 이동 기술
	프로세스 이상 진단	• 물류센터 등 물류 전반의 프로세서에 대해 이상 유무의 진단 및 예측 기술
농축산 수산업	생산성 향상	• 스마트 팜: 시공간의 제약 없이 원격에서 자동으로 작물 관측 및 관리 • 스마트 축사: 축사의 환경과 가축을 원격 · 자동으로 관리 • 스마트 양식: 양식 수산물의 효율적 · 친환경적 생산을 위한 최적 생육 알고리즘 구축. 생산 – 가공 – 판매의 최적 의사결정을 위해 IoT, 빅데이터, AI 등 4차 산업혁명 기술을 활용하여 양식 산업 시스템을 자동화 · 지능화
	위험 관리	• 동식물의 상태를 확인하고 피해 진단 및 적절한 조치를 수행토록 하는 기술
에너지	개발 및 생산	• 생산 공정의 효율성을 높이고, 새로운 시장을 개척하고 에너지원을 다양화하여 에너지 구매의 합리성 제고
	소비 효율 향상	• 자율형 에너지 수요 관리 기술 – 구역별 에너지 소비 패턴을 분석하여 냉난방, 조명 등을 최적화
안전		• 실시간 분석으로 화재, 연기, 안전모 미착용, 위험 지역 출입 탐지 – 감시 사각지대 최소화, 작업자의 안전사고 예방

3 초융합

4차 산업혁명의 세 번째 키워드는 초융합hyper-convergence이다. 초융합은 초연결 환경이 조성되면서 이전에는 생각할 수 없었던 이종의 산업 및 기술이 결합하여 새로운 융합 산업 또는 서비스가 촉진되는 것을 의미한다.

4차 산업혁명의 지능 정보 기술은 초연결성과 초지능화라는 기술적 특성을 통해 '모든 것이 상호 연결되고 더욱 지능화된 사회로 변화'되는 초융합으로 진보할 것으로 보고 있다. 독립적으로 발전해 온 유통업, 전력/에너지, 의료, 교육 등의 산업 및 기술에 대해 분야를 초월한 초연결 환경, 빅데이터와 AI 등에 의한 데이터 분석 기술이 융합의 기폭제가 되어 초융합이 이루어질 것으로 전망하고 있다.

초융합과 관련하여 주목받고 있는 디지털 트랜스포메이션과 로봇 프로세스 자동화를 알아보자.

디지털 트랜스포메이션

디지털 트랜스포메이션digital transformation은 빅데이터, 모바일, 클라우드 컴퓨팅 등의 디지털 기술을 활용하여 기존 산업의 운영 및 생산의 효율성과 경쟁력을 높이는 프로세스의 변화를 의미한다. 즉 다양한 디지털 기술의 융합으로 아날로그 사회를 디지털 사회로 전환하는 것이다.

디지털 트랜스포메이션 관점에서 기업은 디지털 기술을 활용하여 다양한 산업 분야에서 지속적인 혁신을 추진하는데, 가장 주목할 만한 분야는 제조업이다. 대표적인 사례로 스마트 팩토리가 있다.

스마트 팩토리는 최신 디지털 기술을 기반으로 물리적인 제조 공정의 기계 설비 또는 생산 공장을 IoT로 연결한다. 그리고 이를 통해 발생하는 빅데이터를 수집하여 AI로 분석한다. 가상 공간에서는 실제 기계 설비부터 제조 공정까지 자동적이고 지능적으로 제어할 수 있는 사이버 물리 시스템을 도입하여 기존의 물리적 제조 공정을 디지털화한다. 이러한 제조 공정의 디지털화가 스마트 팩토리이며, 디지털과 물리적인 특성이 조화를 이루어 제품의 서비스화를 이루게 된다. IoT를 통해 연결된 스마트 제품에서 수집된 데이터를 분석하여 고장을 예방하고 원격 서비스를 통해 유지·관리가 가능하다. 또한 제품을 기반으로 한 추가 서비스도 확장하여 제공할 수 있다. 이에 따라 제조업의 수익 모델이 기존에는 물리적인 제품을 단순

일회성으로 판매하는 것에 그쳤다면 스마트 제품을 통해 각종 서비스를 판매하는 것으로 변하고 있다.

디지털 트랜스포메이션은 기존 비즈니스 모델뿐 아니라 고객의 경험을 변화시킨다. 또한 추가 수익 흐름을 창출하여 새로운 방식으로 산업을 변화시킬 수 있다.

로봇 프로세스 자동화

로봇 프로세스 자동화(RPA Robotic Process Automation)는 업무 과정에서 발생하는 데이터를 정형화하고 논리적으로 자동 수행하게 하는 기술이다. RPA를 통해 단순하고 반복적인 업무를 감소시키고 오류를 줄여 업무 생산성 향상을 기대할 수 있다. RPA는 금융 분야에서 비중이 가장 크지만 제조, 서비스 등의 다양한 분야로 확산되고 있으며 재무회계, HR, 고객 관리 등 모든 산업에 공통으로 들어가는 경영 지원 분야의 활용도가 높아지고 있다.

[그림 1-4]는 RPA를 도입한 임금 지급 업무의 자동화를 보여준다. RPA가 도입되기 전에는 각 단계의 단순 반복 작업을 직원이 해야 했지만 RPA가 도입된 후에는 프로세스 자동화로 처리된다.

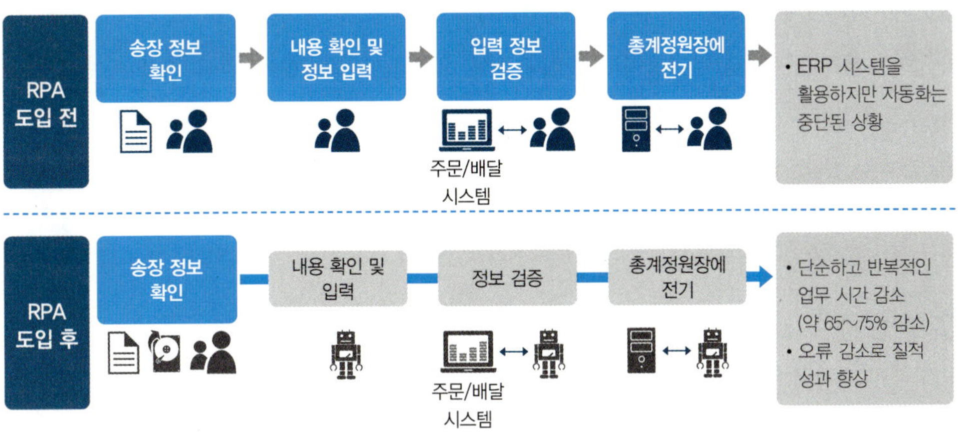

그림 1-4 임금 지급 업무에 RPA를 도입한 예 (출처: Robotic Process Automation(RPA), KPMG, 2018 [https://home.kpmg/content/dam/kpmg/jp/pdf/jp-en-rpabusiness-improvement.pdf])

IoT, 빅데이터, AI 등의 4차 산업혁명 기술이 기업의 내부 업무에 활용되어 디지털 및 자동화되는 과정에서 RPA는 인간의 노동을 디지털 노동으로 전환하는 역할을 한다.

02 4차 산업혁명을 실현하는 데이터 과학

데이터 과학은 목적에 따라 데이터에 내재된 패턴을 발견하거나 데이터를 분석하여 전략적 의미를 추론하는 방법론이다. 데이터 과학은 4차 산업혁명 이전에도 쓰이던 용어이지만 빅데이터 활용의 중요성이 크게 인식되면서 관련 기술을 포괄하는 학문 분야로 중요하게 다루어지고 있다.

4차 산업혁명의 실현, 즉 초연결과 초지능 환경에서 초융합 서비스를 만드는 것은 빅데이터에 고도화된 디지털 기술과 역량을 도입하여 혁신적인 목적을 달성하는 것으로, 이 과정에서 데이터 과학을 방법론으로 적용한다. 결국 데이터 과학을 기반으로 혁신을 추구하는 과정에서 4차 산업혁명이 실현된다.

1 데이터 과학과 {IoT + 빅데이터 + AI}

IoT와 5G의 확산으로 초연결성이 강화될수록 더 많은 빅데이터가 생성·전달·저장될 것이다. [그림 1–5]와 같이 IoT를 구성하는 센서와 기기의 노드를 외부 자극을 인지하고 행동하는 눈, 코, 입, 손, 발과 같은 감각 및 행동 기관이라고 한다면 인터넷/4G/5G는 인지된 자극과 명령을 전달하는 신경계라 할 수 있다. AI는 인지된 자극을 처리하고 분석하여 명령을 내리는 두뇌에 해당한다.

[그림 1–6]은 감각 및 행동 기관과 신경계, 두뇌가 제대로 협력해야 하는 것과 마찬가지로 IoT와 빅데이터, AI가 함께 선순환하며 발전하고 진화해야 함을 보여준다. 우리가 원하는 혁신적인 결과물(제품, 서비스 등)을 만들기 위해서는 목적을 정하고 그에 필요한 IoT, 빅데이터, AI 등의 기술을 적용하도록 프로세스를 관리하는 방법론, 즉 데이터 과학이 있어야 한다.

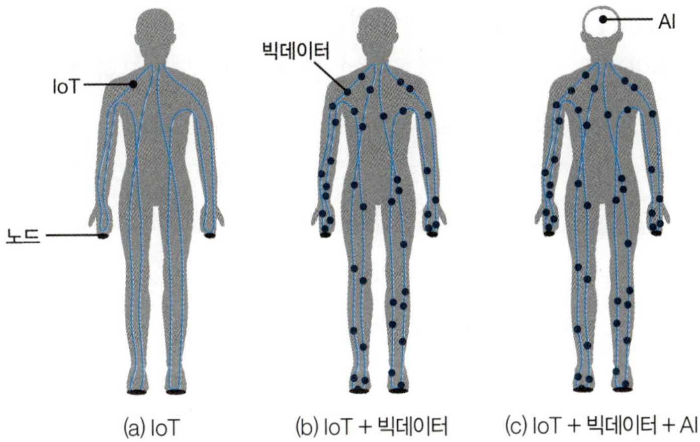

그림 1-5 IoT와 빅데이터, AI 결합의 의미

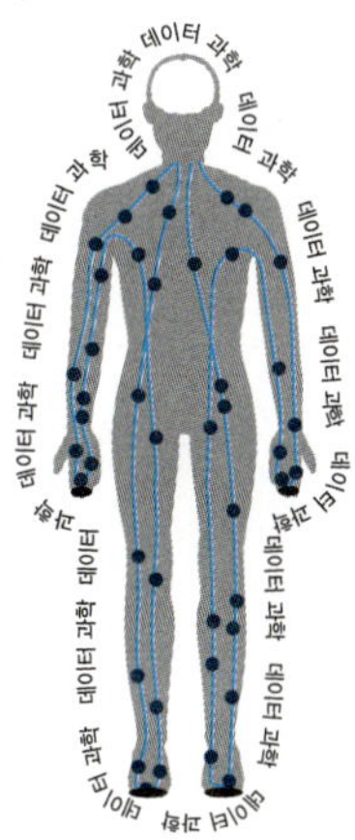

그림 1-6 {IoT + 빅데이터 + AI}와 데이터 과학의 완전체 개념도

2 데이터 과학과 21세기 핵심 역량

4차 산업혁명 시대는 이전과는 다른 시대가 될 것이므로 이전과는 다른 역량이 필요하다. 세계경제포럼은 4차 산업혁명으로 인해 산업 분야가 고용 인력에게 요구하는 주요 능력 및 역량에도 변화가 생길 것이며 2020년에는 모든 산업 분야에서 3분의 1 이상이 복합 문제 해결 능력을 필요로 할 것이라고 하였다.

또한 학생에게 교육해야 할 21세기 필수 역량으로 핵심 기술을 일상에 적용하는 능력인 기초 문해foundational literacies 6가지(문해, 수해, 과학 문해, ICT 문해, 재정 문해, 문화 및 시민 문해), 복잡한 문제를 대하는 방법에 관한 역량competencies 4가지(비판적 사고/문제 해결, 창의성, 의사소통, 협력), 변화하는 환경에 대한 대처 능력으로 인성 자질 6가지(호기심, 주도성, 일관성/끈기, 적응력, 리더십, 사회 및 문화 의식)를 제시하였다.

이를 통해 볼 때, 4차 산업혁명 시대에 필요한 인재는 다양한 분야의 문해력을 갖추고 적용할 줄 알아야 하며 새로운 변화에 창의적이고 협력적으로 대응할 수 있어야 하며 그와 관련된 인성까지 갖추어야 한다. 상황 변화와 그에 따라 발생하는 문제를 빠르게 파악하고 종합적으로 판단하여 복잡한 문제를 해결하는 것이 데이터 과학이다. 따라서 21세기가 요구하는 핵심 역량은 데이터 과학 역량과 이를 올바르게 수행할 수 있는 인성 역량이라 할 수 있다.

여기서 잠깐 복합 문제 해결 능력

복합 문제 해결 능력(complex problem solving skill)이란 복잡하고 현실적인 환경에서 구조화되지 않은 문제를 해결하는 데 필요한 능력을 말한다.

03 4차 산업혁명 서비스 사례

1 자율주행차와 커넥티드 카

자율주행차와 커넥티드 카에 필요한 핵심 기반 기술은 다음과 같다.

- 주변 환경의 빅데이터 수집 및 분석(AI)
- 차량 부품의 빅데이터 수집 및 진단(AI)
- 차량 제어
- 고속 무선통신

자율주행차

자율주행차self-driving car는 인지-판단-제어라는 3단계로 동작한다. 다양한 사물을 통해 차량 주변이나 도로 환경에서 빅데이터를 수집하여 상황을 인지하고 판단한 뒤 신속하게 제어해야 한다. 이동 수단의 수요자와 공급자, 장소를 정확하고 신속하게 매칭하려면 IoT 기반의 더 많은 빅데이터와 이를 기반으로 한 AI의 신속한 상황 분석이 이루어져야 한다.

자율주행차는 운전자와 차량의 역할 비중에 따라 5가지 레벨로 구분된다.

표 1-4 자율주행차의 5가지 레벨

레벨	설명
레벨 0	자동화 기능이 미적용된 상태
레벨 1	운전자 보조주행: 운전자가 속도 또는 방향을 통제
레벨 2(현재)	부분적 자율주행: 차간 거리 및 속도 유지 등이 가능하지만 운전자가 주행에 적극 개입해야 하는 상태
레벨 3	조건부 자율주행: 자율주행 시스템을 운행하지만 비상시 몇 초 안에 운전자가 개입해야 하는 상태
레벨 4	고수준 자율주행: 비상시에도 차량이 일정 시간은 자체 대응하는 상태로, 운전자가 차량 내에서 책을 읽어도 되는 수준
레벨 5	완전 자율주행: 어떠한 도로 환경에서도 무인 자율주행이 가능한 상태

커넥티드 카

커넥티드 카connected car는 정보통신기술과 자동차를 연결한 것으로 양방향 인터넷 및 모바일 서비스가 가능한 차량을 말한다. 커넥티드 카는 차량과 도시의 모든 곳이 연결되어 스스로 위험을 감지하고 다른 자동차와의 거리나 속도를 제어하며 운전할 수 있다. 스스로 고장을 진단하여 필요한 조치를 취할 수 있을 뿐만 아니라 영화 스트리밍 서비스나 실시간 날씨 및 뉴스 검색, 소셜 네트워크 서비스 등 다양한 운전자 맞춤형 서비스를 제공한다. 커넥티드 카는 운전자에게 하나의 거대한 IoT 기기가 되어 자동차 공간을 지능화된 편리한 생활 공간으로 제공하며 완전한 자율주행 실현을 목표로 한다.

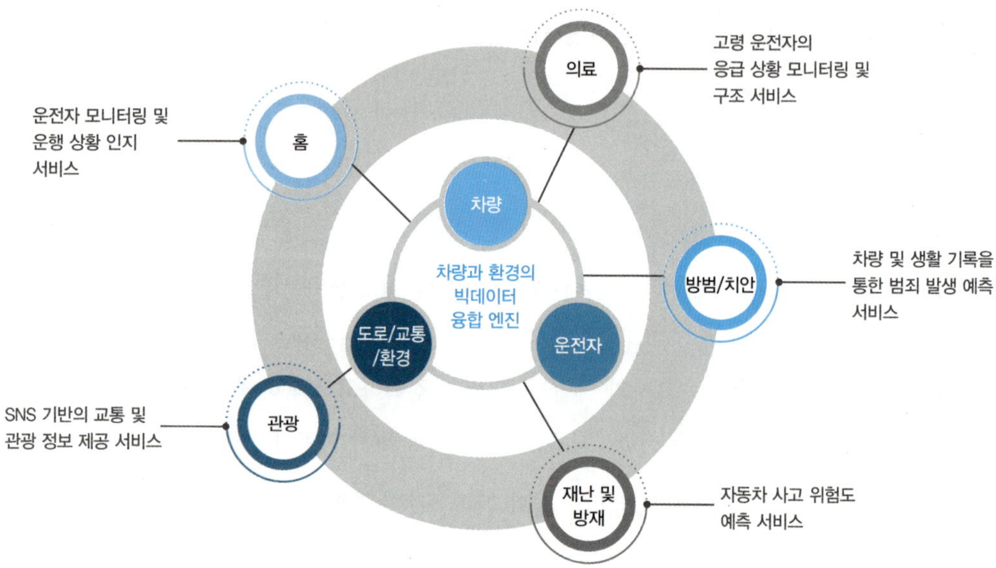

그림 1-7 커넥티드 카의 운전자 맞춤 서비스 개념도 (출처: ETRI IoT 추진 계획)

2 스마트 시티

스마트 시티를 만드는 데 필요한 핵심 기반 기술은 다음과 같다.

- IoT와 AI
- 빅데이터 분석
- AR/VR/MR
- 건강/교통/교육/기기제어 등의 요소 기술

스마트 시티smart city는 도시 구성원과 시설 기관들 간 네트워킹이 가능하도록 인터넷과 IoT 등의 통신 인프라가 갖춰진 도시다. 또한 빅데이터 및 AI와 융합하여 더욱 편리하고 안전하고 쾌적하고 재미있는 생활 및 업무 환경을 구현하는 4차 산업혁명 시대의 진화된 도시다. 스마트 시티를 구현하려면 홈/사무실, 시설 관리, 교통, 교육, 치안, 환경, 문화 등 생활 전체의 지능화가 이루어져야 한다. 즉 IoT, 빅데이터, AI 등의 디지털 기술과 도시 생활 관련 제반 기술의 융복합이 이루어져야 한다.

표 1-5 스마트 시티의 구성 요소 (출처: [PD Issue Report] 4차 산업혁명과 지식서비스, 한국산업기술평가관리원(KEIT), 2017)

구성 요소	기능
스마트 홈/사무실	• 주거, 사무실, 학교, 편의 시설 등이 상호 유기적으로 연결되어 사용자 요구를 예측해서 해결 • 개인별 편의성 극대화 • 재택근무 등 업무 환경의 제한 완화
스마트 시설 관리	• 발전, 교량, 환경 등 사회 기간 시설의 실시간 관제를 통해 에너지 절약 및 운영 효율화
스마트 교통	• 교통 시설이나 도로 상황의 실시간 지능형 관제를 통해 시간 단축 및 운영 효율화 • 개인별 이동 상황에 따른 맞춤형 교통 편의 제공
스마트 교육	• 학생별 학습 수준에 따라 맞춤형 교육을 제공하는 AI 기반의 튜터링 시스템 보급
스마트 치안	• 빅데이터 분석을 기반으로 범죄, 테러, 사고 등의 징후 예측 및 예방 • 유사시 효과적인 구조 조치를 통해 안전한 생활 환경 구축
스마트 환경	• 신재생 및 청정에너지 기술, 생활 환경의 위생 상태 측정 및 관리, 자원 재활용, 환경오염의 측정/예방/처리가 융합되어 쾌적하고 청결하며 안전한 생활 환경 구축
스마트 문화/여가	• 문화, 콘텐츠, 스포츠와 VR/AR/MR 기술을 융합하여 개인 맞춤형의 건강, 재미, 지식을 제공하는 복합적 오락, 운동, 문화 체험 환경 제공

3 스마트 헬스 케어

스마트 헬스 케어에 필요한 핵심 기반 기술은 다음과 같다.

- 종합 건강 정보 빅데이터 구축
- 분야별 지식베이스 구축
- 건강 빅데이터의 실시간 수집 및 분석
- 진단 및 처방용 AI

스마트 헬스 케어는 개인 건강에 대한 의료 정보, 기기, 시스템, 플랫폼을 다루는 산업 분야로 건강 관련 서비스와 의료 IT가 융합된 종합 의료 서비스다. 다시 말해 개인이 소유한 휴대형 또는 착용형 기기나 클라우드로 제공되는 병원 정보 시스템에서 확보한 생활 습관, 신체 검진 자료, 의료 이용 정보, 유전체 정보 등의 분석을 바탕으로 서비스를 제공하는 개인 중심의 맞춤형 건강 관리 생태계다. 스마트 헬스 케어 산업은 고령화와 의료비 지출 증가라는 사회적 요인과 AI, 빅데이터, IoT, 5G 등의 기술 발전에 따라 지속적으로 성장하는 추세다.

표 1-6 헬스 케어 서비스와 ICT 융합의 발전 과정

(출처 : 스마트헬스케어 유망시장 동향 및 진출전략, 대한무역투자진흥공사(KOTRA), 2019)

구분	Tele-헬스 케어	e-헬스 케어	u-헬스 케어	스마트 헬스 케어
시기	1999년대 중반	2000년대 초반	2000년대 후반	2010년 이후
핵심 서비스	병원 내 치료	치료, 의료 정보 제공	e-헬스 케어 + 원격 의료, 만성 질환자 관리로 질병 예방	u-헬스 케어 + 운동 및 식사량 등의 건강 생활 관리, 복지, 안전
공급자	병원	병원	병원, ICT 기업	병원, ICT 기업, 보험사, 헬스 케어 서비스 기업
주요 이용자	의료인	의료인, 환자	의료인, 환자, 일반인	의료인, 환자, 일반인
핵심 ICT 기술	-	초고속 인터넷	무선 인터넷	스마트 기기, 앱, AI, 빅데이터

요약

01 4차 산업혁명은 3차 산업혁명 시대의 컴퓨터와 인터넷 기술이 혁신적으로 발전하여 진화된 지능 정보 기술의 서비스가 일상화된 초연결, 초지능, 초융합의 시대다.

02 초연결은 사물인터넷(IoT)의 진화와 디지털화로 인해 사물, 공간, 인터넷의 상호의존성이 증폭되면서 제품과 서비스의 연결성이 무한대로 확장되는 것이다. 초연결을 실현하는 대표적인 기술로 IoT와 5G가 있다.

03 초지능은 인간의 지능과 인공지능(AI)이 협력하여 더 스마트한 서비스를 제공하는 것 또는 사물에 AI 기능을 추가하여 더 스마트하게 만드는 사물의 지능화를 일컫는다. 초지능을 만드는 것은 AI이지만 인공지능의 원료는 디지털 환경에서 발생하는 모든 데이터, 즉 빅데이터다.

04 초융합은 초연결 환경이 조성되면서 이전에는 생각할 수 없었던 이종 산업 및 기술 간 결합이 촉진되어 새로운 융합 산업 또는 서비스가 생성 및 발전하는 것이다.

05 초연결과 초지능 환경에서 초융합 서비스를 만드는 것은 빅데이터에 고도화된 디지털 기술과 역량을 도입하여 혁신적인 목적을 달성하는 것으로, 이 과정에서 데이터 과학을 방법론으로 적용한다. IoT와 빅데이터, AI로 우리가 원하는 혁신적인 결과물(제품, 서비스 등)을 완성하기까지 관리하는 수단이 데이터 과학이다. 결국 데이터 과학을 기반으로 혁신을 추구하는 과정에서 4차 산업혁명이 실현된다.

06 4차 산업혁명 시대에 필요한 핵심 역량은 상황 변화와 그에 따라 발생하는 문제를 빠르게 파악하고 종합적으로 판단하여 복잡한 문제를 해결하는 데이터 과학 역량과 이를 올바르게 수행하는 인성 역량이다.

연습문제

01 4차 산업혁명의 세 가지 키워드를 나열하고 각각의 의미를 설명하시오.

02 데이터 과학이란 무엇인지 요약하시오.

03 IoT, 빅데이터, AI, 데이터 과학의 관계를 설명하시오.

04 4차 산업혁명의 서비스 사례를 구체적으로 찾아서 설명하시오.

05 4차 산업혁명 시대의 긍정적인 측면과 부정적인 측면에 대한 의견을 서술하시오.

Chapter

02

빅데이터의 이해와 활용

학습목표

- 빅데이터의 정의와 종류 및 특징을 설명할 수 있다.
- 미래 정보사회의 빅데이터 역할과 활용 전략을 이해한다.

01 빅데이터의 이해

기술이 발전함에 따라 데이터를 저장하고 처리하는 비용이 하락하고 스마트폰, SNS, 사물인터넷 등의 사용이 확대되면서 데이터가 폭발적으로 증가하였다. 그 결과 대규모 데이터가 중요한 이슈로 떠오르면서 빅데이터라는 용어가 등장하였다. 정보통신기술이 발전하면서 등장한 빅데이터는 무한한 가능성을 지닌, 4차 산업혁명 시대의 핵심 자원으로 관심이 집중되고 있다.

1 빅데이터의 개념

빅데이터big data는 1990년 이후 인터넷이 확산되면서 정보의 바다sea of information에서 정보의 홍수information overload, 정보의 폭발information explosion로 이어지며 거론된 개념이다. 인터넷에서 수많은 정보가 발생하고 소셜 미디어나 스마트 기기의 증가로 개인과 관련된 비정형 데이터가 대량으로 생성 및 축적되면서 빅데이터로 자연스럽게 발전하였다. 결국 빅데이터는 PC와 인터넷, 모바일 기기는 물론이고 IoT 환경의 사물에서 발생하는 데이터, 즉 디지털 환경에서 발생하는 대량의 모든 데이터라고 정의할 수 있다.

[표 2-1]은 다양한 기관에서 규정한 빅데이터의 정의로, 빅데이터를 다각도로 이해하는 데 도움이 될 것이다.

데이터의 규모와 기술 측면에서 출발한 빅데이터의 정의는 가치와 활용 효과 측면으로 확대되는 추세에 있다. 즉, 빅데이터는 기존 데이터베이스 관리 도구가 저장·관리·분석할 수 있는 범위를 초과하는 대규모의 데이터만 의미하는 것이 아니라, 그러한 데이터를 저장·관리·분석할 수 있는 하드웨어 및 소프트웨어 기술과 데이터를 유통·활용하는 모든 프로세스를 포함하는 빅데이터 플랫폼으로 개념이 확장되고 있다. 이러한 빅데이터 플랫폼에서 하드웨어와 소프트웨어 기술, 애플리케이션을 이용해 빅데이터를 다루는 데이터 과학은 빅데이터가 가치 있게 활용될 수 있도록 만들어준다.

표 2-1 빅데이터의 정의

기관	정의
맥킨지	일반적인 데이터베이스 소프트웨어가 수집 · 저장 · 관리 · 분석할 수 있는 범위를 초과하는 대규모의 데이터다.
가트너	향상된 시사점과 더 나은 의사결정을 위해 사용되는 것으로 비용 효율이 높고 혁신적이며 대용량 고속 및 다양성을 가지는 정보 자산이다.
위키피디아	기존 데이터베이스 관리 도구의 수집, 저장, 관리, 분석 역량을 넘어서는 대량의 정형 또는 비정형 데이터셋 및 이러한 데이터로부터 가치를 추출하고 결과를 분석하는 기술이다.
국가전략위원회	대용량 데이터를 활용 및 분석하여 가치 있는 정보를 추출하고 생성된 지식을 바탕으로 능동적으로 대응하거나 변화를 예측하기 위한 정보화 기술이다.
삼성경제연구소	기존의 관리 및 분석 체계로는 감당할 수 없을 정도의 거대한 데이터 집합으로 대규모 데이터와 관계된 기술 및 도구(수집, 저장, 검색, 공유, 분석, 시각화 등)를 모두 포함한다.
한국정보화진흥원	저장 · 관리 · 분석할 수 있는 범위를 초과하는 규모의 데이터와 이것을 저장 · 관리 · 분석할 수 있는 하드웨어 및 소프트웨어 기술, 데이터를 유통 및 활용하는 과정을 통틀어 나타낸다. 즉, 빅데이터를 구성하는 하드웨어, 소프트웨어 그리고 이를 포괄하는 모든 프로세스를 의미하는 거대 플랫폼이다.

[그림 2-1]과 같이 빅데이터는 빅데이터 플랫폼을 구성하는 하드웨어, 소프트웨어, 애플리케이션 간의 유기적 순환에 의해 가치를 창출할 수 있다. 빅데이터 플랫폼을 구성하는 요소 중에서 특히 애플리케이션은 빅데이터를 분석하고 그 결과를 사용자에게 제공하여 빅데이터와 사용자가 만나는 커뮤니케이션 역할을 한다.

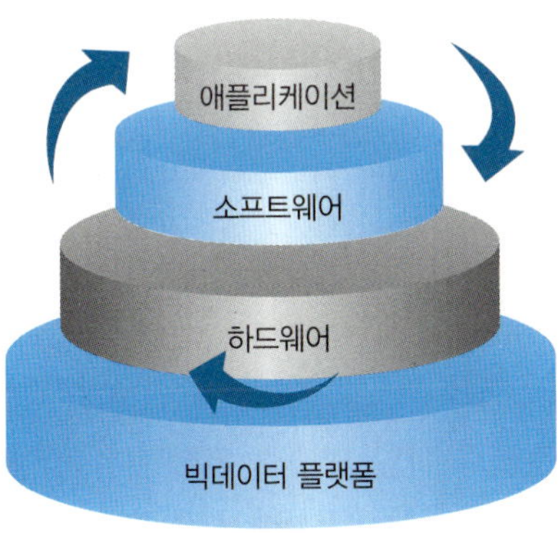

그림 2-1 빅데이터 플랫폼

(출처: [IT & Future Strategy] 빅데이터 시대: 에코시스템을 둘러싼 시장경쟁과 전략분석, 한국정보화진흥원(NIA), 2012. 4)

모바일 시장에서 애플리케이션 개발로 '앱 경제'가 활성화되었듯이 빅데이터 시장에서도 애플리케이션 분야의 확장으로 새로운 비즈니스 기회와 경제적 가치가 창출될 것으로 기대하고 있다.

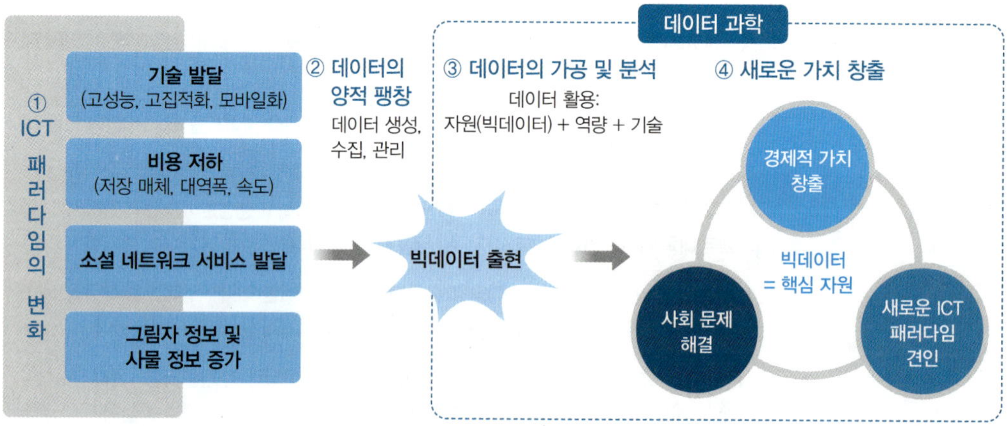

그림 2-2 빅데이터의 출현과 신가치 창출의 흐름

(출처: [IT & Future Strategy] 新가치창출 엔진, 빅데이터의 새로운 가능성과 대응 전략, 한국정보화진흥원(NIA), 2011. 12 재구성)

기술 발달과 비용 저하, 소셜 네트워크 서비스 발달, 그림자 정보와 사물 정보 증가와 같은 ICT 패러다임의 변화로 데이터가 양적으로 팽창하였고 이는 빅데이터의 출현을 이끌었다. 이제는 빅데이터에 전문 역량과 기술을 더하여 어떻게 전략적으로 활용해야 경제적 가치 창출, 사회 문제 해결, 새로운 ICT 패러다임 견인이라는 신가치 창출을 이룰 것인지에 관심이 집중되고 있다.

2 빅데이터의 분류

빅데이터는 정형화 정도에 따라 정형, 반정형, 비정형 데이터로 나눌 수 있다. 정형structured 데이터는 일정한 규칙에 따라 체계적으로 정리된 데이터로, 그 자체로 해석이 가능하여 바로 활용할 수 있다. 반정형semi-structured 데이터는 고정된 필드에 저장되어 있지는 않지만 XML, HTML 등의 메타데이터와 스키마를 포함하는 것으로 파일 형태로 저장된다. 비정형unstructured 데이터는 고정된 필드나 스키마가 없는 것으로 스마트 기기에서 페이스북, 엑스(옛 트위터), 유튜브 등으로 생성되는 소셜 데이터와 IoT 환경에서 생성되는 위치 정보나 센서 데이터와 같은 사물 데이터 등에 해당한다.

표 2-2 정형화 정도에 따른 빅데이터의 분류

구분	설명	수집 및 처리 난이도
정형 데이터	• 고정된 필드에 저장 • 관계형 데이터베이스처럼 스키마 형식에 맞게 저장 • 예 RDB, 스프레드시트	• 내부 시스템에 의한 데이터라 수집하기 쉬움 • 파일 형태의 스프레드시트는 형식을 가지고 있어 처리하기 쉬움 • 처리 난이도: 하
반정형 데이터	• 고정된 필드에 저장되어 있지는 않지만 메타데이터나 스키마 등을 포함 • 예 XML, HTML, JSON, 웹 문서, 웹 로그	• API 형태로 제공되므로 데이터 처리 기술이 필요함 • 처리 난이도: 중
비정형 데이터	• 데이터 구조가 일정하지 않음 • 규격화된 데이터 필드에 저장되지 않음 • 예 소셜 데이터, 텍스트 문서, 이미지/동영상/음성 데이터, 문서 파일(PDF)	• 파일을 데이터 형태로 파싱해야 하므로 처리하기 어려움 • 처리 난이도: 상

3 빅데이터의 특징

빅데이터의 특징은 데이터, 분석 환경, 처리 방식 측면에서 살펴볼 수 있다.

데이터 측면

초기에는 빅데이터의 특징을 3V로 일컬어지는 규모volume, 다양성variety, 속도velocity로 나타내었다. 이후 빅데이터를 통한 가치 창출이 중요해지면서 정확성veracity과 가치value를 추가한 5V를 데이터 측면의 빅데이터 특징으로 설명한다.

표 2-3 빅데이터의 특징 – 데이터 측면

구분	특징	설명
1차 특징	규모	• ICT 기술의 발전으로 디지털 정보량이 기하급수적으로 폭증하여 제타바이트 시대로 진입
	다양성	• 데이터의 종류 증가: 로그 기록, 소셜/위치/소비/현실 데이터 등 • 데이터의 유형 다양화: 텍스트 외에 멀티미디어 등의 비정형 데이터 증가
	속도	• 센서, 모니터링 등의 사물 정보와 스트리밍 등의 실시간 정보가 증가하면서 데이터의 생성 및 이동(유통) 속도 증가 • 대규모 데이터를 처리하고 가치 있는 정보를 활용하기 위한 데이터 처리 및 분석 속도 증가
추가 특징	정확성	• 방대한 데이터를 기반으로 분석을 수행하므로 정확성 향상
	가치	• 빅데이터 분석으로 도출된 최종 결과물이 문제 해결을 위한 통찰력을 제공하므로 새로운 가치 창출 가능

분석 환경 측면

데이터 분석 시스템의 구성 요소인 데이터, 하드웨어, 소프트웨어 분석 방법은 분석 환경에 따라 다른 특징을 나타낸다. 과거의 데이터 분석 환경과 현재의 빅데이터 분석 환경의 특징을 비교하면 [표 2-4]와 같다.

표 2-4 빅데이터의 특징 – 분석 환경 측면

요소	과거의 데이터 분석 환경	현재의 빅데이터 분석 환경
데이터	• 정형화된 수치 중심의 자료	• 비정형의 다양한 데이터 • 예 문자 데이터(SMS, 검색어), 영상 데이터(CCTV, 동영상), 위치 데이터 등
하드웨어	• 고가의 저장 장치 • 데이터베이스 • 대규모 데이터웨어하우스	• 클라우드 컴퓨팅: 비용 대비 효율성 증대
소프트웨어 분석 방법	• 관계형 데이터베이스: RDBMS • 통계 패키지: SAS, SPSS • 데이터 마이닝 • 머신러닝 • 지식 발견	• 오픈 소스 형태의 무료 소프트웨어 • 오픈 소스 통계 솔루션: R • 텍스트 마이닝 • 오피니언 마이닝 • 감성 분석

처리 방식 측면

빅데이터의 특징은 처리 방식 측면에서도 살펴볼 수 있다. 빅데이터는 기존 데이터베이스 관리 시스템DBMS으로 처리하던 것에 비해 100배 이상 많은 정형 및 비정형 데이터를 처리해야 한다. 따라서 새로운 처리 및 분석 기술이 필요하다.

표 2-5 빅데이터의 특징 – 처리 방식 측면 (출처: 빅데이터개론, 한국소프트웨어기술인협회, 광문각, 2016)

구분	이전의 데이터 처리 방식	빅데이터 처리 방식
데이터 트래픽	• 테라바이트 수준	• 페타바이트 수준: 최소 100테라바이트 이상 • 정보의 장기간 수집 및 분석 • 방대한 처리량
데이터 유형	• 정형 데이터 중심	• 비정형 데이터 비중이 높음: SNS 데이터, 로그 파일, 클릭스트림 데이터, 콜센터 로그 통신, CDR 로그 등 • 처리 복잡성 증대
프로세스 및 기술	• 단순한 프로세스 및 기술 • 정형화된 처리 및 분석 결과 • 원인 및 결과 규명 중심	• 다양한 데이터 소스와 복잡한 로직 처리 • 처리 복잡도가 높아 분산 처리 기술 필요 • 새롭고 다양한 처리 방법 필요: 정의된 데이터 모델/상관관계/절차 등이 없음 • 상관관계 규명 중심 • 하둡, NoSQL 등 개방형 소프트웨어 사용

4 빅데이터의 가치

빅데이터는 데이터 과학을 통해 가치를 창출할 수 있는 새로운 자원이다. 산업혁명 시대에는 철과 석탄, 정보화 시대에는 인터넷, 스마트 시대에는 빅데이터가 핵심 자원이다. 스마트 시대에는 모든 사물이 인터넷과 연결되고 다양한 센서를 통해 수집된 데이터의 양이 증가하면서 빅데이터를 기반으로 하는 신규 비즈니스가 등장하고 있다. 특히 스마트폰 등의 모바일 기기가 확산됨에 따라 위치 정보나 소셜 정보 등을 이용한 비즈니스가 각광을 받고 있다.

혁신과 창조의 도구

빅데이터는 혁신과 창조를 위한 도구가 될 수 있다. 빅데이터 분석이 제공하는 스마트 서비스는 기존 비즈니스에 효율화, 개인화, 미래 예측력을 통한 혁신을 제공할 것이다.

표 2-6 빅데이터 분석을 통한 비즈니스 혁신 방향

(출처: [IT & Future Strategy] 빅데이터 시대: 에코시스템을 둘러싼 시장경쟁과 전략분석, 한국정보화진흥원(NIA), 2012. 4)

방향	설명
효율화	• 빅데이터를 이용해 과거 및 현재의 현상을 파악할 수 있다. • 물류, 재무, 기획, 마케팅 등 경영 전반의 데이터를 실시간으로 분석한 후 최선의 의사결정을 할 수 있다.
개인화	• 온라인 이용자의 활동 정보와 SNS 등으로 축적된 개인 정보를 결합하여 사용자에게 특화된 서비스를 제공할 수 있다. • 현재 개인 정보는 광고 분야에 활용 중인데 이를 넘어 의료, 교육 등 모든 분야로 확대할 수 있다.
미래 예측력	• 과거 및 실시간 데이터를 분석하여 축적한 개인 정보로 개인 또는 조직 전체의 행동 및 의사결정 패턴을 도출할 수 있다. • 미래에 적용 가능한 시나리오를 제시하고 예측 가능한 행동 및 발생 가능한 문제점을 사전에 방지하는 서비스를 제공할 수 있다.

빅데이터의 등장은 단순히 새로운 기술이나 비즈니스 모델이 개발된 게 아니라 새로운 패러다임으로 변화하는 것을 의미한다. 빅데이터는 개인, 기업, 정부의 정보를 저장·처리·활용하는 방법에 변혁을 일으키고 있다. 따라서 미래를 위한 혁신의 동력이자 새로운 비즈니스를 위한 플랫폼, 기업과 정부의 성장 동력으로서 빅데이터의 활용 가치가 높다.

빅데이터의 핵심은 빅데이터 자체부터 이를 활용한 사용자 애플리케이션까지 대상이 광범위하며 특정 서비스나 물리적 하드웨어가 아닌 빅데이터 플랫폼과 에코시스템으로 확장된다는 데 있다. 빅데이터 플랫폼과 에코시스템은 3장에서 자세히 설명한다.

사회 · 경제적 가치

빅데이터의 가치는 데이터 자체보다 데이터에서 추출할 수 있는 새로운 사회·경제적 가치에서 찾아야 한다. 빅데이터는 정치, 사회, 경제, 문화, 과학 기술 등 사회 전반에 걸쳐 가치 있는 정보를 제공할 수 있다. 빅데이터의 도입과 활용으로 산업 경쟁력 제고, 생산성 향상, 혁신을 위한 새로운 가치 창출이 일어날 것으로 기대된다. 맥킨지는 빅데이터를 이용한 사회·경제적 가치 창출 방법을 다음과 같이 5가지로 제시하였다.

표 2-7 맥킨지가 제시한 빅데이터를 이용한 사회 · 경제적 가치 창출 방법

(출처: [IT & Future Strategy] 新가치창출 엔진, 빅데이터의 새로운 가능성과 대응 전략, 한국정보화진흥원(NIA), 2011. 12 재구성)

방법	설명
정보의 투명성	• 이해 관계자가 적시에, 더 쉽게 빅데이터에 접근할 수 있게 하는 것만으로도 가치 창출이 가능하다. • 예 공공 부문에서 분리된 부서가 관련 데이터에 더 쉽게 접근할 수 있으면 데이터 검색과 처리 시간이 절감된다.
실험을 통한 소비자의 요구 발견, 트렌드 예측, 성과 관리	• 더 많은 거래 데이터를 디지털 형태로 축적함에 따라 더욱 정확하고 상세하게 소비자 요구를 발견하거나 트렌드 예측을 할 수 있다. • 예 관리자가 빅데이터를 사용하여 자연스럽게 발생하거나 통제된 실험으로 일어나는 성과의 변동성을 분석하고, 나아가서 근본적인 원인과 결과를 분석하면 더 높은 수준으로 성과를 관리할 수 있다.
소비자 맞춤 비즈니스를 위한 고객 세분화	• 빅데이터를 통해 더 구체적으로 고객을 세분화하여 더 정확한 고객 맞춤형 서비스를 제공할 수 있다. • 예 공공 부문에서 시민을 세분화하여 필요한 서비스를 제공할 수 있다.
자동화된 알고리즘을 통한 의사결정	• 빅데이터 기술을 사용하여 전체 데이터셋을 정교하게 분석함으로써 의사결정을 개선하고 위험을 최소화할 수 있으며 가치 있는 인사이트를 발굴할 수 있다. • 예 판매 정보에 실시간 대응하여 재고 및 가격을 자동으로 조정하는 자동화 알고리즘을 통해 소매업체의 의사결정을 최적화할 수 있다.
새로운 비즈니스 모델, 상품, 서비스의 혁신	• 빅데이터를 통해 새로운 상품 및 서비스를 개발하거나 기존 상품 및 서비스를 강화하여 완전히 새로운 비즈니스 모델을 개발할 수 있다. • 예 실시간 위치 데이터를 이용해 자동차를 운전하는 장소와 방법에 따라 내비게이션을 제공하고 상해보험 가격도 책정하는 완전히 새로운 위치 기반 서비스가 가능하다.

02 빅데이터의 활용

1 빅데이터의 역할

미래 사회의 특성은 불확실성, 리스크, 스마트, 융합으로 대변할 수 있다. 여기에 빅데이터를 활용해 여러 가지 가능성에 대한 시나리오 시뮬레이션을 하면 불확실한 상황 변화에 유연하게 대처할 수 있다. 또한 빅데이터에 기반한 정보 패턴 분석으로 리스크에 대응할 수도 있고 개인화 및 지능화된 서비스를 제공하여 삶의 질을 향상시킬 수도 있다. 빅데이터를 다양한 산업 분야와 결합하면 더 나은 가치를 창출하고 새로운 융합 시장을 발견할 수 있을 것이다.

미래 사회의 특성	빅데이터의 역할	
불확실성 →	통찰력	• 사회 현상과 현실 세계의 데이터를 기반으로 한 패턴 분석으로 미래를 전망한다. • 여러 가지 가능성에 대한 시나리오 시뮬레이션이 가능하다. • 다각적인 상황을 고려해 통찰력을 제시할 수 있다. • 다수의 시나리오로 상황 변화에 유연하게 대처할 수 있다.
리스크 →	대응력	• 환경, 소셜, 모니터링 정보의 패턴 분석을 통해 위험 징후와 이상 신호를 포착할 수 있다. • 이슈를 사전에 인지하고 분석하여 빠른 의사결정과 실시간 대응을 지원할 수 있다. • 기업과 국가 경영의 투명성을 제고하고 낭비 요소를 절감할 수 있다.
스마트 →	경쟁력	• 대규모 데이터 분석을 통해 상황을 인지하여 최적의 AI 서비스를 제공할 수 있다. • 개인화/지능화 서비스를 확대해서 제공할 수 있다. • 소셜을 통한 요구, 평가, 신용, 평판 분석을 바탕으로 최적의 선택을 지원할 수 있다. • 트렌드 변화 분석을 통해 제품 경쟁력을 확보할 수 있다.
융합 →	창조력	• 타 분야와 결합하여 새로운 가치를 창출할 수 있다. • 인과관계 및 상관관계가 복잡한 컨버전스 분야의 안정성을 향상시키고 시행착오를 최소화할 수 있다. • 방대한 데이터를 활용해 새로운 융합 시장을 창출할 수 있다.

그림 2-3 미래 사회의 특성과 대응되는 빅데이터의 역할

(출처: [IT & Future Strategy] 성공적인 빅데이터 활용을 위한 3대 요소: 자원, 기술, 인력, 한국정보화진흥원(NIA), 2012. 4)

2 빅데이터 활용 전략

기업이 빅데이터를 성공적으로 활용하기 위해서는 무엇이 필요할까? 맥아피McAfee와 브린욜프슨Brynjolfsson은 리더십, 역량 관리, 기술 도입, 의사결정, 기업 문화가 필요하다고 제시하였다.

표 2-8 성공적인 빅데이터 활용 조건

조건	내용
리더십	목표 설정을 위해 빅데이터를 활용한 성공이 무엇인지를 명확히 정의하고 이를 강력하게 추진할 수 있는 리더십이 필요하다.
역량 관리	데이터 과학자, 시스템 개발자 등과 같은 전문 인력의 역량을 관리해야 한다.
기술 도입	빅데이터 관련 시스템에 최적화된 기술을 도입하고 조직 내·외부의 데이터를 통합 및 가시화하는 기술을 도입해야 한다.
의사결정	빅데이터 분석에 기반한 의사결정으로 조직의 유연성을 보장해야 한다.
기업 문화	빅데이터를 활용할 수 있는 조직 문화가 필요하다.

빅데이터를 성공적으로 활용하기 위해서는 [그림 2-4]와 같이 자원, 기술, 인력의 세 가지 요소에 대한 전략을 수립해야 한다.

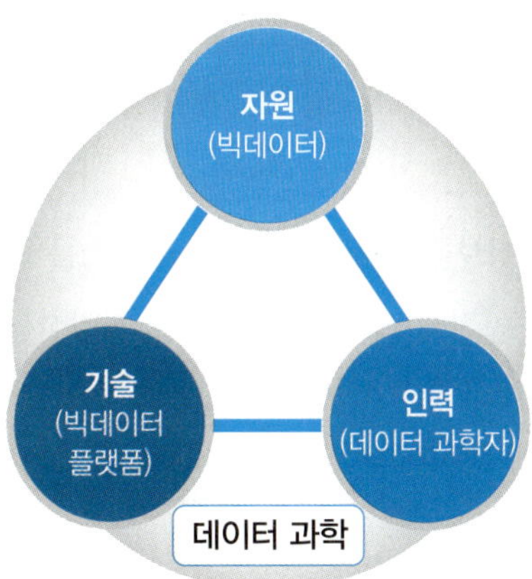

그림 2-4 성공적인 빅데이터 활용을 위한 3요소

(출처: [IT & Future Strategy] 성공적인 빅데이터 활용을 위한 3대 요소: 자원, 기술, 인력, 한국정보화진흥원(NIA), 2012. 4)

활용 가능한 빅데이터 발견하기

가트너는 미래 사회에는 데이터가 상호 연결되고 참여 주체들이 협력 작업을 하여 새로운 가치를 창출하는 '데이터 경제 시대'가 도래할 것으로 전망하였다. 상호 연결과 협력으로 데이터 활용 영역이 확장되면 데이터 자원이 단계적으로 무한해질 것이고 그에 따라 자원을 확보하는 방안도 단계적으로 확장될 수 있다. 데이터 자원을 확보하기 위한 단계적 방법은 [표 2-9]와 같다.

표 2-9 데이터 자원 확보를 위한 단계적 방법

(출처: How to Plan, Participate, and Prosper in the Data Economy, 가트너, 2011 재구성)

단계	내용과 과제	방법
저장	• 조직의 독자적인 데이터를 생성 및 저장하는 단계 • 인터넷을 통해 외부 데이터 수집(검색) 가능 • 데이터의 신뢰성과 품질 제고를 위한 노력이 필요	생성, 저장, 수집(검색)
공유	• 기업 데이터를 외부 기관과 상호 교환하는 단계 • 1:1 또는 1:n의 공유 및 연계 가능	연계, 공유
통합	• 특정 활동이나 목적을 위하여 연합, 그룹, 클럽이 상호 협력하는 공동의 장(집단)을 형성하는 단계 • 표준 데이터 풀과 연계하여 국경을 초월한 정보 교환과 상호 이용이 가능	참여, 협력
공동 창출	• 오픈 플랫폼으로 데이터를 공유하는 단계 • 상호 협력과 참여로 공동의 자원을 창조	오픈, 창조

미래에는 빅데이터가 핵심 자원이라는 인식 아래 필요한 정보를 뽑아낼 수 있는 리소스를 키우는 것이 빅데이터 활용을 위한 중요한 전략이 된다. 주어진 빅데이터를 관리 및 처리하는 것과 함께 활용할 수 있는 외부의 빅데이터 자원을 발견하고 확보하는 전략도 필요하다. 또한 데이터의 품질이 활용 결과에 중대한 영향을 미치므로 데이터 관리 체계 및 신뢰성 확보도 매우 중요하다.

빅데이터 처리 단계와 신기술 이해하기

빅데이터의 등장으로 스마트 시대는 데이터 처리의 전체 과정이 업그레이드되어 정보화 시대와는 차별되게 발전하고 있다. 따라서 조직과 기업의 혁신 전략으로 적용할 수 있게 빅데이터 플랫폼, 빅데이터 분석 기법 및 기술에 대한 이해가 필요하다.

빅데이터는 데이터의 생성 → 수집 → 저장 → 분석 → 표현의 단계를 거치며 세부 영역과 관련 기술이 개발되었다. 분석 기술로는 통계, 데이터 마이닝, 머신러닝, 딥러닝, 자연어 처리, 패턴 인식, 소셜 네트워크 분석, 비디오·오디오·이미지 프로세싱 등이 있다. 빅데이터의 활용·분석·처리를 포함하는 인프라에는 BI, DW, 클라우드 컴퓨팅, 분산 데이터베이스(NoSQL), 분산 병렬 처리, 분산 파일 시스템 등이 있다.

대표적인 빅데이터 관련 신기술에는 대용량 데이터 처리를 위한 분산 처리 기술인 하둡hadoop과 인메모리in-memory, 의미 분석 기술인 데이터 마이닝, 자연어 처리, 머신러닝, 딥러닝, 비정형 데이터 처리를 위한 NoSQL 기술 등이 있다.

표 2-10 빅데이터의 처리 단계별 기술 영역 (출처: Big Data Glossary, Pete Warden, O'Reilly Media, 2011)

단계	기술 영역	내용
데이터 소스	내부 데이터	데이터베이스, 파일 관리 시스템
	외부 데이터	파일, 멀티미디어, 스트리밍
수집	크롤링crawling	검색 엔진 로봇을 이용한 데이터 수집
	ETL: 추출Extraction, 변환Transformation, 적재Loading	소스 데이터의 추출, 전송, 변환, 적재
저장	데이터 관리: NoSQL	비정형 데이터 관리
	저장소	빅데이터 저장
	서버	초경량 서버
처리	맵리듀스mapReduce	데이터 추출
	작업 처리	다중 작업 처리
분석	신경 언어 프로그래밍NLP, Neuro Linguistic Programming	자연어 처리
	머신러닝	데이터 패턴 발견
	직렬화serialization	데이터 간 순서화
표현	시각화visualization	데이터를 도표나 그래픽으로 표현
	획득acquisition	데이터의 획득 및 재해석

데이터 과학자 역량 강화하기

빅데이터 시대에는 데이터를 분석하고 관리할 수 있는 인력에 대한 중요성이 커지고 있다. 이에 데이터 과학자data scientist에 대한 관심도 급증하고 있다. 구조화되지 않은 대규모 데이터 속에서 숨겨진 정보를 찾아내는 데이터 과학자는 '빅데이터 시대의 연금술사'다. 많은 글로벌 IT 업체가 데이터 과학자를 확보하고 그들의 내부 역량을 강화하기 위해 노력하고 있다.

[그림 2-5]는 데이터 과학자가 지녀야 할 역량을 나타낸 것이다. IT 기술을 의미하는 해킹 스킬hacking skills에는 특히 대규모 데이터베이스 구축과 관리 기술, 하둡 및 클라우드 시스템 기술, 표현 기술 등이 해당된다. 수학과 통계 지식math and statistics knowledge은 데이터 분석에서 필요한 통계 모델링 기술과 분석 결과를 적절하게 해석할 수 있는 배경 지식을 의미한다. 현업 지식substantive expertise은 생산, 마케팅, 의료, 생명공학 등 빅데이터가 발생하는 현업에서의 업무 지식을 의미한다. 참고로, 위험 영역danger zone은 IT 기술과 현업 지식을 잘 알고 있어서 데이터 분석 결과를 의도대로 만들어낼 수 있는 위험한(!) 능력을 의미한다.

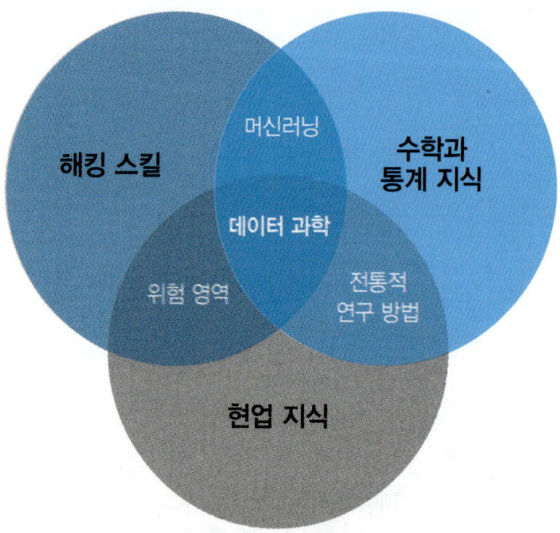

그림 2-5 데이터 과학자가 지녀야 할 역량 벤다이어그램
(출처: Amazon's John Rauser on "What Is a Data Scientist?", Forbes, 2011. 10)

대표적인 데이터 과학자인 존 라우저John Rauser는 데이터 과학자에게 필요한 기본 자질로 다음과 같은 6가지 역량을 선정하였다.

- 수학 역량
- 공학 역량
- 데이터를 분석할 때 필수적인 가설을 세우거나 검증할 때 필요한 비판적 시각
- 이를 잘 작성할 수 있는 글쓰기 역량
- 다른 사람에게 잘 전달할 수 있는 대화 능력
- 호기심과 개인의 행복

데이터 과학자가 기업 내에서 비즈니스 기회를 찾아내고 전략적 통찰력을 발휘하기 위해서는 조직과 비즈니스 환경에 대한 깊은 이해가 필수다. 그러므로 데이터 과학자를 활용할 때는 외부보다는 내부 인력으로 내재화하여 활용하는 것이 바람직하다.

요약

01 빅데이터는 저장·관리·분석할 수 있는 기존 범위를 초과하는 대규모 데이터만 의미하지 않는다. 그러한 데이터를 저장·관리·분석할 수 있는 하드웨어 및 소프트웨어 기술과 데이터를 유통·활용하는 모든 프로세스를 포함하는 빅데이터 플랫폼으로 의미가 확장되었다.

02 IT 패러다임의 변화로 인해 데이터의 양적 팽창이 급속도로 진행됨에 따라 빅데이터가 출현하였다. 빅데이터는 이제 경제적 가치 창출과 사회적 문제 해결, 새로운 IT 패러다임을 견인하는 핵심 자원의 역할을 하고 있다.

03 빅데이터의 특징은 규모volume, 다양성variety, 속도velocity, 정확성veracity, 가치value의 5V다.

04 빅데이터는 데이터 과학을 통해 가치를 창출할 수 있는 새로운 자원이다. 빅데이터는 혁신과 창조를 위한 도구가 될 수 있으며, 사회·경제적 가치를 창출할 수 있다.

05 빅데이터는 미래 사회의 특성인 불확실성, 리스크, 스마트, 융합에 대하여 각각 통찰력, 대응력, 경쟁력, 창조력을 제공하는 역할을 할 수 있다.

06 새로운 자원인 빅데이터를 성공적으로 활용하기 위해서는 인력(데이터 과학자)과 기술(빅데이터 플랫폼)이 있어야 한다. 그리고 이러한 요소를 연결하여 가치를 창출하기 위해서는 데이터 과학이 필요하다.

연습문제

01 다음 중 비정형 데이터에 대한 설명에 해당하지 <u>않는</u> 것은?

① 스마트 기기 등을 통하여 생성되는 데이터다.

② 빅데이터 분석은 비정형 데이터를 대상으로 한다.

③ 규격화된 데이터 필드에 저장되지 않은 데이터다.

④ 대표적인 예로 소셜 데이터, 사물 인터넷에서 생성되는 사물 데이터가 있다.

02 빅데이터의 특징 중 데이터 측면에 해당하지 <u>않는</u> 것은?

① 규모의 증가　　② 속도의 증가

③ 가치의 증가　　④ 다양성의 증가

03 다음 중 빅데이터의 역할에 해당하지 <u>않는</u> 것은?

① 시나리오 시뮬레이션을 통해 불확실한 상황 변화에 유연하게 대처할 수 있다.

② 이슈를 사전에 인지하고 분석하여 빠른 의사결정을 내릴 수 있으므로 리스크에 실시간으로 대응할 수 있다.

③ 개인화 및 지능화된 서비스를 확대해서 제공하여 스마트 사회에서 삶의 질을 향상시킬 수 있다.

④ 타 분야와의 결합보다는 빅데이터 활용에 맞는 새로운 분야를 개발할 수 있다.

04 다음 중 기업이 빅데이터를 성공적으로 활용하기 위해 필요한 조건이 <u>아닌</u> 것은?

① 데이터 과학자, 시스템 개발자 등과 같은 전문 인력의 역량 관리

② 빅데이터 관련 시스템의 최적화 기술, 조직 내·외부의 데이터 통합 기술 도입

③ 명확한 목표를 설정하고 이를 강력히 추진할 수 있는 리더에 의한 의사결정

④ 빅데이터를 활용할 수 있는 조직 문화 조성

05 다음 중 성공적인 빅데이터 활용 전략의 3요소를 바르게 나타낸 것은?

① 자원 - 기술 - 인력　　② 자원 - 기술 - 품질

③ 기술 - 품질 - 인력　　④ 기술 - 투자 - 인력

06 다음 중 존 라우저가 선정한 데이터 과학자의 6가지 역량에 해당하지 <u>않는</u> 것은?

① 수학과 공학 역량　　② 비판적 시각

③ 말하기 역량　　④ 행복 추구

07 빅데이터의 1차 특징인 3V에 해당하지 <u>않는</u> 것은?

① 규모volume ② 정확성veracit

③ 다양성variety ④ 속도velocity

08 고정된 테이블 형태로 정의되지는 않았지만 메타데이터의 특성을 가진 데이터는?

① 스트림 데이터 ② 반정형 데이터

③ 데이터베이스 ④ 파일 데이터

09 다음 빅데이터의 특징 중 빅데이터의 정형, 반정형, 비정형 분류와 관련된 것은?

① 규모volume ② 정확성veracity

③ 다양성variety ④ 속도velocity

10 다음 중 비정형 데이터가 <u>아닌</u> 것은?

① 클릭 데이터 ② 음성 데이터

③ 텍스트 데이터 ④ 스키마 데이터

11 다음 중 데이터 과학자(데이터 사이언티스트)와 관련한 설명으로 옳지 <u>않은</u> 것은?

① 다양한 경험이 중요하므로 데이터 과학자를 세울 때 외부 인력을 활용한다.

② 데이터 과학자는 데이터를 분석할 때 비판적 시각으로 가설을 세워 데이터 분석가에게 전달한다.

③ 데이터 과학자에게는 기업 내부의 비즈니스 기회를 찾을 수 있는 통찰력이 필요하다.

④ 데이터 과학자에게는 하둡 및 클라우드 시스템 등의 IT 기술과 분석 결과를 해석할 수 있는 배경지식이 있어야 한다.

Chapter

03

데이터 과학 기반의 빅데이터 분석

학습목표

- 빅데이터 분석의 다양한 유형을 이해한다.
- 빅데이터 분석을 위한 데이터 과학 방법론을 이해한다.

01 빅데이터 산업의 이해

빅데이터에 대한 관심이 높아지면서 관련 산업도 빠르게 생성 및 확산되고 있다. 빅데이터 산업은 어느 한 분야에 속하는 것이 아니라 관련된 여러 분야가 유기적으로 결합된 시스템 개념으로 이해해야 한다. 빅데이터 산업을 설명하는 용어에는 빅데이터 플랫폼, 빅데이터 에코시스템, 빅데이터 서비스 프레임워크가 있다.

- **빅데이터 플랫폼**: 데이터 관점에서 빅데이터를 수집·저장·분석하는 프로세스와 그에 필요한 자원의 유기적 결합을 나타낸다.
- **빅데이터 에코시스템**: 빅데이터 플랫폼에 서비스 산업을 결합하여 고객에게 가치를 전달하는 유기적 공동체를 나타낸다.
- **빅데이터 서비스 프레임워크**: 빅데이터 에코시스템에서 서비스 공급자를 분류하고 서비스 유형과 수준을 파악한 것을 나타낸다.

1 빅데이터 플랫폼

데이터 플랫폼은 정형화된 형태로 데이터를 저장하는 파일 시스템으로 시작하였다. 이후에 다수가 동시에 사용할 수 있는 데이터베이스와 데이터 웨어하우스(DWData Warehouse)를 거쳐 폭발적으로 증가하는 데이터를 저장 및 유통하기 위한 빅데이터 플랫폼으로 진화하고 있다.

여기서 플랫폼이란 일반적으로 애플리케이션application이나 소프트웨어(혹은 프로그램)를 동작시킬 수 있는 기반이 되는 운영체제나 환경을 나타낸다. 빅데이터 플랫폼은 빅데이터 자원과 이를 이용한 애플리케이션이나 소프트웨어를 손쉽게 사용할 수 있는 기반 기술이 집합적으로 모여 형성된 환경이라 할 수 있다.

빅데이터 플랫폼은 빅데이터를 처리하는 환경으로, 기존의 데이터 웨어하우스와 다르다. 빅데이터 플랫폼은 대량의 데이터를 저장 및 분석, 처리할 수 있는 대용량의 고속 저장 공간과 고성능 계산 능력의 컴퓨팅 인프라를 갖추고 있다.

빅데이터 플랫폼에는 기능적 구성 외에 다양한 경로로 발생하는 빅데이터를 연계하고 실시간으로 발생하는 빅데이터를 처리 및 분석하여 일관성을 유지하는 데이터 분석도 필요하다. 또한 폭발적으로 증가하는 빅데이터를 유연하고 손쉽게 확장하여 대량으로 처리할 수 있는 인프라도 필요하고 빅데이터에서 발생하는 개인 정보를 위한 정보 보안 관리체계 지원도 필요하다.

대다수 빅데이터 플랫폼에서는 오픈 소스인 하둡을 기본 처리 기술로 사용한다. 여기에 기업별로 기존 시스템legacy system과 연계하여 대량의 데이터를 효율적으로 관리 및 확장하고 다양한 분석과 시각화를 할 수 있는 모듈을 제공한다.

이처럼 빅데이터 플랫폼이 다양해지자 플랫폼 간의 연동 문제가 발생하였다. 이를 해결하기 위해서 빅데이터 플랫폼이 공통적으로 가져야 할 구성 요소와 기술 요건을 명시하는 표준화 활동도 활발하게 이루어지고 있다.

빅데이터 플랫폼의 표준화 활동 중에서 대표적인 것으로 미국 국립표준기술연구소인 NISTNational Institute of Standards and Technology가 제시한 빅데이터 참조 아키텍처가 있다. NIST의 빅데이터 참조 아키텍처는 데이터 제공자에서 데이터 소비자로 연결되는 정보 가치 사슬information value chain과 물리적 IT 자원에서 빅데이터 애플리케이션으로 연결되는 IT 가치 사슬IT value chain이 축으로 이루어져 있다. 정보 가치 사슬은 가로축에 위치하며 데이터의 수집, 통합, 분석, 결과 사용을 통해 생성된다. IT 가치 사슬은 세로축에 위치하며 네트워크, 인프라, 플랫폼, 응용 서비스 등의 IT 서비스 제공 및 활용을 통해 생성된다.

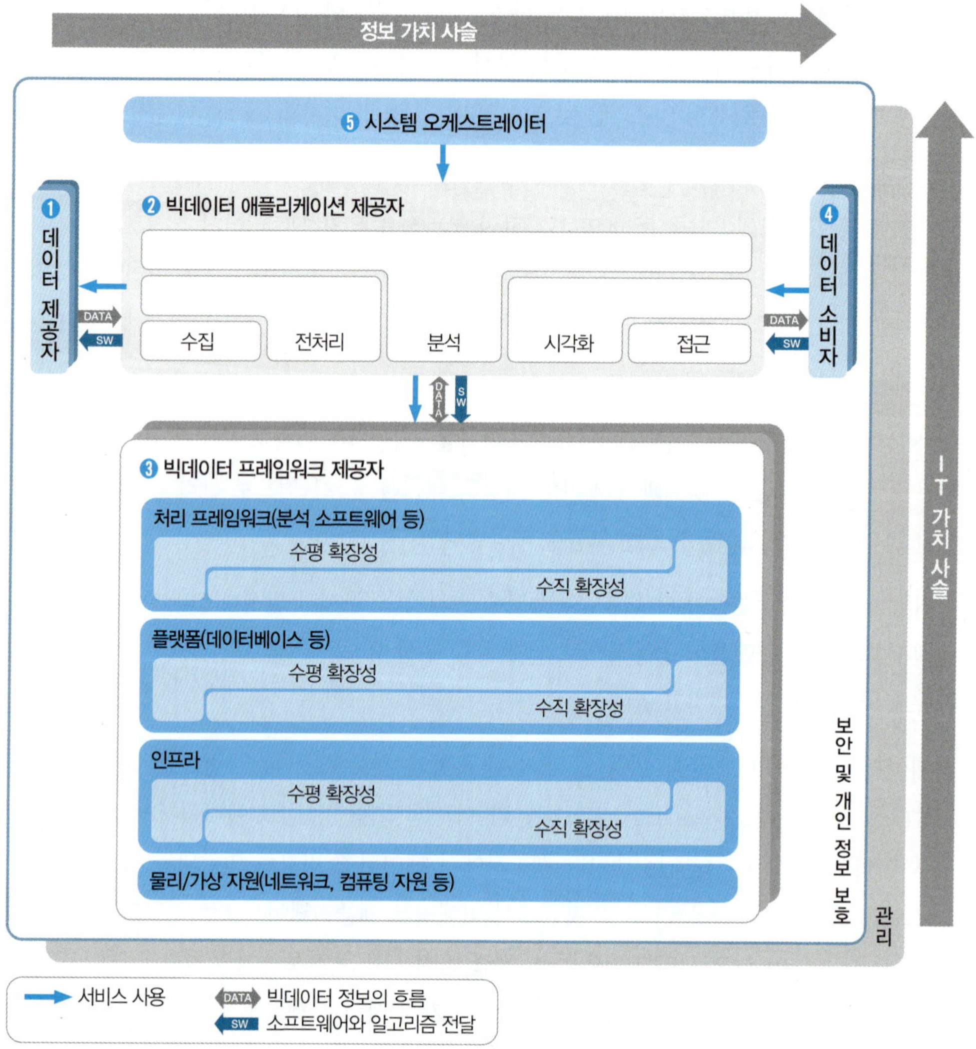

그림 3-1 대표적인 표준화 빅데이터 플랫폼인 NIST의 빅데이터 참조 아키텍처

NIST의 빅데이터 참조 아키텍처를 보면 데이터 제공자, 빅데이터 애플리케이션 제공자, 빅데이터 프레임워크 제공자, 데이터 소비자, 시스템 오케스트레이터의 5가지 핵심 컴포넌트로 이루어진다. 여기에 두 가지 부가 컴포넌트인 보안 및 개인 정보 보호, 관리가 포함된다(NIST 2015 기준). 이 중에서 5가지 핵심 컴포넌트는 다음과 같다.

❶ **데이터 제공자**

데이터 제공자data provider는 빅데이터 시스템으로 새로운 데이터를 제공하는 행위자(액터)다. 데이터 제공자는 데이터의 수집, 보존, 메타데이터 생성, 퍼블리싱, 데이터 접근성, 데이터 권한 관리 기능 등을 제공한다. 행위자가 제공하는 새로운 데이터는 시스템에 이미 존재하는 것과는 다르다.

❷ **빅데이터 애플리케이션 제공자**

빅데이터 애플리케이션 제공자big data application provider는 보안 및 개인 정보 보호 요구 사항과 시스템 오케스트레이터의 요구 사항을 기반으로 데이터 생애 주기life cycle인 수집, 준비, 분석, 활용을 실행시키는 행위자다. 데이터의 준비, 분석, 시각화, 분석 정보에 대한 접근 관리 기능을 제공한다.

❸ **빅데이터 프레임워크 제공자**

빅데이터 프레임워크 제공자big data framework provider는 애플리케이션을 위한 컴퓨팅 자원을 제공하는 행위자다. 컴퓨팅 자원에는 처리 프레임워크processing frameworks, 플랫폼, 인프라, 물리/가상 자원physical/virtual resources 등이 포함된다.

❹ **데이터 소비자**

데이터 소비자data consumer는 빅데이터 애플리케이션 제공자를 사용하는 사람 또는 시스템이다.

❺ **시스템 오케스트레이터**

시스템 오케스트레이터system orchestrator는 수직 시스템인 빅데이터 애플리케이션 제공자와 빅데이터 프레임워크 제공자에게 필요한 데이터 애플리케이션을 정의하고 통합하는 기능을 수행한다.

NIST의 빅데이터 참조 아키텍처에서 정보 가치 사슬은 제공자로부터 소비자에게 데이터가 전달되는 중간에 빅데이터 애플리케이션 제공자를 두어서 데이터 소비자의 접근, 수집, 분석을 지원하는 구조다. 그리고 기술 기반 구조인 빅데이터 프레임워크 제공자와 시스템 오케스트레이터가 빅데이터 애플리케이션 제공자를 지원하는 구조다.

2 빅데이터 에코시스템

빅데이터 시대를 명확히 이해하기 위해서는 빅데이터 에코시스템에 주목할 필요가 있다. 앞에서 설명했듯이, 빅데이터 에코시스템은 빅데이터 플랫폼에 서비스 산업을 결합하여 고객에게 가치를 전달하는 유기적 공동체다. 빅데이터 에코시스템은 빅데이터를 구성하는 인프라, 소프트웨어, 분석 툴 등을 중심으로 전개되므로 다양한 종류의 서비스와 서비스 조합 방식을 이해하는 것이 중요하다.

빅데이터 에코시스템은 빅데이터 서비스 공급자, 빅데이터 서비스 소비자, 애플리케이션 공급자로 구성된다. 빅데이터 서비스 공급자는 하드웨어와 소프트웨어, 다양한 플랫폼을 통해 서비스를 제공한다. 이러한 서비스가 애플리케이션을 통해 순환하면서 빅데이터 에코시스템이 작동한다.

그림 3-2 빅데이터 에코시스템

(출처: [IT & Future Strategy] 빅데이터 시대: 에코시스템을 둘러싼 시장경쟁과 전략분석, 한국정보화진흥원(NIA), 2012. 4)

여기서 잠깐 비즈니스 에코시스템

비즈니스 에코시스템(business ecosystem)은 1993년에 제임스 무어(James Moore)가 정립한 개념으로 하나의 기업이 아닌 다양한 산업에 속한 여러 기업이 서로 협력하여 하나의 고객 가치를 전달하는 경제적 공동체(생태계)를 일컫는다. 소비자를 포함한 모든 에코시스템 참여자의 역량과 이익을 높여 공동체가 건전하게 발전할 수 있는 방향을 모색하는 것이 비즈니스 에코시스템의 핵심이다.

3 빅데이터 서비스 프레임워크

빅데이터 서비스 프레임워크는 빅데이터 시장을 효율적으로 이해하기 위한 것으로, 빅데이터 에코시스템 안에서 서비스 공급자를 분류하고 서비스 유형과 수준을 파악하는 작업이 필요하다.

빅데이터 프레임워크를 이해하기 위해 먼저 공급자를 살펴보자. 공급자에는 빅데이터 서비스 공급자와 애플리케이션 공급자가 있으며 공급하는 서비스의 유형과 수준에 따라 분류된다.

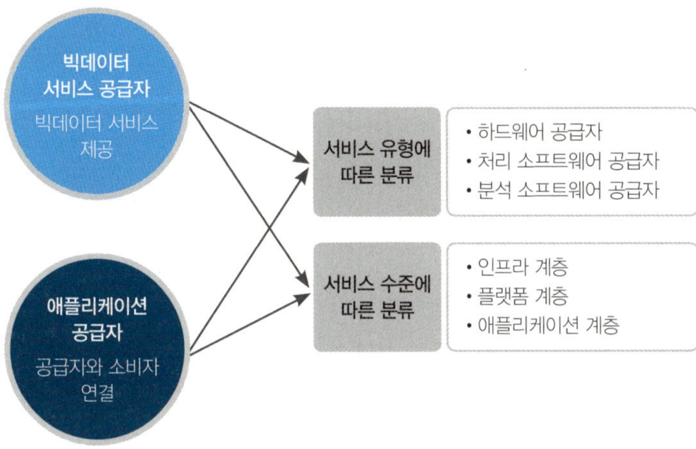

그림 3-3 빅데이터 시장의 공급자 분류

(출처: [IT & Future Strategy] 빅데이터 시대: 에코시스템을 둘러싼 시장경쟁과 전략분석, 한국정보화진흥원(NIA), 2012. 4)

빅데이터 서비스 공급자는 공급하는 서비스 유형에 따라 하드웨어 공급자, 처리 소프트웨어 공급자, 분석 소프트웨어 공급자로 분류할 수 있다.

❶ 하드웨어 공급자

자체 데이터센터 및 클라우드 시스템을 통해 빅데이터 서비스를 위한 인프라를 공급한다.

❷ 처리 소프트웨어 공급자

서비스 소비자가 저장한 빅데이터를 효과적으로 저장 및 처리할 수 있는 소프트웨어를 제공한다.

❸ 분석 소프트웨어 공급자

서비스 소비자의 빅데이터를 분석할 소프트웨어를 제공한다.

추가로, 빅데이터 서비스 공급자는 공급하는 서비스 수준에 따라 인프라 계층, 플랫폼 계층, 애플리케이션 계층으로 분류할 수 있다.

④ 인프라 계층

빅데이터를 위한 기초 작업을 담당하는 하드웨어나 운영체제를 제공한다. 자체적으로 구축한 인프라나 가상화를 위한 클라우드 컴퓨팅 서비스가 여기에 속한다.

⑤ 플랫폼 계층

클라우드 컴퓨팅 서비스나 하드웨어에 종속되지 않는 처리 및 분석 소프트웨어 등을 제공한다.

⑥ 애플리케이션 계층

소비자가 빅데이터와 소통하는 매커니즘을 제공한다. 빅데이터 처리 결과를 바탕으로 소비자가 원하는 분석 결과를 제공하거나 시장에 유통한다.

[그림 3-4]는 빅데이터 서비스 공급자 분류를 위한 빅데이터 서비스 프레임워크를 나타낸 것이다. 그림을 보면, 공급자가 공급하는 서비스의 유형과 수준을 두 축으로 구성하며 이를 토대로 빅데이터 시장에서 파악할 수 있는 서비스의 구체적인 특성을 6개 유형(A, B, C, D, E, F)으로 분류한다.

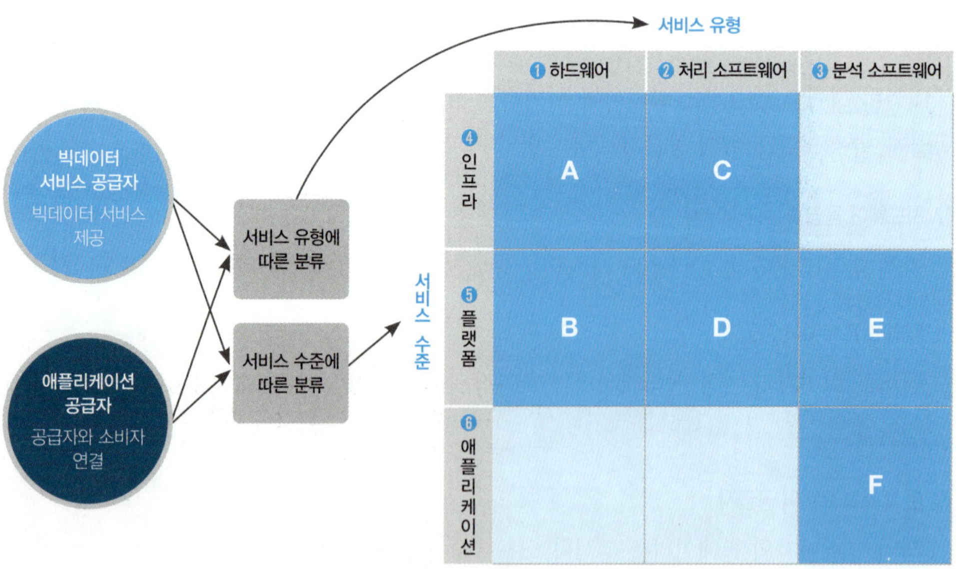

그림 3-4 빅데이터 서비스 공급자 분류를 기반으로 나타낸 빅데이터 서비스 프레임워크

(출처: [IT & Future Strategy] 빅데이터 시대: 에코시스템을 둘러싼 시장경쟁과 전략분석, 한국정보화진흥원(NIA), 2012. 4)

■ A: 하드웨어-인프라 유형

기업 등에서 자체 데이터센터를 구축할 수 있게 해주는 서비스 유형이다. 이 유형은 사적 데이터를 중심으로 하는 기업형 솔루션과 공적 데이터를 중심으로 하는 플랫폼 서비스로 구분할 수 있다. IBM, HP, 오라클 등의 기업용 하드웨어 솔루션 제품이 여기에 해당한다.

■ B: 하드웨어-플랫폼 유형

클라우드를 기반으로 서비스를 제공하는 유형이다. 기존의 클라우드 컴퓨팅 시스템을 사용해 빅데이터 서비스를 제공한다.

■ C: 처리 소프트웨어-인프라 유형

하드웨어와 소프트웨어를 함께 제공하는 서비스 유형이다. 대용량 데이터를 다루는 데 필요한 분산 저장 및 병렬 처리 인프라에 처리 솔루션까지 제공한다. 기업용 솔루션 사업을 하는 오라클, IBM, HP, EMC 등의 기업에서 자사의 하드웨어와 특화된 소프트웨어를 통합해서 제공한다.

■ D: 처리 소프트웨어-플랫폼 유형

오픈 소스 기반의 소프트웨어 플랫폼을 제공하는 서비스 유형이다. 공급자는 오픈 소스를 기반으로 하는 빅데이터 처리 프로그램을 공급하고 소비자는 공급자가 제공하는 클라우드 서비스를 통해 빅데이터 처리 서비스를 이용할 수 있다.

■ E: 분석 소프트웨어-플랫폼 유형

일반 소비자를 위한 분석 소프트웨어를 제공하는 서비스 유형이다. 빅데이터를 솔루션으로 상품화하고 클라우드 컴퓨팅과 결합하여 제공한다. 소비자는 자체 서버와 솔루션을 구축하는 대신 클라우드 컴퓨팅 인프라에서 데이터를 저장 및 분석하는 프로그램을 이용할 수 있다.

■ F: 분석 소프트웨어-애플리케이션 유형

고객 맞춤형 솔루션 서비스 유형으로 데이터의 의미를 파악하고 이를 분석해서 활용하는 서비스를 제공한다. 축적된 데이터를 바탕으로 분석한 후 결과의 의미를 파악하여 제공한다. 소비자의 검색 패턴을 이용해 독감 확산을 예측했던 구글 분석이 대표적 사례다.

이 책에서 다루는 빅데이터 분석 프로젝트는 빅데이터 서비스 프레임워크 중 F 유형에 해당한다. 분석 목적을 파악하고 분석 기술을 적용한 파이썬 프로그램을 작성하여 분석을 수행한 뒤 결과를 시각화하여 제공한다.

02 빅데이터 분석 방법과 접근법

이 책에서 우리가 다룰 빅데이터 분석 프로젝트는 빅데이터 서비스 프레임워크 중에서 'F: 분석 소프트웨어-애플리케이션 유형'에 속한다. 프로젝트를 진행하기 전에 빅데이터 분석 방법과 분석 접근법에 대해 알아보자.

1 빅데이터 분석 방법

빅데이터 분석을 진행하면 기존 데이터 분석에서 시도하지 않았던 웹 서버 로그 데이터, 클릭 데이터, 소셜미디어 데이터, 센서 데이터 등의 새로운 데이터를 분석할 수 있다. 또한 기존에는 다루지 못한 대량의 데이터를 분석하여 의미 있는 패턴이나 유용한 정보를 찾아내 문제 해결 및 의사결정에 활용할 수 있다.

빅데이터 분석 방법은 분석 목적에 따라 다음과 같이 구분할 수 있다.

- **통계 분석**: 통계 기법에 의한 분석 방법으로 가장 대표적인 유형이다.
- **예측 분석**: 과거의 데이터와 변수 간의 관계를 이용해 새로운 변수를 추정한다.
- **데이터 마이닝 분석**: 많은 데이터 속에 숨겨진 유용한 패턴을 추출하여 분류, 군집, 연관, 이상 탐지 분석 등을 수행한다.
- **최적화 분석**: 주어진 제한 조건을 만족하면서 목적 함수를 최대화 또는 최소화하는 방법을 찾는다.

2 빅데이터 분석 접근법

빅데이터 분석 접근법에는 전통적인 하향식 접근법, 데이터 자체로부터 문제 해결을 주도하는 상향식 접근법, 빅데이터 환경의 불확실성을 고려한 프로토타이핑 접근법이 있다.

■ 하향식 접근법

문제 해결 방법을 찾기 위해 필요한 데이터를 수집 및 분석하는 방식이다. 문제 해결을 위해 근본 원인을 파악하고 분석 과제를 도출한 뒤 해결 방안을 도출한다. 이때 도출된 해결 방안에 대한 실현 가능성과 우선순위를 결정하기 위해 데이터를 수집·가공·분석하는 접근법이다.

하향식 접근법에서는 분석 과제를 도출하기 위해 '수요 기반 분석 과제 도출 방식demand-pull approach'을 사용한다. 이 방식은 해결할 이슈나 문제를 먼저 정의한 뒤 문제 해결 시나리오를 수립하고 이 시나리오에 적합한 데이터와 필요한 분석 기법을 찾아서 활용하는 방식이다. 이 과정에서 데이터 분석은 문제 해결을 가능하게 하는 실행 동인enabler 역할을 한다.

■ 상향식 접근법

현재 보유하고 있는 데이터를 분석하여 의미 있는 관계나 패턴을 찾아 지식을 발견하고 문제를 해결하는 방식이다. 정형 데이터는 물론이고 다양한 원천의 비정형 데이터를 조합하고 시각화하며 의미 있는 패턴을 파악한 뒤 이를 적용하여 문제를 해결하는 데이터 기반의 접근법이다.

상향식 접근법에서는 분석 과제를 도출하기 위해 '데이터 주도 분석 과제 도출 방식data-driven approach'을 사용한다. 이 방식은 다양한 데이터 분석을 통해 이슈나 문제에 대한 해결 과제를 새로운 시각으로 도출한다. '수요 기반 분석 과제 도출 방식'에서는 이슈나 문제를 정의하는 것에서 시작하여 사전에 정해진 시나리오에 입각해 정형화된 분석을 수행하지만 '데이터 주도 분석 과제 도출 방식'에서는 다양한 데이터 간의 교차 분석 및 상호 연관성 분석을 수행하여 그동안 인지하지 못한 패턴과 정보를 찾아내고 해결 과제를 도출한다. 이 과정에서 데이터는 추진 동인driver 역할을 한다.

■ **프로토타이핑 접근법**

프로토타이핑 접근법은 빅데이터 환경의 불확실성을 고려한 방식이다. 일반적으로 문제를 해결하려면 소비자 관점에서 문제를 정확하게 정의해야 한다. 그러나 소비자의 요구 사항이나 데이터를 규정하기가 어렵고 데이터 원천도 명확히 파악하기 어려운 경우가 있는데 이러한 상황에서는 일단 프로토타입을 만들어 분석을 시도한 뒤 결과를 확인하고 개선한다. 이러한 작업을 반복하면서 소비자가 원하는 결과를 도출하는 것이 프로토타이핑 접근법이다.

빅데이터 분석 프로젝트를 진행할 때는 세 가지 접근법 중 한 가지 방식을 사용하기보다는 프로젝트의 성격과 요구 사항, 환경 등에 따라 접근법을 조합하거나 변형해서 사용하는 것이 일반적이다. 이 책에서 다루는 빅데이터 분석 프로젝트에서는 데이터를 다루는 것이 가장 중요하므로 데이터 과학 관점에서 구조화된 데이터 과학 방법론을 사용할 계획이다.

03 빅데이터 분석을 위한 데이터 과학 방법론

빅데이터를 다루고 그 안에서 가치를 도출하는 과정이 데이터 과학이다. 이 책에서 다룰 빅데이터 분석 프로젝트에 적용할 데이터 과학 방법론은 하향식 접근법과 프로토타이핑 접근법을 융합한 것으로, 구조적이고 체계적인 단계 수행과 반복적인 모델 구축 작업을 통해 프로젝트 성공률을 높일 수 있다.

우리가 사용할 데이터 과학 방법론은 다음과 같이 6단계로 구성되며 필요에 따라 특정 단계를 반복해서 수행할 수 있다.

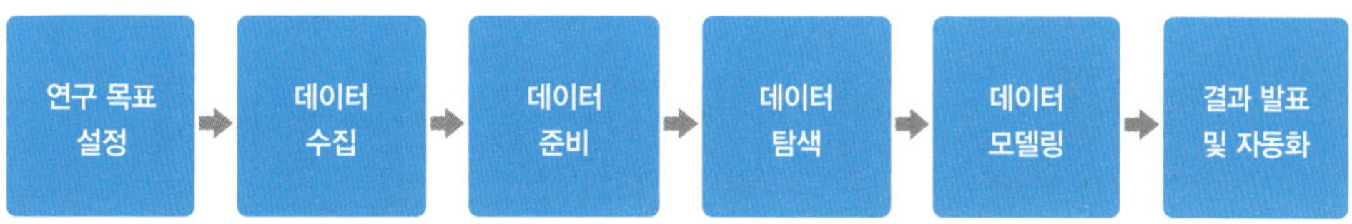

그림 3-5 데이터 과학 방법론의 6단계 구성 (출처: Davy Cirlen, Arno Meysman, and Mohamed Ali, Introducing Data Science: Big Data, Machine Learning, and more, using Python tools, Manning Publications Co. 2016)

각 단계를 좀더 자세하게 살펴보자.

1단계 연구 목표 설정

빅데이터 분석 프로젝트를 시작할 때 가장 먼저 할 일은 연구 목표를 설정research goal setting하는 것이다. 이때 무엇을 분석할지, 결과가 어디에 왜 필요한지, 어떤 데이터가 필요한지, 프로젝트 일정은 어떻게 정할 것인지 등을 이해 당사자와 논의하여 결정해야 한다.

프로젝트와 관련된 모든 참여자가 연구 목표를 함께 정의하고 산출물과 일정 등의 계획에 합의한 뒤 프로젝트 헌장project charter를 작성하면 공식적으로 프로젝트가 시작된다.

표 3-1 프로젝트 헌장 예시

<table>
<tr><th colspan="5">프로젝트 헌장(Project Charter)</th></tr>
<tr><td>프로젝트 명
(Project Name)</td><td colspan="4"></td></tr>
<tr><td>프로젝트 설명
(Project Description)</td><td colspan="4"></td></tr>
<tr><td>프로젝트 매니저
(Project Manager, PM)</td><td></td><td colspan="2">승인 날짜
(Date Approved)</td><td></td></tr>
<tr><td>프로젝트 스폰서
(Project Sponsor)</td><td></td><td colspan="2">서명
(Signature)</td><td></td></tr>
<tr><th colspan="2">비즈니스 케이스(Business Case)</th><th colspan="3">목표(Goals) / 산출물(Deliverables)</th></tr>
<tr><td colspan="2"></td><td colspan="3" rowspan="7"></td></tr>
<tr><th colspan="2">팀 구성원(Team Member)</th></tr>
<tr><th>이름(Name)</th><th>역할(Role)</th></tr>
<tr><td></td><td></td></tr>
<tr><td></td><td></td></tr>
<tr><td></td><td></td></tr>
<tr><td></td><td></td></tr>
<tr><th colspan="2">위험과 제약사항(Risk and Constraints)</th><th colspan="3">주요 일정(Milestones)</th></tr>
<tr><td colspan="2"></td><td></td><td colspan="2"></td></tr>
<tr><td colspan="2"></td><td></td><td colspan="2"></td></tr>
<tr><td colspan="2"></td><td></td><td colspan="2"></td></tr>
<tr><td colspan="2"></td><td></td><td colspan="2"></td></tr>
<tr><td colspan="2"></td><td></td><td colspan="2"></td></tr>
<tr><td colspan="2"></td><td></td><td colspan="2"></td></tr>
</table>

2단계 데이터 수집

데이터 수집data retrieval 단계에서는 프로젝트에 필요한 데이터의 위치와 형태를 확인하고 원시 데이터raw data를 수집한다. 이때 이미 가지고 있는 내부 데이터베이스나 데이터 저장소를 이용하기도 하지만 외부에서 수집하는 경우도 있다. 예를 들어, 정보 공유 정책에 따라 정부 기관 및 공적 조직에서 공유하는 데이터가 증가하고 있으니 이를 이용할 수 있다([표 3-2]). 또는 서비스 및 생태계 강화를 목적으로 데이터를 제공하는 네이버, 엑스(옛 트위터), 페이스북 등을 활용하는 것도 데이터를 수집하는 좋은 방법이다.

표 3-2 개방 데이터를 제공하는 사이트

사이트	설명
http://data.go.kr	한국 정부에서 제공하는 공공데이터
http://kostat.go.kr	한국 통계청에서 공개하는 데이터
http://opendata.hira.or.kr	한국 보건 의료 빅데이터 개방 시스템
http://www.localdata.kr	한국 지방행정 인허가 데이터
https://www.mcst.go.kr	한국 문화체육관광부 문화 데이터
http://data.seoul.go.kr	서울시 열린데이터 광장
https://data.gg.go.kr	경기도 공공데이터 개방 포털
http://data.gov	미국 정부의 공공데이터
http://data.worldbank.org	세계 은행에서 제공하는 개방 데이터
http://open.fda.gov	미국 식약청의 개방 데이터

외부에서 데이터를 수집할 때는 [표 3-3]과 같은 다양한 수집 기술을 활용할 수 있다.

표 3-3 다양한 데이터 수집 기술

수집 기술	설명	수집 데이터
크롤링	• SNS, 뉴스, 웹 정보처럼 인터넷에서 제공하는 데이터를 수집할 수 있다.	웹 추출 데이터
FTP	• TCP/IP 프로토콜을 활용하는 인터넷 서버에서 각종 파일을 송수신할 수 있다. • 보안을 강화하려면 SFTP 사용을 고려해야 한다. • 서버 간 연동 시에는 전용 네트워크 구축을 고려해야 한다.	파일
Open API	• 서비스, 데이터 등을 어디서나 쉽게 이용하도록 개방된 API로 데이터 수집 방식을 제공한다. • 다양한 애플리케이션을 개발할 수 있도록 개발자와 소비자에게 공개되어 있다.	실시간 수집 데이터
RSS	• 웹 기반의 최신 정보를 공유하기 위한 XML 기반의 콘텐츠 배급 프로토콜이다.	XML 기반 웹 콘텐츠
스트리밍	• 인터넷에서 실시간으로 음성/오디오/비디오 데이터를 수집하는 기술이다.	음성/오디오/비디오의 실시간 수집 데이터
로그 수집기	• 웹 서버 로그, 웹 로그, 트랜잭션 로그, 클릭 로그, DB 로그 등 각종 로그 데이터를 수집하는 오픈 소스 기술이다. • Chukwa, Flume, Scribe 등이 있다.	로그
RDB 수집기	• 관계형 데이터베이스에서 정형 데이터를 수집한 뒤 HDFS(하둡 분산 파일 시스템)나 HBase와 같은 NoSQL에 저장하는 오픈 소스 기술이다. • Sqoop, Direct JDBC/ODBC 등이 있다.	RDB 기반 데이터

수집할 데이터의 유형과 종류를 파악한 뒤 그에 맞는 수집 기술을 선택해서 사용해야 한다. [표 3-4]의 예를 참고한다.

표 3-4 데이터의 유형과 종류에 따라 사용할 수 있는 수집 기술의 예

유형	종류	수집 기술
정형 데이터	RDB, 스프레드시트	ETL, FTP, Open API
반정형 데이터	HTML, XML, JSON, 웹 문서, 웹 로그, 센서 데이터	크롤링, RSS, Open API, FTP
비정형 데이터	소셜 데이터, 문서(워드, 한글), 이미지, 오디오, 비디오, IoT	크롤링, RSS, Open API, 스트리밍, FTP

3단계 데이터 준비

데이터 준비data preparation는 수집한 원시 데이터의 품질을 높이기 위해 정제한 후 사용 가능한 형태로 가공하는 단계다. 수집한 데이터를 다음 단계에서 사용할 수 있게 오류를 여과filtering하거나 수정하여 정제하고 필요하다면 통합하거나 형태를 변환한다.

표 3-5 데이터 준비에 필요한 작업 (출처: 빅데이터 활용 단계별 업무절차 및 기술 활용 매뉴얼(Version 1.0), 한국정보화진흥원(NIA))

종류	설명
데이터 여과	• 오류 발견 · 보정 · 삭제, 중복성 확인 등의 과정을 통해 데이터 품질을 향상시킨다.
데이터 정제	• 결측치는 채워 넣고 이상치는 식별 또는 제거하고 잡음이 섞인 데이터는 평활화하여 데이터 불일치성을 교정한다.
데이터 통합	• 데이터 분석이 용이하도록 유사 데이터 및 연계가 필요한 데이터(또는 데이터베이스)를 통합한다.
데이터 축소	• 분석 시간을 단축하기 위해 분석에 사용하지 않는 항목은 제거한다.
데이터 변환	• 데이터 분석에 용이한 형태로 데이터 유형을 변환한다. • 정규화normalization, 집합화aggregation, 요약summarization, 계층 생성 등의 방법을 활용한다. • ETLExtraction, Transformation, Loading 도구를 제공한다.

4단계 데이터 탐색

데이터 탐색data exploration은 데이터와 변수 간의 관계나 상호작용을 이해하기 위한 단계다. 변수 간의 관련성, 데이터의 분포, 편차, 패턴 존재 여부를 확인하는 탐색적 데이터 분석(EDA)Exploratory Data Analysis이라고도 한다. 데이터를 쉽게 이해하기 위해 꺾은선그래프나 히스토그램, 분포도 등과 같은 그래픽 기법을 많이 사용한다.

5단계 데이터 모델링

데이터 모델링data model building은 이전 단계에서 얻은 데이터 탐색 결과로 프로젝트에 대한 답을 찾는 단계다. 변수를 선택하여 모델을 구성하고 실행 및 평가하는 과정을 반복 수행하여 문제 해결 모델을 완성한다. 이때 분석하려는 데이터의 특성과 목적에 따라 모델 유형을 선택할 수 있다.

표 3-6 데이터 분석 모델의 종류 (출처: 빅데이터 활용 단계별 업무 절차 및 기술 활용 매뉴얼(Version 1.0), 한국정보화진흥원(NIA))

유형	종류 및 설명	
통계 분석 모델	전통적인 분석 기법이다. 주로 수치형 데이터에 사용하며 확률을 기반으로 현상을 추정 및 예측한다.	
	기술 통계	대표적인 것으로 평균(산술평균, 중앙값, 최빈값), 분산, 표준편차가 있다.
	상관 분석	두 변수가 어떤 선형적 관계를 가지는지 분석하는 기법이다. 두 변수는 서로 독립적 관계일 수도 있고 상관된 관계일 수 있는데 이러한 관계의 강도를 상관관계라고 한다.
	회귀 분석	연속형 변수에 대해 독립 변수와 종속 변수 사이의 상관관계에 따른 수학적 모델인 선형적 관계식을 구하여 어떤 독립 변수가 주어졌을 때 이에 따른 종속 변수를 예측하거나 수학적 모델이 얼마나 잘 설명하고 있는지를 판별하기 위한 적합도를 측정하는 분석 기법이다.
	분산 분석	2개 이상 다수의 집단을 비교할 때 집단 내의 분산, 총평균과 각 집단의 평균의 차이로 생긴 집단 간 분산의 비교를 통해 만들어진 F분포로 가설을 검증하는 기법이다.
	주성분 분석	다양한 변수를 분석하는 다변량 분석으로 많은 변수로부터 몇 개의 주성분을 추출하는 기법이다. 이때 주성분 분석은 차원 축소를 위한 것이다.
데이터 마이닝 모델	패턴 인식, AI, 머신러닝, 딥러닝 등을 이용해 대용량 데이터에 숨겨진 데이터 간의 상호 관련성 및 유용한 정보를 추출하는 기법이다.	
	예측	대용량 데이터 집합 내의 패턴을 기반으로 미래를 예측한다(예 수요 예측).
	분류	일정한 집단에 대해 특정한 정의로 분류 및 구분을 추론한다.
	군집화	구체적인 특성을 공유하는 자료를 분류한다. 미리 정의된 특성에 대한 정보를 가지지 않는다는 점에서 분류와 다르다(예 유사 행동 집단의 구분).
	패턴 분석	동시에 발생한 사건 간의 상호연관성을 탐색한다(예 장바구니 속 상품의 관계).
	순차 패턴 분석	연관 규칙에 시간 개념을 반영하여 시계열에 따른 패턴의 상호 연관성을 탐색한다(예 금융 상품 사용을 위한 반복 방문).
텍스트 마이닝 모델	텍스트 기반의 데이터로부터 새로운 정보를 발견할 수 있도록 정보 검색, 추출, 체계화, 분석을 모두 포함하는 텍스트 처리 과정 및 기법이다.	
소셜 네트워크 분석 모델	언어 분석 기반의 정보 추출을 통해 대용량의 소셜 미디어 데이터에서 이슈를 탐지한 후 시간 경과에 따라 이슈가 유통되는 전체 과정을 모니터링하고 향후 추이를 분석하는 기법이다.	

6단계 결과 발표 및 분석 자동화

결과 발표 및 분석 자동화presenting the results and automating the analysis는 프로젝트 수행 결과가 연구 목표를 달성했는지를 이해 당사자, 특히 의사 결정자에게 이해시키고 가능하다면 이후의 유사 프로젝트 수행을 위해 분석 과정을 자동화하는 단계다. 모든 참여자를 대상으로 분석 결과를 발표하고 1단계에서 작성한 프로젝트 헌장에 명시된 목표를 달성했는지, 산출물이 제대로 작성되었는지, 일정과 예산은 계획대로 진행되었는지 등의 결과를 확인한 후 분석 과정을 재사용할 수 있도록 자동화한다.

요약

01 빅데이터 플랫폼은 빅데이터 자원과 이를 이용한 소프트웨어 또는 애플리케이션을 손쉽게 사용할 수 있는 기반 기술이 집합적으로 모여 형성된 환경이다.

02 빅데이터 에코시스템은 빅데이터 서비스 공급자, 빅데이터 서비스 소비자, 애플리케이션 공급자로 구성된다. 빅데이터 서비스 공급자는 하드웨어 및 소프트웨어, 다양한 플랫폼을 통해 서비스를 제공한다. 그리고 애플리케이션을 통해 이러한 서비스의 가치와 활용이 순환하면서 빅데이터 에코시스템이 동작한다.

03 빅데이터 서비스 프레임워크는 공급하는 서비스의 유형과 수준에 따라 빅데이터 서비스 공급자와 애플리케이션 공급자를 분류하여 현재 빅데이터 시장의 공급자 전략을 분석할 수 있는 프레임워크다. 공급하는 서비스 유형에 따라 하드웨어 공급자, 처리 소프트웨어 공급자, 분석 소프트웨어 공급자가 있고 공급하는 서비스 수준에 따라 인프라, 플랫폼, 애플리케이션으로 구분할 수 있다.

04 빅데이터 분석을 위한 접근법에는 전통적인 하향식 접근법, 데이터 자체로부터 문제 해결을 주도하는 상향식 접근법, 빅데이터 환경의 불확실성을 고려한 프로토타이핑 접근법이 있다.

05 이 책에서 다룰 빅데이터 분석 프로젝트에 적용할 데이터 과학 방법론은 다음과 같이 6단계로 구성되며 필요에 따라 특정 단계를 반복해서 수행할 수 있다.

연구 목표 설정 → 데이터 수집 → 데이터 준비 → 데이터 탐색 → 데이터 모델링 → 결과 발표 및 자동화

01 다음 중 빅데이터 에코시스템에 대한 설명으로 옳은 것은?

① 다양한 산업의 여러 기업이 서로 협력하여 하나의 고객 가치를 전달하는 경제적 공동체를 일컫는다.

② 빅데이터 정보 가치 사슬과 IT 가치 사슬을 축으로 구성되어 있다.

③ 빅데이터 서비스를 제공하는 공급자, 서비스를 구매하고 소비하는 소비자, 공급자와 소비자를 연결하는 애플리케이션 공급자로 구성된 공동체다.

④ 제임스 무어가 정립한 개념으로 산업 에코시스템과 같은 의미다.

02 빅데이터 서비스 프레임워크에서 공급하는 서비스 유형에 따른 공급자 유형이 아닌 것은?

① 네트워크 공급자 ② 하드웨어 공급자

③ 처리 소프트웨어 공급자 ④ 분석 소프트웨어 공급자

03 빅데이터 공급자 분류를 위한 서비스 프레임워크에서 서비스 수준에 따른 구분이 아닌 것은?

① 인프라 계층 ② 플랫폼 계층

③ 애플리케이션 계층 ④ 서비스 계층

04 다음 중 비정형 데이터 수집 기술이 아닌 것은?

① 크롤링 ② Open API

③ ETL ④ 스트리밍

05 다음 중 빅데이터 준비 작업에 속하지 않는 것은?

① 데이터 여과 ② 데이터 정제

③ 데이터 비교 ④ 데이터 변환

06 데이터 분석 모델 중에서 패턴 인식, 인공지능, 머신러닝, 딥러닝 등을 이용해 데이터에 숨겨진 상호 관련성 및 유용한 정보를 추출하는 기법을 사용하는 모델은?

① 통계적 분석 모델 ② 데이터 마이닝 모델

③ 텍스트 마이닝 모델 ④ 소셜 네트워크 분석 모델

07 빅데이터 분석 접근법 중에서 하향식 접근법에 대한 설명으로 옳지 않은 것은?

① 문제 해결을 위해 근본 원인을 파악하고 분석 과제를 도출한다.

② 비즈니스 문제를 식별하여, 해결해야 하는 데이터 문제로 변환한다.

③ 분석 과제를 도출하기 위해 수요 기반 과제 도출 방식을 사용한다.

④ 하향식 접근법에서 데이터 분석은 추진 동인, 즉 드라이버driver 역할을 한다.

08 다음 중 데이터 전처리에 대한 설명으로 옳지 않은 것은?

① 오류 발견, 보정, 삭제, 중복 확인 등의 과정을 통해 데이터 품질을 향상한다.

② 잡음(노이즈)이 섞인 데이터는 평활화하여 데이터 불일치성을 교정한다.

③ 분석 시간을 단축하기 위해 영향도가 낮은 항목을 제거한다.

④ 분석의 정확성을 높이기 위해 결측치 항목은 모두 제거한다.

09 다음 중 빅데이터 분석 방법론의 데이터 분석 단계에서 수행하는 작업이 아닌 것은?

① 분석 모델 선택 및 모델링
② 데이터 모델에 사용한 변수 선택
③ 모델링 과정 자동화 및 운영
④ 모델 실행 및 평가

10 빅데이터 분석 접근법의 세 가지 종류를 설명하시오.

11 이 책에서 사용할 데이터 과학 방법론의 6단계를 단계별로 설명하시오.

12 빅데이터 분석 프로젝트를 수행하는 방법론으로 데이터 과학 방법론이 적합한 이유를 설명하시오.

Part

02

빅데이터 분석 – 준비

Part 02

빅데이터 분석 – 준비

2부에서는 빅데이터 분석 프로젝트를 진행하기 전에 필요한 준비 과정을 살펴본다. 먼저, 데이터 분석에 필요한 파이썬 프로그래밍 방법을 익힌다. 다음으로 파이썬을 이용한 빅데이터 크롤링 방법을 익힌다.

- 4장: 파이썬 기본 문법과 주요 라이브러리를 학습한다.
- 5장: 오픈 API를 이용한 빅데이터 크롤링을 다룬다.
- 6장: 웹페이지 분석 기반 빅데이터 크롤링을 다룬다. 이때 웹페이지가 정적이냐 동적이냐에 따라 사용하는 라이브러리가 달라진다.

Chapter

04

파이썬 프로그래밍 기초

학습목표

- 데이터 분석에 필요한 파이썬 프로그래밍 기초를 이해한다.
- 파이썬 프로그래밍의 구성요소와 작성 방법 및 실행 방법을 안다.
- 데이터 분석에 주로 사용하는 파이썬 라이브러리를 안다.

01 파이썬 시작하기

1 파이썬과 빅데이터 분석

빅데이터 분석과 딥러닝을 위한 프로그래밍 언어로 파이썬Python이 주목받고 있다. 파이썬은 1990년 암스테르담의 귀도 반 로섬Guido Van Rossum이 개발한 인터프리터 방식의 프로그래밍 언어다. 파이썬이라는 이름은 귀도 반 로섬이 좋아하던 코미디 프로그램인 'Monty Python's Flying Circus'에서 따온 것이라고 한다. 그리고 원래 파이썬은 고대 신화에서 파르나소스 산 동굴에 살던 큰 뱀을 일컫는 말이라 뱀이 파이썬 로고가 되었다.

그림 4-1 파이썬 로고

왜 파이썬을 빅데이터 분석에 사용하게 되었을까? 파이썬은 쉽게 배울 수 있고 오픈 소스로 제공되므로 무료로 사용할 수 있다. 파이썬은 문법 자체가 간단하며 필요한 작업을 라이브러리(패키지)를 확장해서 진행할 수 있다. 오픈 소스인 파이썬에는 전 세계 개발자들이 개발한 라이브러리가 추가되므로 빅데이터 분석이나 딥러닝 같은 새로운 작업을 위한 좋은 라이브러리가 빠르게 제공된다. 파이썬은 사용자가 늘고 새롭게 개발된 라이브러리도 많아지면서 다양한 분야의 작업이 가능해져 사용자가 더 늘어나는 선순환을 반복하며 성장하고 있다.

2 파이썬 설치와 실행

파이썬 설치하기

빅데이터 분석에 필요한 파이썬 프로그래밍 기초를 알아보기 위해 먼저 파이썬을 설치해 보자. 설치 과정은 다음과 같다.

1 설치 파일 다운로드하기 파이썬 공식 홈페이지(www.python.org)에서 윈도우용 파이썬(64bit) 설치 파일을 다운로드한다. 사용할 라이브러리(패키지)와의 호환성을 고려해서 최신 버전이 아니라, Python 3.11 버전을 다운로드한다.

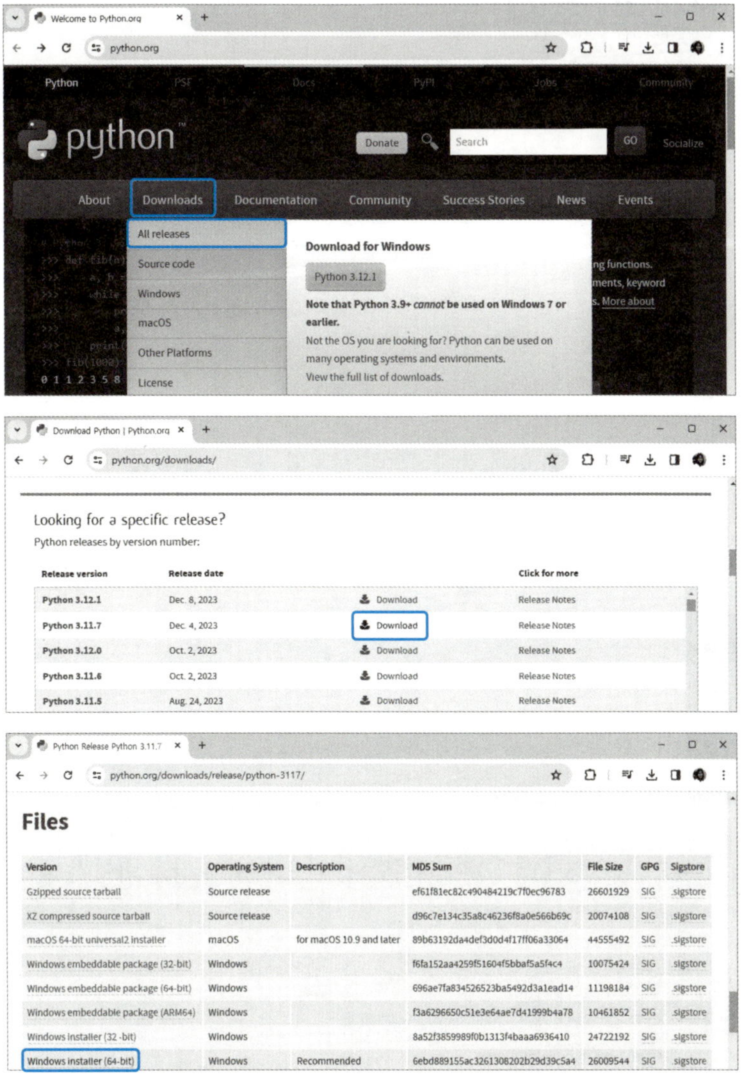

그림 4-2 파이썬 설치 파일 다운로드

2 설정 후 설치하기 다운로드한 설치 파일을 더블클릭하여 실행한다. 설치 시작 화면에서 체크박스를 모두 선택하고 [Install Now]를 클릭하여 설치를 시작한다.

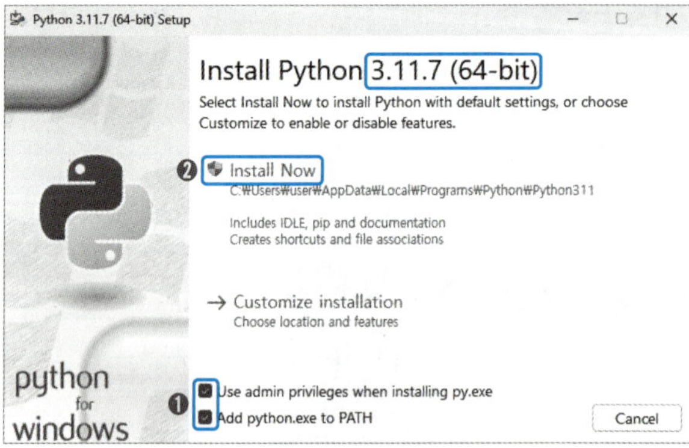

그림 4-3 파이썬 설치 시 설정

파이썬 작업 환경 실행하기

1 설치가 끝나면 바탕화면에서 시작(■) 버튼을 클릭하여 설치된 프로그램 목록에 [Python 3.11] 폴더가 있는지 확인하고 [IDLE (Python 3.11 64-bit)]를 클릭해 파이썬 작업 환경을 실행한다.

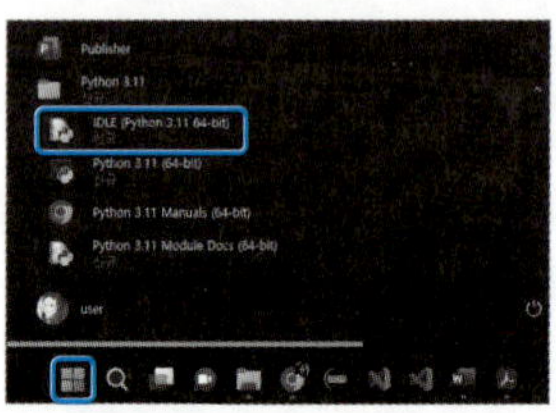

그림 4-4 파이썬 실행

2 파이썬 셸 창 확인하기 'IDLE Shell 3.11.7' 창이 나타난다. 앞으로는 이 창을 파이썬 셸 창이라고 부른다.

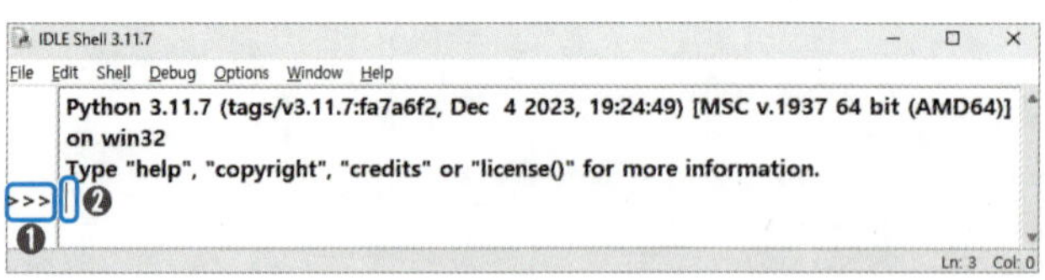

그림 4-5 파이썬 셸 창

❶ **프롬프트**prompt: 명령어를 입력받을 준비가 되었음을 나타낸다.

❷ **커서**cursor: 키보드로 입력(타이핑)하는 내용이 들어갈 위치를 나타낸다.

파이썬 셸 창의 기능을 알아보기 위해 '3+5'를 입력한 뒤 Enter를 누른다. 단, 파이썬은 띄어쓰기로 블록을 구분하므로 명령어를 입력하기 전에 공백이 생기지 않도록 주의한다.

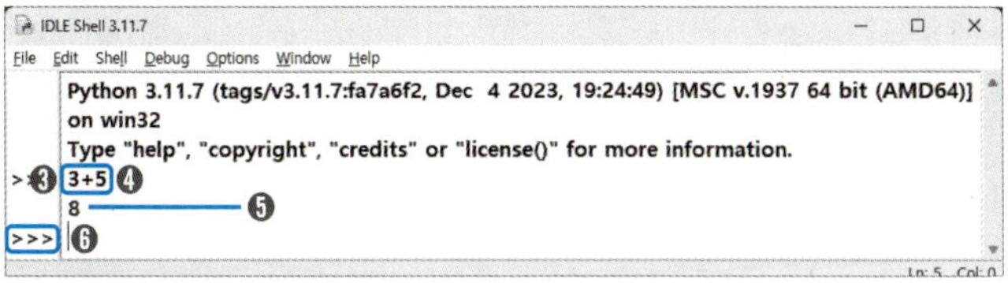

그림 4-6 파이썬 셸 창 사용 연습

❸ **명령어 입력하기**: 키보드로 입력한 명령어가 프롬프트 다음에 있는 커서 위치에 표시된다.

❹ Enter **누르기**: 명령어 입력 상태를 끝내고 입력된 명령어를 실행한다.

❺ 실행 결과가 파란색으로 출력된다. 에러가 발생하면 빨간색 메시지가 나타난다.

❻ 명령 실행이 끝나면 프롬프트와 커서가 다시 나타나서 다음 명령어를 입력 받을 준비가 되었음을 알린다.

3 파이썬 셸 창 닫기 [File]−[Exit IDLE]를 클릭하거나 창 닫기(X) 버튼을 클릭하여 파이썬 셸 창을 종료한다.

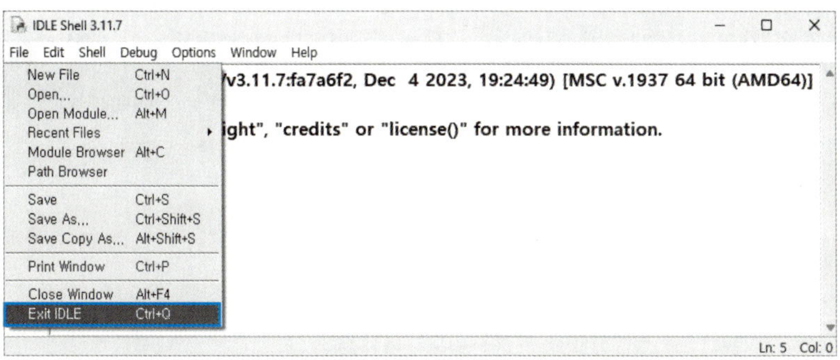

그림 4-7 파이썬 셸 창 종료

4 실습 폴더 만들기 이 장에서 실습할 파일을 저장하기 위해 C 드라이브의 사용자(Users) 폴더에 My_Python 폴더를 만든다.

그림 4-8 실습에 사용할 폴더 만들기

02 변수와 객체

1 변수

변수는 값을 저장하는 메모리 공간이다. 파이썬에서는 변수를 미리 선언하지 않으며 변수에 저장해서 사용하는 값의 자료형으로 변수의 자료형이 결정된다.

2 객체

객체는 변수 형태의 속성attribute과 함수 형태의 메서드method를 가진 것으로, 각 객체는 자신의 속성(내부 데이터)과 메서드(내부 연산)를 가진다. 대부분의 객체 지향 프로그래밍 언어에서는 변수와 객체를 구분해서 제공하는데 파이썬에서는 모든 변수와 자료형이 객체로 되어 있다.

예를 들어 'a = 1 + 2j'라는 명령어는 '1 + 2j의 복소수 값을 가진 변수 a를 생성하라'는 의미이므로 변수 a는 복소수 자료형의 객체가 된다. 따라서 a.real은 복소수 객체 a의 real 속성 값, 즉 실수부의 값인 1이 된다. 그리고 a.conjugate()는 복소수 객체 a의 conjugate() 메서드를 실행한 결괏값인 1−2j가 된다. 참고로, 파이썬에서는 복소수의 허수부 표시에 i 대신 j를 사용한다.

03 자료형과 연산자

이 절부터는 파이썬의 기본 문법을 실제 코드와 함께 설명한다. 파이썬 코드를 셀 창에서 실습할 때는 명령문 1개를 입력하고 Enter를 눌러서 실행한다.

1 기본 자료형

파이썬의 자료형에는 1개의 값을 다루는 기본 자료형과 여러 값의 그룹을 다루는 그룹 자료형이 있다. 기본 자료형에는 숫자 자료형과 논리boolean 자료형이 있다.

종류		형식	파이썬 코드
숫자형	정수	123, –123, 0	>>> a = 123
	실수	12.34, –23.4, 2.3e5, 3.4E–6	>>> a = 12.34

	복소수	1+2j, –3j	>>> a = 1 + 2j
			>>> a.real
			1.0
			>>> a.imag
			2.0
			>>> a.conjugate()
			(1 - 2j)
			>>> abs(a)
			2.23606797749979

	8진수	0o12, 0O34
		8진수를 나타내는 접두어: 0o(숫자 0+알파벳 소문자 o) 또는 0O(숫자 0+알파벳 대문자 O)
			>>> a = 0o12
			>>> a
			10

	16진수	0x12A, 0X3fc
		16진수를 나타내는 접두어: 0x(숫자 0+알파벳 소문자 x) 또는 0X(숫자 0+알파벳 대문자 X)
			>>> a = 0x12A
			>>> a
			298

논리형		True, False	>>> b = True
			>>> b
			True

숫자 자료형에는 다음과 같은 연산을 사용할 수 있다.

종류	파이썬 코드

덧셈	>>> a = 3
	>>> b = 4
	>>> a + b
	7

뺄셈	>>> a - b -1
곱셈	>>> a * b 12
나눗셈	>>> a / b 0.75

지수승 연산(a^b)	>>> a ** b
	81
	>>> 2 ** 3
	8

나머지 연산	>>> a % b
	3
	>>> 7 % 3
	1

나눗셈 몫 구하기
(소수점 이하 자리 버림)
	>>> a // b
	0
	>>> 7 // 3
	2

2 그룹 자료형

여러 값을 그룹으로 다루는 그룹 자료형에는 문자열string, 리스트list, 튜플tuple, 딕셔너리dictionary, 집합set이 있다.

문자열 자료형

문자열string은 1개 이상의 문자로 구성된 문자 집합이다. 문자열 데이터는 작은따옴표('), 큰따옴표(") 또는 작은따옴표 3개(''')나 큰따옴표 3개(""")를 사용하여 나타낸다.

종류	파이썬 코드

문자열	`>>> s1 = 'Hello Python'`
	`>>> s1`
	`'Hello Python'`
	`>>> s2 = "Hello Python"`
	`>>> s2`
	`'Hello Python'`
	`>>> s3 = '''Hello Python'''`
	`>>> s3`
	`'Hello Python'`
	`>>> s4 = """Hello Python"""`
	`>>> s4`
	`'Hello Python'`

문자열의 각 문자는 다음과 같이 인덱스를 이용해 지정할 수 있다.

[0]	[1]	[2]	[3]	[4]	[5]	[6]	[7]	[8]	[9]	[10]	[11]	[12]	[13]	[14]	[15]	[16]	[17]	[18]	[19]	[20]	[21]	[22]	[23]
N	o	w		i	s		b	e	t	t	e	r		t	h	a	n		n	e	v	e	r

그림 4-9 문자열과 인덱스

[그림 4-9]에서 인덱스 0의 값은 문자 'N'이다. 인덱스 −1은 마지막 문자의 인덱스인 23이 되어 값은 문자 'r'이 된다.

[4:6]과 같이 인덱스의 범위를 이용해 내부 문자열을 지정할 수도 있다. 콜론(:)의 왼쪽 값은 범위의 시작, 오른쪽 값은 범위의 끝 인덱스를 나타낸다. 이때 범위의 끝을 나타내는 인덱스 이전까지만 범위에 포함되고 끝 인덱스 자체는 포함되지 않는 것에 주의한다. 예를 들어 [4:6]의 경우 [4]와 [5]만 해당하고 [6]은 포함되지 않는다. 이렇게 인덱스로 범위를 지정하여 내부 문자열을 추출하는 작업을 슬라이싱slicing이라 한다.

그림 4-10 인덱스 범위

문자열 자료형에는 다음과 같이 다양한 연산을 사용할 수 있다.

종류	형식	파이썬 코드

문자열 연결	+	>>> head = "Python"
		>>> tail = " is fun"
		>>> head + tail
		'Python is fun'

문자열 곱하기	*	>>> head * 2
		'PythonPython'
		>>> print("=" * 5)
		=====

문자열 인덱싱		>>> a = "Now is better than never"
		>>> a[0]
		'N'
		>>> a[4]
		'i'
		>>> a[-1]
		'r'
		>>> a[-2]
		'e'

문자열 슬라이싱		>>> b = a[0] + a[1] + a[2]
		>>> b
		'Now'
		>>> a[0:3]
		'Now'
		>>> a[4:6]
		'is'
		>>> a[19:]
		'never'
		>>> a[:3]
		'Now'
		>>> a[:]
		'Now is better than never'
		>>> a[7:-11]
		'better'

문자 개수 계산	.count()	>>> a = "Python"
		>>> a.count('p')
		0 ── "Python" 문자열 안에 'p'(소문자 p)의 개수는 0개

문자 위치 확인	.find(),
	.index()
		>>> a.**find**('y')
		1 ← 문자의 위치 인덱스 출력
		
		>>> a.**find**('p')
		-1 ← 문자가 없으면 -1 출력
		>>> a.**index**('y')
		1
		>>> a.**index**('p')
		Traceback (most recent call last):
		File "<pyshell#45>", line 1, in <module>
		a.index('p')
		*ValueError: substring **not found*** ← 문자가 없으면 에러 메시지 출력 (파이썬 셸 창에서는 빨간색으로 표시됨, 이 책에서는 이탤릭체로 표시)

문자 삽입	.join()	>>> b = ","
		>>> c = b.**join**('Abcd')
		>>> c
		'A, b, c, d'

대문자 변환	.upper()	>>> a.**upper()** 'PYTHON'
소문자 변환	.lower()	>>> a.**lower()** 'python'

공백 제거	.lstrip(),
	.rstrip(),
	.strip()
		>>> d = " py "
		>>> d.**lstrip()**
		'py '
		>>> d.**rstrip()**
		' py'
		>>> d.**strip()**
		'py'

문자열 수정
(불가능)
		>>> a = 'Pithon'
		>>> a[1] = 'y'
		Traceback (most recent call last):
		File "<pyshell#81>", line 1, in <module>
		a[1] = 'y'
		*TypeError: 'str' object **does not support item assignment*** ← 문자열 원소는 수정이 불가능하므로 에러 메시지 출력

문자열 바꾸기	.replace()	>>> a = "Python is difficult."
		>>> a.**replace**("difficult", "funny")
		'Python is funny.'

문자열 나누기	.split()	>>> a.**split()**
		['Python', 'is', 'difficult.']
		>>> b = "a, b, c, d"
		>>> b
		'a, b, c, d'
		>>> b.**split(',')**
		['a', 'b', 'c', 'd']

리스트 자료형

리스트list는 [ ] 안에 원소를 순서대로 나열한 그룹 자료형이다. 인덱스를 이용해 리스트의 원소를 지정하는 방법은 문자열과 같다.

종류	형식	파이썬 코드

리스트 만들기		>>> a = [1, 2, 3]
		>>> b = ['Life', 'is', 'too', 'short']
		>>> c = [1, 2, 'Life', 'is']
		>>> d = [1, 2, [3, 4], ['Life', 'is']]

리스트 인덱싱		>>> d[0]
		1
		>>> d[2]
		[3, 4]
		>>> d[3]
		['Life', 'is']
		>>> d[3][-1]
		'is' — d[3]의 원소 중에서 마지막([-1]) 원소

리스트 슬라이싱		>>> d[0:3] [1, 2, [3, 4]]

리스트 연결	+	>>> a + b
		[1, 2, 3, 'Life', 'is', 'too', 'short']
		>>> b[0] + " hi~ ^^;"
		'Life hi~ ^^;'
		>>> a[0] + " hi~ ^^;"
		Traceback (most recent call last):
		File "<pyshell#88>", line 1, in <module>
		a[0] + ' hi~ ^^;'
		TypeError**: unsupported operand type(s) **for** +: **'int'** and **'str'
		(a[0]은 int형이므로 문자열과 연결할 수 없다는 에러 메시지 출력)

리스트 반복	*	`>>> a * 3` `[1, 2, 3, 1, 2, 3, 1, 2, 3]`

리스트 수정		`>>> a[2] = 99`
		`>>> a`
		`[1, 2, 99]`
		문자열과 다르게 리스트는 원소 수정 가능
		`>>> a[1:2] = ['a', 'b', 'c']`
		`>>> a`
		`[1, 'a', 'b', 'c', 99]`
		`>>> a[-1] = ['d', 'e', 'f']`
		`>>> a`
		`[1, 'a', 'b', 'c', ['d', 'e', 'f']]`
		마지막 원소의 값 수정

삭제	del	`>>> del a[-1]`
		`>>> a`
		`[1, 'a', 'b', 'c']`

원소 추가	.append()	`>>> a.append(5)`
		`>>> a`
		`[1, 'a', 'b', 'c', 5]`

원소 정렬	.sort()	`>>> b.sort()`
		`>>> b`
		`['Life', 'is', 'short', 'too']`

원소 순서 뒤집기	.reverse()	`>>> a = [3, 4, 1, 9]`
		`>>> a.reverse()`
		`>>> a`
		`[9, 1, 4, 3]`

원소 위치 확인	.index()	`>>> a.index(9)` `0`

원소 삽입	.insert(index, x)	`>>> a.insert(0, 99)` a의 인덱스 0 위치에 원소 99를 삽입
		`>>> a`
		`[99, 9, 1, 4, 3]`

원소 삭제	.remove(x),
	.pop(),
	.pop(i)
		`>>> a.remove(99)`
		`>>> a`
		`[9, 1, 4, 3]`
		`>>> b = [1, 2, 3]`
		`>>> b.pop()` b에서 마지막 원소 삭제
		`3`
		`>>> b`
		`[1, 2]`
		`>>> b.pop(0)` b에서 인덱스 0의 원소 삭제

		1 >>> b [2]

특정 원소값의 개수	.count(x)	>>> a = [2, 1, 0, 2, 3, 2, 4, 2]
		>>> a.**count(2)** — a에서 원소 2의 개수
		4

튜플 자료형

튜플tuple은 ( ) 안에 원소를 순서대로 나열한 그룹 자료형이다. 튜플은 리스트와 달리 원소의 값을 변경할 수 없다.

종류	형식	파이썬 코드

튜플 만들기		>>> t1 = (1,)
		>>> t2 = (1, 2, 3)
		>>> t3 = 1, 2, 3
		>>> t4 = (1, 2, (3, 4), ('Life', 'is'))

튜플 인덱싱		>>> t4[0]
		1
		>>> t4[3][-1]
		'is'

튜플 슬라이싱		>>> t4[0:3] (1, 2, (3, 4))

튜플 연결	+	>>> t1 + t2
		(1, 1, 2, 3)
		>>> t1 + "hi~ ^^;"
		Traceback (most recent call last):
		File "<pyshell#157>", line 1, in <module>
		t1 + 'hi~ ^^;'
		***TypeError**: can only concatenate tuple (not "str") to tuple*
		튜플과 문자열은 연결이 불가능하므로 에러 메시지 출력

튜플 반복	*	>>> t2 * 3 (1, 2, 3, 1, 2, 3, 1, 2, 3)
튜플 수정 *(불가능)*		>>> t2[2] = 99 *Traceback (most recent call last):* *File "<pyshell#159>", line 1, in <module>* *t2[2] = 99* *TypeError: **'tuple' object does not support item assignment*** 튜플은 수정이 불가능하므로 에러 메시지 출력

딕셔너리 자료형

딕셔너리dictionary는 { } 안에 key:value의 형태로 이루어진 원소를 가지는 그룹 자료형이다. 딕셔너리 자료형의 원소는 순서를 가지지 않으므로 인덱스 대신 key를 이용해 원소를 지정한다.

종류	형식	파이썬 코드
딕셔너리 만들기		`>>> dic = {'name':'Hong', 'phone':'01012345678', 'birth':'0814'}`

원소 추가		`>>> dic[1] = 'a'` — dic에서 key가 1인 원소를 찾아서 value에 'a'를 저장. key가 1인 원소가 없으면, key가 1이고 value가 'a'인 새 원소를 추가함
		`>>> dic`
		`{'name': 'Hong', 'phone': '01012345678', 'birth': '0814', 1: 'a'}`
		`>>> dic['pet'] = 'dog'`
		`>>> dic`
		`{'name': 'Hong', 'phone': '01012345678', 'birth': '0814', 1: 'a', 'pet': 'dog'}`

원소 삭제	del	`>>> del dic[1]` — dic에서 key가 1인 원소를 찾아서 삭제
		`>>> dic`
		`{'name': 'Hong', 'phone': '01012345678', 'birth': '0814', 'pet': 'dog'}`

원소의 value 구하기		`>>> dic['pet']` — dic에서 key가 'pet'인 원소의 value 구하기
		`'dog'`
		`>>> dic['name']`
		`'Hong'`

key의 리스트 만들기	.keys()	`>>> dic.keys()`
		`dict_keys(['name', 'phone', 'birth', 'pet'])`
		`>>> list(dic.keys())`
		`['name', 'phone', 'birth', 'pet']`

value의 리스트 만들기	.values()	`>>> dic.values()`
		`dict_values(['Hong', '01012345678', '0814', 'dog'])`
		`>>> list(dic.values())`
		`['Hong', '01012345678', '0814', 'dog']`

key, value 쌍 구하기	.items()	`>>> dic.items()` `dict_items([('name', 'Hong'), ('phone', '01012345678'), ('birth', '0814'), ('pet', 'dog')])`

원소 전체 삭제	.clear()	`>>> dic.clear()`
		`>>> dic`
		`{}` — 원소가 모두 삭제된 상태

집합 자료형

집합set은 { } 안에 key만 가지고 있는 형태로 수학의 집합을 구현한 자료형이다. 집합 자료형의 원소는 중복 없이 유일해야 하고 원소들이 순서를 가지지 않기 때문에 인덱스를 사용할 수 없다. 리스트나 문자열에 set( ) 함수(생성자)를 사용하면 집합 자료형을 만들 수 있다.

<table>
<tr><th>종류</th><th>형식</th><th>파이썬 코드</th></tr>
<tr><td>집합 만들기</td><td>set()</td><td>>>> s1 = {1, 2, 'a', 5}
>>> s2 = set([1, 2, 3, 4, 5, 6])
>>> s2
{1, 2, 3, 4, 5, 6}
>>> s3 = set([4, 5, 6, 7, 8, 9])
>>> s3
{4, 5, 6, 7, 8, 9}</td></tr>
<tr><td>교집합 연산</td><td>&
intersection()</td><td>>>> s2 & s3
{4, 5, 6}
>>> s2.intersection(s3)
{4, 5, 6}</td></tr>
<tr><td>합집합 연산</td><td>|
union()</td><td>>>> s2 | s3
{1, 2, 3, 4, 5, 6, 7, 8, 9}
>>> s2.union(s3)
{1, 2, 3, 4, 5, 6, 7, 8, 9}</td></tr>
<tr><td>차집합 연산</td><td>–
.difference()</td><td>>>> s2 - s3
{1, 2, 3}
>>> s2.difference(s3) ── s2 – s3과 동일
{1, 2, 3}
>>> s3.difference(s2) ── s3 – s2와 동일
{8, 9, 7}</td></tr>
<tr><td>원소 1개 추가</td><td>.add(x)</td><td>>>> s2.add(7)
>>> s2
{1, 2, 3, 4, 5, 6, 7}</td></tr>
<tr><td>원소 여러 개 추가</td><td>.update()</td><td>>>> s2.update([6, 7, 8, 9, 10])
>>> s2
{1, 2, 3, 4, 5, 6, 7, 8, 9, 10}</td></tr>
<tr><td>특정 원소 제거</td><td>.remove(x)</td><td>>>> s2.remove(7)
>>> s2
{1, 2, 3, 4, 5, 6, 8, 9, 10}
── 원소 7을 제거</td></tr>
</table>

지금까지 살펴본 그룹 자료형을 인덱스 사용과 원소값 변경 특징으로 정리하면 다음과 같다.

표 4-1 그룹 자료형의 특징

인덱스 사용	그룹 자료형	원소값 변경	파이썬 코드

가능Ordered	문자열	X	>>> a = 'abc'
			>>> a
			'abc'

	리스트	O	>>> a = ['a', 'b', 'c']
			>>> a
			['a', 'b', 'c']

	튜플	X	>>> a = ('a', 'b', 'c')
			>>> a
			('a', 'b', 'c')

불가능Unordered	딕셔너리	O	>>> a = {'name':"Hong"}
			>>> a
			{'name':'Hong'}

	집합	O	>>> a = set(['a', 'b', 'c'])
			>>> a
			{'a', 'b', 'c'}

04 조건문과 반복문

1 조건문

조건문은 참True 또는 거짓False을 판별하는 조건식을 검사하여 결괏값이 참인지 거짓인지에 따라 실행할 문장을 선택하여 처리하는 제어문이다. 조건문에는 if 문, if-else 문, if-elif-else 문이 있다.

if 문

if 문은 단일 조건문으로 조건식을 검사하여 결과가 참이면 명령문 1을 수행하고 거짓이면 명령문 1은 건너뛰고 명령문 2를 수행한다.

```
if 조건식:
    실행할 명령문 1

실행할 명령문 2
```

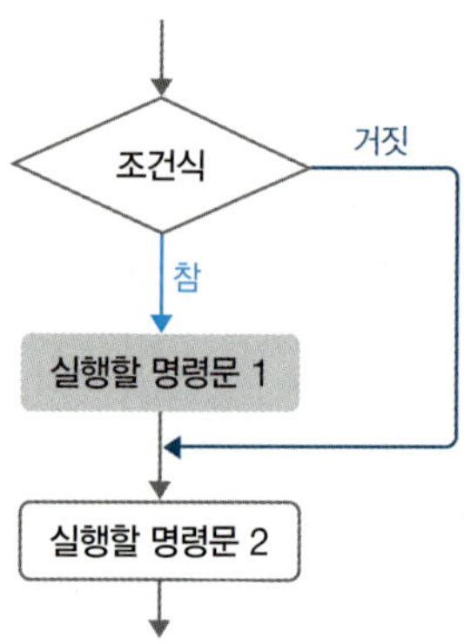

그림 4-11 if 문의 구조와 제어 순서도

if-else 문

if-else 문도 단일 조건문이다. 조건식을 검사하여 결과가 참이면 명령문 1을 수행한 뒤 명령문 3을 수행하고 거짓이면 명령문 2를 수행한 뒤 명령문 3을 수행한다.

```
if 조건식:
    실행할 명령문 1
else:
    실행할 명령문 2

실행할 명령문 3
```

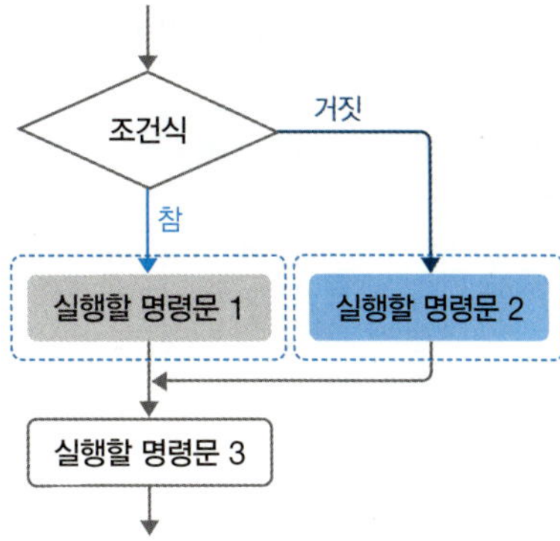

그림 4-12 if-else 문의 구조와 제어 순서도

if-elif-else 문

if-elif-else 문은 다중 조건문이다. 조건식 1이 거짓이면 조건식 2를 검사하는데 이때 else와 if를 결합한 elif 키워드를 사용한다. [그림 4-13]의 제어 순서도에서 보듯이 조건식 1이 참이면 명령문 1을 수행한 뒤 명령문 4를 수행한다. 조건식 1이 거짓이면 elif 다음의 조건식 2를 검사하여 참이면 명령문 2를 수행한 뒤 명령문 4를 수행하고 거짓이면 명령문 3을 수행한 뒤 명령문 4를 수행한다.

```
if 조건식 1:
    실행할 명령문 1
elif 조건식 2:
    실행할 명령문 2
else:
    실행할 명령문 3

실행할 명령문 4
```

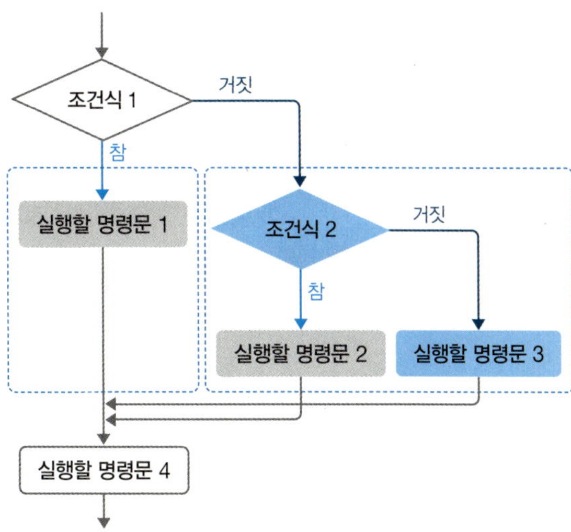

그림 4-13 if-elif-else 문의 구조와 제어 순서도

조건식은 다음과 같은 연산자를 사용하여 구성할 수 있다.

종류	형식	파이썬 코드

비교 연산자	==, !=, >, <, >=, <=	>>> x = 3
		>>> y = 2
		>>> x **==** y
		False
		>>> x **!=** y
		True
		>>> x **>=** y
		True

조건의 연결	and, or, not	>>> money = 1300
		>>> **if** money >= 1200 **and** money < 3500: Enter
		print("버스를 탈 수 있습니다.") Enter
		Enter
		버스를 탈 수 있습니다.

그룹 자료형의 원소인지 검사하기	x in 리스트,
	x in 튜플,
	x in 문자열
		>>> 1 **in** [1, 2, 3]
		True
		>>> x **in** [1, 2, 3]
		True
		>>> x **not in** [1, 2, 3]
		False
		>>> 'a' **in** ('a', 'b', 'c', 'd')
		True
		>>> 'i' **not in** 'Python'
		True

아무 것도 하지 않게 설정	pass	>>> **if** money < 10: Enter **pass** Enter **else**: Enter print("저금하자!") Enter Enter 저금하자!

TIP 파이썬 코드의 들여쓰기와 띄어쓰기

명령문이 끝나지 않은 상태에서 Enter를 누르면 줄이 바뀌며 자동으로 들여쓰기가 된다. 이때 Enter를 한 번 더 누르면 명령 구문이 끝났다고 인식하여 명령을 실행한다. 자동 들여쓰기를 취소하여 커서를 앞으로 당기고 싶으면 backspace를 누른다.

파이썬은 줄이 시작될 때 들여쓰기로 블록을 구분하므로 줄을 시작할 때 필요 없는 띄어쓰기를 하면 문법 에러가 발생한다. 필요해서 자동으로 생성된 들여쓰기를 지우는 경우에도 문법 에러가 발생한다.

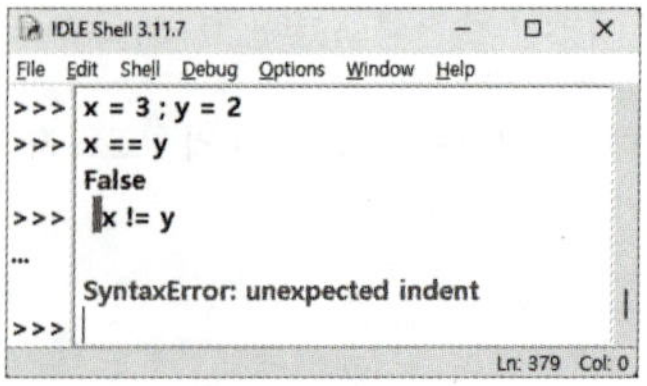

그림 4-14 들여쓰기(띄어쓰기) 문법 에러 예시

2 반복문

반복문은 지정한 범위에 해당하는 만큼 명령문을 반복해서 실행한다. 반복문에는 for 문과 while 문이 있다.

for 문

for 문은 그룹 자료형을 반복 범위로 지정해 사용하는 것으로, 그룹 자료형의 원소를 순서대로 반복 변수에 대입하고 명령문을 실행한다. 이때 반복 범위에 있는 원소의 개수만큼 반복해서 수행한다.

형식	파이썬 코드

for 반복 변수 in 리스트|튜플|문자열:
    실행할 명령문 1
    실행할 명령문 2
 	
Backspace 를 눌러서 커서 위치가 if와 같아지면 코드 입력하기
	>>> test_list = ['one', 'two', 'three']
	>>> for i in test_list: Enter
	    x = i + '!' Enter
	    print(x) Enter
	    Enter
	one!
	two!
	three!
	
	>>> number = 0
	>>> for score in [90, 25, 67, 45, 93]: Enter
	    number += 1 Enter
	    if score >= 60: Enter
	      print("%d번 학생은 합격입니다." %number) Enter
	    else: Enter
	      print("%d번 학생은 불합격입니다." %number) Enter
	      Enter
	1번 학생은 합격입니다.
	2번 학생은 불합격입니다.
	3번 학생은 합격입니다.
	4번 학생은 불합격입니다.
	5번 학생은 합격입니다.

while 문

while 문은 조건식의 결과가 참인 동안 명령문을 반복해서 수행한다.

형식	파이썬 코드

while 조건식:
    실행할 명령문 1
    실행할 명령문 2
	`>>> i = 0`
	`>>> while i < 5:` Enter
	`        i += 1` Enter
	`        print('*' * i)` Enter
	`        ` Enter
	`*`
	`**`
	`***`
	`****`
	`*****`

05 함수

함수는 특정 작업을 나타내는 코드 블록이다. 함수에는 사용자가 만드는 사용자 정의 함수와 print() 함수처럼 파이썬에서 제공하는 내장 함수가 있다.

1 사용자 정의 함수

사용자 정의 함수는 특정 작업을 함수의 내용으로 작성하는 함수 정의function definition 후에 해당 작업이 필요할 때마다 함수를 호출function call하여 사용한다.

<table>
<tr><th>종류</th><th>형식</th><th>파이썬 코드</th></tr>
<tr><td>함수 정의</td><td>[인수 개수가 정해진 경우]
def 함수명(인수):
    명령문 1
    명령문 2

[인수 개수가 정해지지 않은 경우]
def 함수명(*인수):
    명령문 1
    명령문 2</td><td>>>> def sum1(a, b): [Enter]
        x = a + b [Enter]
        return x [Enter]
[Enter]
>>> def sum2(*args): [Enter]
        x = 0 [Enter]
        for i in args: [Enter]
            x += i [Enter]
        return x [Enter] — [Backspace]를 눌러서 커서 위치가 for와 같아지면 코드 입력하기
[Enter]</td></tr>
<tr><td>함수 호출</td><td>함수명(인수)</td><td>>>> a = 5
>>> b = 3
>>> sum1(a, b)
8
>>> sum1(3, 5)
8
>>> sum2(1, 2, 3, 4, 5)
15
>>> sum2(2, 3.5, 10)
15.5</td></tr>
</table>

NOTE 파이썬 셸 창의 새 파일로 코드 작성하기

파이썬은 프롬프트에 명령문(또는 명령 구문)을 1개씩 입력하고 실행하는 방식으로 처리하는 인터프리터 언어다. 하지만 함수 정의처럼 여러 줄의 명령문을 입력하여 함수 정의 1개를 프롬프트에 작성하는 경우에는 파이썬 셸 창에 입력하는 방식이 불편하다. 또한 같은 명령문을 프롬프트에 반복하여 입력하는 것도 번거롭다. 이런 경우에는 파이썬 셸 창에서 [File] – [New File]을 선택하여 새 파일을 열어 전체 내용을 작성한 뒤 [File]-[Save As...]를 선택하여 저장한다. 그리고 [Run]-[Run Module]을 선택하거나 F5를 눌러 파이썬 셸 창에서 실행하는 방법을 사용할 수 있다.

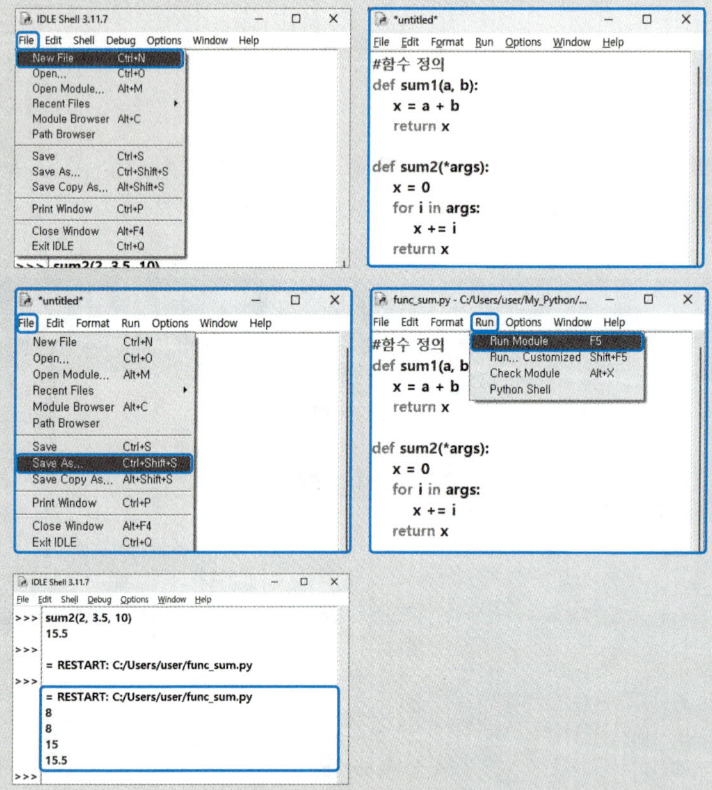

그림 4-15 파이썬 코드 파일의 생성-작성-저장-실행

파이썬 셸 창은 남겨두고 코드를 작성한 파일만 닫으려면 파일 창에서 [File]-[Close]를 선택한다.

2 내장 함수

파이썬에서 제공하는 내장 함수 중에서 자주 사용하는 것은 다음과 같다.

종류	설명	파이썬 코드
abs(x)	숫자 x의 절댓값을 반환	`>>> abs(-3.5)` `3.5`

all(*iterable_x*)	그룹 자료형의 변수 x의 모든 원소가 참(0이 아닌 값)이면 True 반환	`>>> all([1, 2, 3, 4])`
		`True`
		`>>> all([4, -2, 0.0, 4])`
		`False` ― 원소 0.0 은 거짓(False)

any(*iterable_x*)	그룹 자료형의 변수 x의 원소 중 하나라도 참이면 True 반환	`>>> any([1, 2, 3, 4])`
		`True`
		`>>> any([4, -2, 0.0, 4])`
		`True`

chr(x)	아스키코드 값 x에 대한 문자 출력	`>>> chr(97)`
		`'a'`
		`>>> chr(48)`
		`'0'`

ord(c)	문자 c에 대한 아스키코드 값 출력	`>>> ord('a')`
		`97`
		`>>> ord('0')`
		`48`

dir(x)	객체 x가 가진 멤버 변수와 멤버 함수 보여주기	`>>> dir([1, 2, 3])` ― 리스트 객체가 가진 멤버 목록 출력 `>>> dir({'1':'a'})` ― 딕셔너리 객체가 가진 멤버 목록 출력 `>>> dir(1)` ― 숫자 객체가 가진 멤버 목록 출력

divmod(a, b)	a를 b로 나눈 몫과 나머지를 튜플로 반환	`>>> divmod(7, 3)`
		`(2, 1)`
		`>>> divmod(1.3, 0.2)`
		`(6.0, 0.09999999999999998)`

oct(x)	정수값 x를 8진수로 변환하여 반환	`>>> oct(8)`
		`'0o10'`
		`>>> oct(234)` ― 10진수 234를 8진수로 변환
		`'0o352'`

hex(x)	정수값 x를
	16진수로 변환하여 반환
		>>> **hex**(16)
		'0x10'
		>>> **hex**(234) — 10진수 234를 16진수로 변환
		'0xea'

id(object)	object(객체)의 주솟값을 반환	>>> a = 3
		>>> **id**(a)
		1728080976 — 객체(변수)가 할당될 때마다 주소는 달라짐

int(x)	x를 정수 형태로 반환	>>> **int**('3') 3
str(x)	x를 문자열 형태로 반환	>>> **str**(3) '3'

list(x)	x를 리스트로 반환	>>> **list**("Python")
		['P', 'y', 't', 'h', 'o', 'n']
		>>> **list**((1, 2, 3))
		[1, 2, 3]

tuple(x)	x를 튜플로 반환	>>> **tuple**("Python")
		('P', 'y', 't', 'h', 'o', 'n')
		>>> **tuple**([1, 2, 3])
		(1, 2, 3)

type(x)	x의 자료형을 반환	>>> **type**("abc")
		<class 'str'>
		>>> **type**(a)
		<class 'int'>

lambda	간단한 삽입형 함수 생성	>>> **sum** = **lambda** a,b: a+b
		>>> **sum**
		<function <lambda> at 0x000002C826BABEA0>
		>>> **sum**(3, 5)
		8

max(*iterable_x*)	반복 가능한 그룹 자료형 x를
	입력받은 뒤 최댓값을 반환
		>>> **max**([1, 4, 2, 8, 6])
		8
		>>> **max**("Python")
		'y'

min(*iterable_x*)	반복 가능한 그룹 자료형 x를 입력받은 뒤 최솟값을 반환	`>>> min([1, 4, 2, 8, 6])`
		`1`
		`>>> min("Python")`
		`'P'`
		(알파벳 문자의 아스키코드 값은 A~Z, a~z 순서임. 즉 대문자의 코드 값이 소문자의 코드 값보다 작음)

pow(x, y)	x의 y제곱 결괏값 반환	`>>> pow(2, 4)` `16`

input()	사용자 입력으로 받은 값을 문자열로 반환
	(프롬프트 없이 커서만 깜박이면 사용자 입력을 기다리는 상태이므로 값을 입력하고 Enter 누르기)
		`>>> c = input()`
		`21` Enter
		`>>> c`
		`'21'`
		`>>> c = input("정수를 입력하세요: ")`
		`정수를 입력하세요: 21` Enter
		`>>> c`
		`'21'`

range(x)	입력받은 숫자에 해당되는 범위의 값을 반환	`>>> range(5)`
		`range(0, 5)`
		`>>> list(range(5))`
		`[0, 1, 2, 3, 4]`
		`>>> list(range (5, 10))`
		`[5, 6, 7, 8, 9]`
		`>>> list(range (5, 10, 2))`
		`[5, 7, 9]`

len(s)	입력값 s의 길이를 반환	`>>> len('Python')` `6`

sorted(*iterable_x*)	입력값을 정렬하여 리스트로 반환	`>>> sorted([3, 0, 2, 1])`
		`[0, 1, 2, 3]`
		`>>> sorted('Python')`
		`['P', 'h', 'n', 'o', 't', 'y']`

3 모듈과 패키지

모듈module은 함수나 변수 또는 객체를 정의하는 클래스를 모아놓은 파일이고, 패키지pakage는 모듈을 모아놓은 디렉터리다. 파이썬에서 기본으로 제공하는 내장 함수 외에 추가 기능을 위한 함수나 변수, 클래스는 모듈이나 패키지로 제공되므로 필요한 것을 다운로드한 뒤 임포트import해서 사용한다.

형식	파이썬 코드

import 패키지명.모듈명
패키지명.모듈명.모듈함수()
	`>>> Request('http://www.hanb.co.kr')`
	`Traceback (most recent call last):`
	`  File "<pyshell#0>", line 1, in <module>`
	`    Request('http://www.hanb.co.kr')`
	`NameError: name 'Request' is not defined` — 기본 내장 함수가 아닌 Request() 함수를 그냥 사용하면 에러가 발생하므로 임포트한 후 사용

import 모듈명
모듈명.모듈함수()
	`>>> import urllib.request`
	`>>> urllib.request.Request('http://www.hanb.co.kr')`
	`<urllib.request.Request object at 0x000001E5E0AE8390>`

from 패키지명 import 모듈명
모듈명.모듈함수()
	`>>> from datetime import datetime`
	`>>> datetime.now()`
	`datetime.datetime(2024, 2, 5, 15, 42, 53, 119540)`

06 파일 처리

파이썬에서 파일 처리를 하려면 먼저 open( ) 함수로 파일 객체를 생성해야 한다. 파일 사용 모드에는 읽기 모드(r), 쓰기 모드(w), 추가 모드(a)가 있다. 파일을 사용한 후에는 close( ) 함수를 사용하여 닫는다.

종류	형식	파이썬 코드

파일 객체 생성하기	open()	>>> f = open("C:/Users/000/My_Python/새파일.txt", 'w')
		>>> f
		<_io.TextIOWrapper name='D:/새파일.txt' mode='w' encoding='cp949'>
		(85쪽에서 만든 My_python 폴더 사용)

파일 닫기	.close()	>>> f.close()

파일 쓰기
 	
파일 쓰기 모드('w', 'a')를 사용하여 지정한 파일이 없는 경우에는 파일을 생성해 줌
	파일 모드 'w'
	
	.write()
		>>> f = open("C:/Users/000/My_Python/새파일.txt", 'w')
		>>> for i in range(1, 6): [Enter]
		        data = "%d번째 줄입니다. ₩n"% i [Enter]
		        f.write(data) [Enter]
		        [Enter]
		>>> f.close()
		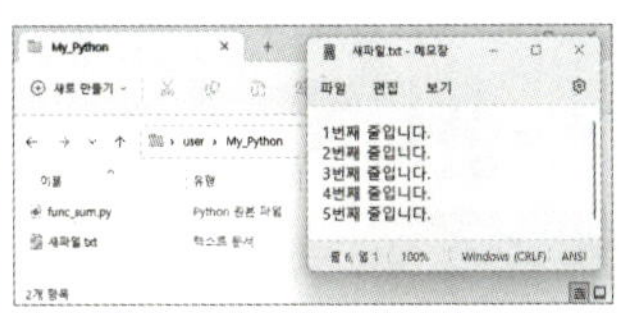

파일에 내용 추가하기	파일 모드 'a'	>>> f= open("C:/Users/000/My_Python/새파일.txt", 'a')
		>>> for i in range (6, 11): [Enter]
		        data = "%d번째 줄 추가입니다. ₩n"% i [Enter]
		        f.write(data) [Enter]
		        [Enter]
		>>> f.close()

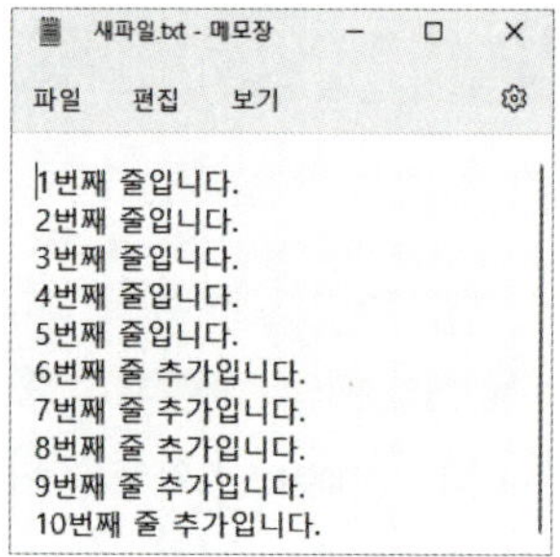

파일 읽기(1) — 파일 모드 'r' / .readline()

파일에서 한 줄을 읽고 반환

파일 읽기 모드('r')를 사용하여 지정한 파일이 없는 경우에는 에러(FileNotFoundError) 발생

```
>>> f= open("C:/Users/000/My_Python/새파일.txt", 'r')
>>> line = f.readline()
>>> print(line)
1번째 줄입니다.
>>> while True: [Enter]
        line = f.readline() [Enter]
        if not line: break [Enter]
        else: print(line) [Enter]
        [Enter]
2번째 줄입니다.
3번째 줄입니다.
4번째 줄입니다.
5번째 줄입니다.
6번째 줄 추가입니다.
7번째 줄 추가입니다.
8번째 줄 추가입니다.
9번째 줄 추가입니다.
10번째 줄 추가입니다.
>>> f.close()
```

파일 읽기(2) — 파일 모드 'r' / .readlines()

파일에서 한 줄씩 모든 줄을 읽어 들인 후에 리스트로 반환

```
>>> f= open("C:/Users/000/My_Python/새파일.txt", 'r')
>>> lines = f.readlines()
>>> print(lines)
['1번째 줄입니다. ₩n', '2번째 줄입니다. ₩n', '3번째 줄입니다. ₩n', '4번째 줄입니다. ₩n', '5번째 줄입니다. ₩n', '6번째 줄 추가입니다. ₩n', '7번째 줄 추가입니다. ₩n', '8번째 줄 추가입니다. ₩n', '9번째 줄 추가입니다. ₩n', '10번째 줄 추가입니다. ₩n']
```

		>>> **for** line **in** lines: [Enter]
		        print(line) [Enter]
		        [Enter]
		1번째 줄입니다.
		2번째 줄입니다.
		3번째 줄입니다.
		4번째 줄입니다.
		5번째 줄입니다.
		6번째 줄 추가입니다.
		7번째 줄 추가입니다.
		8번째 줄 추가입니다.
		9번째 줄 추가입니다.
		10번째 줄 추가입니다.
		>>> f.close()

파일 읽기(3)
파일에서 전체를 읽고 문자열로 반환
	파일 모드 'r'
	.read()
		>>> f= **open**("C:/Users/000/My_Python/새파일.txt", **'r'**)
		>>> data = f.**read()**
		>>> data
		'1번째 줄입니다. ₩n2번째 줄입니다. ₩n3번째 줄입니다. ₩n4번째 줄입니다. ₩n5번째 줄입니다. ₩n6번째 줄 추가입니다. ₩n7번째 줄 추가입니다. ₩n8번째 줄 추가입니다. ₩n9번째 줄 추가입니다. ₩n10번째 줄 추가입니다. ₩n'
		>>> f.close()

파일 처리 후 파일 닫기 (자동 처리)	with open() as 파일 객체:	>>> **with open**("C:/Users/000/My_Python/새파일.txt", **'a'**) **as** f: [Enter]
		        f.**write**("Now is better than never.") [Enter]
		        [Enter]
		>>> data = f.read()
		Traceback (most recent call last):
		  File "<pyshell#95>", line 1, in <module>
		    data = f.read()
		ValueError: I/O operation on closed file.

파일 객체 f를 이용한 파일 처리가 끝나고 파일을 닫은 상태에서 f.read()로 파일 읽기를 하였으므로 에러 발생

07 데이터 분석을 위한 주요 라이브러리

파이썬 라이브러리 중에서 데이터 분석 작업에 많이 사용하는 numpy, pandas, matplotlib에 대해 알아보자.

1 numpy

numpy는 수치 데이터를 다루기 위한 라이브러리로 다차원 배열 자료구조인 ndarray를 지원하며 선형대수 계산 등의 행렬 연산에 주로 사용된다.

기본으로 설치되는 라이브러리가 아니므로 다음과 같이 명령 프롬프트 창에서 pip 명령으로 설치한 후에 임포트해야 한다. pip는 파이썬 패키지 관리 시스템이다.

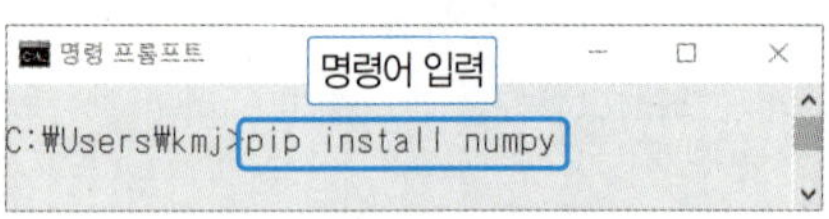

그림 4-16 numpy 라이브러리 설치

TIP 명령 프롬프트 창은 ⊞+R을 눌러 [실행] 창을 열고 'cmd'를 입력해 실행한다. 명령 프롬프트 창에 보이는 경로는 사용자의 시스템 경로다. pip 버전을 업그레이드하라는 경고 메시지가 나타나면 `pip install --upgrade pip` 명령어를 입력해 업그레이드한 후 다시 패키지를 설치한다.

numpy	파이썬 코드
numpy 임포트	`>>> import numpy as np` (numpy를 np라는 이름으로 사용하겠다고 임포트하는 게 일반적임)
numpy 버전 확인 (설치와 임포트가 잘되었는지 확인하기 위해 버전 출력함. 버전은 달라도 상관없음)	`>>> np.__version__` `'1.26.3'` (앞뒤에 각각 _를 2개씩 입력하는 것에 주의)

numpy 라이브러리는 다음과 같이 사용할 수 있다.

종류	형식	파이썬 코드

리스트를 이용해 numpy array 생성	np.array()	`>>> ar1 = np.array([1, 2, 3, 4, 5])`
		`>>> ar1`
		`array([1, 2, 3, 4, 5])`
		`>>> type(ar1)`
		`<class 'numpy.ndarray'>` (객체 a의 자료형 확인)

		>>> ar2 = np.array([[10, 20, 30], [40, 50, 60]])
		>>> ar2
		array([[10, 20, 30],
		[40, 50, 60]])

값의 범위를 지정해 numpy array 생성	np.arange(시작값, 끝값, 간격)
	range() 함수와 마찬가지로 범위를 지정하는 끝값은 포함되지 않음
		>>> ar3 = np.arange(1, 11, 2)
		1부터 11전까지, 간격 2마다 있는 값을 모아서 numpy array 생성
		>>> ar3
		array([1, 3, 5, 7, 9])

구조를 지정해 numpy array 생성	np.array().reshape()	>>> ar4 = np.array([1, 2, 3, 4, 5, 6]).reshape((3, 2))
		3행 2열로 구조 변경
		>>> ar4
		array([[1, 2],
		[3, 4],
		[5, 6]])

초깃값과 구조를 지정해 numpy array 생성	np.zeros()	>>> ar5 = np.zeros((2, 3))
		>>> ar5
		array([[0., 0., 0.],
		[0., 0., 0.]])
		0으로 초기화하고 2행 3열 구조를 생성

numpy array 슬라이싱		>>> ar6 = ar2[0:2, 0:2]
		>>> ar6
		array([[10, 20],
		[40, 50]])
		>>> ar7 = ar2[0, :]
		>>> ar7
		array([10, 20, 30])
		0행의 모든 열을 슬라이싱

numpy array 사칙 연산		>>> ar8 = ar1 + 10
		>>> ar8
		array([11, 12, 13, 14, 15])
		>>> ar1 + ar8
		array([12, 14, 16, 18, 20])
		>>> ar8 - ar1
		array([10, 10, 10, 10, 10])
		>>> ar1 * 2
		array([2, 4, 6, 8, 10])
		>>> ar1 / 2
		array([0.5, 1. , 1.5, 2. , 2.5])

numpy array 행렬곱 연산	np.dot()	>>> ar9 = np.dot(ar2, ar4)
		>>> ar9
		array([[220, 280],
		[490, 640]])

2 pandas

pandas는 데이터 분석에서 자주 사용하는 테이블 형태를 다룰 수 있는 라이브러리다. pandas는 1차원 자료구조인 Series, 2차원 자료구조인 DataFrame, 3차원 자료구조인 Panel을 지원하는데 그중에서 Series와 DataFrame을 많이 사용한다.

pandas 역시 기본으로 설치되는 라이브러리가 아니므로 다음과 같이 명령 프롬프트 창을 열고 pip 명령으로 설치한 후에 임포트해야 한다.

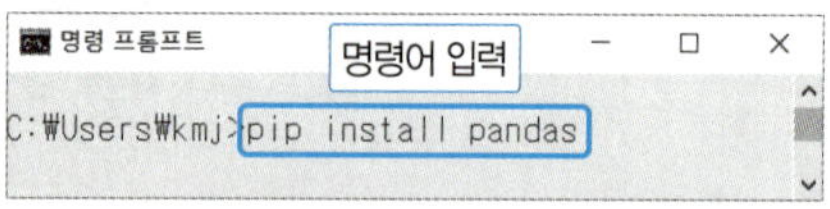

그림 4-17 pandas 라이브러리 설치

pandas	파이썬 코드
pandas 임포트	`>>> import pandas as pd` — pandas를 pd라는 이름으로 사용하겠다고 임포트하는 게 일반적임

pandas 버전 확인 (설치와 임포트가 잘되었는지 확인하기 위해 버전 출력함. 버전은 달라도 상관없음)	`>>> pd.__version__`
	`'1.5.1'`
	앞뒤에 각각 _를 2개씩 입력하는 것에 주의

Series 자료형

pandas의 Series는 리스트를 이용해 생성하는 1차원 자료구조다. Series의 원소 인덱스는 0부터 시작하는 정수를 기본으로 사용하며 원하는 값을 추가로 만들 수도 있다.

종류	설명	파이썬 코드

Series 생성: pd.Series()		`>>> data1 = [10, 20, 30, 40, 50]`
		`>>> data1`
		`[10, 20, 30, 40, 50]`
		`>>> data2 = ['1반', '2반', '3반', '4반', '5반']`
		`>>> data2`
		`['1반', '2반', '3반', '4반', '5반']`

	리스트를 이용해 Series 생성	`>>> sr1 = pd.Series(data1)`
		`>>> sr1`
		`0    10`
		`1    20`
		`2    30`

```
3    40
4    50
dtype: int64
>>> sr2 = pd.Series(data2)
>>> sr2
0    1반
1    2반
2    3반
3    4반
4    5반
dtype: object
```

값을 이용해 Series 생성

```
>>> sr3 = pd.Series([101, 102, 103, 104, 105])
>>> sr3
0    101
1    102
2    103
3    104
4    105
dtype: int64
>>> sr4 = pd.Series(['월', '화', '수', '목', '금'])
>>> sr4
0    월
1    화
2    수
3    목
4    금
dtype: object
```

인덱스를 지정해 Series 생성

```
>>> sr5 = pd.Series(data1, index = [1000, 1001, 1002,
                           1003, 1004])
>>> sr5
1000    10
1001    20
1002    30
1003    40
1004    50
dtype: int64
>>> sr6 = pd.Series(data1, index = data2)
>>> sr6
```

		1반　10
		2반　20
		3반　30
		4반　40
		5반　50
		dtype: int64
		>>> sr7 = **pd.Series**(data2, **index** = data1)
		>>> sr7
		10　1반
		20　2반
		30　3반
		40　4반
		50　5반
		dtype: object
		>>> sr8 = **pd.Series**(data2, **index** = sr4)
		>>> sr8
		월　1반
		화　2반
		수　3반
		목　4반
		금　5반
		dtype: object

Series 인덱싱		>>> sr8[2]
		'3반'
		>>> sr8['수']
		'3반'
		>>> sr8[-1]
		'5반'

Series 슬라이싱		>>> sr8[0:4] 월　1반 화　2반 수　3반 목　4반 dtype: object
Series 인덱스 구하기:	.index	>>> sr8.**index** Index(['월', '화', '수', '목', '금'], dtype = 'object')
Series 값 구하기:	.values	>>> sr8.**values** array(['1반', '2반', '3반', '4반', '5반'], dtype = object)

Series 원소가 숫자이면 덧셈 수행	+	`>>> sr1 + sr3` ── + 연산은 두 Series 원소의 자료형이 같아야 수행됨
		`0    111`
		`1    122`
		`2    133`
		`3    144`
		`4    155`
		`dtype: int64`

Series 원소가 문자열이면 문자열 연결 수행	+	`>>> sr4 + sr2`
		`0    월1반`
		`1    화2반`
		`2    수3반`
		`3    목4반`
		`4    금5반`
		`dtype: object`

DataFrame 자료형

pandas의 DataFrame은 행과 열이 있는 테이블 형태의 2차원 자료구조다.

형식	설명	파이썬 코드

pd.DataFrame()		`>>> data_dic = {`
		`        'year': [2018, 2019, 2020],`
		`        'sales': [350, 480, 1099]`
		`        }`
		`>>> data_dic`
		`{'year': [2018, 2019, 2020], 'sales': [350, 380, 1099]}`

	딕셔너리를 이용해 DataFrame 생성	`>>> df1 = pd.DataFrame(data_dic)`
		`>>> df1`
		`   year  sales`
		`0  2018    350`
		`1  2019    380`
		`2  2020   1099`

	리스트를 이용해 DataFrame 생성 1	`>>> df2 = pd.DataFrame([[89.2, 92.5, 90.8], [92.8, 89.9, 95.2]], index = ['중간고사', '기말고사'], columns = data2[0:3])`
		`>>> df2`
		`          1반    2반    3반`
		`중간고사  89.2  92.5  90.8`
		`기말고사  92.8  89.9  95.2`

	리스트를 이용해
	DataFrame 생성 2
		>>> data_df = [['20201101', 'Hong', '90', '95'], ['20201102', 'Kim', '93', '94'], ['20201103', 'Lee', '87', '97']]
		>>> df3 = pd.**DataFrame**(data_df)
		>>> df3
		0 1 2 3
		0 20201101 Hong 90 95
		1 20201102 Kim 93 94
		2 20201103 Lee 87 97

DataFrame
열 이름 설정
	.columns	>>> df3.**columns** = ['학번', '이름', '중간고사', '기말고사']
		>>> df3
		학번 이름 중간고사 기말고사
		0 20201101 Hong 90 95
		1 20201102 Kim 93 94
		2 20201103 Lee 87 97

DataFrame 조회	.head()	>>> df3.**head(2)** — 위에서부터 2개 행 조회 학번 이름 중간고사 기말고사 0 20201101 Hong 90 95 1 20201102 Kim 93 94
	.tail()	>>> df3.**tail(2)** — 아래에서부터 2개 행 조회 학번 이름 중간고사 기말고사 1 20201102 Kim 93 94 2 20201103 Lee 87 97
		>>> df3**['이름']** — '이름' 컬럼 조회 0 Hong 1 Kim 2 Lee Name: 이름, dtype: object
CSV 파일로 저장	.to_csv()	>>> df3.to_csv('C:/Users/000/My_Python/score.csv', header = 'False', encoding='CP949')

CSV 파일을
DataFrame으로
불러오기
	.read_csv()	>>> df4 = pd.read_csv('C:/Users/000/My_Python/score.csv', encoding='CP949', index_col=0, engine='python') — 85쪽에서 만든 My_Python 폴더에 CSV 파일을 저장하고 불러오도록 경로 설정
		>>> df4
		학번 이름 중간고사 기말고사
		0 20201101 Hong 90 95
		1 20201102 Kim 93 94
		2 20201103 Lee 87 97

3 matplotlib

matplotlib은 라인플롯 차트, 바 차트, 파이 차트, 히스토그램, 산점도 등의 다양한 차트 그리기를 지원하는 라이브러리다. 데이터 탐색이나 분석 결과를 시각화하기 위해 많이 사용한다. 다음과 같이 명령 프롬프트 창을 열고 pip 명령을 사용하여 설치한 후에 임포트한다.

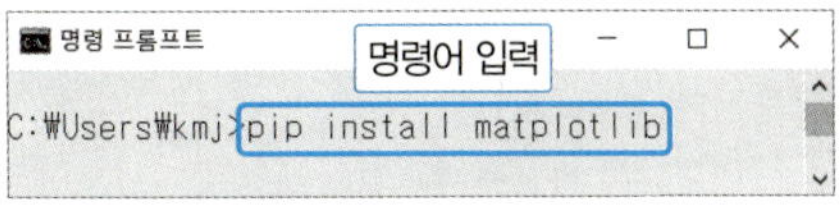

그림 4-18 matplotlib 라이브러리 설치

matplotlib	파이썬 코드
matplotlib 임포트	`>>> import matplotlib`

matplotlib 버전 확인	`>>> matplotlib.__version__`
	`'3.8.2'`
	(앞뒤에 각각 _를 2개씩 입력하는 것에 주의)

pyplot 모듈 임포트	`>>> import matplotlib.pyplot as plt` (matplotlib.pyplot을 간단히 plt로 사용하도록 임포트함)

pyplot은 matplotlib의 주요 모듈이므로 함께 임포트한다.

라인플롯 차트 그리기	형식	파이썬 코드
① 데이터 준비	데이터 리스트	`>>> x = ['2019', '2020', '2021', '2022', '2023']` `>>> y = [350, 410, 520, 695, 543]`
② x축과 y축 데이터를 지정해 라인플롯 생성	plt.plot(x, y)	`>>> plt.plot(x, y)` `[<matplotlib.lines.Line2D object at 0x0000015DB82D58C8>]`
③ 차트 제목 설정	plt.title()	`>>> plt.title('Annual sales')` `Text(0.5, 1.0, 'Annual sales')`
④ x축 레이블 설정	plt.xlabel()	`>>> plt.xlabel('years')` `Text(0.5, 0, 'years')`
⑤ y축 레이블 설정	plt.ylabel()	`>>> plt.ylabel('sales')` `Text(0, 0.5, 'sales')`
⑥ 라인플롯 표시	plt.show()	`>>> plt.show()`

다음과 같이 라인플롯 차트를 그릴 수 있다.

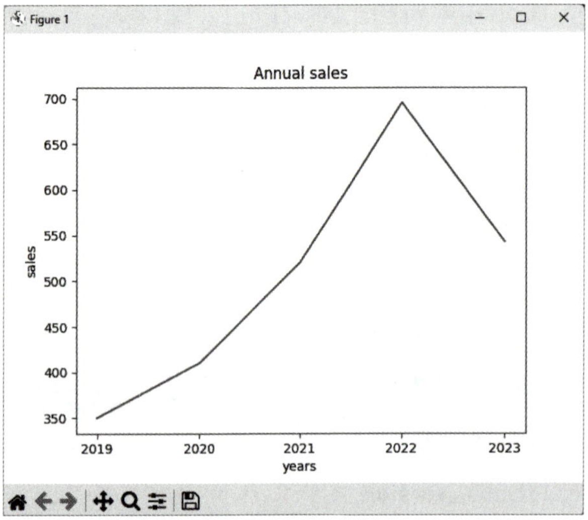

그림 4-19 라인플롯 차트

이번에는 2개의 바를 상하로 배치한 차트를 그려보자. 바 차트에 사용할 y축 데이터로 y1과 y2를 준비하고 y2에 대한 바 차트를 y1 위에 배치한다.

바 차트 그리기	형식	파이썬 코드

① 데이터 준비		`>>> y1 = [350, 410, 520, 695]`
		`>>> y2 = [200, 250, 385, 350]`
		`>>> x = range(len(y1))` — y1 길이를 범위로 x 리스트 [0, 1, 2, 3] 생성

② x축과 y축 데이터를 지정해 바 차트 생성	plt.bar(x, y)	`>>> plt.bar(x, y1, width = 0.7, color = "blue")`
		`<BarContainer object of 4 artists>`
		`>>> plt.bar(x, y2, width = 0.7, color = "red", bottom = y1)`
		`<BarContainer object of 4 artists>`

③ 차트 제목 설정	plt.title()	`>>> plt.title('Quarterly sales')` `Text(0.5, 1.0, 'Quarterly sales')`
④ x축 레이블 설정	plt.xlabel()	`>>> plt.xlabel('Quarters')` `Text(0.5, 0, 'Quarters')`
⑤ y축 레이블 설정	plt.ylabel()	`>>> plt.ylabel('sales')` `Text(0, 0.5, 'sales')`
⑥ 눈금 생성	*이름 리스트*	`>>> xLabel = ['first', 'second', 'third', 'fourth']`

⑦ 바 차트의 x축 눈금 이름 설정	plt.xticks()	>>> plt.**xticks**(x, xLabel, fontsize = 10) ([<matplotlib.axis.XTick object at 0x0000015DB5722B48>, <matplotlib.axis.XTick object at 0x0000015DB5722B08>, <matplotlib.axis.XTick object at 0x0000015DB82E2688>, <matplotlib.axis.XTick object at 0x0000015DB60C5188>], [Text(0, 0, 'first'), Text(0, 0, 'second'), Text(0, 0, 'third'), Text(0, 0, 'fourth')])
⑧ 범례 설정	plt.legend()	>>> plt.**legend**(['chairs', 'desks']) <matplotlib.legend.Legend object at 0x0000020F2BBA0908>
⑨ 바 차트 표시	plt.show()	>>> plt.**show**()

다음과 같이 바 차트를 그릴 수 있다.

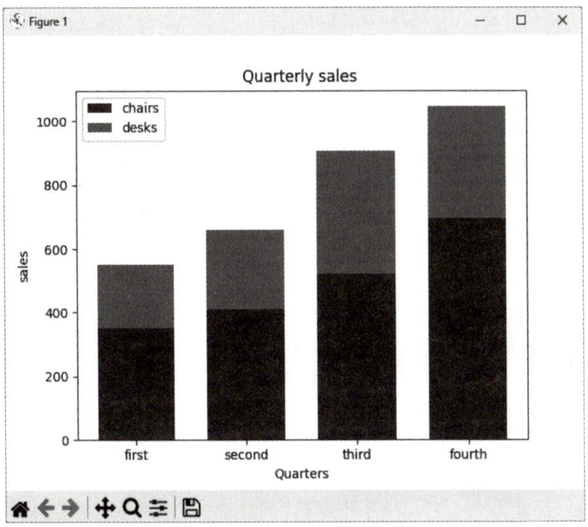

그림 4-20 바 차트

4장에서는 파이썬 프로그래밍을 처음 해본 사용자를 위해 파이썬 설치부터 기본 문법, 데이터 분석에 사용하는 라이브러리 등을 간단히 살펴보았다. 이후 빅데이터 분석 프로젝트를 진행하면서 파이썬 코드에 대한 설명을 추가할 예정이니 4장에서는 이 정도로 학습하기로 한다.

요약

01 변수는 값을 저장하는 메모리 공간이고, 객체는 변수 형태의 속성attribute과 함수 형태의 메서드method를 가진 것이다. 파이썬에서는 모든 변수와 자료형이 객체로 되어 있다.

02 파이썬의 자료형에는 1개의 값을 다루는 기본 자료형과 여러 값의 그룹을 다루는 그룹 자료형이 있다.

03 여러 값을 그룹으로 다루는 그룹 자료형에는 문자열string, 리스트list, 튜플tuple, 딕셔너리dictopnary, 집합set이 있다.

인덱스 사용	그룹 자료형	원소값 변경	파이썬 코드

가능Ordered	문자열	X	`>>> a = 'abc'`
			`>>> a`
			`'abc'`

	리스트	O	`>>> a = ['a', 'b', 'c']`
			`>>> a`
			`['a', 'b', 'c']`

	튜플	X	`>>> a = ('a', 'b', 'c')`
			`>>> a`
			`('a', 'b', 'c')`

불가능Unordered	딕셔너리	O	`>>> a = {'name':"Hong"}`
			`>>> a`
			`{'name':'Hong'}`

	집합	O	`>>> a = set(['a', 'b', 'c'])`
			`>>> a`
			`{'a', 'b', 'c'}`

04 파이썬의 제어문에는 조건문과 반복문이 있다. 조건문은 참True 또는 거짓False을 판별하는 조건식을 검사하여 결괏값이 참인지 거짓인지에 따라 실행할 문장을 선택하여 처리하는 제어문으로 if 문, if-else 문, if-elif-else 문이 있다. 반복문은 지정한 반복 범위에 해당하는 만큼 명령문을 반복해서 실행하는 제어문으로 for 문, while 문이 있다.

05 함수는 특정 작업을 나타내는 코드 블록으로, 사용자가 만드는 사용자 정의 함수와 print() 함수처럼 파이썬에서 제공하는 내장 함수가 있다.

06 모듈module은 함수나 변수 또는 객체를 정의하는 클래스를 모아놓은 파일이고, 패키지pakage는 모듈을 모아놓은 디렉터리다. 파이썬에서 기본으로 제공하는 내장 함수 외에 추가 기능을 사용하려면 필요한 모듈이나 패키지를 다운로드한 뒤 임포트import한다.

07 파이썬에서 파일 처리를 하려면 먼저 open() 함수로 파일 객체를 생성해야 한다. 파일 사용 모드에는 읽기 모드(r), 쓰기 모드(w), 추가 모드(a)가 있다. 파일을 사용한 후에는 close() 함수를 사용하여 닫는다.

08 데이터 분석에 많이 사용하는 주요 라이브러리에는 행렬 연산을 지원하는 numpy, 테이블 형태의 데이터를 다루기 위한 pandas, 다양한 차트 시각화를 지원하는 matplotlib이 있다.

연습문제

01 실행 결과를 참고하여 파이썬 코드의 빈칸을 채우시오.

```
>>> str = '20201231Thursday'
>>> year = [          ]
>>> year
'2020'
>>> mmdd = [          ]
>>> mmdd
'1231'
>>> day = [          ]
>>> day
'Thursday'
```

02 파이썬 코드의 실행 결과인 a를 예측하시오.

```
>>> a = ['쓰', '레', '기', '통']
>>> a.reverse()
>>> a
```

03 실행 결과를 참고하여 빈칸에 딕셔너리 객체를 선언하는 명령어를 작성하시오.

```
>>> [                                        ]

>>> dic.keys()
dict_keys(['year', 'mm', 'dd', 'day', 'weather'])
>>> dic.values()
dict_values([2020, 12, 31, 'Thursday', 'snow'])
```

04 다음 중에서 틀린 내용은?

① 문자열은 원소를 변경할 수 없다.

② 딕셔너리는 인덱스를 이용해 슬라이싱을 할 수 있다.

③ 튜플은 원소를 변경할 수 없다.

④ 집합은 중복 원소를 가질 수 없다.

05 실행 결과를 참고하여 빈칸에 이중 for 문을 사용한 명령어를 작성하시오.

```
>>> [          ]

*
* *
* * *
* * * *
* * * * *
```

06 실행 결과를 참고하여 매개변수에 대한 평균을 구한 뒤 출력하는 avg() 함수를 파이썬 코드 편집기를 사용하여 작성하시오.

```
============= RESTART: 'C:/Users/000/My_Python/ex_3_6_avg.py =============
>>> avg(5, 3, 12, 9)
7.25
>>> avg(2.4, 3.2, 7.3)
4.3
>>> avg(10, 5)
7.5
```

07 다음 데이터 테이블을 pandas의 DataFrame 자료형으로 저장한 뒤 CSV 파일에 저장하시오.

	1분기	2분기	3분기	4분기
2015	500	450	520	610
2016	690	700	820	900
2017	1100	1030	1200	1380
2018	1500	1650	1700	1850
2019	1990	2020	2300	2420
2020	1020	1600	2200	2550

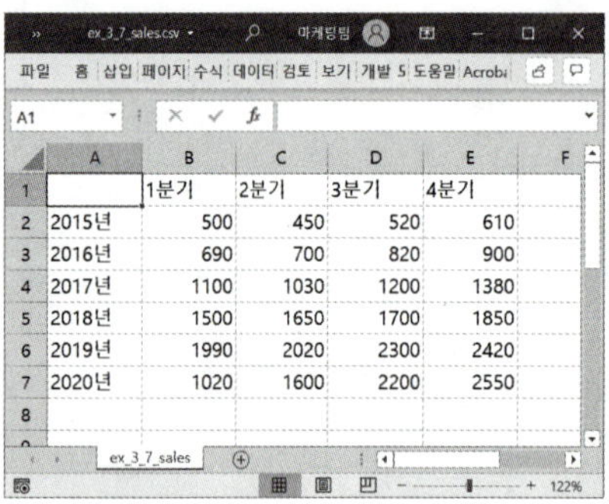

	A	B	C	D	E
1		1분기	2분기	3분기	4분기
2	2015년	500	450	520	610
3	2016년	690	700	820	900
4	2017년	1100	1030	1200	1380
5	2018년	1500	1650	1700	1850
6	2019년	1990	2020	2300	2420
7	2020년	1020	1600	2200	2550

▲ 실행 결과로 생성된 CSV 파일

08 **07**번의 데이터를 이용해 연도별 라인플롯 차트를 그리시오.

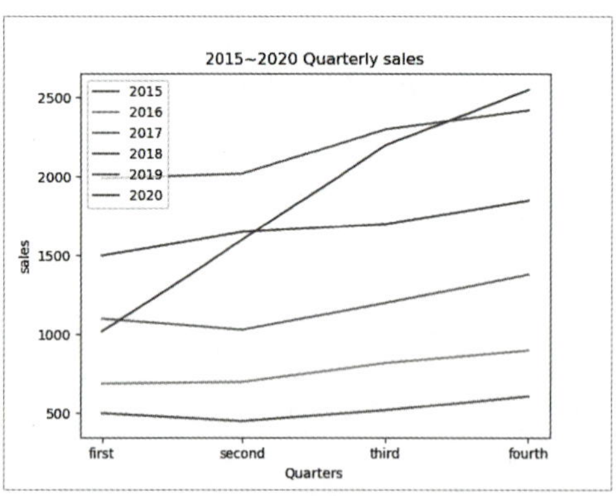

▲ 실행 결과로 생성된 라인플롯 차트

09 한빛 식당에서는 메인 메뉴와 토핑을 1개씩 선택할 수 있다. 주문할 수 있는 모든 메뉴를 출력하는 set_menu 함수를 완성하시오. 단, '냉면'에 '치즈' 토핑은 선택할 수 없다.

```
def set_menu()
    main = '라면', '공깃밥', '돈까스', '냉면']
    topping = ['계란', '치즈']
    menu = []




    return menu

print(set_menu())
```

▲ 실행 결과

연습문제

10 한빛 가구점에서는 책상이 하루에 1개씩 판매된다. 현재 N개의 책상을 가지고 있고, M일에 한 번씩 도매점으로부터 책상이 1개씩 입고된다. 책상의 재고가 0이 될 때까지 며칠이 걸리는지를 계산하여 반환하는 solution 함수를 작성하시오. 단, 책상의 재고가 0이 되는 날이 도매점으로부터 입고되는 날이면 재고가 다시 1개 늘어나므로 결국 그날은 재고가 1인 날이 된다.

제한 사항
- N: 100 이하의 자연수
- M: 2보다 크거나 같고, 100보다 작거나 같은 자연수

```
>>> N=9
>>> M=3
>>> print("현재 %d개의 재고가 있고, %d일 마다 책상이 1개씩 입고되면, ₩
...       ₩n재고가 0이 되는데 %d일이 걸립니다." %(N, M, solution(N, M)))
    현재 9개의 재고가 있고, 3일 마다 책상이 1개씩 입고되면,
    재고가 0이 되는데 13일이 걸립니다.
>>>
```

▲ solution 함수 사용 예

Chapter

05

오픈 API를 이용한 빅데이터 크롤링

학습목표

- 분석할 데이터를 웹에서 수집하는 크롤링 방법을 안다.
- 개발자를 위해 제공하는 API로 웹 데이터 크롤링을 할 수 있다.

01 네이버 API를 이용한 크롤링

1 크롤링이란

빅데이터 분석에 필요한 데이터는 내부보다 외부에서 수집하는 경우가 더 많다. 빅데이터가 가장 많이 존재하는 곳이 SNS를 포함한 인터넷이므로 데이터 수집 장소는 대부분 인터넷이다. 인터넷을 통하면 다양한 데이터를 쉽고 빠르게 실시간으로 수집할 수 있다.

인터넷에서 데이터를 수집하는 기술에는 스크레이핑scraping과 크롤링crawling이 있다. 스크레이핑은 웹사이트에서 특정 데이터를 수집하는 것이고 크롤링은 크롤러 또는 스파이더라는 프로그램을 사용하여 웹사이트에서 데이터를 추출하는 것이다. 스크레이핑과 크롤링을 구분하지 않고 웹에서 데이터를 수집하는 작업을 일반적으로 크롤링이라고 한다.

크롤링하려면 웹의 통신 방법을 이해해야 한다. 웹에서는 HTTP 통신을 사용하며 요청과 응답의 구조로 서비스가 이루어진다. 사용자가 자신에게 필요한 데이터가 있는 서버(웹사이트)의 url에 접속하여 수집할 데이터에 대한 요청request을 보내면 서버가 그에 대한 응답response으로 데이터를 JSON 또는 XML 형식으로 사용자에게 보낸다. 이때 사용하는 것이 웹 API다. 웹 APIApplication Programming Interface는 지도, 검색, 주가, 환율 등 다양한 정보가 담긴 웹사이트의 기능을 외부에서 쉽게 사용할 수 있도록 사용 절차와 규약을 정의한 것이다.

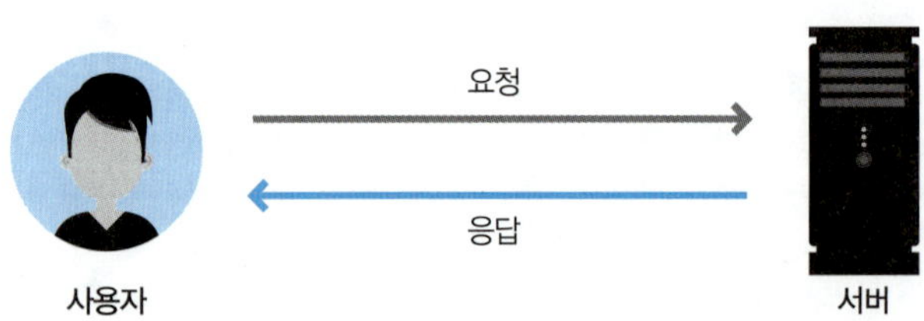

그림 5-1 웹 API를 이용한 HTTP 요청과 응답

웹 API를 제공하는 대표적인 사이트는 [표 5-1]과 같으며 이외에도 많다. 웹 API는 제공자의 정책에 따라 무료나 유료로 제공되며, 해당 사이트에 개발자 등록을 하고 인증키를 발급받으면 사용할 수 있다.

표 5-1 웹 API 제공자

종류	주소
네이버 개발자 센터	https://developers.naver.com
카카오 앱 개발 플랫폼 서비스	https://developers.kakao.com
메타 개발자 센터	https://developers.facebook.com
트위터 개발자 센터	https://developer.twitter.com
공공데이터포털	https://www.data.go.kr
세계 날씨	http://openweathermap.org

우리는 이 중에서 네이버 개발자 센터에 가입하고 인증키를 발급받아 네이버 API를 사용하여 크롤링해 보자.

2 네이버 개발자 가입

1 네이버 개발자 센터 접속하기 네이버 API를 이용하기 위해 네이버 개발자 센터(https://developers.naver.com)에 접속한 뒤 화면 하단의 [서비스 API]를 클릭한다.

TIP 네이버 개발자 센터는 네이버 로그인을 한 후 이용할 수 있다. 애플리케이션 등록 화면 대신 네이버 로그인 화면이 나타나면 로그인을 먼저 한다.

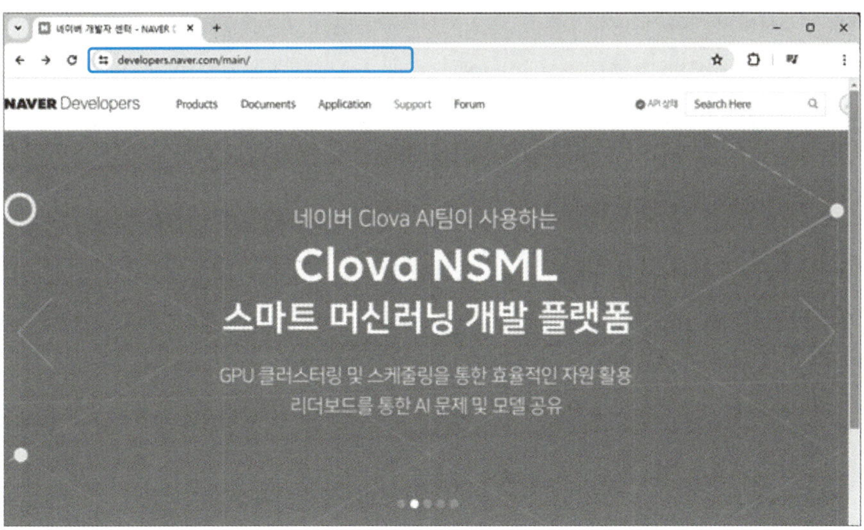

그림 5-2 네이버 개발자 센터

2 오픈 API 이용 신청하기 화면 왼쪽의 메뉴에서 [검색]을 선택한다. 하단의 〈오픈 API 이용 신청〉 버튼을 클릭한다.

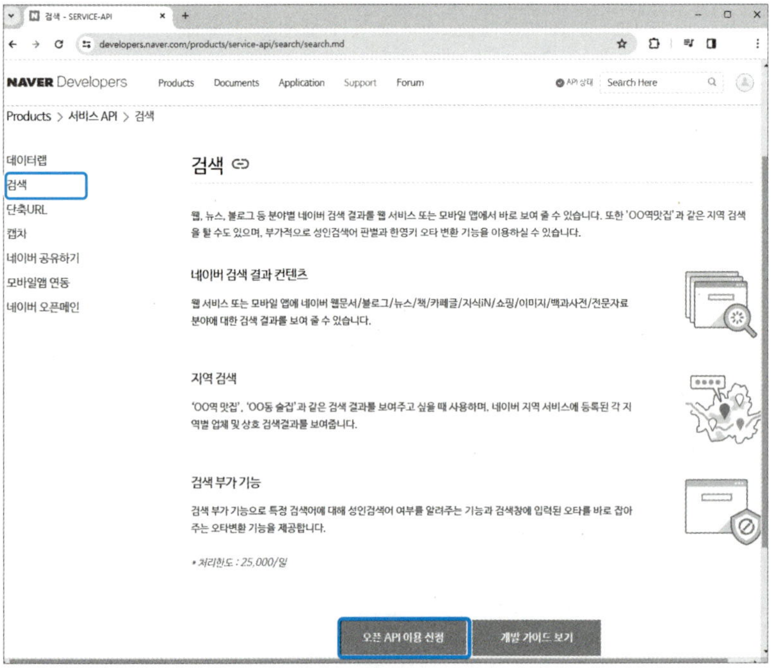

그림 5-3 오픈 API 이용 신청

3 애플리케이션 등록하기 [애플리케이션 등록(API 이용 신청)] 화면이 나타난다. API 이용 신청을 위한 등록 과정이므로 화면 상단의 [애플리케이션 이름]에 임의의 이름을 입력한다. 네이버에서 검색 API를 이용해 빅데이터를 수집할 것이므로 ❶ 애플리케이션 이름을 'nvCrawl'로 입력하기로 하자. 이전 단계에서 서비스 API 중 [검색]을 선택한 상태이므로 [사용 API]에 [검색]이 표시되어 있다(원한다면 목록에서 사용자 API를 추가할 수 있다). [비로그인 오픈 API 서비스 환경]에서 ❷ [환경 추가]를 클릭한 후 아래 목록에서 [WEB 설정]을 선택하면 [웹 서비스 URL] 항목이 나타난다. 서비스를 제공할 URL이 없으므로 ❸ 임의로 'http://localhost'라고 입력하고 〈등록하기〉 버튼을 클릭한다.

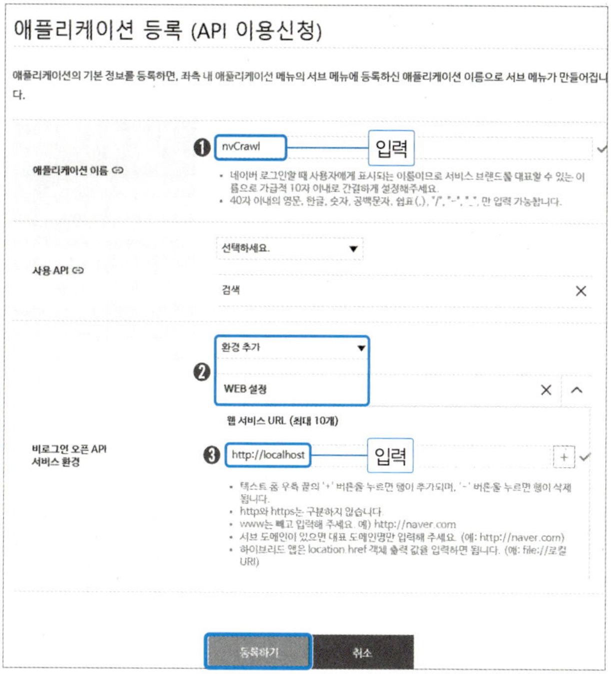

그림 5-4 애플리케이션 등록

4 애플리케이션 정보 확인하기 신규 애플리케이션이 등록되면 [개요] 탭에서 애플리케이션 정보를 확인할 수 있다. 화면 하단의 [비로그인 오픈 API 당일 사용량]을 보면 우리가 선택한 [검색]의 [API호출량/일일허용량]이 [0/25000]으로 표시되어 있다. 아직 한 번도 사용하지 않았으므로 API 호출량이 0이다. 여기서 알 수 있듯이 API마다 일일 허용량 제한이 있는데 네이버의 검색 API는 하루 25,000번 호출할 수 있고 한 번 호출할 때 최대 100건을 가져올 수 있다. 일일 허용량 제한을 초과하여 사용하려면 화면 왼쪽 메뉴의 [API 제휴 신청]을 이용해 네이버와 비즈니스 파트너십을 체결해야 한다. 애플리케이션 정보의 Client ID와 Client Secret은 네이버에서 API를 사용할 때 필요하므로 메모장 등에 복사해 둔다.

그림 5-5 애플리케이션 정보 확인

5 검색 API 이용 안내 페이지 확인하기 화면 상단의 메뉴 중에서 [Documents]–[서비스 API]–[검색]을 선택해 검색 API 이용 안내 페이지로 이동한다. 검색 API를 사용하기 위한 요청 URL, 요청 및 응답 파라미터(매개변수), 오류 코드 등의 정보를 확인할 수 있다. 파이썬 구현 예제 코드도 제공한다. 예제 코드는 초기에 작성된 코드이므로 현재의 파이썬 버전에서는 실행되지 않을 수 있다.

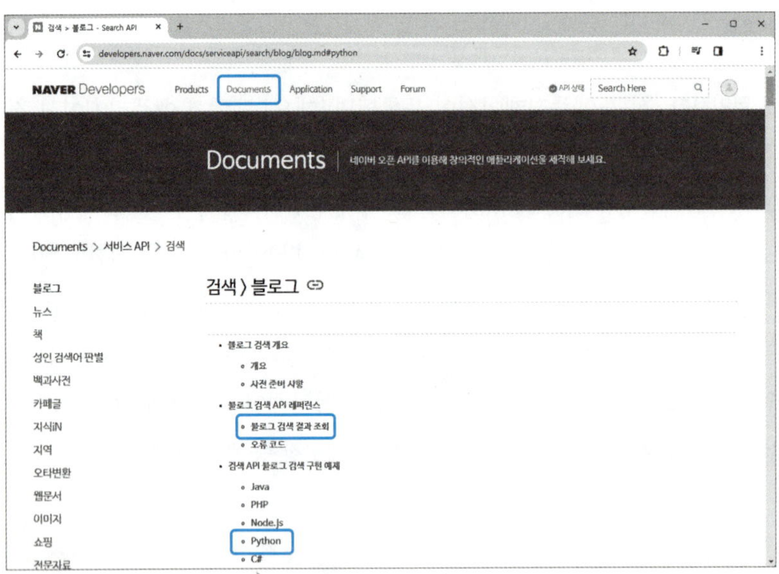

(a) 검색 API 이용 안내 문서

요청 URL

요청 URL	결괏값 반환 형식
https://openapi.naver.com/v1/search/blog.xml	XML
https://openapi.naver.com/v1/search/blog.json	JSON

프로토콜

HTTPS

HTTP 메서드

GET

파라미터

파라미터를 쿼리 스트링 형식으로 전달합니다.

파라미터	타입	필수 여부	설명
query	String	Y	검색어. UTF-8로 인코딩되어야 합니다.
display	Integer	N	한 번에 표시할 검색 결과 개수(기본값: 10, 최댓값: 100)
start	Integer	N	검색 시작 위치(기본값: 1, 최댓값: 1000)
sort	String	N	검색 결과 정렬 방법 - sim: 정확도순으로 내림차순 정렬(기본값) - date: 날짜순으로 내림차순 정렬

(b) 검색 API 정보 확인

Python

```
# 네이버 검색 API 예제 - 블로그 검색
import os
import sys
import urllib.request
client_id = "YOUR_CLIENT_ID"
client_secret = "YOUR_CLIENT_SECRET"
encText = urllib.parse.quote("검색할 단어")
url = "https://openapi.naver.com/v1/search/blog?query=" + encText # JSON 결과
# url = "https://openapi.naver.com/v1/search/blog.xml?query=" + encText # XML 결과
request = urllib.request.Request(url)
request.add_header("X-Naver-Client-Id",client_id)
request.add_header("X-Naver-Client-Secret",client_secret)
response = urllib.request.urlopen(request)
rescode = response.getcode()
if(rescode==200):
    response_body = response.read()
    print(response_body.decode('utf-8'))
else:
    print("Error Code:" + rescode)
```

(c) 파이썬 구현 예제 확인

그림 5-6 검색 API 이용 안내 페이지

3 네이버 뉴스 크롤링

앞에서 발급받은 Client ID와 Client Secret을 이용해 네이버 뉴스에서 아시안컵 관련 기사를 크롤링한 뒤 파일에 저장해 보자. 먼저 전체 작업을 설계하고 프로그램의 각 구성과 개별 함수를 설계한 뒤 전체 프로그램을 작성하는 과정으로 진행한다.

전체 작업 설계하기

작업	사용할 코드
1. 검색어 지정	srcText = '아시안컵'
2. 네이버 뉴스 검색	**getNaverSearch()**
2.1 url 구성하기	url = base + node + srcText
2.2 url 접속과 검색 요청하기	urllib.request.urlopen()
2.3 요청 결과를 응답 JSON으로 받기	json.load()
3. 응답 데이터 정리 후 리스트에 저장	**getPostData()**
4. 리스트를 JSON 파일로 저장	json.dumps()

프로그램 구성 설계하기

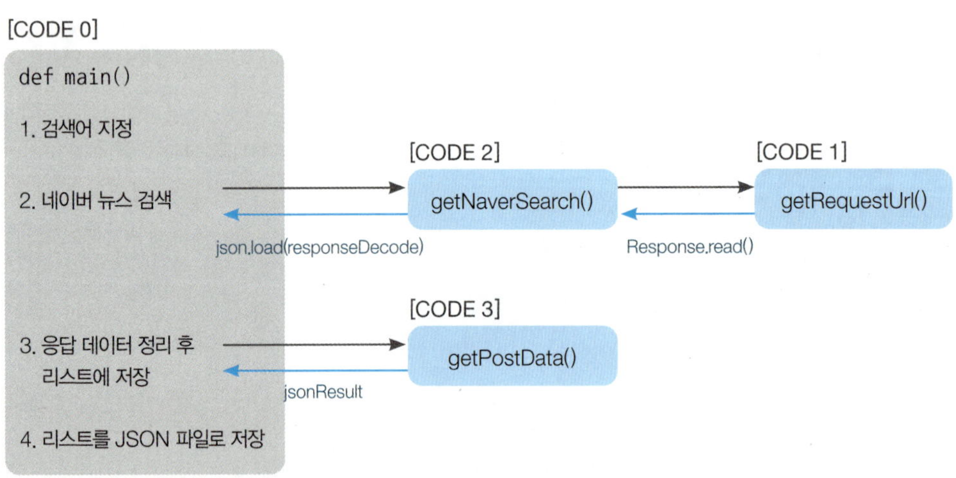

함수 설계하기

1 [CODE 0] 먼저, 전체 작업 스토리를 설계한다.

지역 변수

- node: 네이버 검색 API에서 검색할 대상 노드([표 5-2] 참고)
- srcText: 사용자 입력으로 받은 검색어 저장
- cnt: 검색 결과 카운트
- jsonResult: 검색 결과를 정리하여 저장할 리스트 객체
- jsonResponse: 네이버 뉴스 검색에 대한 응답을 저장하는 객체
- total: 전체 검색 결과 개수
- post: 응답받은 검색 결과 중에서 1개를 저장한 객체
- items: 응답받은 검색 결과 전체. 내부 항목은 title, originallink, link, description, pubDate
- jsonFile: JSON 파일에 저장할 데이터를 담은 객체

메서드

- input('검색어를 입력하세요: '): 사용자로부터 입력을 받는다.
- getNaverSearch(node, srcText, 1, 100): 1부터 100개의 검색 결과를 처리한다([CODE 2]).
- getPostData(): 검색 결과 1개를 처리한다([CODE 3]).
- json.dumps(): 객체를 JSON 형식으로 변환한다.

```
def main():
    node = 'news'  # 크롤링 대상 노드 : 네이버 '뉴스'
    srcText = input('검색어를 입력하세요: ')
    cnt = 0
    jsonResult = []

    jsonResponse = getNaverSearch(node, srcText, 1, 100)  # [CODE 2]
    total = jsonResponse['total']

    while ((jsonResponse != None) and (jsonResponse['display'] != 0)):
        for post in jsonResponse['items']:
            cnt += 1
            getPostData(post, jsonResult, cnt)  # [CODE 3]

        start = jsonResponse['start'] + jsonResponse['display']
```

```
16        jsonResponse = getNaverSearch(node, srcText, start, 100)  # [CODE 2]
17
18    print('전체 검색 : %d 건' %total)
19
20    with open('%s_naver_%s.json' % (srcText, node), 'w', encoding = 'utf8') as
              outfile:
21        jsonFile = json.dumps(jsonResult,  indent = 4, sort_keys = True,
                           ensure_ascii = False)
22
23        outfile.write(jsonFile)
24
25    print("가져온 데이터 : %d 건" %(cnt))
26    print('%s_naver_%s.json SAVED' % (srcText, node))
```

02행 네이버 뉴스 검색을 위해 검색 API 대상을 'news'로 설정한다.

03행 파이썬 셸 창에서 검색어를 입력받아 srcText에 저장한다.

07행 getNaverSearch( ) 함수를 호출하여 start = 1, display = 100에 대한 검색 결과를 반환받아 jsonResponse에 저장한다.

10~16행 검색 결과jsonResponse에 데이터가 있는 동안 for 문11~13행으로 검색 결과를 1개씩 처리하는 작업getPostData( )을 반복한다. 반복 작업이 끝나면 다음 검색 결과 100개를 가져오기 위해 start 위치를 변경하고15행 getNaverSearch( ) 함수를 호출하여 새로운 검색 결과를 jsonResponse에 저장한 후16행 for 문11~13행을 다시 반복한다.

20~23행 파일 객체를 생성하여 정리된 데이터를 JSON 파일에 저장한다.

표 5-2 네이버 검색 API 개발자 가이드 (출처: https://developers.naver.com/docs/serviceapi/search/news)

구분	내용 및 설명	
URL	블로그	https://openapi.naver.com/v1/search/**blog**.json
	뉴스	https://openapi.naver.com/v1/search/**news**.json
	책	https://openapi.naver.com/v1/search/**book**.json
	카페글	https://openapi.naver.com/v1/search/**cafearticle**.json
	쇼핑	https://openapi.naver.com/v1/search/**shop**.json

요청 변수	query	검색을 원하는 문자열이며 UTF-8로 인코딩한다.
	start	검색 시작 위치로 최대 1000까지 가능하다. 1(기본값)~1000(최댓값)
	display	검색 결과 출력 건수를 지정한다. 10(기본값)~100(최댓값)
응답 변수	items	검색 결과로 title, originallink, link, description, pubDate를 포함한다.
	title	검색 결과 문서의 제목이다.
	link	검색 결과 문서를 제공하는 네이버의 하이퍼텍스트 link다.
	originallink	검색 결과 문서를 제공하는 언론사의 하이퍼텍스트 link다.
	description	검색 결과 문서의 내용을 요약한 정보다.
	pubDate	검색 결과 문서가 네이버에 제공된 시간이다.

2 [CODE 1] url 접속을 요청하고 응답을 받아서 반환하는 부분을 작성한다.

매개변수

- url: 네이버 뉴스 검색('검색어')에 대한 url

지역 변수

- req: url 접속 요청(request) 객체
- app_id: 네이버 개발자로 등록하고 받은 Client ID
- app_secret: 네이버 개발자로 등록하고 받은 Client Secret
- response: 네이버 서버에서 받은 응답을 저장하는 객체

메서드

- urllib.request.Request(): urllib 패키지의 request 모듈에 있는 Request() 함수로 네이버 서버에 보낼 요청(request) 객체를 생성한다.
- Request.add_header(): 서버에 보내는 요청 객체에 헤더 정보를 추가한다.
- urllib.request.urlopen(): 서버에서 받은 응답을 변수에 저장하기 위해 메모리로 가져오는 urllib 패키지의 request 모듈에 있는 함수다.
- response.getcode(): 요청 처리에 대한 응답 상태를 확인하는 response 객체의 멤버 함수로 상태 코드가 200이면 요청 처리 성공을 나타낸다.
- datetime.datetime.now(): 현재 시간을 구하는 함수다.
- response.read().decode('utf-8'): 문자열을 utf-8 형식으로 디코딩한다.

```
01 def getRequestUrl(url):
02     req = urllib.request.Request(url)
03     req.add_header("X-Naver-Client-Id", client_id)
04     req.add_header("X-Naver-Client-Secret", client_secret)
05
06     try:
07         response = urllib.request.urlopen(req)
08         if response.getcode() == 200:
09             print("[%s] Url Request Success" % datetime.datetime.now())
10             return response.read().decode('utf-8')
11     except Exception as e:
12         print(e)
13         print("[%s] Error for URL : %s" % (datetime.datetime.now(), url))
14         return None
```

02행 매개변수로 받은 url에 대한 요청을 보낼 객체를 생성한다.

03~04행 API를 사용하기 위한 Client ID와 Client Secret 코드를 요청 객체 헤드에 추가한다.

07행 요청 객체를 보내고 그에 대한 응답을 받아 response 객체에 저장한다.

08~10행 getcode( )로 response 객체에 저장된 코드를 확인한다. 200이면 요청이 정상 처리된 것이므로 성공 메시지를 파이썬 셸 창에 출력하고 응답을 utf-8 형식으로 디코딩하여 반환한다.

11~14행 요청이 처리되지 않은 예외 사항exception이 발생하면 에러 메시지를 파이썬 셸 창에 출력한다.

3 [CODE 2] 네이버 뉴스 검색 url을 만들고 [CODE 1]의 getRequestUrl(url)을 호출하여 반환받은 응답 데이터를 파이썬 json 형식으로 반환하는 부분이다.

매개변수

- node: 네이버 검색 API를 이용해 검색할 대상 노드(blog, news, cafearticle, shop 등 [표 5-2] 참고).
- srcText: 검색어

· page_start: 검색 시작 위치(1~1000)
· display: 출력 건수(10~100)

지역 변수

· base: 검색 url의 기본 주소
· node: 검색 대상에 따른 json 파일 이름
· parameter: url에 추가할 검색어와 검색 시작 위치, 출력 건수 등의 매개변수
· responseDecode: getRequestUrl(url)을 호출하여 반환받은 응답 객체(utf-8로 디코드)

메서드

· getRequestUrl(url): [CODE1]을 호출하여 url 요청에 대한 응답을 받는다.
· json.loads(responseDecode): 응답 객체를 파이썬이 처리할 수 있는 JSON 형식으로 변환한다.

```
01 def getNaverSearch(node, srcText, page_start, display):
02     base = "https://openapi.naver.com/v1/search"
03     node = "/%s.json" % node
04     parameters = "?query=%s&start=%s&display=%s" % (urllib.parse.
                   quote(srcText), start, display)
05
06     url = base + node + parameters
07     responseDecode = getRequestUrl(url)   # [CODE 1]
08
09     if (responseDecode == None):
10         return None
11     else:
12         return json.loads(responseDecode)
```

02~06행 [표 5-2]의 네이버 검색 API 정보에 따라 요청 URL을 구성한다.

07행 완성한 url을 이용해 getRequestUrl( ) 함수를 호출하여 받은 utf-8 디코드 응답을 responseDecode에 저장한다.

12행 서버에서 받은 JSON 형태의 응답 객체를 파이썬 객체로 로드하여 반환한다.

4 [CODE 3] JSON 형식의 응답 데이터를 필요한 항목만 정리하여 딕셔너리 리스트인 jsonResult를 구성하고 반환하도록 작성한다.

매개변수

- post: 응답으로 받은 검색 결과 데이터 중에서 결과 1개를 저장한 객체
- jsonResult: 필요한 부분만 저장하여 반환할 리스트 객체
- cnt: 현재 작업 중인 검색 결과의 번호

지역 변수

- post['title']: post 객체의 title 항목에 저장된 값
- post['description']: post 객체의 description 항목에 저장된 값
- post['originallink']: post 객체의 originallink 항목에 저장된 값
- post['link']: post 객체의 link 항목에 저장된 값

메서드

- datetime.datetime.strptime(): 문자열을 날짜 객체 형식으로 변환한다.
- pDate.strftime(): 날짜 객체의 표시 형식을 지정한다.
- jsonResult.append(): 리스트 객체인 jsonResult에 원소를 추가한다.

```
01  def getPostData(post, jsonResult, cnt):
02      title = post['title']
03      description = post['description']
04      org_link = post['originallink']
05      link = post['link']
06
07      pDate = datetime.datetime.strptime(post['pubDate'], '%a, %d %b %Y %H:%M:%S +0900')
08      pDate = pDate.strftime('%Y-%m-%d %H:%M:%S')
09
10      jsonResult.append({'cnt':cnt, 'title':title, 'description': description,
                         'org_link':org_link, 'link': org_link, 'pDate':pDate})
11      return
```

02~05행 검색 결과가 들어 있는 post 객체에서 필요한 데이터 항목을 추출하여 변수에 저장한다.

07행 네이버에서 제공하는 시간인 pubDate는 문자열 형태이므로 날짜 객체로 변환한다. pubDate는 그리니치 평균시 형식을 사용하는데 한국 표준시보다 9시간 느리므로 +0900을 사용해 한국 표준시로 맞춘다.

08행 수정된 날짜를 '연-월-일 시:분:초' 형식으로 나타낸다.

10행 2~5행에서 저장한 데이터를 딕셔너리 형태인 {'키':값}으로 구성하여 리스트 객체인 jsonResult에 추가한다.

전체 프로그램 작성하기

1 파이썬 셸 창에서 [File]-[New File]을 클릭해 새 파일 창을 열고 다음의 파이썬 프로그램을 작성한다.

프로그램 5-1 nvCrawler.py

```
import os
import sys
import urllib.request
import datetime
import time
import json

client_id = '본인이 발급받은 네이버 Client ID'
client_secret = '본인이 발급받은 네이버 Client Secret'

# [CODE 1]
def getRequestUrl(url):
    req = urllib.request.Request(url)
    req.add_header("X-Naver-Client-Id", client_id)
    req.add_header("X-Naver-Client-Secret", client_secret)

    try:
        response = urllib.request.urlopen(req)
        if response.getcode() == 200:
            print("[%s] Url Request Success" % datetime.datetime.now())
            return response.read().decode('utf-8')
```

134쪽에서 복사해 둔 Client ID와 Client Secret 입력

```
    except Exception as e:
        print(e)
        print("[%s] Error for URL : %s" % (datetime.datetime.now(), url))
        return None

# [CODE 2]
def getNaverSearch(node, srcText, start, display):
    base = "https://openapi.naver.com/v1/search"
    node = "/%s.json" % node
    parameters = "?query = %s&start = %s&display = %s" % (urllib.parse.
                quote(srcText), start, display)

    url = base + node + parameters
    responseDecode = getRequestUrl(url)   # [CODE 1]

    if (responseDecode == None):
        return None
    else:
        return json.loads(responseDecode)

# [CODE 3]
def getPostData(post, jsonResult, cnt):
    title = post['title']
    description = post['description']
    org_link = post['originallink']
    link = post['link']

    pDate = datetime.datetime.strptime(post['pubDate'],  '%a, %d %b %Y %H:%M:%S +0900')
    pDate = pDate.strftime('%Y-%m-%d %H:%M:%S')

    jsonResult.append({'cnt':cnt, 'title':title, 'description': description,
                    'org_link':org_link, 'link': org_link, 'pDate':pDate})
    return
```

```
# [CODE 0]
def main():
    node = 'news'   # 크롤링 대상 노드: 네이버 '뉴스'
    srcText = input('검색어를 입력하세요: ')
    cnt = 0
    jsonResult = []

    jsonResponse = getNaverSearch(node, srcText, 1, 100)  # [CODE 2]
    total = jsonResponse['total']

    while ((jsonResponse != None) and (jsonResponse['display'] != 0)):
        for post in jsonResponse['items']:
            cnt += 1
            getPostData(post, jsonResult, cnt)  # [CODE 3]

        start = jsonResponse['start'] + jsonResponse['display']
        if start == 1001: break   # 네이버 뉴스는 1000개까지만 무료 제공됨
        jsonResponse = getNaverSearch(node, srcText, start, 100)  # [CODE 2]

    print('전체 검색 : %d 건' %total)

    with open('%s_naver_%s.json' % (srcText, node), 'w', encoding='utf8') as outfile:
        jsonFile = json.dumps(jsonResult,  indent = 4, sort_keys = True,
                              ensure_ascii = False)

        outfile.write(jsonFile)

    print("가져온 데이터 : %d 건" %(cnt))
    print('%s_naver_%s.json SAVED' % (srcText, node))

if __name__ == '__main__':
    main()
```

소스 파일(nvCrawler.py)을 임포트하지 않고 독립적으로 실행할 경우에는 main( ) 즉 [CODE0]을 호출하여 시작하라는 의미

2 작성한 파이썬 파일을 My_Python 폴더에 nvCrawler.py로 저장한다. F5를 눌러 실행하면 파이썬 셸 창에 input 명령의 실행 결과인 '검색어를 입력하세요:'가 출력된다. 커서 위치에 '아시안컵'을 입력하고 Enter를 누르면 실행이 진행되어 nvCrawler.py 파일이 저장된 위치에 JSON 파일이 생성된다.

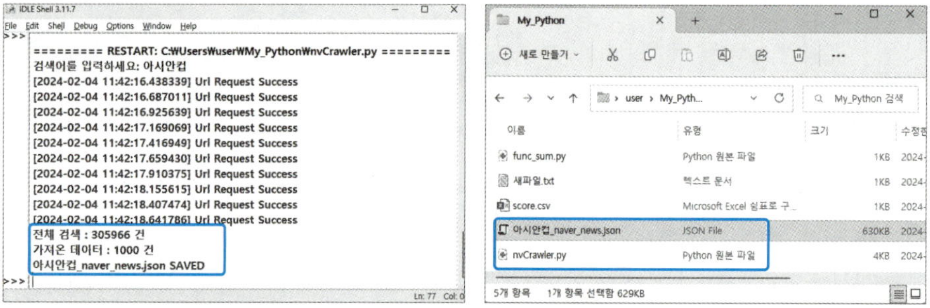

(a) 파이썬 셸 창에 출력된 실행 결과

(b) JSON 파일 생성

그림 5-7 실행 결과 확인 1

3 결과 확인하기 네이버 검색 API에서는 한 번 호출에 최대 100개씩, 전체 검색 결과를 최대 1,000개까지 받을 수 있다. 이 프로그램에서는 display 매개변수의 값을 100으로 설정하여 한 번 호출할 때마다 검색 결과 100개를 받고 Url Request Success를 출력하게 했다. 최대 검색량 1,000개를 다 가져온 상태에서 또 요청url request을 보내면 접속이 거부되어 응답 코드 400Bad Request을 받아 'Error for URL' 메시지가 출력될 것이다. 최대 검색량 1,000개를 받은 후에는 반복 작업을 멈추도록 하기 위해 if start == 1001: break를 추가하였다. 생성된 JSON 파일(아시안컵_naver_news.json)에는 전체가 아닌 최근 1,000건의 검색 결과만 저장된다. JSON 파일을 메모장으로 열어서 확인해 보자.

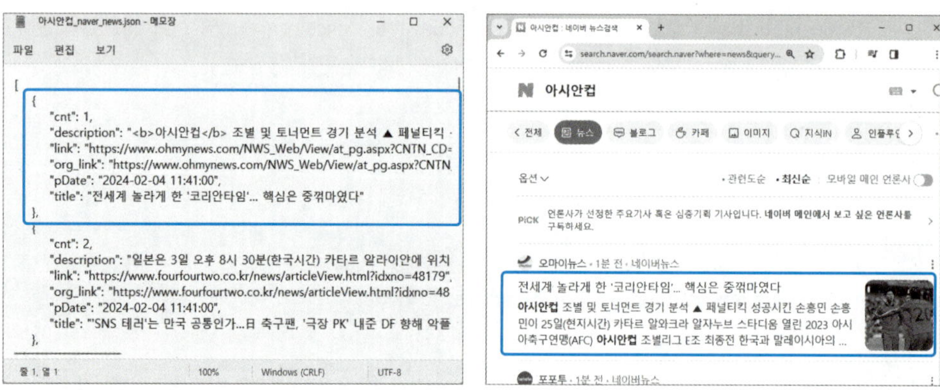

(a) JSON 파일을 메모장에서 열어 확인하기

(b) 네이버 웹페이지에서 '아시안컵'으로 검색한 결과

그림 5-8 실행 결과 확인 2

02 공공데이터 API 기반 크롤링

공공데이터open data, public information란 공공기관에서 업무를 수행하며 만들었거나 관리하고 있는 다양한 형태의 데이터를 일컫는다. 공공데이터를 제공하는 공공데이터포털의 API를 이용해 출입국관광통계서비스 데이터를 크롤링해 보자.

> **여기서 잠깐** 우리나라의 공공데이터 정책
>
> 우리나라에서는 정부3.0의 핵심 정책 중 하나로 공공데이터 정책을 추진하였다. 이는 보유한 공공데이터를 적극 개방하여 국민과 공유하며 소통과 협력을 확대하기 위함이다. 2013년 7월에 공공데이터의 제공 및 이용 활성화에 관한 법률(약칭: 공공데이터법)을 제정하고 그해 10월부터 시행하였다.

1 공공데이터 활용 신청

1 공공데이터포털 회원가입하기 공공데이터포털의 API를 이용하려면 공공데이터포털(www.data.go.kr)에 접속하여 회원가입을 해야 한다.

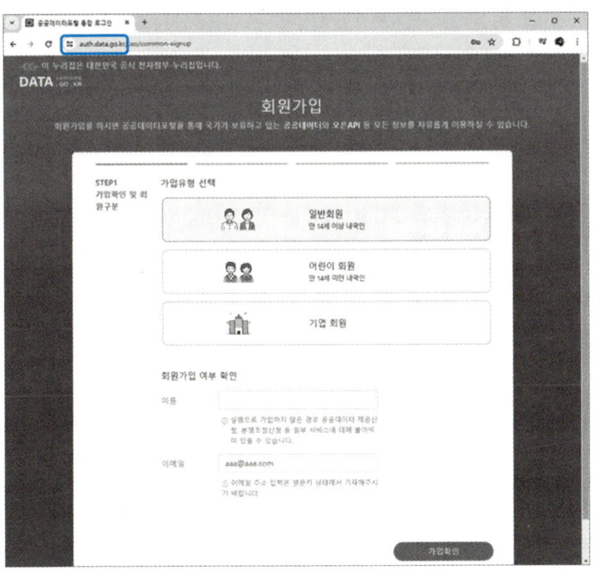

그림 5-9 공공데이터포털의 회원가입 화면

2 출입국관광통계서비스 검색하기 회원가입을 완료했으면 공공데이터포털에 로그인을 하고 검색창에 '출입국관광통계서비스'를 입력한 뒤 검색(🔍) 버튼을 클릭한다.

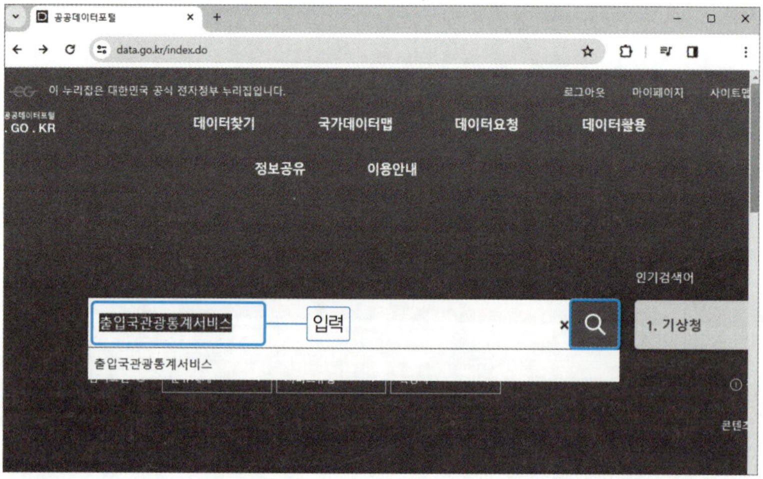

그림 5-10 로그인 후 데이터 검색

3 검색 결과가 나타나면 [오픈 API] 탭을 선택한 뒤 API 목록에서 [한국문화관광연구원_출입국관광통계서비스]를 클릭한다.

그림 5-11 사용할 API 선택

4 OpenAPI 개발계정 신청하기 [오픈API 상세] 페이지가 나타나면 오른쪽 상단의 〈활용신청〉 버튼을 클릭한다.

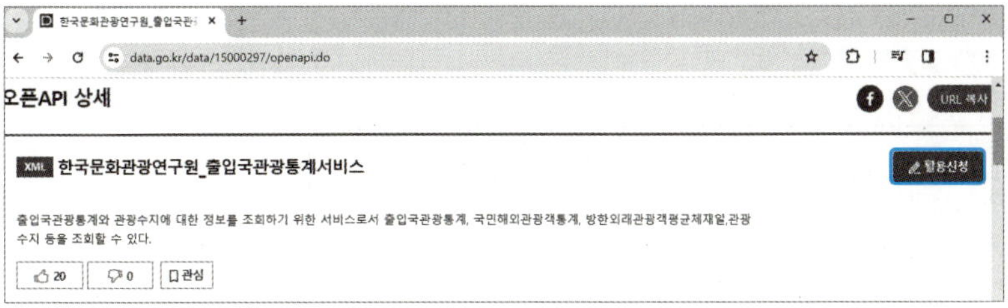

그림 5-12 오픈 API 활용 신청

5 [OpenAPI 개발계정 신청] 페이지의 [활용목적]에서 [연구(논문 등)]을 선택한 뒤 아래 텍스트 박스에 '공공데이터 활용 학습'을 입력한다.

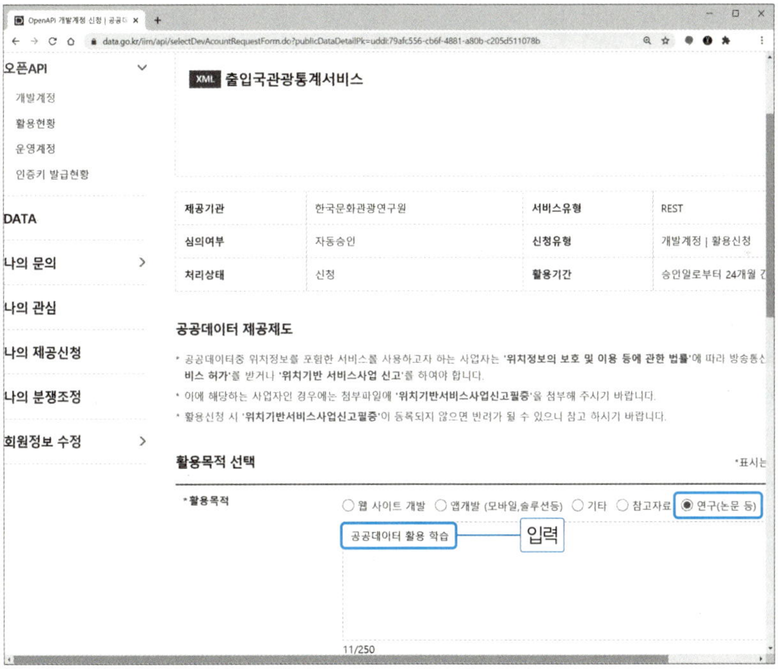

그림 5-13 활용 목적 입력

6 [상세기능정보 선택]에서 [출입국관광통계조회]를 선택하고 [라이선스 표시]에서 [동의합니다.]에 체크한 뒤 〈활용신청〉 버튼을 클릭한다.

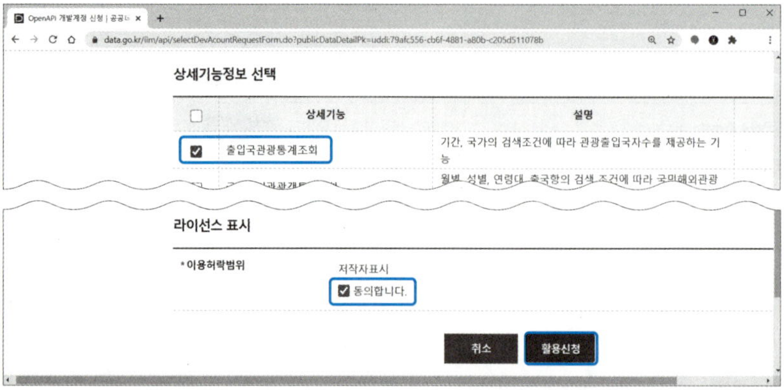

그림 5-14 활용 신청 완료

7 OpenAPI 개발계정 발급받기 활용신청 즉시 자동 승인되어 개발계정이 발급되고 [개발계정] 페이지가 열린다. 발급받은 개발계정을 클릭하면 신청한 [개발계정 상세보기] 페이지가 열린다.

그림 5-15 발급받은 개발계정 확인

8 오픈 API 사용 방법 확인하기 사용 방법을 확인하기 위해 [기본정보]의 [데이터명] 오른쪽에 있는 〈상세설명〉 버튼을 클릭하면 [오픈 API 상세] 페이지가 나타난다. 스크롤을 내려 [상세기능]을 보면 크롤링을 위해 접속할 서비스 URL을 확인할 수 있다. [요청변수]는 서비스 URL 뒤에 추가할 매개변수 항목을 나타낸다.

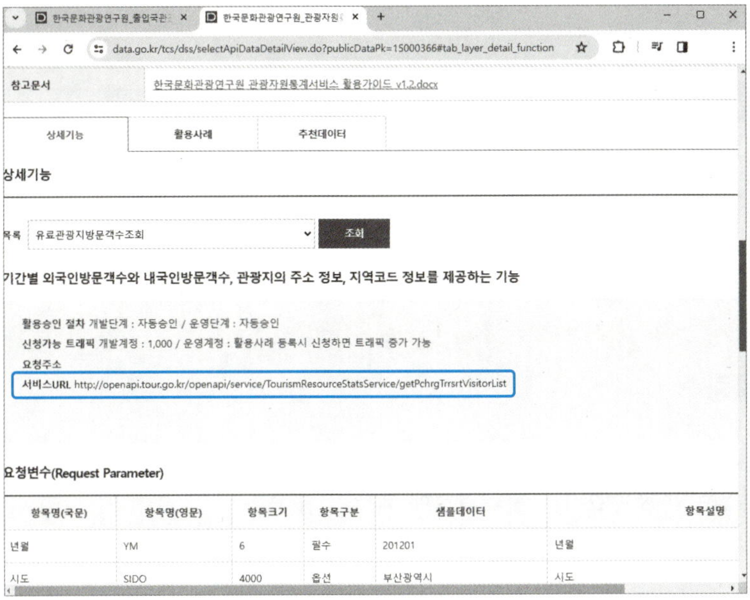

그림 5-16 오픈 API 사용 방법 확인

아래의 [출력결과]는 크롤링 결과로 받을 데이터 항목이다. 데이터 항목에 대한 자세한 값은 참고문서(한국문화관광연구원 출입국관광통계서비스 활용가이드_v1.2.docx)에서 확인할 수 있다.

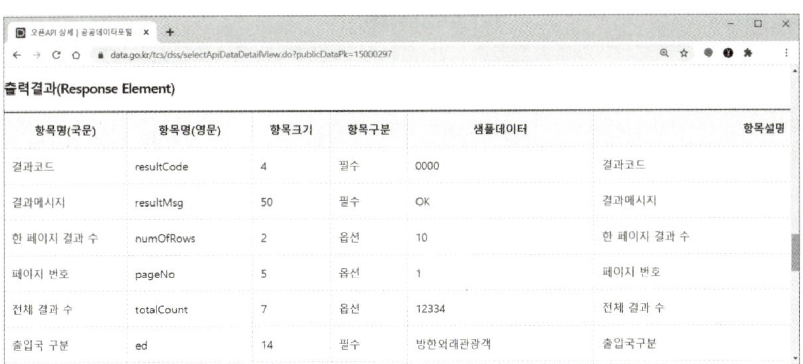

그림 5-17 크롤링 결과로 받을 데이터 항목

[샘플코드]에서는 서비스 URL과 매개변수를 연결해서 만든 url에 HTTP 요청request을 보내고 응답response을 받는 작업을 프로그래밍 언어로 구현한 코드를 보여준다.

그림 5-18 파이썬으로 작성된 샘플코드 확인

2 공공데이터 크롤링

발급받은 인증키로 오픈 API를 이용해 출입국관광통계서비스 데이터 중에서 2020년부터 현재까지 우리나라에 입국한 중국인의 수를 크롤링해 보자.

전체 작업 설계하기

작업	사용할 코드
1. 수집할 국가 코드와 연도 입력	national_code, nStartYear, nEndYear
2. 데이터 수집 요청	**getTourismStatsService()**
2.1 url 구성하여 데이터 요청하기	**getTourismStatsItem()**
2.2 url 접속하고 요청하기	**getRequestUrl()**
2.3 응답 데이터를 리스트로 구성하기	jsonResult, result
3. 데이터를 JSON 파일과 CSV 파일로 저장	json.dumps(), to_csv()

프로그램 구성 설계하기

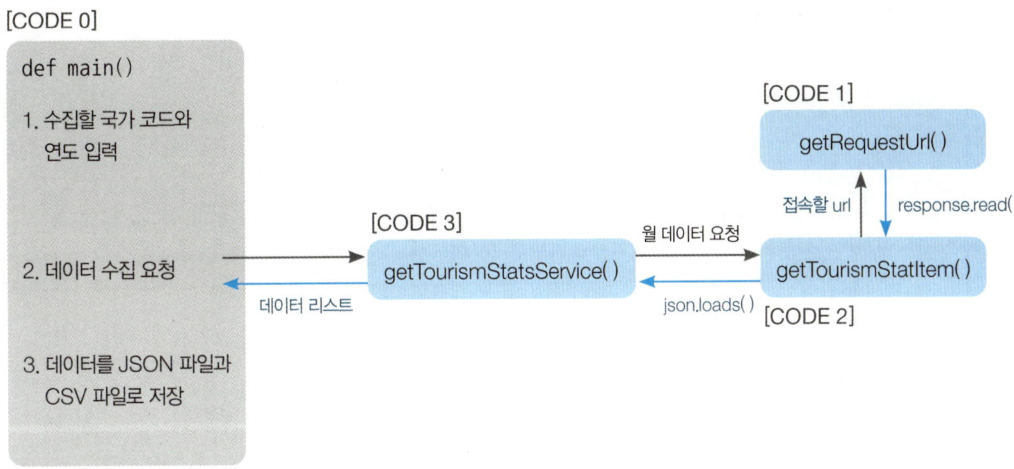

함수 설계하기

1 [CODE 0] 전체 작업 스토리를 구성한다.

지역 변수

- jsonResult: 수집한 데이터를 저장할 리스트 객체로 JSON 파일 저장용
- result: 수집한 데이터를 저장할 리스트 객체로 CSV 파일 저장용
- nat_cd: 데이터를 수집할 국가 코드
- natName: 데이터를 수집할 국가 이름
- ed_cd: 입국/출국 코드('E' 또는 'D')
- nStartYear: 데이터 수집 시작 연도
- nEndYear: 데이터 수집 끝 연도
- dataEND: 마지막 데이터의 연월
- jsonFile: JSON 파일에 저장할 데이터를 담은 객체

메서드

- input(): 사용자로부터 입력을 받는다.
- getTourismStatsList(): 방한외래관광객 데이터를 요청한다([CODE 3]).
- json.dumps(): 객체를 JSON 형식으로 변환한다.
- pd.DataFrame(): 리스트를 데이터프레임 형식으로 변환한다.
- to_csv(): 데이터프레임을 CSV 파일로 저장한다.

```
01 def main():
02     jsonResult = []
03     result = []
04     natName=''
05 
06     print("<< 국내 입국한 외국인의 통계 데이터를 수집합니다. >>")
07     nat_cd = input('국가 코드를 입력하세요(중국: 112 / 일본: 130 / 미국: 275) : ')
08     nStartYear = int(input('데이터를 몇 년부터 수집할까요? : '))
09     nEndYear = int(input('데이터를 몇 년까지 수집할까요? : '))
10     ed_cd = "E"     # E: 방한외래관광객,  D: 해외 출국
11 
12     jsonResult, result, natName, dataEND = getTourismStatsService(nat_cd, ed_cd,
                                                  nStartYear, nEndYear) # [CODE 3]
13     if (natName=='') : # URL 요청은 성공하였지만, 데이터 제공이 안 된 경우
14         print('데이터가 전달되지 않았습니다. 공공데이터포털의 서비스 상태를 확인하기
                바랍니다.')
15     else:
16         # 파일 저장 1: json 파일
17         with open('./%s_%s_%d_%s.json' % (natName, ed, nStartYear, dataEND),
                   'w', encoding='utf8') as outfile:
18             jsonFile  = json.dumps(jsonResult, indent = 4, sort_keys = True,
                                    ensure_ascii = False)
19             outfile.write(jsonFile)
20         # 파일 저장 2: csv 파일
21         columns = ["입국자국가", "국가코드", "입국연월", "입국자 수"]
22         result_df = pd.DataFrame(result, columns = columns)
23         result_df.to_csv('./%s_%s_%d_%s.csv' % (natName, ed, nStartYear, dataEND),
                      index = False, encoding = 'cp949')
```

07행 데이터를 수집할 국가 코드를 입력받는다.

08행 데이터를 수집할 시작 연도를 입력받는다.

09행 데이터를 수집할 마지막 연도를 입력받는다.

12행 getTourismStatsService( ) 함수를 호출하여 반환받은 수집 데이터를 jsonResult, result, natName, dataEND에 저장한다.

13~14행 URL 요청은 성공하였으나 서버의 문제로 데이터를 응답받지 못한 경우에는 그에 대한 메시지를 출력한다.

15~23행 정상적으로 서버로부터 데이터 응답을 받은 경우에는 데이터를 파일에 저장한다.

17~19행 수집 데이터를 딕셔너리의 리스트로 저장한 jsonResult를 json.dumps( )를 통해 json 객체로 변환한 후 JSON 파일에 저장한다.

21행 데이터프레임에 만들 컬럼명을 리스트로 만든다.

22행 수집 데이터를 리스트로 저장한 result를 데이터프레임으로 변환한다.

23행 데이터프레임 객체인 result_df를 CSV 파일로 저장한다.

2 [CODE 1] url 접속을 요청하고 응답을 받아서 반환한다.

매개변수

· url: 출입국관광통계서비스의 오픈 API를 사용하는 데이터를 요청하는 url

지역 변수

· req: url 접속을 요청하는 객체

· response: 서버에서 받은 응답을 저장하는 객체

메서드

· urllib.request.Request(): urllib 패키지의 request 모듈에 있는 Request() 함수로 요청 객체를 생성한다.

· urllib.request.urlopen(): 서버에 요청을 보내고 받은 응답을 객체로 반환한다.

· response.getcode(): 요청 처리에 대한 응답 상태를 확인하는 response 객체의 멤버 함수로 상태 코드가 200이면 요청 처리 성공을 나타낸다.

· datetime.datetime.now(): 현재 시간을 구한다.

· response.read().decode('utf-8'): 문자열을 utf-8 형식으로 디코딩한다.

```
01 def getRequestUrl(url):
02     req = urllib.request.Request(url)
03     try:
04         response = urllib.request.urlopen(req)
05         if response.getcode() == 200:
06             print("[%s] Url Request Success" % datetime.datetime.now())
07             return response.read().decode('utf-8')
08     except Exception as e:
09         print(e)
10         print("[%s] Error for URL : %s" % (datetime.datetime.now(), url))
11         return None
```

02행 매개변수로 받은 url에 대한 요청을 보낼 객체를 생성한다.

04행 요청 객체를 보내서 받은 응답 데이터를 response 객체에 저장한다.

05~07행 response 객체에 저장된 코드를 확인한다. 코드가 200이면 요청을 정상 처리한 것이므로 성공 메시지와 현재 시간을 파이썬 셸 창에 출력하고 응답을 utf-8 형식으로 디코딩하여 반환한다.

08~11행 요청이 처리되지 않은 예외 사항이 발생하면 에러 메시지를 파이썬 셸 창에 출력한다.

3 [CODE 2] 출입국관광통계서비스의 오픈 API를 사용하여 데이터 요청 url을 만들고 [CODE 1]의 getRequestUrl(url)을 호출해서 받은 응답 데이터를 반환한다.

매개변수

- yyyymm: 수집할 연월(예 202003)
- nat_cd: 수집 대상 국가의 코드(예 중국 = 112)
- ed_cd: 수집할 데이터 종류(방한외래관광객 = "E")

지역 변수

- service_url: 출입국관광통계서비스의 공공데이터에 접속할 앤드 포인트 주소
- parameters: url에 추가할 매개변수
- url: service_url과 parameters를 연결하여 완성한 url
- responseDecode: [CODE1]의 getRequestUrl(url)을 호출하여 반환받은 응답 객체

메서드

· getRequestUrl(): [CODE1]을 호출하여 url 요청에 대한 응답 데이터를 받는다.

· json.loads(): json 형식으로 받은 응답 데이터인 responseDecode를 파이썬 객체로 읽는다.

```
01 def getTourismStatsItem(yyyymm, nat_cd, ed_cd):
02     service_url = "http://openapi.tour.go.kr/openapi/service/
                EdrcntTourismStatsService/getEdrcntTourismStatsList"
03     parameters = "?_type=json&serviceKey=" + ServiceKey   # 인증키
04     parameters += "&YM=" + yyyymm
05     parameters += "&NAT_CD=" + nat_cd
06     parameters += "&ED_CD=" + ed_cd
07 
08     url = service_url + parameters
09     print(url)   # 액세스 거부 여부 확인용 출력
10     responseDecode = getRequestUrl(url)   # [CODE 1]
11 
12     if (responseDecode == None):
13         return None
14     else:
15         return json.loads(responseDecode)
```

02~08행 출입국관광통계서비스의 오픈 API 상세정보 페이지에서 찾은 서비스 URL, 요청 매개변수 정보, 발급받은 인증키를 사용하여 데이터 요청 URL을 구성한다.

10행 구성한 url로 getRequestUrl( ) 함수를 호출해서 받은 응답(utf-8로 디코드됨)을 responseDecode에 저장한다.

15행 서버에서 받은 JSON 형태의 응답 객체를 파이썬 객체로 로드하여 반환한다.

4 [CODE 3] 수집 기간 동안 월 단위로 [CODE 2]의 getTourismStatsItem( )을 호출해 받은 데이터를 리스트로 묶어 반환한다.

매개변수

- nat_cd: 수집 대상 국가의 코드(예 중국 = 112)
- ed_cd: 수집 데이터의 종류(방한외래관광객 = "E")
- nStartYear: 데이터 수집 시작 연도
- nEndYear: 데이터 수집 끝 연도

지역 변수

- jsonResult: 수집한 데이터를 JSON 저장용으로 구성할 딕셔너리의 리스트 객체
- result: 수집한 데이터를 CSV 저장용으로 구성할 리스트 객체
- jsonData: [CODE2]의 getTourismStatsItem()을 호출하여 반환받은 응답 객체
- dataEND: 마지막 데이터의 연월
- isDataEnd: 데이터의 끝 확인용 플래그
- natName: 수집한 국가 이름 데이터
- num: 수집한 방문객 수 데이터
- ed: 수집한 출입국 구분 데이터

메서드

- getTourismStatsItem(): [CODE2]를 호출하여 응답으로 받은 월 데이터를 반환한다.
- json.dumps(): 객체를 JSON 형식으로 변환한다.

```
def getTourismStatsService(nat_cd, ed_cd, nStartYear, nEndYear):
    jsonResult = []
    result = []
    natName = ''
    dataEND = "{0}{1:0>2}".format(str(nEndYear), str(12))
    isDataEnd = 0
    for year in range(nStartYear, nEndYear+1):
        for month in range(1, 13):
            if(isDataEnd == 1): break
            yyyymm = "{0}{1:0>2}".format(str(year), str(month))
            jsonData = getTourismStatsItem(yyyymm, nat_cd, ed_cd)     # [CODE 2]
            if (jsonData['response']['header']['resultMsg'] == 'OK'):
                if jsonData['response']['body']['items'] == '':
                    isDataEnd = 1
```

```
15          if (month-1)==0:
            # 마지막 데이터가 12월인데, 현재 month가 다음해 1월인 경우
16              year = year-1
17              month = 13
18          dataEND = "{0}{1:0>2}".format(str(year), str(month-1))
19          print("데이터 없음.... \n 제공되는 통계 데이터는 %s년 %s월까지입니다."
                  %(str(year), str(month-1)))
20          jsonData = getTourismStatsItem(dataEND, nat_cd, ed_cd)
                         # 출력용으로 마지막 데이터 다시 호출
21          break
22      natName = jsonData['response']['body']['items']['item' ]['natKorNm']
23      natName = natName.replace(' ', '')
24      num = jsonData['response']['body']['items']['item']['num']
25      ed = jsonData['response']['body']['items']['item']['ed']
26      print('[ %s_%s : %s ]' %(natName, yyyymm, num))
27      print('-' * 70)
28      jsonResult.append({'nat_name': natName, 'nat_cd': nat_cd,
                           'yyyymm': yyyymm, 'visit_cnt': num})
29      result.append([natName, nat_cd, yyyymm, num])
30      print('<마지막 jsonData>\n', json.dumps(jsonData, indent=4,
        sort_keys=True, ensure_ascii=False))
31  return (jsonResult, result, natName, ed, dataEND)
```

05행 수집할 데이터의 끝 날짜인 dataEND를 nEndYear의 12월로 설정한다.

06행 수집한 데이터의 끝인지 확인하기 위한 플래그인 isDataEnd를 0으로 설정한다.

09행 데이터 끝 플래그인 isDataEnd를 확인하여 플래그가 설정되어 있으면 작업을 중단한다.

10행 수집할 연도와 월을 여섯 자리로 맞추어 yyyymm에 저장한다.

11행 getTourismStatsItem( )을 호출해 받은 월 데이터를 jsonData에 저장한다.

12행 응답 데이터가 정상인지 확인한다.

13~21행 ['items'] 항목에 값이 없으면 출입국관광통계 데이터가 아직 들어가지 않은 월이므로, isDataEnd를 1로 설정한다. 그리고 마지막 데이터가 있는 날짜(month−1)를 dataEND에 저장한 다음 데이터 수집 작업을 중단한다. 15~17행은 마지막 데이터가 12월인 경우를 처리하기 위한 작업이다. 반복문에서 month가 다음해 1월로 되어 있으므로 (month−1)이 0이 되지 않도록 변수 year와 month 값을 설정해 준다.

22~23행 수집한 국가 이름인 ['natKorNm'] 항목의 값에서 띄어쓰기를 제거하고 natName에 저장한다.

24행 수집한 월의 데이터 수인 ['num'] 항목의 값을 num에 저장한다.

25행 수집한 출입국 구분 데이터인 ['ed'] 항목의 값을 ed에 저장한다.

28행 수집한 국가 이름(natName), 국가 코드(nat_cd), 날짜(yyyymm), 데이터 수(num)를 딕셔너리 자료형으로 구성하여 jsonResult 리스트에 원소로 추가한다.

29행 수집한 국가 이름(natName), 국가 코드(nat_cd), 날짜(yyyymm), 데이터 수(num)를 result 리스트에 원소로 추가한다.

30행 응답 데이터의 구조를 확인하기 위해 마지막 데이터를 가지고 있는 jsonData를 확인용으로 출력한다.

31행 수집하여 정리한 데이터를 반환한다.

전체 프로그램 작성하기

1 파이썬 셸 창에서 [File]−[New File]을 선택해 새 파일 창을 열고 다음의 파이썬 프로그램을 작성한다.

프로그램 5-2 openapi_tour.py

```
import urllib.request
import datetime
import time
import json
import pandas as pd

ServiceKey = "인증키"
```

150쪽에서 복사해 둔 인증키 정보 입력

```
# [CODE 1]
def getRequestUrl(url):
    req = urllib.request.Request(url)
    try:
        response = urllib.request.urlopen(req)
        if response.getcode() == 200:
            print("[%s] Url Request Success" % datetime.datetime.now())
            return response.read().decode('utf-8')
    except Exception as e:
        print(e)
        print("[%s] Error for URL : %s" % (datetime.datetime.now(), url))
        return None

# [CODE 2]
def getTourismStatsItem(yyyymm, national_code, ed_cd):
    service_url = "http://openapi.tour.go.kr/openapi/service/
                EdrcntTourismStatsService/getEdrcntTourismStatsList"

    parameters = "?_type=json&serviceKey=" + ServiceKey   # 인증키
    parameters += "&YM=" + yyyymm
    parameters += "&NAT_CD=" + national_code
    parameters += "&ED_CD=" + ed_cd

    url = service_url + parameters
    print(url)   # 액세스 거부 여부 확인용 출력
    responseDecode = getRequestUrl(url)   # [CODE 1]

    if (responseDecode == None):
        return None
    else:
        return json.loads(responseDecode)

# [CODE 3]
def getTourismStatsService(nat_cd, ed_cd, nStartYear, nEndYear):
    jsonResult = []
    result = []
    natName = ''
```

```
dataEND = "{0}{1:0>2}".format(str(nEndYear), str(12))
isDataEnd = 0
for year in range(nStartYear, nEndYear+1):
    for month in range(1, 13):
      if(isDataEnd == 1): break
      yyyymm = "{0}{1:0>2}".format(str(year), str(month))
      jsonData = getTourismStatsItem(yyyymm, nat_cd, ed_cd) # [CODE 2]
      if (jsonData['response']['header']['resultMsg'] == 'OK'):
          if jsonData['response']['body']['items'] == '':
              isDataEnd = 1
              if (month-1)==0:# 마지막 데이터가 12월인데, 현재 month가 다음해 1월인 경우
                  year = year-1
                  month = 13
              dataEND = "{0}{1:0>2}".format(str(year), str(month-1))
              print("데이터 없음.... \n 제공되는 통계 데이터는 %s년 %s월까지입니다."
                    %(str(year), str(month-1)))
              jsonData = getTourismStatsItem(dataEND, nat_cd, ed_cd)
                          # 출력용으로 마지막 데이터 다시 호출
              break
          print(json.dumps(jsonData, indent = 4, sort_keys = True, ensure_
                ascii = False))
          natName = jsonData['response']['body']['items']['item']['natKorNm']
          natName = natName.replace(' ', '')
          num = jsonData['response']['body']['items']['item']['num']
          ed = jsonData['response']['body']['items']['item']['ed']
          print('[ %s_%s : %s ]' %(natName, yyyymm, num))
          print('-' * 70)
          jsonResult.append({'nat_name': natName, 'nat_cd': nat_cd, 'yyyymm':
                             yyyymm, 'visit_cnt': num})
          result.append([natName, nat_cd, yyyymm, num])
          print('<마지막 jsonData>\n', json.dumps(jsonData, indent=4,
                sort_keys=True, ensure_ascii=False))
return (jsonResult, result, natName, ed, dataEND)
```

```
# [CODE 0]
def main():
    jsonResult = []
    result = []
    natName = ''

    print("<< 국내 입국한 외국인의 통계 데이터를 수집합니다. >>")
    nat_cd = input('국가 코드를 입력하세요(중국: 112 / 일본: 130 / 미국: 275) : ')
    nStartYear = int(input('데이터를 몇 년부터 수집할까요? : '))
    nEndYear = int(input('데이터를 몇 년까지 수집할까요? : '))
    ed_cd = "E"      # E: 방한외래관광객, D: 해외 출국

    jsonResult, result, natName, ed, dataEND = getTourismStatsService(nat_cd, ed_cd,
                                                    nStartYear, nEndYear) # [CODE 3]
    if (natName=='') : # URL 요청은 성공하였지만, 데이터 제공이 안 된 경우
        print('데이터가 전달되지 않았습니다. 공공데이터포털의 서비스 상태를 확인하기 바랍니다.')
    else:

        # 파일 저장 1: json 파일
        with open('./%s_%s_%d_%s.json' % (natName, ed, nStartYear, dataEND),
                  'w', encoding = 'utf8') as outfile:
            jsonFile = json.dumps(jsonResult, indent = 4, sort_keys = True,
                                  ensure_ascii = False)
            outfile.write(jsonFile)
        # 파일 저장 2: csv 파일
        columns = ["입국자국가", "국가코드", "입국연월", "입국자 수"]
        result_df = pd.DataFrame(result, columns = columns)
        result_df.to_csv('./%s_%s_%d_%s.csv' % (natName, ed, nStartYear, dataEND),
                         index=False, encoding='cp949')

if __name__ == '__main__':
    main()
```

2 작성한 파이썬 파일을 My_Python 폴더에 openapi_tour.py로 저장한다. F5를 눌러 실행하면 파이썬 셸 창에 값을 입력하라는 메시지가 나타난다. 국가 코드는 '112', 데이터 수집 시작 연도는 '2020', 데이터 수집 마지막 연도는 '2024'를 각각 입력한다. 수집된 데이터가 파이썬 셸 창에 출력되는 것을 확인할 수 있다.

TIP 출입국관광통계서비스의 공공데이터는 프로그램 실행 날짜를 기준으로 보통 1~2개월 이전의 데이터까지 제공된다.

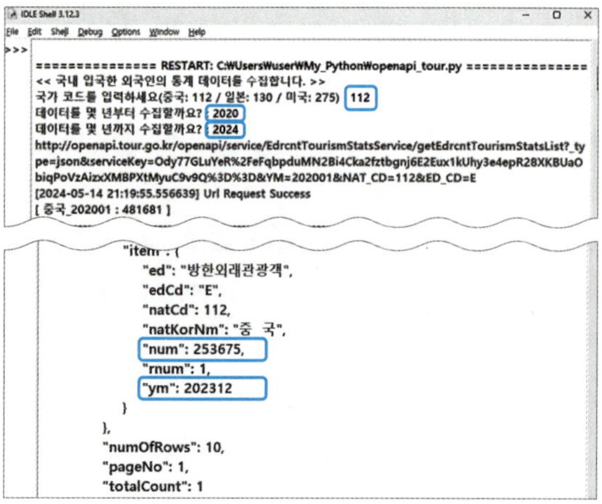

그림 5-19 파이썬 셸 창에서 실행 결과 확인

실행이 끝나면 openapi_tour.py 파일이 저장된 위치에 JSON 파일과 CSV 파일이 생성된다.

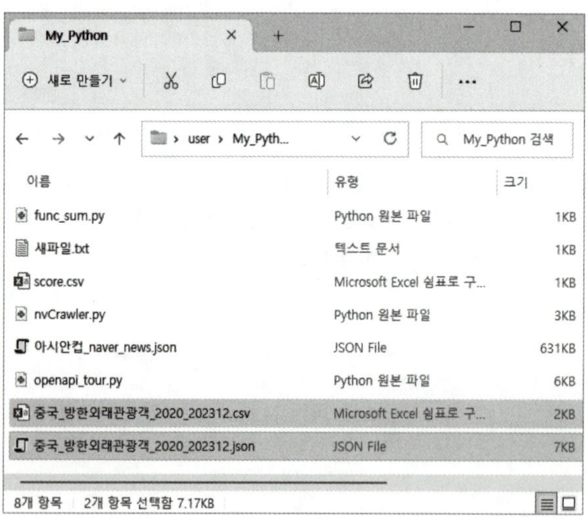

그림 5-20 JSON 파일과 CSV 파일이 생성된 모습

3 결과 확인하기 파일을 열어보면 2020년 1월부터 (2024년 2월에 파일을 실행한 경우) 2023년 12월까지 중국에서 방한한 관광객 수가 월별로 수집된 것을 확인할 수 있다.

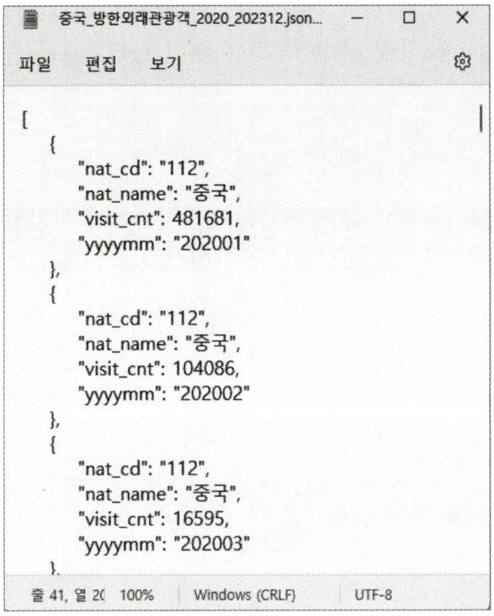

(a) JSON 파일 생성

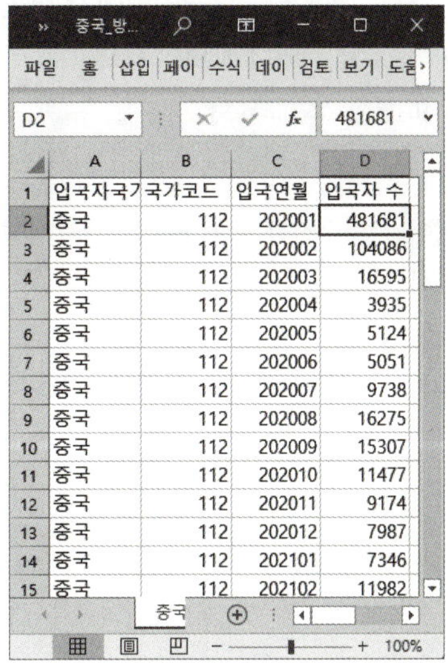

(b) CSV 파일 생성

그림 5-21 생성 파일로 실행 결과 확인

TIP [그림 5-19]에서 jsonData 내용 없이 Url Request Success만 출력되고 마지막에 UnboundLocalError가 출력된다면 액세스가 거부되어 응답 데이터를 받지 못한 상태다. 액세스 거부는 인증키 승인이 아직 되지 않았거나 하루 사용량을 초과한 경우에 발생한다. [그림 5-19]와 같이 실행했을 때 셸 창에 출력된 url(http://~)을 복사하여 웹 브라우저 주소창에 붙여넣기한 뒤 Enter를 눌러 실행하면 요청 url에 대해 받은 응답 데이터를 [그림 5-22]와 같이 확인해 볼 수 있다.

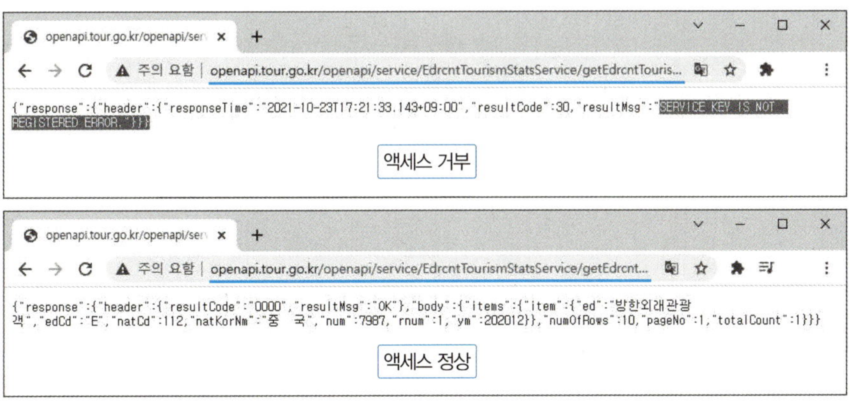

그림 5-22 데이터 요청 url에 대한 응답을 웹브라우저에서 확인

요약

01 웹은 HTTP 통신을 사용한다. 클라이언트(사용자)가 데이터를 가지고 있는 서버(웹사이트)의 url에 접속하여 수집할 데이터에 대한 HTTP 요청request을 하면 서버가 그에 대한 응답response을 JSON 또는 XML 형식으로 보낸다.

02 인터넷에서 데이터를 수집하는 기술에는 스크레이핑scraping과 크롤링crawling이 있다. 스크레이핑은 웹사이트에서 특정 데이터를 수집하는 것이고 크롤링은 크롤러 또는 스파이더라는 프로그램으로 웹사이트에서 데이터를 추출하는 것이다. 보통 스크레이핑과 크롤링을 구분하지 않고 웹에서 데이터를 수집하는 작업을 크롤링이라고 한다.

03 웹 APIApplication Programming Interface는 지도, 검색, 주가, 환율 등 다양한 정보가 담긴 웹사이트의 기능을 외부에서 쉽게 사용할 수 있도록 사용 절차와 규약을 정의한 것이다.

04 웹 API는 제공자의 정책에 따라 무료나 유료로 제공되며 해당 사이트에 개발자 등록을 하고 인증키를 발급받으면 사용할 수 있다.

연습문제

01 네이버 API로 블로그에서 '월드컵'에 대한 검색 결과를 크롤링하여 파일로 저장하는 프로그램을 작성하시오.

02 서울 열린데이터 광장(http://data.seoul.go.kr)에서 공공데이터를 검색해 '자유제안'을 크롤링하여 파일로 저장하는 프로그램을 작성하시오.

HINT 필요한 정보 찾는 방법

❶ 서울 열린데이터 광장 사이트에서 회원가입하기

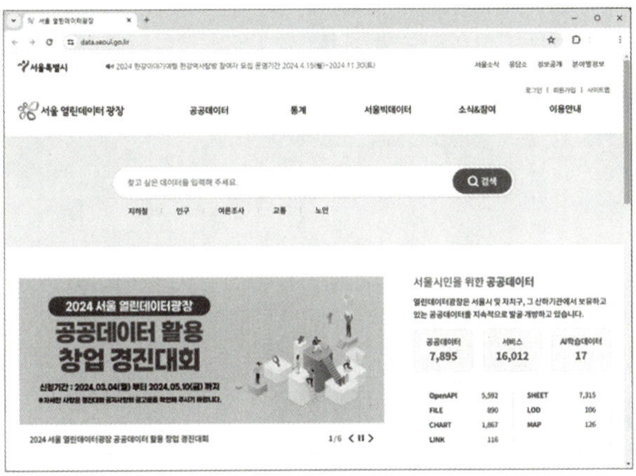

❷ 로그인 후 상단 우측 메뉴에서 [인증키 신청]을 클릭하고, 다음 페이지에서 [일반 인증키 신청]을 선택하여 인증키 받기. 발급받은 인증키는 상단 우측 메뉴 [인증키 관리]에서 복사하여 사용하기

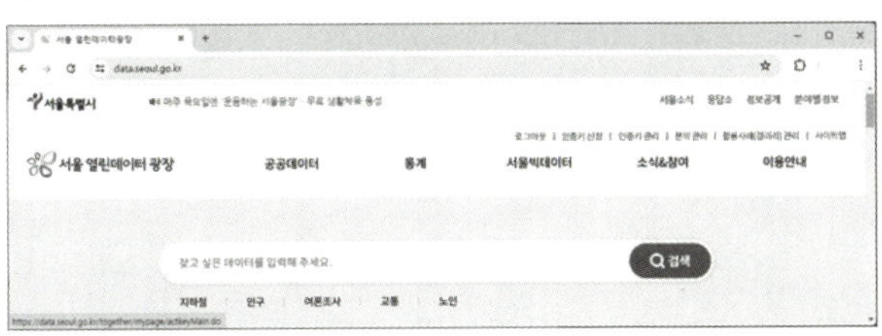

❸ [공공데이터] 메뉴를 클릭하여 열린 페이지에서 원하는 데이터 검색하기

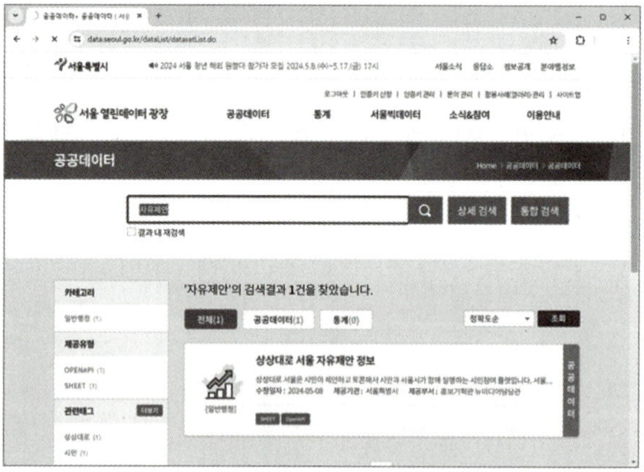

❹ 데이터 정보 확인하기

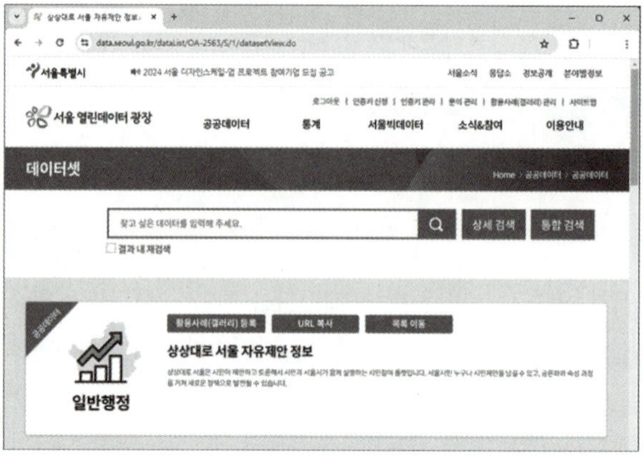

❺ [미리보기]의 샘플 URL과 요청인자에서 오픈 API 기반 URL 구성 정보 찾기

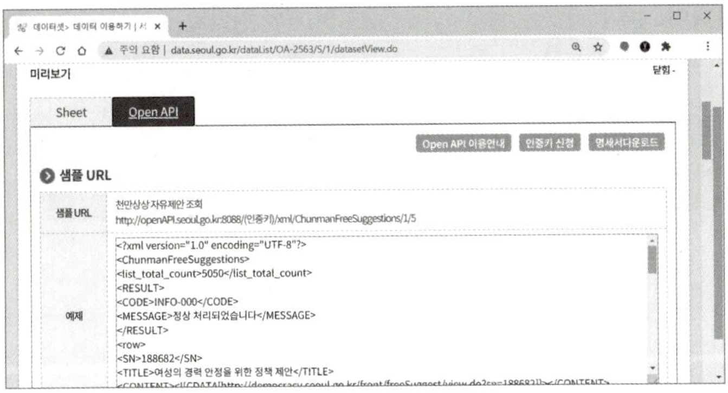

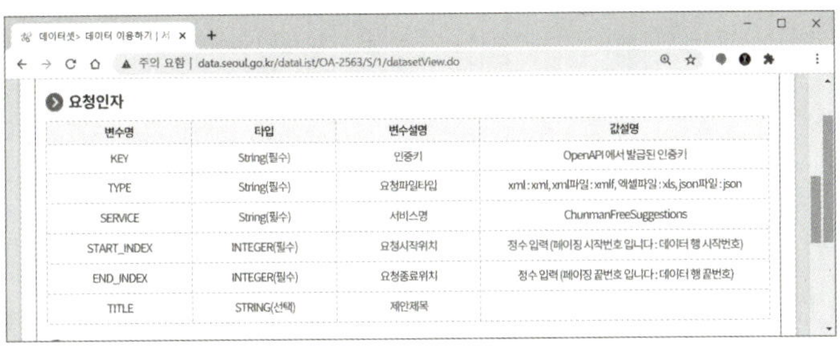

03 안전한 자전거 사용을 위해 자전거 사고 지역에 대한 안내를 제공하려고 한다. 자전거 사고 발생 지역에 대한 정보를 크롤링하여 csv 파일에 저장하고 시각화하는 프로그램을 작성하시오.

HINT 공공데이터포털에서 오픈 API 검색: 한국도로교통공단_자전거 교통사고 다발지역 정보

04 지역별 전기차의 충전기 수요 분석을 하려고 한다. 공공데이터포털(https://www.data.go.kr/)의 오픈 API를 이용하여 지역별 전기차 충전소 충전량 데이터와 지역별 전기차 충전소 개수 데이터를 크롤링하고 csv 파일로 저장하는 프로그램을 작성하시오.

HINT 공공데이터포털에서 오픈 API 검색:

- 한국전력공사_전기차 충전소 설치현황
- 한국전력공사_전기차 충전소 충전량

Chapter

06

웹페이지 분석 기반 빅데이터 크롤링

학습목표

- API를 제공하지 않는 웹페이지를 크롤링할 수 있다.
- BeautifulSoup 라이브러리로 정적 웹페이지를 크롤링할 수 있다.
- Selenium 라이브러리로 동적 웹페이지를 크롤링할 수 있다.

01 정적 웹페이지 크롤링

API가 없는 웹페이지에서 크롤링을 하려면 웹페이지의 HTML 구조를 분석한 뒤 필요한 데이터를 직접 크롤링해야 한다. 웹페이지의 HTML 구조를 분석하는 작업을 HTML 파싱parsing이라고 하는데 파이썬에서는 이를 위해 BeautifulSoup 라이브러리를 사용한다.

1 정적 웹페이지 크롤링 준비

BeautifulSoup 연습하기 1

크롤링 작업 전에 다음 연습 과정을 따라 하면서 BeautifulSoup 사용법을 익혀보자.

1 BeautifulSoup 라이브러리를 사용하려면 먼저 설치 작업을 해야 한다. 파이썬에 설치되지 않은 라이브러리나 패키지를 추가로 설치할 때는 다음과 같이 명령 프롬프트 창에서 pip 명령을 사용한다.

```
C:\> pip install bs4
```

2 설치가 끝나면 파이썬 셸 창에서 BeautifulSoup을 임포트하여 사용한다.

```
>>> from bs4 import BeautifulSoup
```

3 연습용 html을 작성한다. 태그와 태그 사이에 공백이 있으면 string 명령이 잘못 처리되어 NONE으로 출력되기 때문에 태그와 태그 사이에 공백이 생기지 않도록 주의한다.

```
>>> html = '<h1 id="title">한빛출판네트워크</h1><div class="top"><ul
class="menu"><li><a href="http://www.hanbit.co.kr/member/login.html"
class="login">로그인</a></li></ul><ul class="brand"><li><a href="http://www.
hanbit.co.kr/media/">한빛미디어</a></li><li><a href="http://www.hanbit.co.kr/
academy/">한빛아카데미</a></li></ul></div>'
```

4 BeautifulSoup 객체를 생성한다.

```
>>> soup = BeautifulSoup(html, 'html.parser')
```

5 객체에 저장된 html 내용을 확인한다.

```
>>> print(soup.prettify())
<h1 id="title">
 한빛출판네트워크
</h1>
<div class="top">
 <ul class="menu">
  <li>
   <a class="login" href="http://www.hanbit.co.kr/member/login.html">
    로그인
   </a>
  </li>
 </ul>
 <ul class="brand">
  <li>
   <a href="http://www.hanbit.co.kr/media/">
    한빛미디어
   </a>
  </li>
  <li>
   <a href="http://www.hanbit.co.kr/academy/">
    한빛아카데미
   </a>
  </li>
 </ul>
</div>
```

3에서는 분석할 HTML의 실제 웹페이지를 사용하지 않고 html 구조를 작성한 문자열을 사용한다. BeautifulSoup을 사용하기 위해 4에서 객체를 생성한다. 객체를 생성하기 위한 BeautifulSoup( ) 생성자 함수의 첫 번째 매개변수로는 분석할 HTML을 저장한 문자열 객체인 html을 지정하고 두 번째 매개변수로는 사용할 분석기를 지정한다. 우리는 HTML 구조를 분석할 것이므로 분석기를 'html.parser'로 지정하였다. 그리고 5에서 prettify( ) 함수를 사용하여 객체 soup에 저장된 내용을 HTML 문서 형태로 출력하여 확인한다.

BeautifulSoup 연습하기 2

이번에는 BeautifulSoup을 이용해서 HTML 태그를 다루는 연습을 해보자.

1 태그 파싱하기 지정된 1개의 태그만 파싱한다.

```
>>> soup.h1 ──── soup에 저장된 태그 중 첫 번째 h1 태그 1개만 파싱하여 반환하기
<h1 id="title">한빛출판네트워크</h1>
>>> tag_h1 = soup.h1
>>> tag_h1
<h1 id="title">한빛출판네트워크</h1>
>>> tag_div = soup.div
>>> tag_div
<div class="top"><ul class="menu"><li><a class="login" href="http://www.
hanbit.co.kr/member/login.html">로그인</a></li></ul><ul class="brand"><li><a
href="http://www.hanbit.co.kr/media/">한빛미디어</a></li><li><a href="http://www.
hanbit.co.kr/academy/">한빛아카데미</a></li></ul></div>
>>> tag_ul = soup.ul
>>> tag_ul
<ul class="menu"><li><a class="login" href="http://www.hanbit.co.kr/member/
login.html">로그인</a></li></ul>
>>> tag_li = soup.li
>>> tag_li
<li><a class="login" href="http://www.hanbit.co.kr/member/login.html">로그인</
a></li>
>>> tag_a = soup.a
>>> tag_a
<a class="login" href="http://www.hanbit.co.kr/member/login.html">로그인</a>
```

2 이번에는 지정된 태그를 모두 파싱하여 리스트를 구성한다.

```
>>> tag_ul_all = soup.find_all("ul")
>>> tag_ul_all
[<ul class="menu"><li><a class="login" href="http://www.hanbit.co.kr/member/login.html">로그인</a></li></ul>,<ul class="brand"><li><a href="http://www.hanbit.co.kr/media/">한빛미디어</a></li><li><a href="http://www.hanbit.co.kr/academy/">한빛아카데미</a></li></ul>]
>>> tag_li_all = soup.find_all("li")
>>> tag_li_all
[<li><a class="login" href="http://www.hanbit.co.kr/member/login.html">로그인</a></li>,<li><a href="http://www.hanbit.co.kr/media/">한빛미디어</a></li>,<li><a href="http://www.hanbit.co.kr/academy/">한빛아카데미</a></li>]
>>> tag_a_all = soup.find_all("a")
>>> tag_a_all
[<a class="login" href="http://www.hanbit.co.kr/member/login.html">로그인</a>,<a href="http://www.hanbit.co.kr/media/">한빛미디어</a>,<a href="http://www.hanbit.co.kr/academy/">한빛아카데미</a>]
```

soup에 저장된 태그 중 ul 태그를 모두 찾아 리스트로 반환하기

3 다음과 같은 속성을 이용해 파싱할 수도 있다.

❶ **attrs**: 속성 이름과 속성값으로 딕셔너리 구성

❷ **find()**: 속성을 이용해 특정 태그 파싱

❸ **select()**: 지정한 태그를 모두 파싱하여 리스트 구성

- 태그#id 속성값
- 태그.class 속성값

```
>>> tag_a.attrs
{'href': 'http://www.hanbit.co.kr/member/login.html', 'class': ['login']}
>>> tag_a['href']
'http://www.hanbit.co.kr/member/login.html'
>>> tag_a['class']
['login']
>>> tag_ul_2 = soup.find('ul', attrs={'class':'brand'})
>>> tag_ul_2
<ul class="brand"><li><a href="http://www.hanbit.co.kr/media/">한빛미디어</a></
li><li><a href="http://www.hanbit.co.kr/academy/">한빛아카데미</a></li></ul>
>>> title = soup.find(id="title")
>>> title
<h1 id="title">한빛출판네트워크</h1>
>>> title.string
'한빛출판네트워크'
>>> li_list = soup.select("div>ul.brand>li")
>>> li_list
[<li><a href="http://www.hanbit.co.kr/media/">한빛미디어</a></li>,<li><a
href="http://www.hanbit.co.kr/academy/">한빛아카데미</a></li>]
>>> for li in li_list: Enter
        print(li.string) Enter
        Enter
한빛미디어
한빛아카데미
```

attrs는 속성의 이름과 값으로 딕셔너리 구성

href와 class의 속성값 확인하기

ul 태그 중 class의 속성값이 brand인 것 찾기

id 속성값이 title인 것 찾기

div 태그 블록(<div> ~ </div>) 안에서 ul 태그의 class 속성값이 brand인 블록 안의 li 태그 블록을 모두 추출하기

li 태그 블록에 있는 문자열 출력하기

2 정적 웹페이지 크롤링 실습

크롤링 허용 여부 확인하기

웹페이지를 크롤링하기 전에 크롤링 허용 여부를 확인하기 위해 주소 창에 '크롤링할 주소/robots.txt'를 입력해 본다. robots.txt는 검색 엔진이나 웹 크롤러 등의 웹 로봇이 사이트를 방문했을 때 사이트의 수집 정책을 알려주기 위해 사용한다(http://www.robotstxt.org). 만약 robots.txt 파일이 없다면 수집에 대한 정책이 없으니 크롤링을 해도 된다는 의미로 받아들이면 된다. 오픈 소스, 오픈 데이터, 공유 경제의 시대인 만큼 강제성이 없더라도 지킬 것은 지키도록 하자.

표시	허용 여부
User-agent: * Allow: / 또는 User-agent: * Disallow:	모든 접근 허용
User-agent: * Disallow: /	모든 접근 금지
User-agent: * Disallow: /user/	특정 디렉터리만 접근 금지

다음 예를 보면 특정 디렉터리만 접근 금지를 한 것을 알 수 있다.

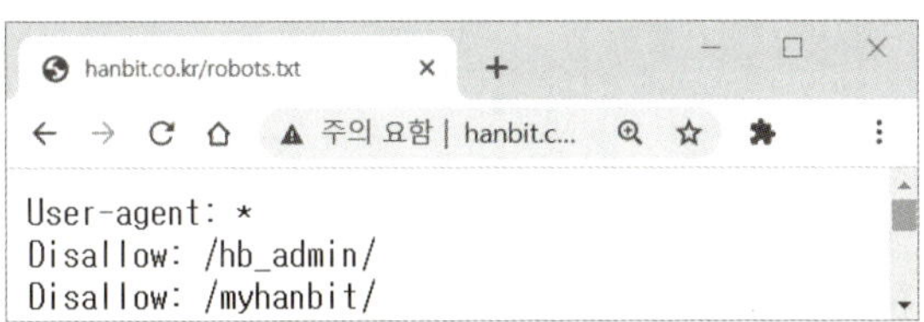

그림 6-1 특정 디렉터리만 접근 금지를 한 예

웹페이지 분석하기

국내 커피 브랜드 중 하나인 할리스커피의 전국 매장 정보를 크롤링해 보자.

1 매장 정보 찾기 할리스커피 홈페이지(http://www.hollys.co.kr)에서 매장 정보가 있는 페이지를 찾는다. 홈페이지 화면 상단 메뉴에서 [Store]를 선택하면 매장검색 페이지가 열린다. 화면 아래에 있는 매장 정보 표를 이용해 매장 정보 크롤링 작업을 한다.

그림 6-2 매장 정보를 찾을 수 있는 매장검색 페이지

2 HTML 코드 확인하기 Ctrl+U를 누르면 웹페이지에 대한 HTML 소스 보기 창이 열리고 분석할 HTML 코드를 볼 수 있다.

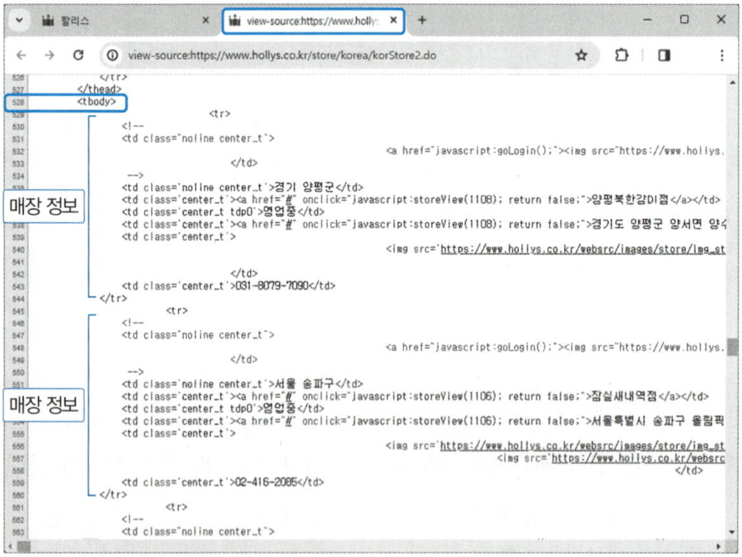

그림 6-3 매장 정보에 대한 HTML 코드

HTML 코드 528번 줄의 〈tbody〉 태그가 매장 정보 테이블이다. 각 매장에 대한 정보는 〈tr〉 ~ 〈/tr〉에 있다. 하위에 있는 첫 번째 td 태그 td[0]은 매장이 있는 지역, 두 번째 td 태그 td[1]은 매장 이름, 네 번째 td 태그 td[3]은 매장 주소, 여섯 번째 td 태그 td[5]는 매장 전화번호임을 파악할 수 있다. 단, 크롤링 시점에 따라 〈tbody〉 태그가 위치한 줄 번호는 달라질 수 있다.

3 나머지 매장 정보 확인하기 현재 페이지에는 매장 전체의 정보가 아니라 10개 매장의 정보만 나타나 있다. 나머지 매장의 정보를 확인하려면 페이지 맨 아래에 있는 페이지 번호 또는 다음 페이지(>) 버튼을 클릭해 페이지 이동을 해야 한다. 페이지 번호를 클릭해 이동한 페이지 주소를 주소 창에서 확인하고([그림 6-4(a)]), 소스 보기 창에서 HTML 소스를 확인해 보자([그림 6-4(b)]).

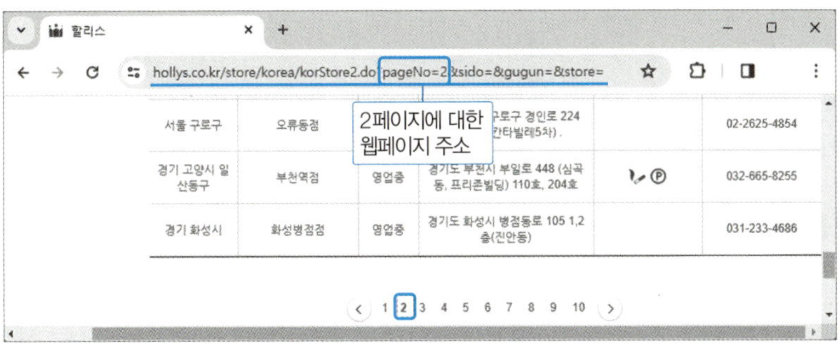

(a) 매장 정보 2페이지

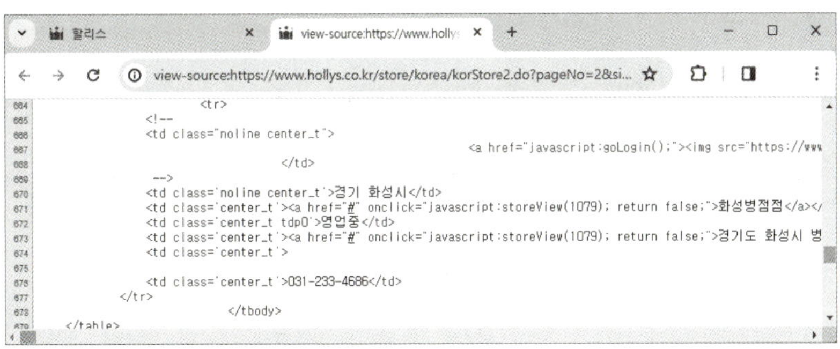

(b) 매장 정보 2페이지의 HTML 코드

그림 6-4 2페이지로 이동 후 HTML 코드 확인

4 주소 창을 보면 페이지 이동에 따른 웹페이지 주소가 'https://www.hollys.co.kr/store/korea/korStore2.do?pageNo=2&sido=&gugun=&store='임을 확인할 수 있다. 'pageNo=' 다음에 페이지 번호를 붙여서 페이지 주소(url)를 생성하는 원리다. 이를 이용하면 원하는 페이지로 이동하면서 매장 정보를 모두 크롤링할 수 있다. 다음 페이지 버튼을 계속 클릭하면 마지막 페이지가 51페이지임을 알 수 있다(매장 목록과 마지막 페이지 번호는 크롤링 시점에 따라 달라질 수 있다).

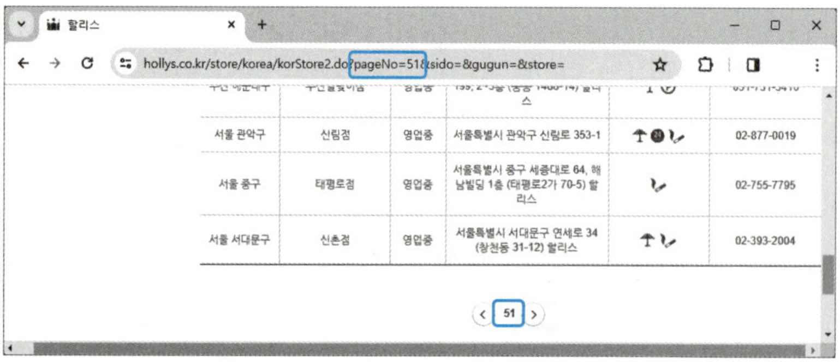

그림 6-5 마지막 페이지 확인

파이썬 셸 창에서 크롤링하기

분석한 HTML 구조를 이용해 크롤링을 해보자. 파이썬 명령이 생각대로 동작하는지 확인하며 작업하기 위해 파이썬 셸 창에서 크롤링 작업을 단계적으로 수행해 보자.

1 BeautifulSoup과 urllib.request를 임포트한다.

```
>>> from bs4 import BeautifulSoup
>>> import urllib.request
```

TIP 파이썬 셸 창을 종료하면 작업한 내용이 모두 삭제된다. 그러므로 파이썬 셸 창을 새로 열면 임포트도 다시 해야 한다.

2 작업 결과를 저장할 리스트를 준비한다.

```
>>> result = []
```

TIP 크롤링을 다시 할 때는 이전 작업에서 저장한 result의 내용을 삭제하고 시작한다.

```
>>> del result[:]
```

3 BeautifulSoup 객체를 생성하여 파싱한다.

❶ 1~51페이지까지 반복해서 url 설정

❷ url 요청하여 응답받은 웹페이지 저장

❸ BeautifulSoup 객체 생성

❹ tr 태그 하위의 td 태그 중에서 필요한 항목만 추출하여 result 리스트에 추가 저장

```
>>> for page in range(1,52):
        Hollys_url = 'https://www.hollys.co.kr/store/korea/korStore2.do?pageNo=
                    %d&sido=&gugun=&store=' %page
        print(Hollys_url)
        html = urllib.request.urlopen(Hollys_url)
        soupHollys = BeautifulSoup(html, 'html.parser')
        tag_tbody = soupHollys.find('tbody')
        for store in tag_tbody.find_all('tr'):
            if len(store) <= 3:
                break
            store_td = store.find_all('td')
            store_name = store_td[1].string
            store_sido = store_td[0].string
            store_address = store_td[3].string
            store_phone = store_td[5].string
            result.append([store_name]+[store_sido]+[store_address]
                        +[store_phone]) Enter
        Enter
https://www.hollys.co.kr/store/korea/korStore.do?pageNo=1&sido=&gugun=&store=
https://www.hollys.co.kr/store/korea/korStore.do?pageNo=2&sido=&gugun=&store=
...
https://www.hollys.co.kr/store/korea/korStore.do?pageNo=51&sido=&gugun=&store=
```

전체의 마지막 tr인 경우 매장 정보가 없으므로 크롤링 작업 중단하기
<tr class="noline" style="height:100px;">
<td class="noline center_t" colspan="6">
등록된 지점이 없습니다.</td>
</tr>

4 크롤링된 내용을 확인한다.

❶ 결과가 저장된 result의 원소 개수 확인하기

❷ 첫 번째 원소 확인하기

❸ 마지막 원소 확인하기

❹ 마지막 매장 정보가 저장된 store_td의 내용 확인하기

```
>>> len(result)
507
>>> result[0]
['양평북한강DI점', '경기 양평군', '경기도 양평군 양서면 양수로118번길 29 할리스', '031-8079-0000']
>>> result[-1]
['신촌점', '서울 서대문구', '서울특별시 서대문구 연세로 34 (창천동 31-12) 할리스', '02-393-0000']
>>> store_td
[<td class="noline center_t">서울 서대문구</td>, <td class="center_t"><a href="#" onclick="javascript:storeView(1); return false;">신촌점</a></td>, <td class="center_t tdp0">영업중</td>, <td class="center_t"><a href="#" onclick="javascript:storeView(1); return false;">서울특별시 서대문구 연세로 34 (창천동 31-12) 할리스</a></td>, <td class="center_t"><img alt="테라스" src="https://www.hollys.co.kr/websrc/images/store/img_store_s02.gif" style="margin-right:1px"/><img alt="흡연시설" src="https://www.hollys.co.kr/websrc/images/store/img_store_s04.gif" style="margin-right:1px"/></td>, <td class="center_t">02-393-0000</td>]
>>> store_td[1].string
'신촌점'
>>> store_td[0].string
'서울 서대문구'
>>> store_td[3].string
'서울특별시 서대문구 연세로 34 (창천동 31-12) 할리스'
>>> store_td[5].string
'02-393-0000'
```

store_td[0].string

store_td[1].string

store_td[5].string

store_td[3].string

5 크롤링한 데이터 저장하기 크롤링하여 필요한 항목만 추출한 데이터는 result에 저장되어 있다. 이를 CSV 파일에 저장해서 보관해 두자. 데이터 저장 파일 형식으로 주로 사용하는 CSV 파일은 row와 column의 테이블 형식이므로 파일로 저장하기 전에 result에 저장된 내용을 테이블 형태로 변환해야 한다. 테이블 형태의 데이터프레임을 만들려면 pandas 패키지를 사용한다. pandas 패키지는 파이썬에 기본으로 설치되어 있지 않으므로 다음과 같이 명령 프롬프트 창에서 pip 명령을 이용해 설치한 다음 사용한다.

```
C:\> pip install pandas
```

6 pandas를 임포트한다.

```
>>> import pandas as pd
```

7 pandas를 사용하여 테이블 형태의 데이터프레임을 생성한다.

```
>>> hollys_tbl = pd.DataFrame(result, columns = ('store', 'sido-gu', 'address',
'phone'))
```

8 테이블을 CSV 파일로 저장한다.

```
>>> hollys_tbl.to_csv("./6장_data/hollys.csv", encoding = "cp949", mode = "w",
index = True)
```

TIP 저장 위치로 지정한 폴더가 있어야 하므로 My_Python 폴더 안에 6장_data 폴더를 먼저 만들어놓자.

My_Python 폴더 하위의 6장_data 폴더 안에 hollys.csv 파일이 생성되었는지 확인한다.

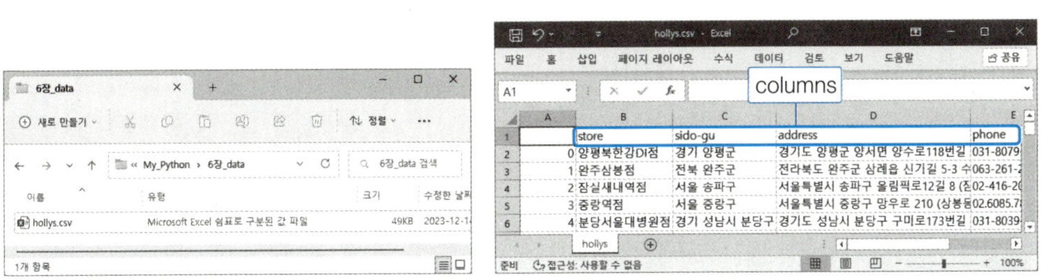

그림 6-6 생성된 hollys.csv 파일 확인

파이썬 파일 작성하여 크롤링하기

파이썬 셸 창에서 단계별로 하나씩 진행한 작업을 파이썬 파일로 작성하면 다음과 같다.

프로그램 6-1 hollysCrawler.py

```
from bs4 import BeautifulSoup
import urllib.request
import pandas as pd
import datetime

# [CODE 1]
def hollys_store(result):
    for page in range(1,52):
        Hollys_url = 'https://www.hollys.co.kr/store/korea/korStore2.do?page
                    No=%d&sido=&gugun=&store=' %page
        print(Hollys_url)
        html = urllib.request.urlopen(Hollys_url)
        soupHollys = BeautifulSoup(html, 'html.parser')
        tag_tbody = soupHollys.find('tbody')
        for store in tag_tbody.find_all('tr'):
            if len(store) <= 3:
               break
            store_td = store.find_all('td')
            store_name = store_td[1].string
            store_sido = store_td[0].string
            store_address = store_td[3].string
            store_phone = store_td[5].string
            result.append([store_name]+[store_sido]+[store_address] +[store_phone])
    return
```

```
# [CODE 0]
def main():
    result = []
    print('Hollys store crawling >>>>>>>>>>>>>>>>>>>>>>>>>>')
    hollys_store(result)   # [CODE 1]
    hollys_tbl = pd.DataFrame(result, columns = ('store', 'sido-gu', 'address','phone'))
    hollys_tbl.to_csv('./6장_data/hollys1.csv', encoding = 'cp949', mode = 'w', index = True)
    print('./6장_data/hollys1.csv  파일저장 완료 >>>>>>>>>>>>>>>>>')

if __name__ == '__main__':
    main()
```

작성한 파이썬 파일을 사용자(Users) 폴더에 만든 My_Python 폴더에 hollysCrawler.py로 저장하고 F5를 눌러 실행한다. 그러면 다음과 같이 파이썬 셸 창에 print 문의 실행 결과가 출력되고 My_Python/6장_data 폴더에 CSV 파일이 생성된다.

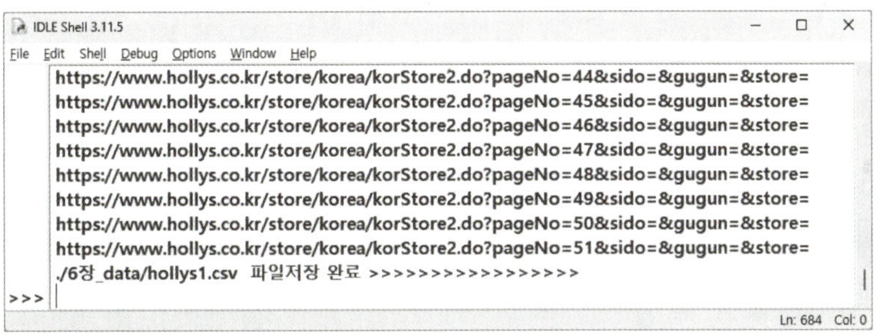

그림 6-7 hollysCrawler.py의 실행 결과

TIP 파이썬 셸 창에서 새 파일로 코드를 작성 · 저장 · 실행하는 자세한 방법은 104쪽의 NOTE를 참고한다.

02 동적 웹페이지 크롤링

BeautifulSoup 라이브러리를 사용하여 HTML 페이지를 크롤링하는 것은 정적 웹페이지에서만 가능하다. 자바스크립트를 이용해 함수를 호출하고 데이터를 처리하는 구조를 가진 동적 웹페이지를 크롤링하려면 BeautifulSoup만으로는 부족하다. BeautifulSoup은 웹 브라우저에서 자바스크립트 함수를 호출하여 필요한 데이터를 페이지로 불러오는 동적 작업을 할 수 없기 때문이다. 자바스크립트를 사용하는 동적 웹페이지는 웹 브라우저에서 자바스크립트가 실행되어야만 크롤링할 데이터가 나타난다. 동적 웹페이지에서 크롤링하려면 웹 브라우저를 원격으로 조작하는 기능을 제공하는 Selenium 라이브러리를 사용한다.

1 동적 웹페이지 크롤링 준비

Selenium 라이브러리를 사용하기 전에 먼저 설치 작업을 해야 한다.

1 Selenium 라이브러리 설치하기 다음과 같이 명령 프롬프트 창에서 pip 명령을 사용하여 Selenium 라이브러리를 설치한다.

```
C:\> pip install selenium
```

2 Selenium 라이브러리에서 제공하는 WebDriver 모듈을 이용하면 웹 브라우저에 대한 원격 제어가 가능해 자바스크립트 함수를 실행시키고 결과 데이터를 가져올 수 있다. WebDriver 모듈을 사용하기 위해 임포트한다.

```
>>> from selenium import webdriver
```

3 WebDriver 중에서 크롬 WebDriver 객체를 생성한다.

```
>>> wd = webdriver.Chrome()
```

WebDriver 객체를 생성하면 WebDriver가 실행되어 크롬 웹 브라우저 창이 나타난다. 여기서 크롬 웹 브라우저를 제어하는 자동화된 테스트 소프트웨어가 Selenium이다.

TIP [그림 6-8(a)]의 창을 닫으면 크롬 WebDriver 객체가 종료되므로 필요한 작업이 끝나기 전까지 닫으면 안 된다.

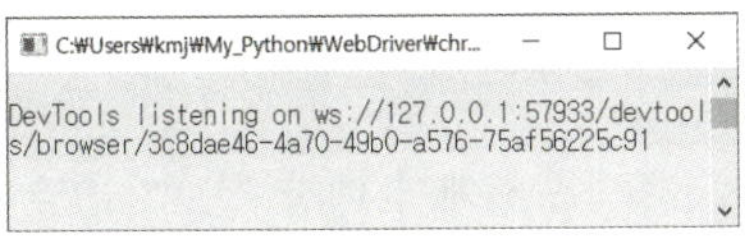

(a) 크롬 WebDriver 실행 창

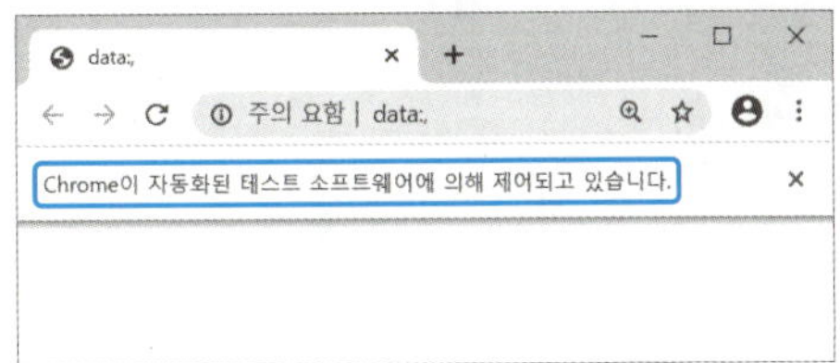

(b) 크롬 웹 브라우저 창

그림 6-8 크롬 WebDriver 객체 생성

4 파이썬 셸 창에서 다음과 같이 입력하여 Selenium이 제어하는 크롬 창에서 웹페이지를 열어 확인한다.

```
>>> wd.get("http://www.hanbit.co.kr")
```

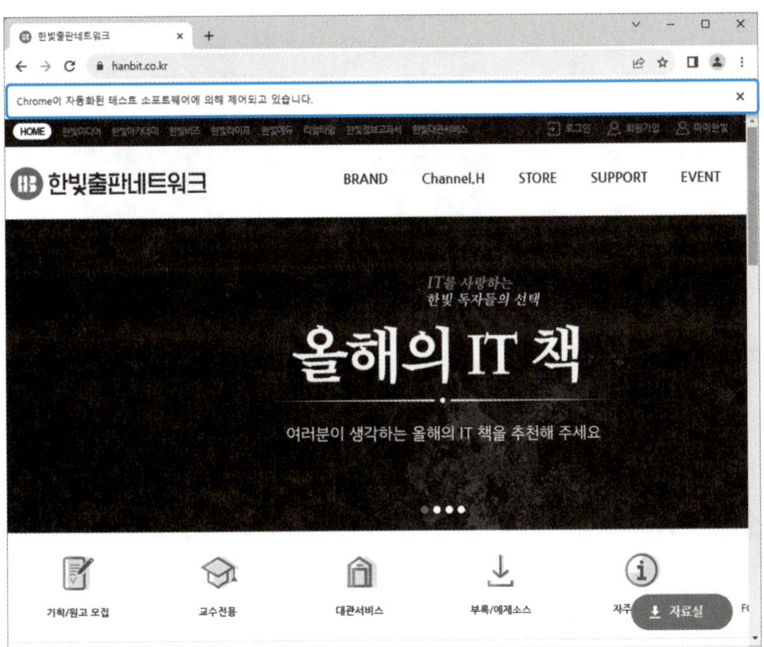

그림 6-9 Selenium이 제어하는 크롬 창에서 웹페이지 열기

이제 Selenium 라이브러리와 WebDriver를 이용해 동적 웹페이지를 크롤링할 준비가 되었다.

2 동적 웹페이지 크롤링 실습

웹페이지 분석하기

이번에는 커피 브랜드 중 하나인 커피빈의 전국 매장 정보를 크롤링해 보자.

1 매장 정보 찾기 커피빈 홈페이지(www.coffeebeankorea.com)에서 매장 정보가 있는 페이지를 찾는다. 홈페이지 상단 메뉴에서 [STORE & 서비스]-[매장 찾기]를 선택하면 매장 검색 페이지가 나타난다.

TIP Selenium이 제어하는 크롬 창이 아닌 일반 브라우저에서 매장 찾기 작업을 한다.

그림 6-10 매장 정보 찾기

2 자바스크립의 storeLocal2() 함수 확인하기 할리스커피 홈페이지와 달리 검색 페이지 하단에 매장 정보 테이블이 없다. [지역 검색]에서 [서울]을 선택하면 서울에 있는 매장 70개 목록이 표시된다. 이때 [서울]을 선택하기 위해 마우스를 올리면 브라우저 창 왼쪽 하단 끝 상태 표시줄에 'javascript:storeLocal2('서울')'이라고 표시된다. 즉, 시/도를 선택하면 자바스크립트의 storeLocal2( ) 함수가 호출되어 매장 목록이 표시된다(처음 보이는 매장은 실습 시점 또는 현재 위치에 따라 달라질 수 있다).

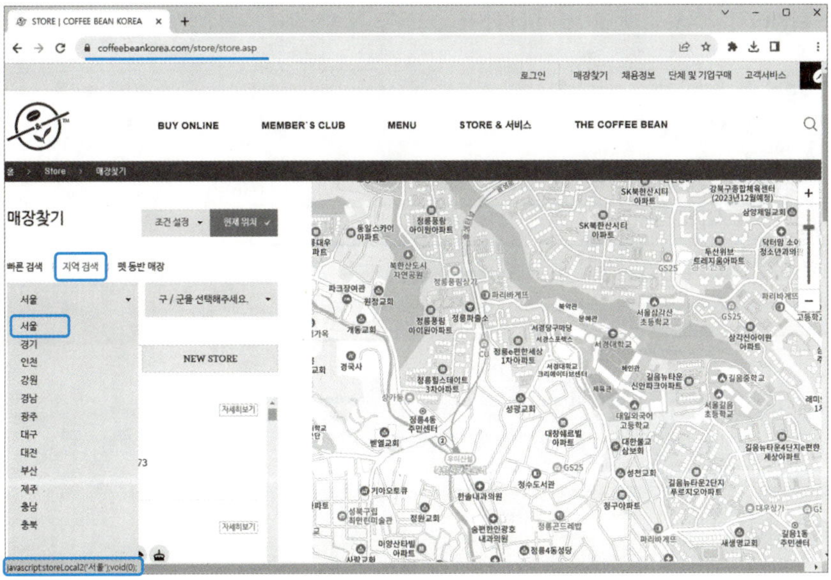

그림 6-11 자바스크립트의 storeLocal2( ) 함수 확인

그림 6-12 서울에 있는 매장 목록

3 HTML 소스 확인하기 Ctrl + U를 눌러 HTML 소스를 확인한다.

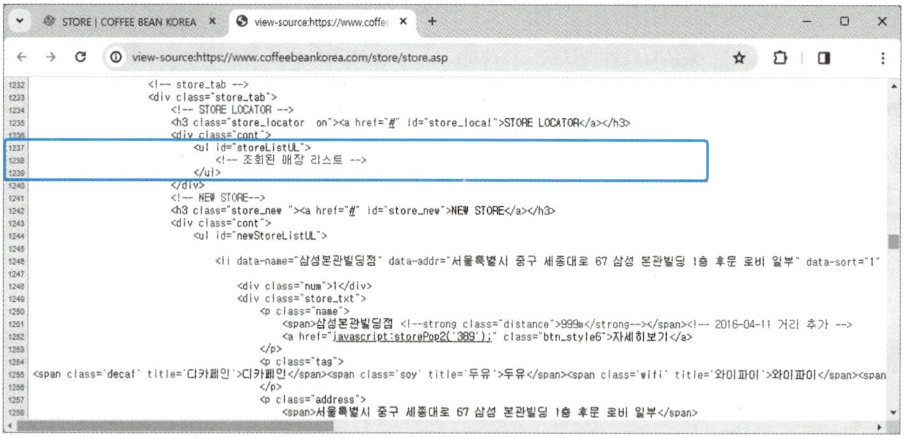

그림 6-13 웹페이지의 HTML 소스 보기

그러나 HTML 소스에는 조회된 매장 목록이 없다. 시/도를 선택하면 storeLocal2( ) 함수를 호출하여 선택한 지역의 매장 목록을 표시하는 동적 웹페이지 구조이기 때문이다. 따라서 Selenium/WebDriver를 이용해 직접 storeLocal2( ) 함수를 호출해야 한다.

4 버튼에 연결된 자바스크립트 확인하기 매장 목록을 보면 〈자세히보기〉 버튼이 있다. 예를 들어 서초중앙로점 매장의 〈자세히보기〉 버튼에 마우스를 올리면 상태 표시줄에 'javascript: storePop2('363')'이 표시된다. 그리고 버튼을 클릭하면 매장 상세 정보가 팝업 창으로 열린다(실습 시점에 따라 매장 이름은 화면과 다를 수 있다).

그림 6-14 〈자세히보기〉 버튼에 연결된 자바스크립트 확인

그림 6-15 자바스크립트를 이용해 팝업 창으로 띄운 매장 정보

이 페이지는 〈자세히보기〉 버튼을 클릭하면 자바스크립트의 storePop2('363') 함수가 호출되어 매장 정보가 팝업 창으로 나타나는 형식이다. storePop2( ) 함수 호출에 사용한 매개변수 '363'은 매장 코드일 것이다.

5 개발자 도구에서 크롤링에 필요한 정보 확인하기 동적 웹페이지의 [HTML 소스 보기]에서는 내용이 보이지 않는다. 하지만 [개발자 도구 F12]에서는 동적으로 실행되어 완성된 웹페이지의 HTML을 확인할 수 있다. F12 또는 Ctrl+Shift+I를 눌러서 개발자 도구를 열어보자.

개발자 도구에서 [Elements] 탭을 클릭한다. [그림 6-13]의 HTML 소스 보기에서는 〈ul id="storeListUL"〉 이후에 보이지 않던 매장 리스트를 확인할 수 있다.

그림 6-16 [Elements] 탭에서 HTML 확인

[Source] 탭을 클릭하면 store.js 파일에서 storePop2( ) 함수를 확인할 수 있다. storePop2( ) 함수의 매개변수 no는 예상대로 매장 번호(storeNo)였다.

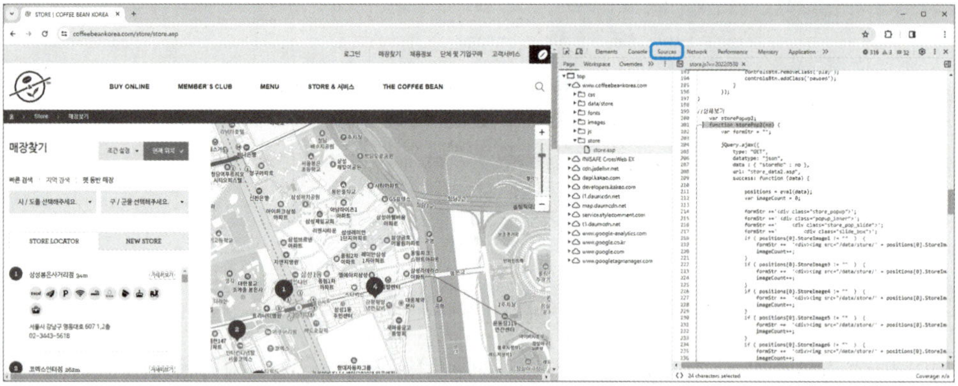

그림 6-17 [Sources] 탭에서 자바스크립트 함수 정의 확인

[Network] 탭을 클릭하여 전송된 정보를 확인해 보자.

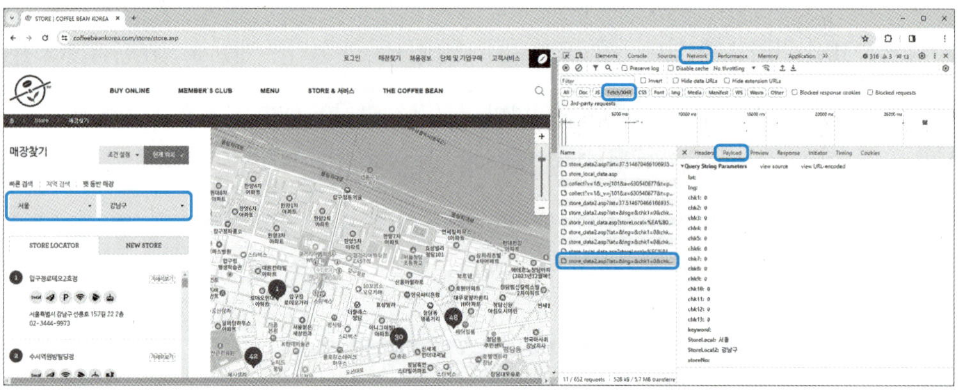

그림 6-18 [Network] 탭에서 동적 응답 전송 확인: Payload

지역 검색에서 '서울'과 '강남구'를 클릭하여 요청한 지역 검색 결과를 확인하기 위해 [Fetch/XHR]에서 맨 아래 새로 추가된 store_data2.asp?…을 클릭한다. 그리고 [Payload] 탭을 클릭하면 StoreLocal과 StoreLocal2에 '서울'과 '강남구'가 설정된 것을 확인할 수 있다.

[그림 6-18]의 왼쪽 창에 보이는 매장 목록에서 〈자세히보기〉 버튼을 클릭해 보자. 새로운 요청을 수행하여 새로 추가된 store_data2.asp?storeNo=○○○를 클릭한다. [Preview] 탭을 클릭하면 응답 데이터를 확인할 수 있다.

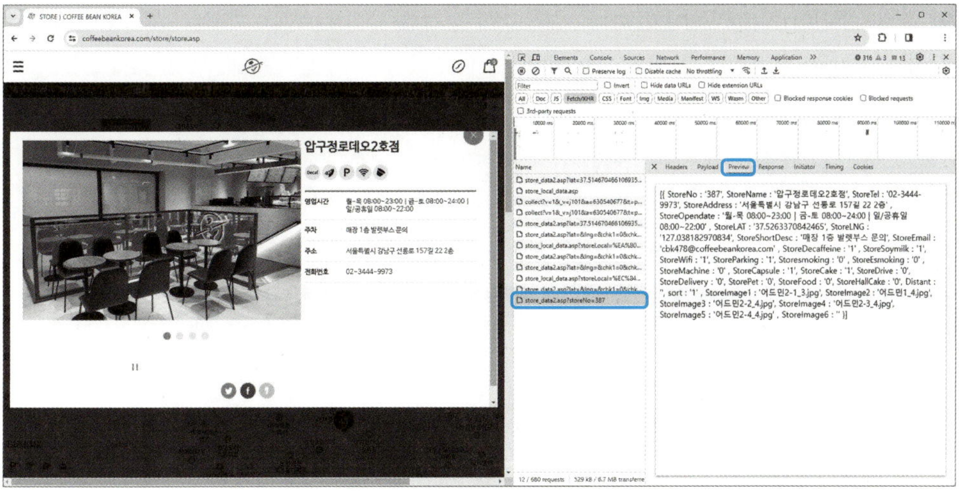

그림 6-19 [Network] 탭에서 매장 〈자세히보기〉 동적 응답 전송 확인: Preview

store.asp에서 storePop2(storeNo)를 호출하면 [Preview] 탭에서 확인한 것과 같은 매장 데이터를 응답으로 받아서 팝업 창에 보여주는 동적 웹페이지 구조를 가지고 있다.

지금까지 웹페이지를 분석한 내용으로 크롤링을 하기 위한 파이썬 코드를 작성해 보자.

파이썬 셸 창에서 크롤링하기

파이썬 셸 창에서 크롤링 작업을 단계적으로 수행해 보자.

1 Selenium 패키지의 WebDreiver를 임포트한다.

```
>>> from bs4 import BeautifulSoup
>>> from selenium import webdriver
```

2 크롬 WebDriver 객체를 생성한다.

```
>>> wd = webdriver.Chrome()
```

3 웹페이지를 연결한다.

```
>>> wd.get("https://www.coffeebeankorea.com/store/store.asp")
```

이 과정은 Selenium/WebDriver를 임포트하여 크롬 WebDriver 객체를 생성하고 다음과 같이 커피빈 매장 페이지를 여는 작업이다.

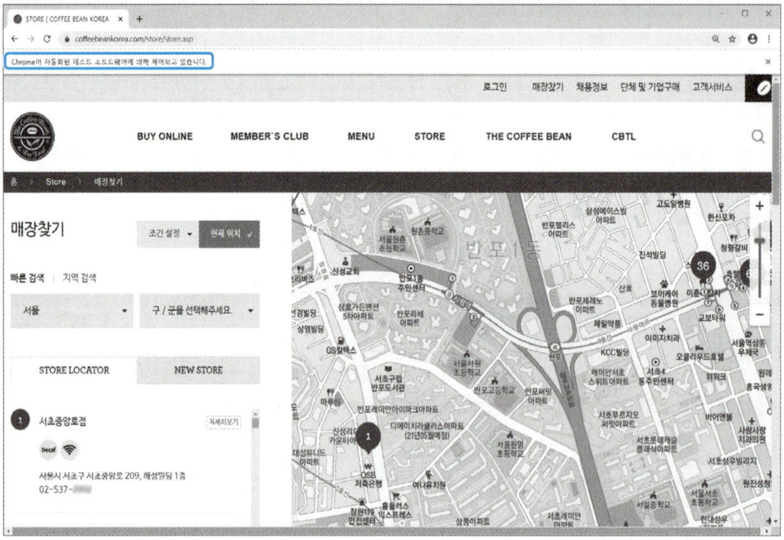

그림 6-20 Selenium이 제어하는 크롬 창에 표시된 웹페이지

4 자바스크립트 함수를 호출해 매장 정보 페이지 열기 매장 정보 페이지를 열기 위해 자바스크립트 함수인 storePop2(363)을 호출한다.

```
>>> wd.execute_script("storePop2(363)")
```

자바스크립트의 storePop2(363) 함수를 호출하면 다음 그림과 같이 363번 매장인 '서초중앙로점'에 대한 정보가 팝업 창으로 나타난다.

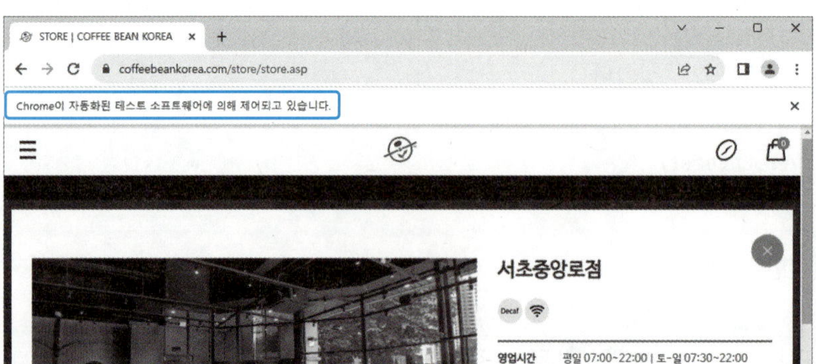

그림 6-21 자바스크립트 함수 호출에 의해 팝업 창으로 나타난 매장 정보

이 상태에서 Ctrl+U를 눌러 HTML 소스 코드를 보면 팝업 창에 대한 HTML 소스가 보이지 않는다. 팝업 창은 storePop2(363) 함수를 동적으로 호출하여 받은 응답 데이터로 만든 페이지이므로 정적으로 작성된 HTML 소스만 보여주는 [HTML 소스 보기] (Ctrl+U) 기능으로는 확인할 수 없다.

5 동적 웹페이지의 HTML 소스를 확인하기 위해 개발자 도구를 연다(F12).

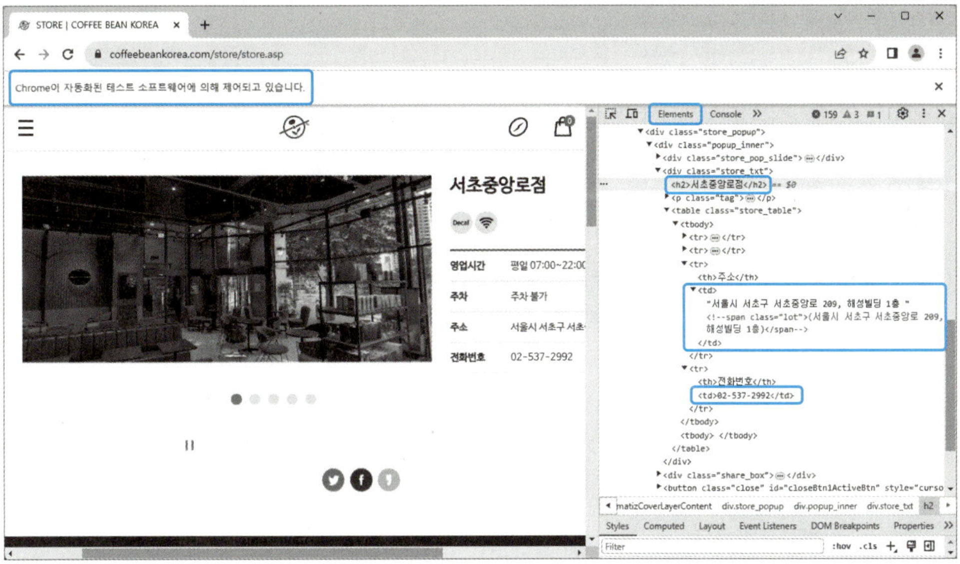

그림 6-22 팝업 창에 대한 HTML 소스 코드 확인

매장 이름은 <div class="store_txt"> 태그 내부의 <h2> 태그에 있다. 그리고 매장 주소와 전화번호는 <table class="store_table"> 태그 내부에 있는 <tbody> 태그의 세 번째와 네 번째 <tr> 태그의 <td> 태그에 있다.

크롤링할 데이터의 HTML 구조를 파악하였으니 이제 파이썬 명령어를 작성해 보자.

6 자바스크립트 함수가 수행된 동적 웹페이지의 소스 코드를 저장한다.

```
>>> html = wd.page_source
```

7 BeautifulSoup 객체를 생성한다.

```
>>> soupCB1 = BeautifulSoup(html, 'html.parser')
```

8 매장 정보 추출하기 매장 이름을 추출한다.

```
>>> store_name_h2 = soupCB1.select("div.store_txt > h2")
>>> store_name_h2
[<h2>서초중앙로점</h2>]
>>> store_name = store_name_h2[0].string
>>> store_name
'서초중앙로점'
```

9 매장 주소를 추출한다.

```
>>> store_info = soupCB1.select("div.store_txt > table.store_table > tbody > tr > td")
>>> store_info
[<td>평일 : 07:00~23:00 | 주말 : 07:30~22:00</td>, <td>주차 불가</td>, <td>서울
시 서초구 서초중앙로 209, 해성빌딩 1층 <!--span class="lot">(서울시 서초구 서초중앙로
209, 해성빌딩 1층)</span--></td>, <td>02-537-0000</td>]
>>> store_address_list = list(store_info[2])
>>> store_address_list
['서울시 서초구 서초중앙로 209, 해성빌딩 1층', 'span class="lot">(서울시 서초구 서초중
앙로 209, 해성빌딩 1층)</span']
>>> store_address = store_address_list[0]
>>> store_address
'서울시 서초구 서초중앙로 209, 해성빌딩 1층'
```

10 매장 전화번호를 추출한다.

```
>>> store_phone = store_info[3].string
>>> store_phone
'02-537-0000'
```

이것으로 363번 매장에 대한 크롤링이 완성되었다.

파이썬 파일을 작성하여 크롤링하기

매장 1개에 대한 크롤링 작업을 매장의 개수만큼 반복해 처리하면서 result 리스트에 저장한다. 완성된 result 리스트를 CSV 파일에 저장하는 코드를 파이썬 파일로 작성해 보자.

프로그램 6-2 CoffeeBeanCrawler.py

```
from bs4 import BeautifulSoup
import urllib.request
import pandas as pd
import datetime

from selenium import webdriver
import time

# [CODE 1]
def CoffeeBean_store(result):
    CoffeeBean_URL = "https://www.coffeebeankorea.com/store/store.asp"
    wd = webdriver.Chrome()

    for i in range(1, 395):  # 매장 수만큼 반복
        wd.get(CoffeeBean_URL)
        time.sleep(1)  # 웹페이지 연결할 동안 1초 대기
        try:
            wd.execute_script("storePop2(%d)" %i)
            time.sleep(1) # 스크립트 실행할 동안 1초 대기
            html = wd.page_source
            soupCB = BeautifulSoup(html, 'html.parser')
            store_name_h2 = soupCB.select("div.store_txt > h2")
            store_name = store_name_h2[0].string
            print(store_name)  # 매장 이름 출력하기
            store_info = soupCB.select("div.store_txt > table.store_table >
                                        tbody > tr > td")
            store_address_list = list(store_info[2])
            store_address = store_address_list[0]
            store_phone = store_info[3].string
            result.append([store_name]+[store_address]+[store_phone])
```

```
        except:
            continue
    return

# [CODE 0]
def main():
    result = []
    print('CoffeeBean store crawling >>>>>>>>>>>>>>>>>>>>>>>>>>>')
    CoffeeBean_store(result) # [CODE 1]

    CB_tbl = pd.DataFrame(result, columns = ('store', 'address','phone'))
    CB_tbl.to_csv('./6장_data/CoffeeBean.csv', encoding='cp949', mode='w',
    index=True)
    print('./6장_data/CoffeeBean.csv  파일저장 완료 >>>>>>>>>>>>>>>>>>')

if __name__ == '__main__':
     main()
```

작성한 파이썬 파일을 My_Python 폴더에 CoffeeBeanCrawler.py로 저장하고 F5를 눌러 실행하면 [그림 6-23]과 같이 파이썬 셸 창에 print(store_name) 문 실행 결과가 출력되고 CSV 파일이 생성된다.

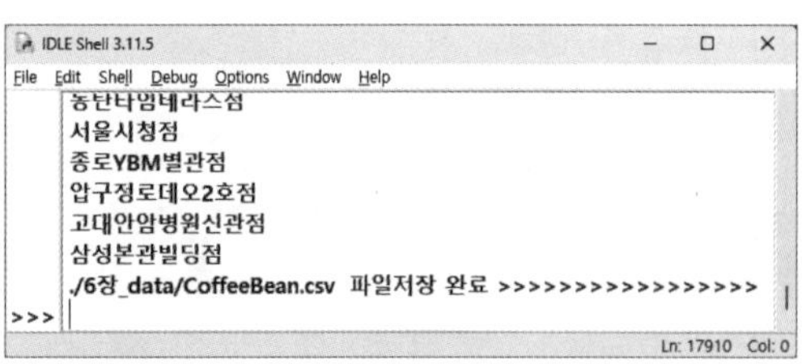

(a) 파이썬 셸 창에 출력된 실행 결과

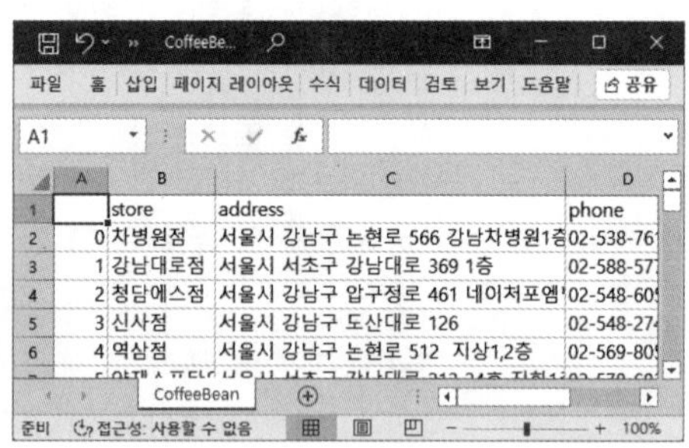

(b) CSV 파일 내용

그림 6-23 CoffeeBeanCrawler.py 파일의 실행 결과

요약

01 웹페이지를 크롤링하기 전에 주소 창에 '크롤링할 웹사이트 주소/robots.txt'를 입력하고 크롤링 허용 여부를 확인해야 한다. robots.txt는 검색 엔진이나 웹 크롤러 등의 웹 로봇이 사이트에 방문했을 때 사이트 수집 정책을 알려주기 위해 사용한다(http://www.robotstxt.org).

02 API가 없는 웹페이지에서 데이터 크롤링을 하려면 웹페이지의 HTML 구조를 분석한 뒤 필요한 데이터를 직접 크롤링해야 한다. 웹페이지를 구성하는 HTML 구조 분석 작업에는 BeautifulSoup 라이브러리를 사용한다.

03 크롤링할 웹페이지를 열고 Ctrl+U를 누르면 HTML 소스 보기 창이 열리고 분석할 HTML 소스 코드를 볼 수 있다.

04 자바스크립트를 사용하는 동적 웹페이지는 웹 브라우저에서 자바스크립트가 실행되어야만 크롤링할 데이터가 나타난다. 동적 웹페이지에서 크롤링을 하려면 웹 브라우저를 원격으로 조작하는 기능을 제공하는 Selenium 라이브러리를 사용한다.

05 [HTML 소스 보기] 기능으로는 정적으로 작성된 HTML 소스만 확인할 수 있다. 자바스크립트 함수 호출 결과에 따라 내용을 동적으로 구성하는 동적 웹페이지의 HTML 소스는 [개발자 도구]에서 확인해야 한다.

연습문제

01 브랜드 하나를 정하여 매장 정보를 크롤링해 보자. 예 ○○치킨 브랜드의 매장 정보 크롤링

02 교보문고 웹페이지에서 분야별 베스트셀러 정보를 크롤링해 보자.

03 https://finance.naver.com/에서 증시 정보를 크롤링해 보자.

04 구글 플레이 스토어에서 리뷰를 크롤링해 보자.

05 구글 검색창에서 검색어를 입력하여 검색한 이미지 파일들을 크롤링해 보자.

Part 03

빅데이터 분석 – 기본 프로젝트

Part 03
빅데이터 분석 – 기본 프로젝트

지금까지 빅데이터와 파이썬 프로그래밍에 대해 살펴보았다. 이를 기반으로 3부에서는 데이터 과학 방법론의 절차에 따라 다양한 기본 프로젝트를 수행한다.

- 7장: 기술 통계/회귀 분석/상관 분석을 수행하여 히스토그램/파이 차트/산점도/히트맵 등으로 시각화하는 통계 분석 프로젝트를 진행한다.
- 8장: 영문/한글 문서에서 키워드를 분석하고 워드클라우드로 시각화하는 텍스트 빈도 분석 프로젝트를 수행한다.
- 9장: 주소 데이터를 분석하여 지도와 블록맵으로 시각화하는 지리 정보 분석 프로젝트를 수행한다.

Chapter

07

통계 분석

01 [기술 통계 분석 + 그래프] 와인 품질 등급 예측하기

02 [상관 분석 + 히트맵] 타이타닉호 생존율 분석하기

학습목표

• 빅데이터 분석의 가장 기본인 통계 분석 프로젝트를 실습할 수 있다.

• 기술 통계를 이용해 데이터를 확인하는 방법을 안다.

• 회귀 분석과 상관 분석을 수행할 수 있다.

01 [기술 통계 분석 + 그래프]

와인 품질 등급 예측하기

0 분석 미리보기

와인 품질 등급 예측하기	
목표	와인 속성을 분석하여 품질 등급을 예측한다.
핵심 개념	기술 통계, 회귀 분석, t-검정, 히스토그램
데이터 수집	▪ 레드 와인/화이트 와인 데이터셋: 캘리포니아 어바인 대학의 머신러닝 저장소에서 다운로드
데이터 준비	▪ 수집한 데이터 파일 병합
데이터 탐색	▪ 정보 확인: info() ▪ 기술 통계 확인: describe(), unique(), value_counts()
데이터 모델링	▪ 데이터를 두 그룹으로 비교 분석 • 그룹별 기술 통계 분석: describe() • t-검정: scipy 패키지의 ttest_ind() • 회귀 분석: statsmodels.formula.api 패키지의 ols() ▪ 품질 등급 예측 • 샘플을 독립 변수(x)로 지정 → 회귀 분석 모델 적용 → 종속 변수(y)인 품질$_{quality}$ 예측
결과 시각화	

▪ 히스토그램을 이용한 시각화

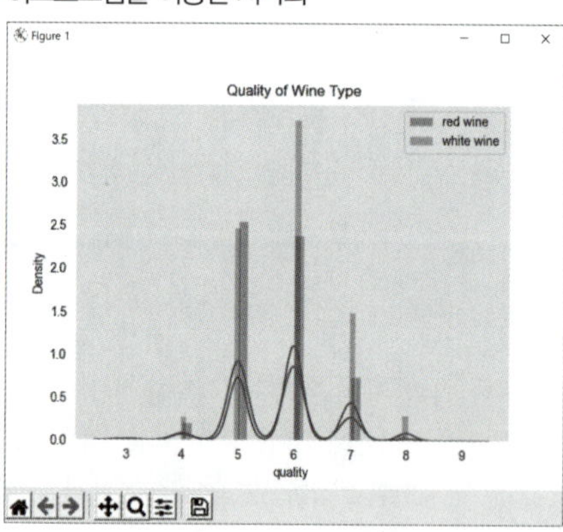

▪ 부분 회귀 플롯을 이용한 시각화

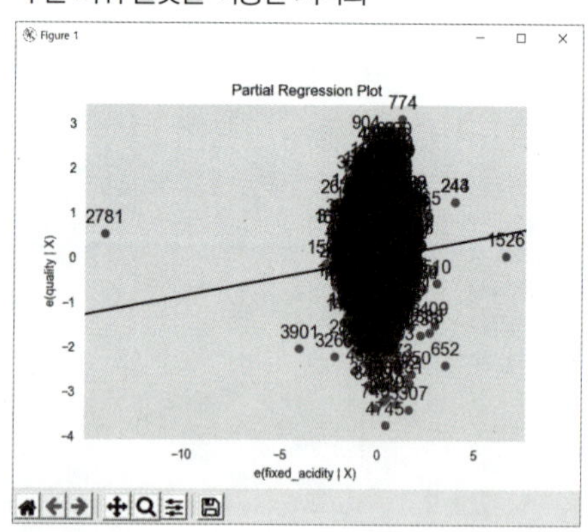

1 목표 설정

이 프로젝트의 목표는 와인의 속성을 분석한 뒤 품질 등급을 예측하는 것이다. 이를 위해 와인 데이터의 기술 통계를 구하고 레드 와인과 화이트 와인 그룹의 품질에 대한 t-검정을 수행한다. 와인 속성에 따른 품질 등급을 예측하기 위해 와인 속성을 독립 변수로, 품질 등급을 종속 변수로 두고 선형 회귀 분석을 수행한다.

2 핵심 개념 이해

와인 등급을 예측하는 기술 통계 분석 프로젝트를 수행하기 위해 알아야 할 핵심 개념을 먼저 살펴보자. 단, 통계 이론은 데이터 분석에 필요한 내용만 간단히 언급할 것이므로 자세한 내용은 통계 관련 서적을 참고한다.

기술 통계

기술 통계description statistics는 데이터의 특성을 나타내는 수치를 이용해 분석하는 기본적인 통계 방법으로 요약 통계summary statics라고도 한다. 기술 통계로 구할 수 있는 통계값에는 평균mean, 중앙값median, 최빈값mode 등이 있다. 이를 통해 데이터를 대표하는 값을 찾을 수 있고 표준편차standard deviation와 사분위quartile로 데이터가 어떻게 분포되는지 알 수 있다.

회귀 분석

회귀 분석regression analysis은 독립 변수independent variable x와 종속 변수dependent variable y 간의 상호 연관성 정도를 파악하기 위한 분석 기법이다. 하나의 변수가 변함에 따라 대응되는 변수가 어떻게 변하는지를 측정하는 것으로, 변수 간의 인과 관계causal relation를 분석할 때 많이 사용한다.

독립 변수가 1개이면 단순 회귀 분석, 2개 이상이면 다중 회귀 분석이라고 하며 독립 변수와 종속 변수의 관계에 따라 선형 회귀 분석과 비선형 회귀 분석으로 나누기도 한다.

사용할 선형 회귀 분석 관련 식은 다음과 같다.

$$y = b_0 + b_1x_1 + b_2x_2 + \cdots + b_nx_n$$

선형 회귀식에서 독립 변수 x_1~x_n의 회귀 계수 b_1~b_n은 각 독립 변수의 값이 종속 변수에 미치는 영향력을 나타낸다. 즉, x가 한 단위 변화할 때마다 y가 얼마나 변화하는지를 의미한다.

t-검정

데이터에서 찾은 평균으로 두 그룹에 차이가 있는지 확인하는 방법이다. 예를 들어 A와인의 품질이 1등급인지 2등급인지에 따라 가격에 차이가 있는지를 확인할 때 사용한다. 이때 두 그룹 간의 평균 차이를 나타내는 값을 t-통계량t-statistic이라 한다.

히스토그램

히스토그램histogram은 데이터 값의 범위를 몇 개 구간으로 나누고 각 구간에 해당하는 값의 숫자나 상대적 빈도 크기를 차트로 나타낸 것이다. 파이썬 프로그래밍으로 히스토그램을 그리려면 matplotlib 패키지의 hist( ) 함수나 seaborn 패키지의 histplot( ) 함수를 사용한다.

3 데이터 수집

분석에 사용할 와인 데이터셋은 캘리포니아 어바인 대학의 머신러닝 저장소(http://archive.ics.uci.edu)에서 제공하는 오픈 데이터(http://archive.ics.uci.edu/dataset/186/wine+quality)를 [그림 7-1]과 같이 다운로드한다. 그런 다음 다운로드한 wine+quality.zip 파일의 압축을 풀고, My_Python/7장_data 폴더를 만든 후에 저장한다(다른 폴더에 파일을 저장할 경우에는 소스 코드에 적힌 파일 경로를 각자 수정한다).

TIP 파일을 다운로드할 주소는 예제소스로 제공하는 '다운로드 주소 목록.txt' 파일에서 복사해서 사용하면 편리하다.

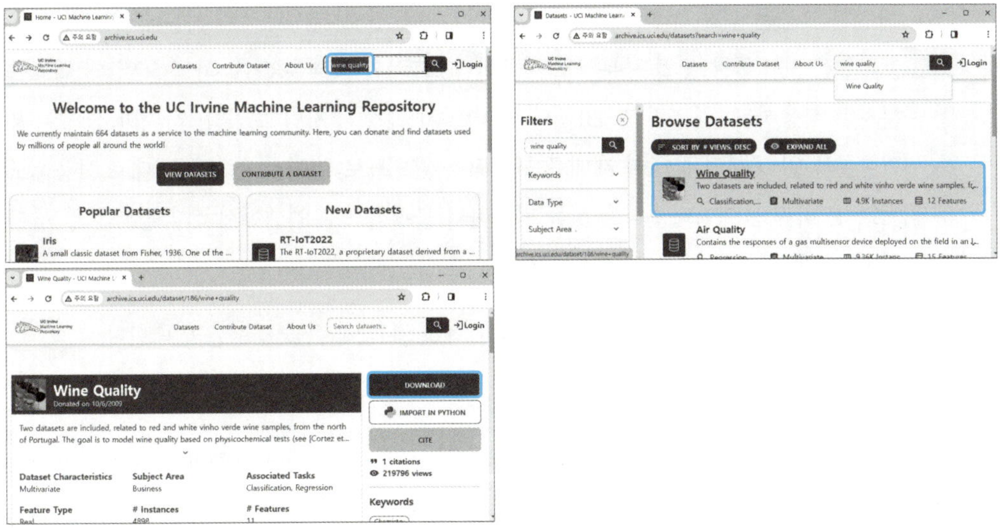

그림 7-1 와인 데이터 다운로드

4 데이터 준비

다운로드한 CSV 파일 정리하기

다운로드한 CSV 파일을 엑셀에서 열어 내용을 확인해 보자.

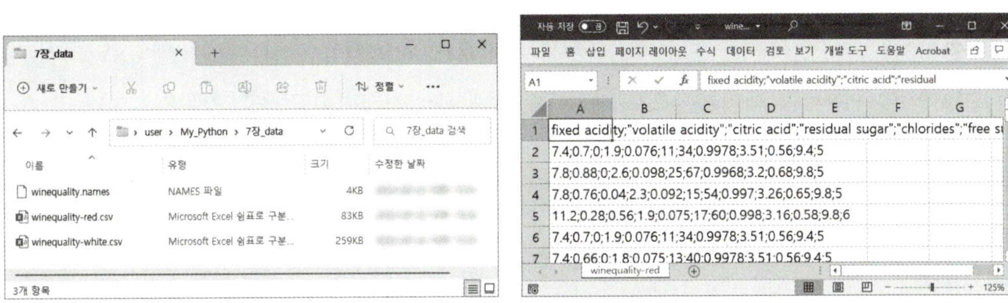

(a) 압축을 풀고 저장한 파일 목록 (b) csv 데이터 파일

그림 7-2 다운로드한 CSV 파일을 엑셀에서 열기

CSV 파일의 내용은 쉼표, 띄어쓰기, 세미콜론(;) 등을 열 구분자로 사용하는데 우리가 다운로드한 파일은 세미콜론을 열 구분자로 사용한다. 그런데 엑셀은 CSV 파일을 열 때 쉼표를 열 구분자로 사용하므로 [그림 7-2(b)]와 같이 열이 깨진 것처럼 보인다. 하지만 실제 내용은 세미콜론을 열 구분자로 하여 제대로 구성되어 있으므로 데이터 파일을 이대로 사용해도 문제는 없다. 하지만 데이터셋의 구성을 파악하기 불편하므로 엑셀에서 세미콜론을 열 구분자로 인식하도록 파일을 다시 저장해 보자.

1 엑셀에서 열 구분자를 세미콜론으로 인식시키기 파이썬 셸 창에 다음 명령을 입력한다.

```
01 >>> import pandas as pd
02 >>> red_df = pd.read_csv('C:/Users/000/My_Python/7장_data/winequality-red.csv', sep = ';', header = 0, engine = 'python')
03 >>> white_df = pd.read_csv('C:/Users/000/My_Python/7장_data/winequality-white.csv', sep = ';', header = 0, engine= 'python')
04 >>> red_df.to_csv('C:/Users/000/My_Python/7장_data/winequality-red2.csv', index = False)
05 >>> white_df.to_csv('C:/Users/000/My_Python/7장_data/winequality-white2.csv', index = False)
```

01행 테이블 형태의 CSV 파일을 다루기 위해 pandas 패키지를 pd 이름으로 로드한다.

02~03행 pandas의 read_csv( ) 함수를 사용해 CSV 파일을 읽어온다. 이때 CSV 파일 데이터의 열 구분자를 세미콜론으로 지정하기 위해 sep 매개변수 값을 ';'으로 지정한다.

04~05행 pandas로 읽은 CSV 데이터는 테이블 형태의 DataFrame 객체(red_df, white_df)에 있다. 이 상태 그대로 CSV 파일로 저장한다.

TIP pandas 패키지 설치 방법은 4장 114쪽을 참고한다.

2 파이썬에서 저장한 CSV 파일을 엑셀에서 열어보면 [그림 7-3]과 같이 정리된 상태임을 확인할 수 있다.

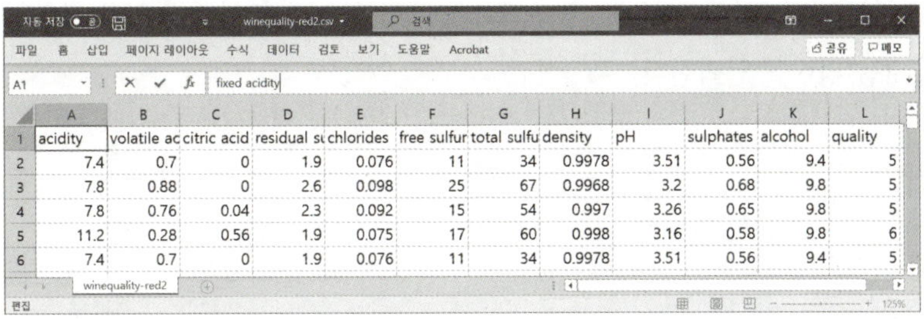

	A	B	C	D	E	F	G	H	I	J	K	L
1	acidity	volatile ac	citric acid	residual s	chlorides	free sulfur	total sulfu	density	pH	sulphates	alcohol	quality
2	7.4	0.7	0	1.9	0.076	11	34	0.9978	3.51	0.56	9.4	5
3	7.8	0.88	0	2.6	0.098	25	67	0.9968	3.2	0.68	9.8	5
4	7.8	0.76	0.04	2.3	0.092	15	54	0.997	3.26	0.65	9.8	5
5	11.2	0.28	0.56	1.9	0.075	17	60	0.998	3.16	0.58	9.8	6
6	7.4	0.7	0	1.9	0.076	11	34	0.9978	3.51	0.56	9.4	5

(a) winequality-red2.csv

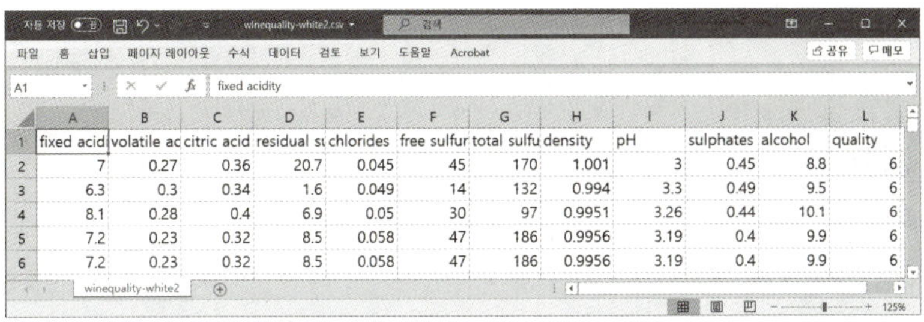

	A	B	C	D	E	F	G	H	I	J	K	L
1	fixed acid	volatile ac	citric acid	residual s	chlorides	free sulfur	total sulfu	density	pH	sulphates	alcohol	quality
2	7	0.27	0.36	20.7	0.045	45	170	1.001	3	0.45	8.8	6
3	6.3	0.3	0.34	1.6	0.049	14	132	0.994	3.3	0.49	9.5	6
4	8.1	0.28	0.4	6.9	0.05	30	97	0.9951	3.26	0.44	10.1	6
5	7.2	0.23	0.32	8.5	0.058	47	186	0.9956	3.19	0.4	9.9	6
6	7.2	0.23	0.32	8.5	0.058	47	186	0.9956	3.19	0.4	9.9	6

(b) winequality-white2.csv

그림 7-3 엑셀의 열 구분자를 수정한 뒤 저장한 파일 다시 열기

이 파일은 머신러닝용 입력 데이터셋으로 작성되었으므로 데이터 정제 등의 전처리 작업은 이미 되어 있다. 각 파일을 좀 더 살펴보자.

winequality-red2.csv 파일은 레드 와인에 대한 데이터셋이다. 행이 1,599개이므로 샘플이 1,599개이고 열은 12개다. 머신러닝용 데이터셋은 n개 속성 중에서 마지막 속성이 출력 변수(y)이고 앞에서부터 n-1개 속성은 입력 변수(x)로 구성하는 것이 일반적이다. 입력 변수는 fixed acidity(고정산), volatile acidity(휘발산), critric acid(구연산), residual sugar(잔당), chlorides(염화물), free sulfur dioxide(유리 이산화황), total sulfur dioxide(총 이산화황), density(밀도), pH, sulphates(황산염), alcohol(알코올) 등의 11개 속성이고 출력 변수는 와인의 품질 등급을 나타내는 quality다.

winequality-white2.csv 파일은 화이트 와인에 대한 데이터셋이다. 샘플이 4,898개이고, 레드 와인 데이터셋과 마찬가지로 열은 11개의 입력 변수와 1개의 출력 변수$_{\text{quality}}$로 구성되어 있다.

데이터 병합하기

1 레드 와인과 화이트 와인 파일 합치기 레드 와인과 화이트 와인을 비교해서 분석할 것이므로 두 파일을 하나로 합쳐야 한다. 이때 type 열을 추가하여 레드 와인과 화이트 와인을 구분한다. 파이썬 셸 창에 다음 명령을 입력한다.

```
>>> red_df.head()
   fixed acidity  volatile acidity citric acid ... sulphates  alcohol quality
0       7.4              0.70          0.00     ...   0.56       9.4       5
1       7.8              0.88          0.00     ...   0.68       9.8       5
2       7.8              0.76          0.04     ...   0.65       9.8       5
3      11.2              0.28          0.56     ...   0.58       9.8       6
4       7.4              0.70          0.00     ...   0.56       9.4       5

[5 rows x 12 columns]
>>> red_df.insert(0, column = 'type', value = 'red')
>>> red_df.head()
    type  fixed acidity  volatile acidity  ...  sulphates  alcohol  quality
0   red          7.4            0.70       ...     0.56      9.4       5
1   red          7.8            0.88       ...     0.68      9.8       5
2   red          7.8            0.76       ...     0.65      9.8       5
3   red         11.2            0.28       ...     0.58      9.8       6
4   red          7.4            0.70       ...     0.56      9.4       5

[5 rows x 13 columns]
>>> red_df.shape
(1599, 13)
>>> white_df.head()
fixed acidity volatile acidity citric acid ... sulphates alcohol quality
0    7.0          0.27           0.36     ...   0.45      8.8      6
1    6.3          0.30           0.34     ...   0.49      9.5      6
2    8.1          0.28           0.40     ...   0.44     10.1      6
3    7.2          0.23           0.32     ...   0.40      9.9      6
4    7.2          0.23           0.32     ...   0.40      9.9      6

[5 rows x 12 columns]
>>> white_df.insert(0, column = 'type', value = 'white')
>>> white_df.head()
```

```
     type  fixed acidity  volatile acidity ... sulphates  alcohol  quality
   0  white        7.0              0.27   ...    0.45       8.8        6
   1  white        6.3              0.30   ...    0.49       9.5        6
   2  white        8.1              0.28   ...    0.44      10.1        6
   3  white        7.2              0.23   ...    0.40       9.9        6
   4  white        7.2              0.23   ...    0.40       9.9        6

   [5 rows x 13 columns]
08 >>> white_df.shape
   (4898, 13)
09 >>> wine = pd.concat([red_df, white_df])
10 >>> wine.shape
   (6497, 13)
11 >>> wine.to_csv('C:/Users/000/My_Python/7장_data/wine.csv', index = False)
```

[01~04행] 레드 와인 파일을 읽고 데이터프레임에 'type' 열 삽입하기

- **01행** red_df에 저장된 내용을 위에서부터 5개(0번~4번) 행만 출력하여 확인한다.
- **02행** 이름이 'type'이고 값이 'red'인 열을 만들어 index = 0(첫 번째 열) 자리에 삽입한다.
- **03행** red_df에 저장된 내용을 위에서부터 5개(0번~4번) 행만 다시 출력해 삽입된 'type' 열을 확인한다.
- **04행** red_df.shape로 red_df의 현재 크기를 '(행의 개수, 열의 개수)' 형태로 확인한다.

[05~08행] 화이트 와인 파일을 읽고 데이터프레임에 'type' 열 삽입하기

- **05행** white_df에 저장된 내용을 위에서부터 5개(0번~4번) 행만 출력하여 확인한다.
- **06행** 이름이 'type'이고 값이 'white'인 열을 만들어 index = 0(첫 번째 열) 자리에 삽입한다.
- **07행** white_df에 저장된 내용을 위에서부터 5개(0번~4번) 행만 다시 출력해 삽입된 'type' 열을 확인한다.
- **08행** white_df.shape를 이용해 현재 white_df의 크기를 '(행의 개수, 열의 개수)' 형태로 확인한다.

[09~10행] red_df와 white_df를 하나의 데이터프레임 형식으로 결합하기

- **09행** pd.concat( ) 함수를 이용해 red_df와 white_df를 결합한다.
- **10행** 결합된 wine 데이터프레임의 현재 크기를 '(행의 개수, 열의 개수)' 형태로 확인한다.

11행 wine 데이터프레임을 CSV 파일로 저장한다.

2 결합된 파일 확인하기 새로 저장한 wine.csv 파일을 열어보면 다음 그림과 같다.

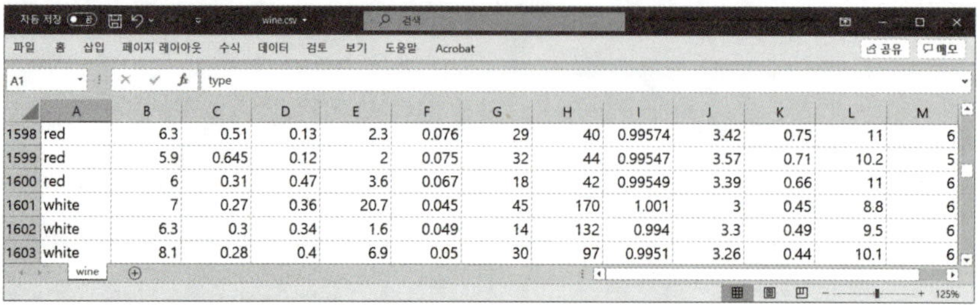

	A	B	C	D	E	F	G	H	I	J	K	L	M
1598	red	6.3	0.51	0.13	2.3	0.076	29	40	0.99574	3.42	0.75	11	6
1599	red	5.9	0.645	0.12	2	0.075	32	44	0.99547	3.57	0.71	10.2	5
1600	red	6	0.31	0.47	3.6	0.067	18	42	0.99549	3.39	0.66	11	6
1601	white	7	0.27	0.36	20.7	0.045	45	170	1.001	3	0.45	8.8	6
1602	white	6.3	0.3	0.34	1.6	0.049	14	132	0.994	3.3	0.49	9.5	6
1603	white	8.1	0.28	0.4	6.9	0.05	30	97	0.9951	3.26	0.44	10.1	6

그림 7-4 레드 와인 데이터셋과 화이트 와인 데이터셋이 결합된 wine.csv 파일

5 데이터 탐색

앞에서 준비한 wine.csv 파일의 데이터를 기술 통계(요약 통계) 방법으로 탐색해 보자.

1 기본 정보 확인하기 먼저, info( ) 함수를 사용하여 기본 정보를 확인한다.

```
>>> print(wine.info())
<class 'pandas.core.frame.DataFrame'>
Int64Index: 6497 entries, 0 to 4897
Data columns (total 13 columns):
 #   Column                Non-Null Count  Dtype
---  ------                --------------  -----
 0   type                  6497 non-null   object
 1   fixed acidity         6497 non-null   float64
 2   volatile acidity      6497 non-null   float64
 3   citric acid           6497 non-null   float64
 4   residual sugar        6497 non-null   float64
 5   chlorides             6497 non-null   float64
 6   free sulfur dioxide   6497 non-null   float64
 7   total sulfur dioxide  6497 non-null   float64
 8   density               6497 non-null   float64
 9   pH                    6497 non-null   float64
 10  sulphates             6497 non-null   float64
 11  alcohol               6497 non-null   float64
 12  quality               6497 non-null   int64
dtypes: float64(11), int64(1), object(1)
memory usage: 710.6+ KB
None
```

전체 샘플은 6,497개이고 속성을 나타내는 열은 13개임을 알 수 있다. 각 속성의 이름은 type부터 quality까지이고 속성 중에서 실수 타입(float64)은 11개, 정수 타입(int64)은 quality 1개, 객체 타입(object)은 type 1개다. 독립 변수(x)는 type부터 alcohol까지 12개이고 종속 변수(y)는 quality 1개다.

2 함수를 사용해 기술 통계 구하기 Pandas 패키지의 describe( ), unique( ), value_counts( ) 함수를 사용해 수치형 변수에 대한 기술 통계를 구한다.

```
>>> wine.columns = wine.columns.str.replace(' ', '_')
>>> wine.head()
  type  fixed_acidity  volatile_acidity  ...  sulphates  alcohol  quality
0  red            7.4              0.70  ...       0.56      9.4        5
1  red            7.8              0.88  ...       0.68      9.8        5
2  red            7.8              0.76  ...       0.65      9.8        5
3  red           11.2              0.28  ...       0.58      9.8        6
4  red            7.4              0.70  ...       0.56      9.4        5

[5 rows x 13 columns]
>>> wine.describe()
       fixed_acidity  volatile_acidity  ...      alcohol      quality
count    6497.000000       6497.000000  ...  6497.000000  6497.000000
mean        7.215307          0.339666  ...    10.491801     5.818378
std         1.296434          0.164636  ...     1.192712     0.873255
min         3.800000          0.080000  ...     8.000000     3.000000
25%         6.400000          0.230000  ...     9.500000     5.000000
50%         7.000000          0.290000  ...    10.300000     6.000000
75%         7.700000          0.400000  ...    11.300000     6.000000
max        15.900000          1.580000  ...    14.900000     9.000000

[8 rows x 12 columns]
>>> sorted(wine.quality.unique())
[3, 4, 5, 6, 7, 8, 9]
```

```
05  >>> wine.quality.value_counts()
    6   2836
    5   2138
    7   1079
    4    216
    8    193
    3     30
    9      5
Name: quality, dtype: int64
```

[01~02행] 열 이름 정리하기

- **01행** 열 이름에 공백이 있는 경우, 공백을 밑줄로 교체하여(replace) 한 단어로 연결된 열 이름으로 수정한다.
- **02행** 변경된 열 이름을 확인한다.

03행 describe( ) 함수를 사용하여 속성별 개수count, 평균mean, 표준편차std, 최솟값min, 전체 데이터 백분율에 대한 25번째 백분위수(25%), 중앙값인 50번째 백분위수(50%), 75번째 백분위수(75%), 100번째 백분위수인 최댓값max을 출력한다.

04행 wine.quality.unique( ) 함수를 사용하여 quality 속성값 중에서 유일한 값을 출력한다. 이를 통해 와인 품질 등급quality에 3, 4, 5, 6, 7, 8, 9의 7개 등급이 있다는 것을 알 수 있다.

05행 quality.value_counts( ) 함수는 quality 속성값에 대한 빈도수를 보여준다. 6등급인 샘플이 2,826개로 가장 많고, 9등급인 샘플이 5개로 가장 적은 것을 알 수 있다.

6 데이터 모델링

기술 통계를 사용해 데이터에서 탐색한 내용으로 레드 와인 그룹과 화이트 와인 그룹을 비교한 뒤 품질 등급을 예측하기 위한 분석 모델을 만들어보자.

describe() 함수로 그룹 비교하기

그룹을 비교하는 첫 번째 방법은 type에 따라 그룹을 나눈 뒤, 종속 변수인 quality에

describe( ) 함수를 사용하여 그룹별로 count, mean, std, min, 25%, 50%, 75%, max를 구해서 비교하는 것이다.

```
01 >>> wine.groupby('type')['quality'].describe()
             count      mean       std  min  25%  50%  75%  max
   type
   red     1599.0  5.636023  0.807569  3.0  5.0  6.0  6.0  8.0
   white   4898.0  5.877909  0.885639  3.0  5.0  6.0  6.0  9.0
02 >>> wine.groupby('type')['quality'].mean()
   type
   red      5.636023
   white    5.877909
   Name: quality, dtype: float64
03 >>> wine.groupby('type')['quality'].std()
   type
   red      0.807569
   white    0.885639
   Name: quality, dtype: float64
04 >>> wine.groupby('type')['quality'].agg(['mean', 'std'])
               mean       std
   type
   red     5.636023  0.807569
   white   5.877909  0.885639
```

01행 레드 와인과 화이트 와인을 구분하는 속성인 type을 기준으로 그룹을 나눈 뒤 그룹 안에서 quality 속성을 기준으로 기술 통계를 구한다.

02~04행 기술 통계 전부를 구할 때는 describe( ) 함수를 사용하지만 mean( ) 함수로 평균만 구하거나 std( ) 함수로 표준편차만 따로 구할 수도 있다. mean( ) 함수와 std( ) 함수를 묶어서 한 번에 사용하려면 04행과 같이 agg( ) 함수를 사용한다.

t-검정과 회귀 분석으로 그룹 비교하기

그룹을 비교하는 두 번째 방법은 t-검정을 사용하여 그룹 간 차이를 확인하는 것이고, 세 번째 방법은 회귀 분석을 수행하는 것이다. t-검정에는 scipy 패키지를 사용하고, 회귀 분석에는 statsmodels 패키지를 사용한다. 명령 프롬프트 창에서 다음과 같이 패키지 설치 명령을 입력하여 statsmodels 패키지를 설치한다. 설치한 후 파이썬 셀 창에서 패키지를 임포트하여 사용한다.

```
명령 프롬프트
C:\Users\kmj>pip install statsmodels
```

파이썬 셀 창에 다음 명령을 입력한다.

```
>>> from scipy import stats
>>> from statsmodels.formula.api import ols, glm
>>> red_wine_quality = wine.loc[wine['type'] == 'red', 'quality']
>>> white_wine_quality = wine.loc[wine['type'] == 'white', 'quality']
>>> stats.ttest_ind(red_wine_quality, white_wine_quality, equal_var = False)
Ttest_indResult(statistic = -10.149363059143164, pvalue = 8.168348870049682e-24)
>>> Rformula = 'quality ~ fixed_acidity + volatile_acidity + citric_acid + 
residual_sugar + chlorides + free_sulfur_dioxide + total_sulfur_dioxide + 
density + pH + sulphates + alcohol'
>>> regression_result = ols(Rformula, data = wine).fit()
>>> regression_result.summary()
<class 'statsmodels.iolib.summary.Summary'>
"""
                            OLS Regression Results
==============================================================================
Dep. Variable:                quality   R-squared:                       0.292
Model:                            OLS   Adj. R-squared:                  0.291
Method:                 Least Squares   F-statistic:                     243.3
Date:                Tue, 28 Apr 2020   Prob (F-statistic):               0.00
Time:                        16:19:39   Log-Likelihood:                -7215.5
No. Observations:                6497   AIC:                         1.445e+04
Df Residuals:                    6485   BIC:                         1.454e+04
Df Model:                          11
Covariance Type:            nonrobust
==============================================================================
```

- 종속 변수 – Dep. Variable
- 회귀 모델 종류 – Model
- 회귀 분석 함수 – Method
- 회귀 분석 수행 시간 – Time
- 샘플 개수: 총 표본 수 – No. Observations
- 잔차의 자유도: 총 표본 수−종속 변수 개수−독립 변수개수 – Df Residuals
- 모델의 자유도: 독립 변수 개수 – Df Model
- 결정 계수: 모델의 설명력 – R-squared
- 모델 전체의 통계적 유의성 – F-statistic
- 모델 평가 지표 – AIC, BIC

회귀 계수 | 표준 오차 | t-통계량 | p-value | 회귀 계수의 신뢰 구간(95%)

```
                          coef    std err          t      P>|t|     [0.025     0.975]
--------------------------------------------------------------------------------------
Intercept              55.7627     11.894      4.688      0.000     32.447     79.079
fixed_acidity           0.0677      0.016      4.346      0.000      0.037      0.098
volatile_acidity       -1.3279      0.077    -17.162      0.000     -1.480     -1.176
citric_acid            -0.1097      0.080     -1.377      0.168     -0.266      0.046
residual_sugar          0.0436      0.005      8.449      0.000      0.033      0.054
chlorides              -0.4837      0.333     -1.454      0.146     -1.136      0.168
free_sulfur_dioxide     0.0060      0.001      7.948      0.000      0.004      0.007
total_sulfur_dioxide   -0.0025      0.000     -8.969      0.000     -0.003     -0.002
density               -54.9669     12.137     -4.529      0.000    -78.760    -31.173
pH                      0.4393      0.090      4.861      0.000      0.262      0.616
sulphates               0.7683      0.076     10.092      0.000      0.619      0.917
alcohol                 0.2670      0.017     15.963      0.000      0.234      0.300
======================================================================================
Omnibus:                      144.075   Durbin-Watson:                   1.646
Prob(Omnibus):                  0.000   Jarque-Bera (JB):              324.712
Skew:                          -0.006   Prob(JB):                     3.09e-71
Kurtosis:                       4.095   Cond. No.                     2.49e+05
======================================================================================

Warnings:
[1] Errors assume that the covariance matrix of the errors is correctly
specified.
[2] The condition number is large, 2.49e+05. This might indicate that
there are
strong multicollinearity or other numerical problems.
"""
```

정규 분포성 검정 지표

회귀 행렬의 조건 수: 다중공선성 지표

01~02행 t-검정에 필요한 scipy 패키지의 stats 함수와 회귀 분석에 필요한 statsmodels.formula.api 패키지의 ols, glm 함수를 로드한다.

[03~04행] 그룹 분리하기

- **03행** 레드 와인 샘플의 quality 값만 찾아서 red_wine에 저장한다.
- **04행** 화이트 와인 샘플의 quality 값만 찾아서 white_wine에 저장한다.

05행 scipy 패키지의 stats.ttest_ind( ) 함수를 사용하여 t-검정을 하고 두 그룹 간 차이를 확인한다. pvalue가 0.05보다 작으면 두 그룹 간에 차이가 있는 것으로 판단한다.

[06~08행] 선형 회귀 분석 수행하기

- **06행** 선형 회귀 분석식의 종속 변수(y)와 독립 변수(x1~x10)를 구성한다. 종속 변수는 quality가 되고 독립 변수는 type과 quality를 제외한 나머지 11개 속성이 된다. 회귀식의 독립 변수는 연속된 값을 가진 변수만 사용할 수 있는데 type은 연속형 값이 아니고 'red' 또는 'white'를 값으로 하기 때문에 회귀식의 독립 변수 구성에서 제외한다. 종속 변수와 독립 변수를 구성하는 방식은 '종속 변수 ~ 독립 변수1 + 독립 변수2 + … + 독립 변수n'이 된다.
- **07행** 선형 회귀 모델 중에서 OLS Ordinary Least Squares 모델을 사용한다. statsmodels.formula.api 패키지의 ols( ) 함수는 첫 번째 인자로 종속 변수와 독립 변수를 구성한 변수를 주고 두 번째 인자는 실제 사용할 변수값을 가진 데이터프레임을 지정한다. 완성된 선형 회귀 모델은 fit( ) 함수에 의해 실행되어 regression_result에 저장된다.
- **08행** 선형 회귀 분석과 관련된 통계값을 출력한다.

TIP 실행 결과에 출력된 Warnings는 독립 변수 값의 단위와 범위가 다른 것과 독립 변수 간의 높은 상관관계로 인한 다중공선성(multicollinearity) 문제 발생에 대한 경고다. 이 문제를 해결하기 위한 통계적 수치 조정과 다중공선성 해결 방법은 이 책의 범위를 벗어나므로 생략한다. 또한 통계 용어나 통계 함수에 대한 설명도 이 책의 범위를 벗어나므로 생략한다.

회귀 분석 모델로 새로운 샘플의 품질 등급 예측하기

회귀 분석 모델을 이용해 새로운 샘플 데이터의 품질 등급을 예측하려면 먼저 독립 변수인 11개 속성에 대한 샘플 데이터가 필요하다. 예측이 맞는지 확인하기 위해 기존 샘플 중 5개 샘플(0~4번)에 대해서 예측을 수행해 보자. 그리고 두 번째 예측 수행에서는 임의의 샘플 2개를 만들어 예측을 수행해 보자. 파이썬 셸 창에 다음 명령을 입력한다.

```
>>> sample1 = wine[wine.columns.difference(['quality', 'type'])]
>>> sample1 = sample1[0:5][:]
>>> sample1_predict = regression_result.predict(sample1)
>>> sample1_predict
0    4.997607
1    4.924993
2    5.034663
3    5.680333
4    4.997607
dtype: float64
```

```
05 >>> wine[0:5]['quality']
   0    5
   1    5
   2    5
   3    6
   4    5
   Name: quality, dtype: int64
06 >>> data = {"fixed_acidity" : [8.5, 8.1], "volatile_acidity":[0.8, 0.5],
   "citric_acid":[0.3, 0.4], "residual_sugar":[6.1, 5.8], "chlorides":[0.055,
   0.04], "free_sulfur_dioxide":[30.0, 31.0], "total_sulfur_dioxide":[98.0,
   99], "density":[0.996, 0.91], "pH":[3.25, 3.01], "sulphates":[0.4, 0.35],
   "alcohol":[9.0, 0.88]}
07 >>> sample2 = pd.DataFrame(data, columns= sample1.columns)
08 >>> sample2
       alcohol  chlorides  ...  total_sulfur_dioxide  volatile_acidity
   0     9.00      0.055   ...          98.0                0.8
   1     0.88      0.040   ...          99.0                0.5

   [2 rows x 11 columns]
09 >>> sample2_predict = regression_result.predict(sample2)
10 >>> sample2_predict
    0    4.809094
    1    7.582129
   dtype: float64
```

[01~02행] 첫 번째 예측에 사용할 샘플 데이터 만들기

- **01행** wine에서 quality와 type 열은 제외하고, 회귀 분석 모델에 사용할 독립 변수만 추출하여 sample1에 저장한다.
- **02행** sample1에 있는 샘플 중에서 0번부터 4번까지 5개 샘플만 추출하고, sample1에 다시 저장하여 예측에 사용할 샘플을 만든다.

[03~05행] 샘플의 quality 예측하기

- **03행** 샘플 데이터를 회귀 분석 모델 regression_result의 예측 함수 predict( )에 적용하여 수행한 뒤 결과 예측값을 sample1_predict에 저장한다.

- **04행** sample1_predict를 출력하여 예측한 quality를 확인한다.
- **05행** wine에서 0번부터 4번까지 샘플의 quality 값을 출력하여 sample1_predict가 맞게 예측되었는지 확인한다.

[06~08행] 두 번째 예측에 사용할 샘플 데이터 만들기

- **06행** 회귀식에 사용한 독립 변수에 대입할 임의의 값을 딕셔너리 형태로 만든다.
- **07행** 딕셔너리 형태의 값과 sample1의 열 이름만 뽑아 데이터프레임으로 묶은 sample2를 만든다.
- **08행** sample2를 출력하여 제대로 구성되었는지 확인한다.

[09~10행] 샘플의 quality 예측하기

- **09행** 샘플 데이터를 회귀 분석 모델 regression_result의 예측 함수 predict( )에 적용하여 수행한 뒤 결과 예측값을 sample2_predict에 저장한다.
- **10행** sample2_predict를 출력하여 예측한 quality를 확인한다.

7 결과 시각화

분석 결과를 시각화하기 위해 와인 유형에 따른 품질 등급을 히스토그램과 부분 회귀 플롯으로 나타낸다.

와인 유형에 따른 품질 등급 히스토그램 그리기

결과를 시각화하여 나타내기 위해 와인 유형에 따른 품질 등급을 히스토그램으로 먼저 나타내보자. 히스토그램은 matplotlib.pyplot 패키지와 seaborn 패키지를 사용하여 나타낸다.

1 먼저 명령 프롬프트 창에서 다음과 같이 패키지 설치 명령을 입력하여 seaborn 패키지를 설치한 후에 파이썬 셸 창에서 임포트하여 사용한다.

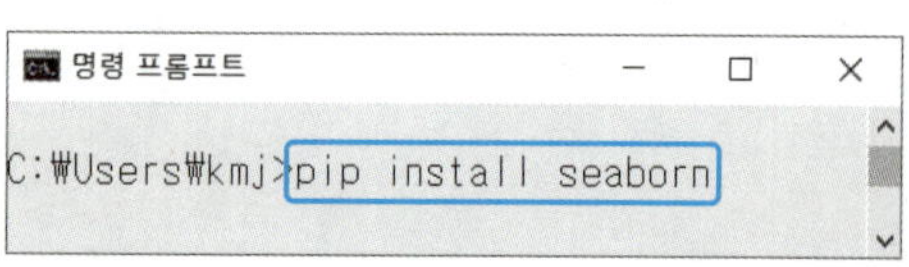

2 파이썬 셸 창에 다음 명령을 입력한다.

```
01 >>> import matplotlib.pyplot as plt
02 >>> import seaborn as sns
03 >>> sns.set_style('dark')
04 >>> sns.histplot(red_wine_quality, stat='density', kde = True, color = "red",
   label = 'red wine')
   <Axes: xlabel='quality', ylabel='Density'>
05 >>> sns.histplot(white_wine_quality, stat='density', kde = True, label =
   'white wine')
   <Axes: xlabel='quality', ylabel='Density'>
06 >>> plt.title("Quality of Wine Type")
   Text(0.5, 1.0, 'Quality of Wine Type')
07 >>> plt.legend()
   <matplotlib.legend.Legend object at 0x0000014F20DFA548>
08 >>> plt.show()
```

01~02행 시각화에 필요한 패키지를 로드한다.

[03~08행] 커널 밀도 추정kde, kernel density estimation을 적용한 히스토그램 그리기

- **03행** 히스토그램 차트의 배경색 스타일을 설정한다.
- **04행** 레드 와인에 대한 histplot 객체를 생성한다.
- **05행** 화이트 와인에 대한 histplot 객체를 생성한다.
- **06행** 차트 제목을 설정한다.
- **07행** 차트 범례를 설정한다.
- **08행** 설정한 내용대로 차트를 표시한다.

차트에서 x축은 quality이고 y축은 확률 밀도 함수값이다. 히스토그램을 이용한 확률 밀도 추정은 각 값에 대한 경계가 불연속적인 막대 형태로 나타나고, 커널 밀도 추정kde 방법을 이용한 확률 밀도 추정은 곡선 형태로 나타난다.

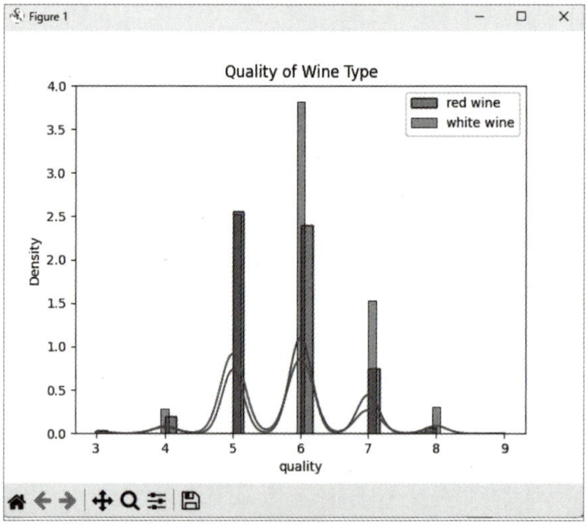

그림 7-5 와인 유형에 따른 품질 등급 히스토그램

부분 회귀 플롯으로 시각화하기

우리가 구축한 다중 선형 회귀 분석 모델처럼 독립 변수가 2개 이상인 경우에는 부분 회귀 플롯partial regression plot을 사용하여 하나의 독립 변수가 종속 변수에 미치는 영향력을 시각화함으로써 결과를 분석할 수 있다. fixed_acidity가 종속 변수 quality에 미치는 영향을 분석하기 위해 부분 회귀 결과를 시각화해 보고, 각 독립 변수에 대한 부분 회귀 결과도 시각화해 보자. 파이썬 셸 창에 다음 명령을 입력한다.

```
>>> import statsmodels.api as sm
>>> others = list(set(wine.columns).difference(set(["quality", "fixed_
acidity"])))
>>> p, resids = sm.graphics.plot_partregress("quality", "fixed_acidity",
others, data = wine, ret_coords = True)
>>> plt.show()
>>> fig = plt.figure(figsize = (8, 13))
>>> sm.graphics.plot_partregress_grid(regression_result, fig = fig)
<Figure size 800x1300 with 12 Axes>
>>> plt.show()
```

01행 부분 회귀 계산을 위해 statsmodels.api를 로드한다.

[02~04행] fixed_acidity가 종속 변수 quality에 미치는 영향력을 시각화하기

- **02행** 부분 회귀에 사용할 독립 변수 fixed_acidity와 종속 변수를 제외한 나머지 변수 이름을 리스트 others로 추출한다.
- **03행** 나머지 변수는 고정하고 fixed_acidity가 종속 변수 quality에 미치는 영향에 부분 회귀를 수행한다.
- **04행** 부분 회귀의 결과를 플롯으로 시각화하여 나타낸다.

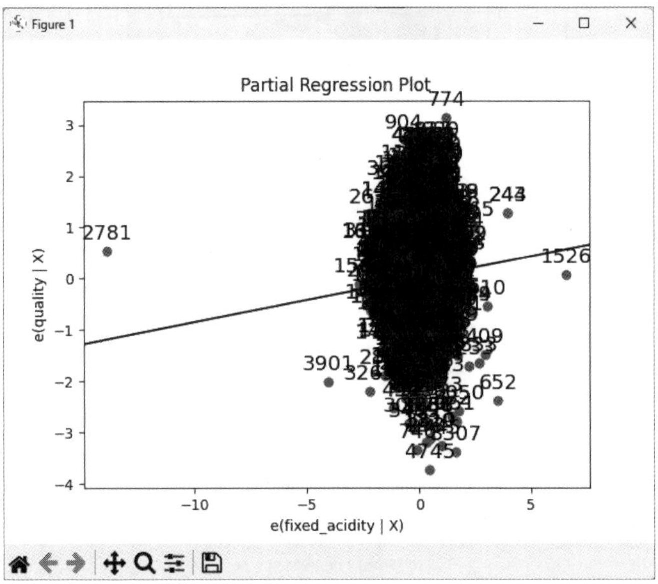

그림 7-6 독립 변수 fixed_acidity와 종속 변수 quality에 대한 부분 회귀 시각화

[05~07행] 각 독립 변수가 종속 변수 quality에 미치는 영향력을 시각화하기

- **05행** 차트의 크기를 지정한다.
- **06행** 다중 선형 회귀 분석 결과를 가지고 있는 regression_result를 이용해 각 독립 변수의 부분 회귀 플롯을 구한다.
- **07행** 부분 회귀 결과를 플롯으로 시각화하여 나타낸다.

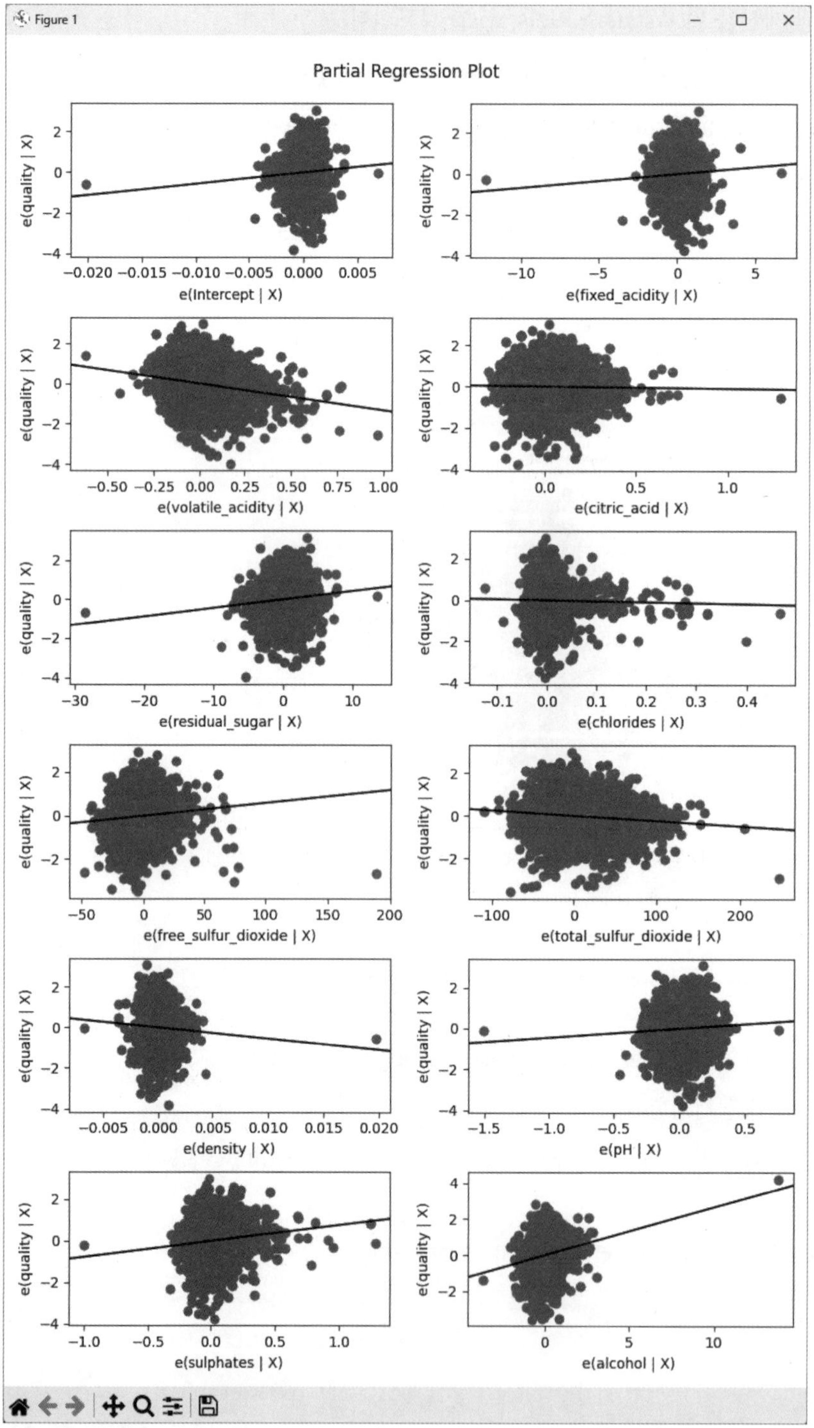

그림 7-7 각 독립 변수와 종속 변수 quality에 대한 부분 회귀 시각화

02 [상관 분석 + 히트맵]
타이타닉호 생존율 분석하기

0 분석 미리보기

타이타닉호 생존율 분석하기	
목표	타이타닉호 승객 변수를 분석하여 생존율과의 상관관계를 찾는다.
핵심 개념	상관 분석, 상관 계수, 피어슨 상관 계수, 히트맵
데이터 수집	▪ 타이타닉 데이터: seaborn 내장 데이터셋
데이터 준비	▪ 결측치 치환: 중앙값 치환, 최빈값 치환
데이터 탐색	▪ 기본 정보 탐색: info() ▪ 차트를 통한 시각적 탐색: pie(), countplot()
데이터 모델링	▪ 모든 변수 간 상관 계수 구하기 ▪ 지정한 두 변수 간 상관 계수 구하기
결과 시각화	

▪ 산점도를 이용한 시각화

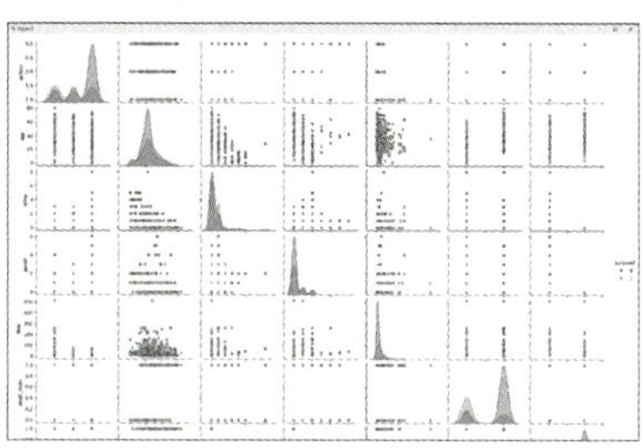

▪ 특정 변수 간 상관관계 시각화

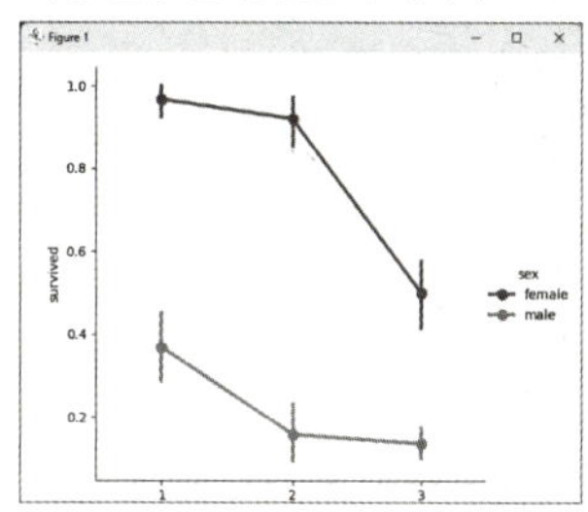

▪ 히트맵을 이용한 시각화

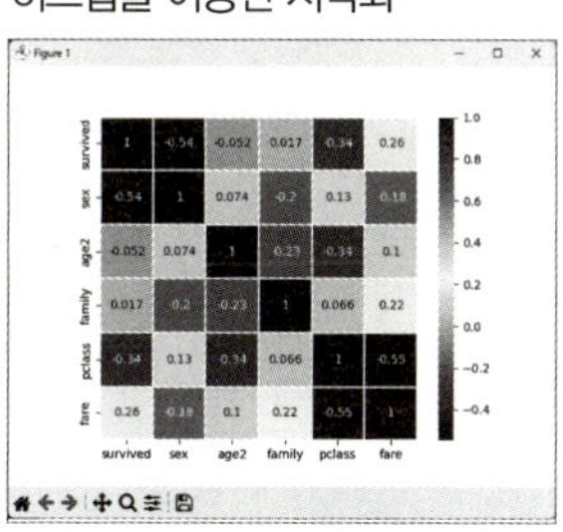

1 목표 설정

이 프로젝트의 목표는 타이타닉호의 생존자와 관련된 변수의 상관관계를 찾아보고 생존과 가장 상관도가 높은 변수는 무엇인지 분석하는 것이다. 상관 분석을 위해 피어슨 상관 계수를 사용하고 변수 간의 상관관계는 시각화하여 분석한다.

2 핵심 개념 이해

상관 분석은 변수들이 서로 독립적인지 아니면 서로 영향을 주고받는지를 알아내는 분석 방법이다. 파이썬의 seaborn 라이브러리 패키지에서 제공하는 데이터셋으로 데이터 과학 방법론에 따라 상관 분석 프로젝트를 수행할 수 있다.

상관 분석

상관 분석correlation analysis은 두 변수가 어떤 선형적 관계에 있는지를 분석하는 방법이다. 두 변수는 서로 독립적이거나 상관된 관계일 수 있는데, 두 변수의 관계 강도를 상관관계라고 한다. 상관 분석에서는 상관관계의 정도를 나타내는 단위로 모상관 계수 ρ를 사용한다(출처: 위키피디아). 인과 관계를 분석하는 회귀 분석과 달리 상관 계수correlation coefficient는 두 변수가 연관된 정도를 나타낼 뿐 인과 관계를 설명하지 않으므로 정확한 예측치를 계산할 수는 없다.

상관 분석의 유형은 다음과 같다.

- **단순 상관 분석**simple correlation analysis: 두 변수가 어느 정도 강한 관계에 있는지 측정한다.
- **다중 상관 분석**multiple correlation analysis: 3개 이상의 변수 간 관계의 강도를 측정한다. 이때 다른 변수와의 관계를 고정하고 두 변수 간 관계의 강도를 나타내는 것을 편상관 분석partial correlation analysis이라고 한다.

상관 계수 ρ

상관 계수 ρ는 변수 간 관계의 정도(0~1)와 방향(+, −)을 하나의 수치로 요약해 주는 지수로 −1에서 +1 사이의 값을 가진다. 상관 계수가 +이면 양의 상관관계이며 한 변수가 증가할 때 다른 변수도 증가한다. 상관 계수가 −이면 음의 상관관계이며 한 변수가 증가할 때 다른 변수는 감소한다.

상관 계수에 대한 해석은 분야에 따라 다르지만 일반적으로 다음과 같다.

- 0.0 ~ 0.2: 상관관계가 거의 없다.
- 0.2 ~ 0.4: 약한 상관관계가 있다.
- 0.4 ~ 0.6: 상관관계가 있다.
- 0.6 ~ 0.8: 강한 상관관계가 있다.
- 0.8 ~ 1.0: 매우 강한 상관관계가 있다.

피어슨 상관 계수

상관 계수 중에서 많이 사용하는 것은 피어슨 상관 계수Pearson correlation coefficient 또는 Pearson's r다. 피어슨 상관 계수는 r로 표현한다.

상관 분석 결과의 시각화

상관 분석 결과를 시각화할 때는 두 변수의 관계를 보여주는 산점도나 히트맵을 많이 사용한다.

3 데이터 수집

프로젝트에 사용할 타이타닉호 생존자에 대한 데이터는 파이썬의 seaborn 패키지에서 제공하는 타이타닉 데이터를 사용한다.

파이썬 셀 창에 다음 명령을 입력한다.

```
01 >>> import seaborn as sns
02 >>> import pandas as pd
03 >>> titanic = sns.load_dataset("titanic")
04 >>> titanic.to_csv('C:/Users/OOO/My_Python/7장_data/titanic.csv', index = False)
```

01행 seaborn 패키지를 로드한다.

03행 titanic 데이터를 로드한다.

04행 데이터를 CSV 파일로 저장한다.

4 데이터 준비

저장한 titanic.csv 파일을 열어서 데이터 정리 작업이 필요한지 확인해 보자. age와 embarked, deck, embark_town 항목 중에 결측값(누락된 값)이 있다. 결측값이 있으면 정확한 분석을 할 수 없으므로 치환해서 채워야 한다. age의 결측값은 중앙값으로 치환하고 embarked와 embark_town의 결측값은 최빈값으로 치환한다. deck는 형식이 category이므로 결측값을 최빈 category로 바꾸어 채워 넣는다.

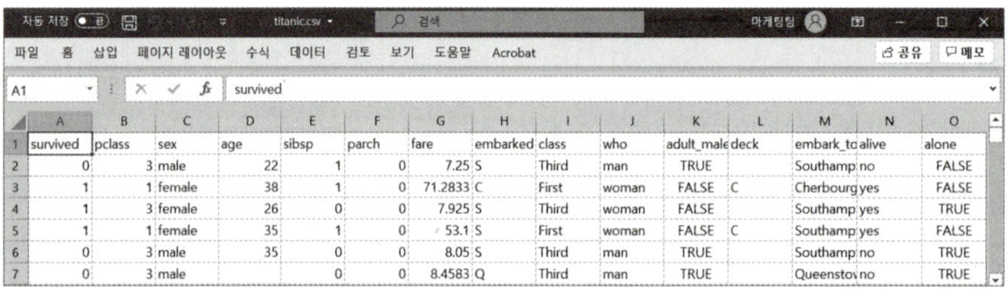

	A	B	C	D	E	F	G	H	I	J	K	L	M	N	O
1	survived	pclass	sex	age	sibsp	parch	fare	embarked	class	who	adult_male	deck	embark_to	alive	alone
2	0	3	male	22	1	0	7.25	S	Third	man	TRUE		Southamp	no	FALSE
3	1	1	female	38	1	0	71.2833	C	First	woman	FALSE	C	Cherbourg	yes	FALSE
4	1	3	female	26	0	0	7.925	S	Third	woman	FALSE		Southamp	yes	TRUE
5	1	1	female	35	1	0	53.1	S	First	woman	FALSE	C	Southamp	yes	FALSE
6	0	3	male	35	0	0	8.05	S	Third	man	TRUE		Southamp	no	TRUE
7	0	3	male		0	0	8.4583	Q	Third	man	TRUE		Queenstow	no	TRUE

그림 7-8 다운로드한 파일(titanic.csv) 열기

데이터를 정리하기 위해 파이썬 셸 창에 다음 명령을 입력한다.

```
>>> titanic.isnull().sum()
survived         0
pclass           0
sex              0
age            177
sibsp            0
parch            0
fare             0
embarked         2
class            0
who              0
adult_male       0
deck           688
embark_town      2
alive            0
alone            0
dtype: int64
>>> titanic['age'] = titanic['age'].fillna(titanic['age'].median())
```

```
03 >>> titanic['embarked'].value_counts()
   S    644
   C    168
   Q     77
   Name: embarked, dtype: int64
04 >>> titanic['embarked'] = titanic['embarked'].fillna('S')
05 >>> titanic['embark_town'].value_counts()
   Southampton    644
   Cherbourg      168
   Queenstown      77
   Name: embark_town, dtype: int64
06 >>> titanic['embark_town'] = titanic['embark_town'].fillna('Southampton')
07 >>> titanic['deck'].value_counts()
   C    59
   B    47
   D    33
   E    32
   A    15
   F    13
   G     4
   Name: deck, dtype: int64
08 >>> titanic['deck'] = titanic['deck'].fillna('C')
09 >>> titanic.isnull().sum()
   survived       0
   pclass         0
   sex            0
   age            0
   sibsp          0
   parch          0
   fare           0
   embarked       0
   class          0
   who            0
   adult_male     0
   deck           0
   embark_town    0
   alive          0
   alone          0
   dtype: int64
```

01행 타이타닉 데이터에 결측값이 있는지 확인한다. 실행 결과를 보면 age, embarked, deck, embark_town에서 결측값이 발견되었다.

02행 age 열의 결측값을 중앙값median()으로 치환한다.

[03~04행] embarked 열의 결측값을 최빈값으로 치환하기

- **03행** embarked 열에서 최빈값이 'S'임을 확인한다.
- **04행** embarked 열에서 결측값을 'S'로 치환한다.

[05~06행] embark_town 열의 결측값을 최빈값으로 치환하기

- **05행** embark_town 열에서 최빈값이 'Southampton'임을 확인한다.
- **06행** embark_town 열에서 결측값을 'Southampton'으로 치환한다.

[07~08행] deck 열의 결측값을 최빈값으로 치환하기

- **07행** deck 열에서 최빈값이 'C'임을 확인한다.
- **08행** deck 열에서 결측값을 'C'로 치환한다.

09행 타이타닉 데이터에 결측값이 다 채워졌는지 확인한다.

5 데이터 탐색

데이터의 기본 정보를 탐색해 보자.

기본 정보 탐색하기

titanic 데이터의 기본 정보를 탐색하기 위해 info( ) 함수를 사용한다. 파이썬 셀 창에 다음 명령을 입력한다.

```
01  >>> titanic.info()
    <class 'pandas.core.frame.DataFrame'>
    RangeIndex: 891 entries, 0 to 890
    Data columns (total 15 columns):
```

```
    #  Column      Non-Null Count Dtype
   --- ----------- -------------- ---------
    0  survived    891 non-null   int64
    1  pclass      891 non-null   int64
    2  sex         891 non-null   object
    2  sex         891 non-null   object
    3  age         891 non-null   float64
    4  sibsp       891 non-null   int64
    5  parch       891 non-null   int64
    6  fare        891 non-null   float64
    7  embarked    891 non-null   object
    8  class       891 non-null   category
    9  who         891 non-null   object
    10  adult_male 891 non-null   bool
    11  deck       891 non-null   category
    12  embark_town891 non-null   object
    13  alive      891 non-null   object
    14  alone      891 non-null   bool
   dtypes: bool(2), category(2), float64(2), int64(4), object(5)
   memory usage: 80.6+ KB
02 >>> titanic.survived.value_counts()
   0    549
   1    342
   Name: survived, dtype: int64
```

01행 타이타닉 데이터의 기본 정보를 확인한다.

02행 survived 속성값의 빈도를 확인한다.

전체 샘플의 수는 891개이고 속성은 15개다. 샘플 891명 중에서 사망자는 549명이고 생존자는 342명이다(survived는 생존 여부를 0(사망)과 1(생존)로 나타내고, alive는 생존 여부를 yes(생존)와 no(사망)로 나타낸다).

pclass와 class는 객실 등급을 나타내고 sibsp는 함께 탑승한 형제자매와 배우자 수를, parch는 함께 탑승한 부모/자식 수를 나타낸다. embarked와 embark_town은 탑승 항구를 나타내고 adult_male은 성인 남자 여부를, alone은 동행 여부를 True/False로 나타낸다.

차트를 그려 시각적으로 탐색하기

차트를 그려 시각화하면 데이터를 더 쉽게 탐색할 수 있다. 파이썬 셸 창에 다음 명령을 입력한다.

```
01 >>> import matplotlib.pyplot as plt
02 >>> f,ax = plt.subplots(1, 2, figsize = (10, 5))
03 >>> titanic['survived'][titanic['sex'] == 'male'].value_counts().plot.
   pie(explode = [0,0.1], autopct = '%1.1f%%', ax = ax[0], shadow = True)
   <Axes: ylabel='survived'>
04 >>> titanic['survived'][titanic['sex'] == 'female'].value_counts().plot.
   pie(explode = [0,0.1], autopct = '%1.1f%%', ax = ax[1], shadow = True)
   <Axes: ylabel='survived'>
05 >>> ax[0].set_title('Survived (Male)')
   Text(0.5, 1.0, 'Survived (Male)')
06 >>> ax[1].set_title('Survived (Female)')
   Text(0.5, 1.0, 'Survived (Female)')
07 >>> plt.show()
```

01행 차트를 그리기 위해 matplotlib.pyplot를 로드한다.

[02~07행] 남자 승객과 여자 승객의 생존율을 pie 차트로 그리기

- **02행** 한 줄에 2개의 차트를 그리도록 하고 크기를 설정한다.
- **03행** 첫 번째 pie 차트는 남자 승객의 생존율을 나타내도록 설정한다.
- **04행** 두 번째 pie 차트는 여자 승객의 생존율을 나타내도록 설정한다.
- **05행** 첫 번째 차트의 제목을 설정한다.
- **06행** 두 번째 차트의 제목을 설정한다.
- **07행** 구성한 차트를 나타낸다.

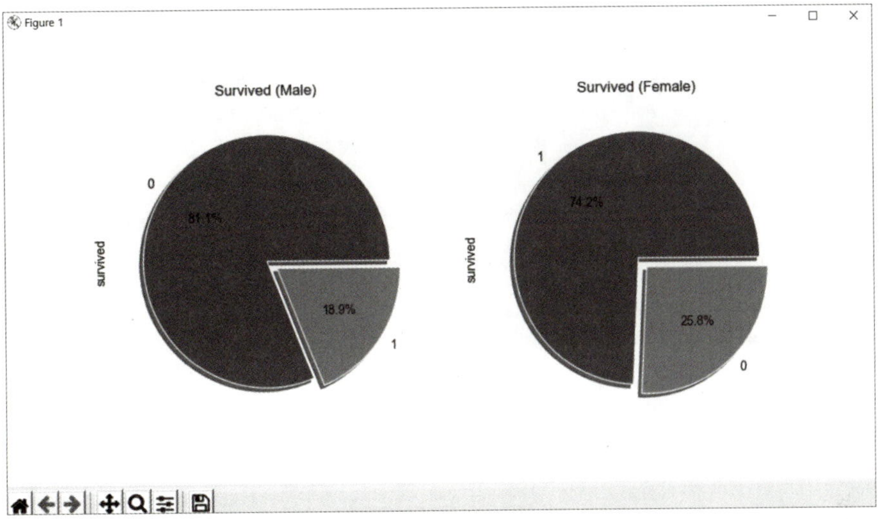

그림 7-9 성별에 따른 생존율 차트

남자 승객의 생존율은 18.9%이고 여자 승객의 생존율은 74.2%임을 확인할 수 있다.

등급별 생존자 수를 차트로 나타내기

이번에는 객실 등급 카테고리별 생존자 수를 계산해 차트로 나타내보자. 이를 위해 seaborn 패키지에서 제공하는 countplot() 함수를 사용한다. 파이썬 셸 창에 다음 명령을 입력한다.

```
01  >>> sns.countplot(x = 'pclass', hue = 'survived', data = titanic)
    <Axes: xlabel='pclass', ylabel='count'>
02  >>> plt.title('Pclass vs Survived')
    Text(0.5, 1.0, 'Pclass vs Survived')
03  >>> plt.show()
```

[01~03행] 객실 등급pclass 카테고리별 생존자survived 수를 계산하여 차트 그리기

- **01행** pclass 유형 1,2,3을 x축으로 하고 survived = 0과 survived = 1의 개수를 계산하여 y축으로 하는 countplot을 설정한다.
- **02행** 차트 제목을 설정한다.
- **03행** 구성한 차트를 나타낸다.

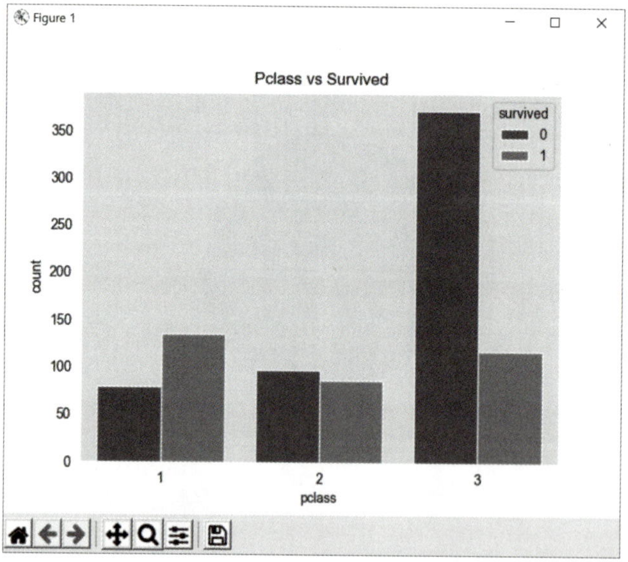

그림 7-10 객실 등급에 따른 생존자 수

객실 등급별로 살펴보면 생존자(1)는 1등급에서 가장 많고 사망자(0)는 3등급에서 월등히 많은 것을 확인할 수 있다.

6 데이터 모델링

타이타닉호 승객의 속성과 생존 사이에 어떤 상관관계가 있는지 분석하는 모델을 만들어보자. 상관 분석을 위해 pandas 패키지의 데이터프레임에서 corr( ) 함수를 사용하고, 상관 계수로는 피어슨 상관 계수를 사용한다. 상관 계수는 숫자 형태의 데이터에서만 구할 수 있으므로 데이터 형식이 int64, float64, boolean인 속성 8개에 대해서만 상관 분석을 진행한다.

상관 분석을 위한 상관 계수를 구해 저장하기

파이썬 셸 창에 다음 명령을 입력한다.

```
>>> titanic2 = titanic.select_dtypes(include = [int, float,bool])
>>> titanic2.shape
    (891, 8)
>>> titanic_corr = titanic2.corr(method = 'pearson')
>>> titanic_corr
```

```
survived    pclass          age         ...    fare   adult_male  alone
survived    1.000000 -0.338481 -0.064910 ...  0.257307 -0.557080 -0.203367
pclass     -0.338481  1.000000 -0.339898 ... -0.549500  0.094035  0.135207
age        -0.064910 -0.339898  1.000000 ...  0.096688  0.247704  0.171647
sibsp      -0.035322  0.083081 -0.233296 ...  0.159651 -0.253586 -0.584471
parch       0.081629  0.018443 -0.172482 ...  0.216225 -0.349943 -0.583398
fare        0.257307 -0.549500  0.096688 ...  1.000000 -0.182024 -0.271832
adult_male-0.557080  0.094035  0.247704 ... -0.182024  1.000000  0.404744
alone      -0.203367  0.135207  0.171647 ... -0.271832  0.404744  1.000000

[8 rows x 8 columns]
05 >>> titanic_corr.to_csv('C:/Users/000/My_Python/7장_data/titanic_corr.csv',
   index = False)
```

01행 속성 15개 중에서 자료형dtype이 int, float, boolean인 것만 추출해 titanic2에 저장한다.

02행 titanic2의 구조를 출력해 자료형이 숫자 형태인 8개 속성만 추출된 것을 확인한다.

03행 피어슨 상관 계수를 적용하여 상관 계수를 구한다.

04행 상관 계수를 출력한다.

05행 상관 계수를 CSV 파일로 저장한다.

상관 계수 확인하기

상관 계수의 일부만 출력되므로 전체를 확인하려면 titanic_corr.csv 파일을 열어본다.

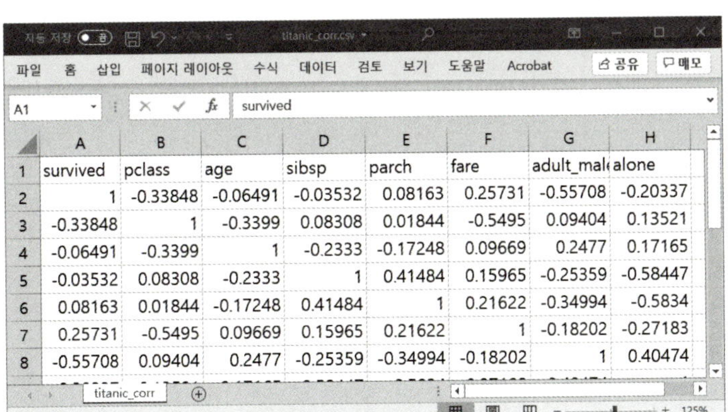

	A	B	C	D	E	F	G	H
1	survived	pclass	age	sibsp	parch	fare	adult_mal	alone
2	1	-0.33848	-0.06491	-0.03532	0.08163	0.25731	-0.55708	-0.20337
3	-0.33848	1	-0.3399	0.08308	0.01844	-0.5495	0.09404	0.13521
4	-0.06491	-0.3399	1	-0.2333	-0.17248	0.09669	0.2477	0.17165
5	-0.03532	0.08308	-0.2333	1	0.41484	0.15965	-0.25359	-0.58447
6	0.08163	0.01844	-0.17248	0.41484	1	0.21622	-0.34994	-0.5834
7	0.25731	-0.5495	0.09669	0.15965	0.21622	1	-0.18202	-0.27183
8	-0.55708	0.09404	0.2477	-0.25359	-0.34994	-0.18202	1	0.40474

그림 7-11 titanic_corr.csv 파일에서 상관 계수 확인

남자 성인adult_male은 생존survived과 음의 상관관계를 보여준다. 객실 등급pclass은 음의 상관관계, 객실 요금fare은 양의 상관관계를 보여준다. 동행 없이 혼자 탑승한 경우alone에 생존율이 떨어진다는 상관관계도 알 수 있다.

특정 변수 간의 상관 계수 구하기

특정 변수에 대한 상관관계를 알고 싶을 때 상관 계수를 구하는 방법을 살펴보자. 파이썬 셸 창에 다음 명령을 입력한다.

```
01 >>> titanic['survived'].corr(titanic['adult_male'])
   -0.5570800422053259
02 >>> titanic['survived'].corr(titanic['fare'])
   0.2573065223849622
```

[01~02행] 두 변수 간의 상관 계수 구하기

- **01행** survived와 adult_male 변수 사이의 상관 계수를 구한다.
- **02행** survived와 fare 변수 사이의 상관 계수를 구한다.

7 결과 시각화

산점도로 상관 분석 시각화하기

변수 사이의 상관관계를 시각화하기 위해 seaborn 패키지의 pairplot( ) 함수를 사용한다. pairplot( ) 함수는 그리드 형태로 데이터프레임에 있는 각 데이터 열의 조합을 산점도scatter plot로 그린다. 그리고 같은 데이터가 만나는 대각선 영역에는 히스토그램을 그린다.

```
>>> sns.pairplot(titanic, hue = 'survived')
<seaborn.axisgrid.PairGrid object at 0x000001710D852A58>
>>> plt.show()
```

[01~02행] 변수 간의 상관 분석 시각화를 위해 pairplot() 그리기

- **01행** pairplot( ) 함수를 사용하여 타이타닉 데이터의 차트를 그린다. hue는 종속 변수를 지정한다.
- **02행** pairplot을 나타낸다.

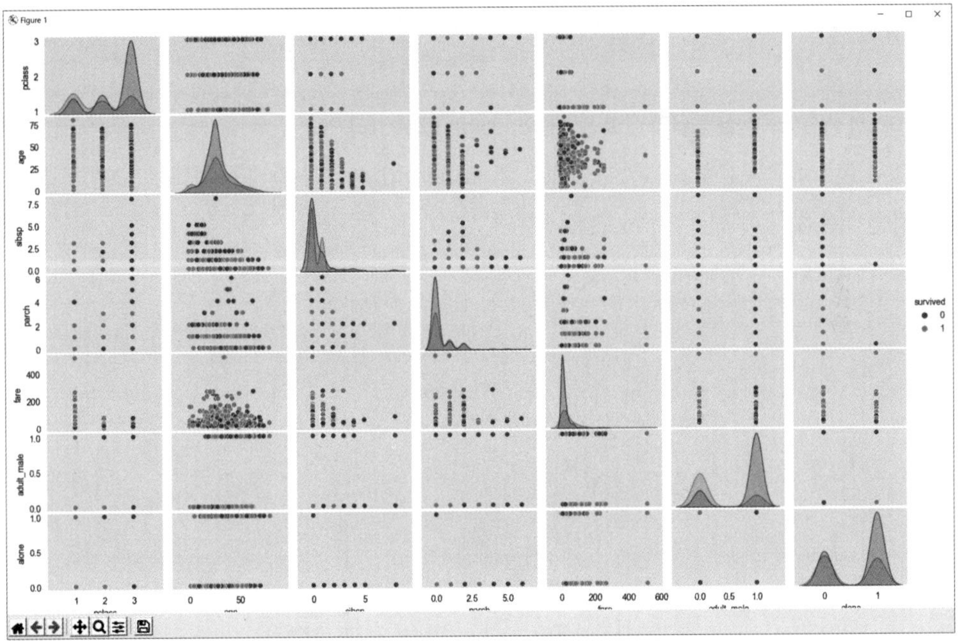

그림 7-12 pairplot() 함수를 이용한 산점도

[그림 7-12]를 보면 pclass, sibsp, parch, alone 변수에 대해 종속 변수 값을 나타내는 점이 퍼지지 않고 세로 또는 가로로 일정 지점에만 있다. 이 변수들은 연속되는 실수형 값이 아니라 개수를 나타내는 정수형이거나 True/False를 나타내는 boolean형이기 때문이다.

두 변수의 상관관계 시각화하기

객실 등급과 생존의 상관관계를 seaborn 패키지의 catplot으로 시각화해 보자.

```
01 >>> sns.catplot(x = 'pclass', y = 'survived', hue = 'sex', data = titanic, kind = 'point')
   <seaborn.axisgrid.FacetGrid object at 0x000001DD44EB4B88>
02 >>> plt.show()
```

[01~02행] 생존자의 객실 등급과 성별 관계를 catplot()으로 그리기

- **01행** catplot() 함수를 사용하여 pclass와 survived 변수의 관계를 차트로 그린다. hue 인자를 이용해 종속 변수를 sex로 지정한다.
- **02행** catplot을 나타낸다.

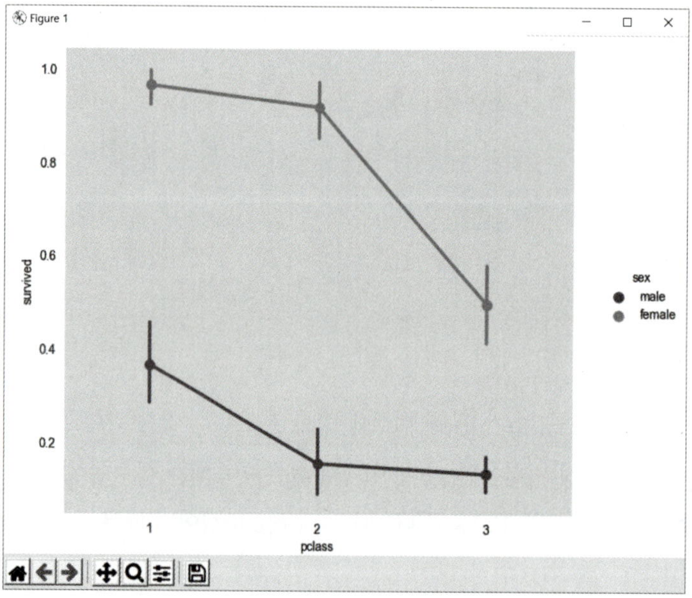

그림 7-13 객실 등급과 생존의 상관관계를 나타내는 catplot 차트

변수 사이의 상관 계수를 히트맵으로 시각화하기

age 변수를 히트맵에 나타내려면 카테고리 형식이어야 하므로 10세 단위로 0~7의 카테고리 값으로 치환한다. 그리고 상관 계수를 계산하려면 숫자 데이터이어야 하므로 sex 변수값을 0과 1로 치환한다. 가지고 있는 데이터에는 동행한 형제의 수$_{sibsp}$와 부모/자식의 수$_{parch}$가 있는데 이를 더해서 가족의 수를 새로운 변수 family로 추가하여 히트맵에 표현해 보자.

```
01 >>> def category_age(x):
        if x < 10:
            return 0
        elif x < 20:
            return 1
        elif x < 30:
            return 2
        elif x < 40:
            return 3
        elif x < 50:
            return 4
        elif x < 60:
            return 5
        elif x < 70:
            return 6
        else:
            return 7
02 >>> titanic['age2'] = titanic['age'].apply(category_age)
03 >>> titanic['sex'] = titanic['sex'].map({'male':1, 'female':0})
04 >>> titanic['family'] = titanic['sibsp'] + titanic['parch'] + 1
05 >>> titanic.to_csv('C:/Users/000/My_Python/7장_data/titanic2.csv', index = False)
06 >>> heatmap_data = titanic[['survived', 'sex', 'age2', 'family', 'pclass', 'fare']]
07 >>> colormap = plt.cm.RdBu
08 >>> sns.heatmap(heatmap_data.astype(float).corr(), linewidths = 0.1, vmax = 1.0, square
   = True, cmap = colormap, linecolor = 'white', annot = True, annot_kws = {"size": 10})
   <Axes: >
09 >>> plt.show()
```

[01~02행] age를 카테고리 값으로 바꾸어 age2 변수로 추가하기

- **01행** 10세 단위로 등급을 나누어 0~7의 값으로 바꿔주는 category_age 함수를 작성한다.
- **02행** category_age 함수를 적용하여 새로운 age2 열을 만들어 추가한다.

03행 성별을 male/female에서 1/0으로 치환한다.

04행 가족의 수를 구하여 family 열을 추가한다.

05행 수정된 데이터프레임을 titanic2.csv로 저장한다.

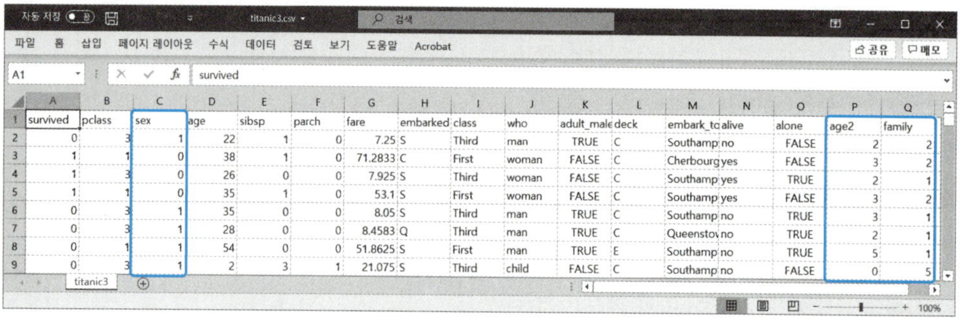

그림 7-14 titanic2.csv 파일에서 치환된 내용과 추가된 내용 확인

[06~09행] 상관 분석 결과를 히트맵으로 나타내기

- **06행** 히트맵에 사용할 데이터를 추출한다.
- **07행** 히트맵에 사용할 색상맵을 지정한다.
- **08행** corr( ) 함수로 구한 상관 계수로 히트맵을 생성한다.
- **09행** 생성한 히트맵을 나타낸다.

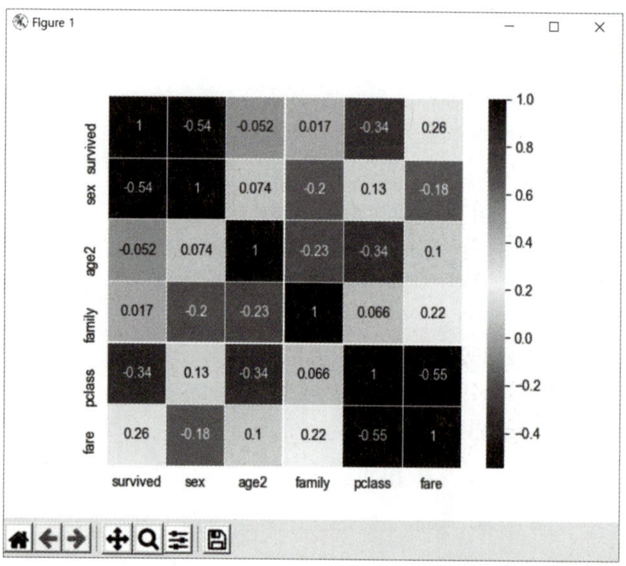

그림 7-15 상관 분석에 대한 히트맵 시각화

Chapter

08

텍스트 빈도 분석

학습목표

- 텍스트 분석을 이해하고 기본 분석 기법인 단어 분석을 수행할 수 있다.
- 영어와 한글의 단어 분석을 수행하여 히스토그램과 워드클라우드 시각화를 수행할 수 있다.

01 [영문 분석 + 워드클라우드]

영문 문서 제목의 키워드 분석하기

0 분석 미리보기

영문 문서 제목의 키워드 분석하기	
목표	검색한 영문 학술 문서의 제목에서 빈도 분석을 수행하여 키워드를 도출한다.
핵심 개념	텍스트 분석, 전처리, 토큰화, 불용어, 어간 추출, 워드클라우드
데이터 수집	▪ 'Big data'로 검색한 영문 학술 문서 제목: 학술연구정보서비스에서 수집
데이터 준비	▪ 데이터 조합: pandas.concat() ▪ 데이터 정제: re 정규식, stopwords.words("english") ▪ 데이터 변환: word_tokenize(), lower(), WordNetLemmatize()
데이터 탐색 및 모델링	▪ 단어 빈도 탐색: Counter() ▪ 단어 빈도 히스토그램: matplotlib.pyplot
결과 시각화	

▪ 연도별 데이터 수 분석

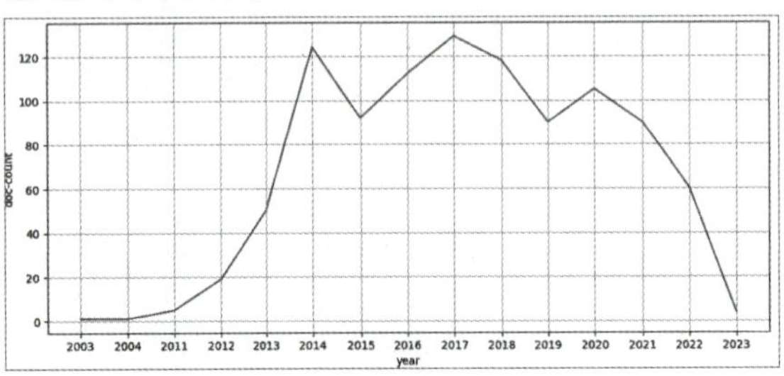

▪ 단어 빈도에 대한 워드클라우드

❶ 목표 설정

이 프로젝트의 목표는 'Big data'와 관련된 키워드를 도출하여 분석하는 것이다. 이를 위해 영문으로 된 문서의 제목에서 단어 빈도를 분석하여 키워드를 추출하고 결과를 워드클라우드로 시각화한다.

❷ 핵심 개념 이해

비정형 빅데이터 분석이 가능해지면서 자연어 처리natural language processing가 중요한 분석 대상으로 떠오르고 있다. 자연어 처리란 음성 또는 텍스트 형태의 자연어에서 정보를 추출하여 분석하는 것이다. 영문 텍스트에서 단어를 분석하여 키워드를 추출하고 시각화를 수행하는 작업도 자연어 처리 방법 중 하나다.

영문 텍스트 분석은 ❶ 영문 데이터에서 분석할 특징feature을 선정한 후 ❷ 컴퓨터가 처리할 수 있는 벡터vector 형태로 변환하고 ❸ 분석 기법을 적용하여 필요한 정보를 추출하는 과정으로 수행한다. 이때 단어 빈도 분석 결과는 히스토그램으로 확인하고 워드클라우드로 시각화하여 키워드를 추출한다. 이 프로젝트를 수행하는 데 필요한 도구와 개념을 살펴보자.

실습 도구: 아나콘다의 주피터 노트북

이번 프로젝트부터는 필요한 파이썬 패키지와 툴 및 파일이 많으므로 아나콘다의 주피터 노트북Jupyter Notebook으로 실습하자(주피터 노트북의 설치 및 사용 방법은 '부록 01' 참고).

텍스트 분석

텍스트 분석text analysis은 자연어 처리와 데이터 마이닝이 결합하여 발전된 분야로 비정형 텍스트 데이터에서 정보를 추출하여 분석하는 방법이다. 텍스트 분석 기법은 단어에 대한 분석을 기본으로 하며, 텍스트 분류text classification, 텍스트 군집화text clustering, 감성 분석sentiment analysis 등이 있다.

전처리

전처리preprocessing는 분석 작업의 정확도를 높이기 위해 분석에 사용할 데이터를 먼저 정리하고 변환하는 작업이다. 전처리에서는 필요에 따라 [표 8-1]과 같은 작업을 수행한다.

표 8-1 전처리에서 수행하는 작업

종류	설명
정제cleaning	불필요한 기호나 문자를 제거하는 작업으로 주로 정규식을 이용해 수행한다.
정규화normalization	정제와 같은 의미이지만 특히 형태가 다른 단어를 하나의 형태로 통합하는 작업을 말한다. 대/소문자 통합, 유사 의미의 단어 통합 등이 있다.
토큰화tokenization	데이터를 토큰으로 정한 기본 단위로 분리하는 작업이다. 문장을 기준으로 분리하는 문장 토큰화, 단어를 기준으로 분리하는 단어 토큰화 등이 있다.
불용어stopword 제거	의미가 있는 토큰을 선별하기 위해 조사, 관사, 접미사처럼 분석할 의미가 없는 토큰인 불용어stopword를 제거한다.
어간 추출semming	단어에서 시제, 단/복수, 진행형 등을 나타내는 다양한 어간stem을 잘라내어 단어의 형태를 일반화한다.
표제어 추출lemmatization	단어에서 시제, 단/복수, 진행형 등을 나타내는 다양한 표제어lemma를 추출하여 단어의 형태를 일반화한다. 품사를 지정하여 표제어를 추출하는 것이 가능하다.

어간 추출과 표제어 추출의 예는 [표 8-2]와 같다.

표 8-2 어간 추출과 표제어 추출의 예

사용 단어	어간 추출	표제어 추출
am	am	be
the going	the go	the going
having	hav	have

워드클라우드

워드클라우드word cloud는 텍스트 분석에서 많이 사용하는 시각화 기법이다. 문서의 핵심 단어를 시각적으로 돋보이게 만들어 키워드를 직관적으로 알 수 있게 하는 것으로 출현 빈도가 높을수록 단어를 크게 나타낸다. 방대한 양의 텍스트 정보를 다루는 빅데이터 분석에서 주요 단어를 시각화하기 위해 사용한다(출처: 네이버 지식백과–시사상식사전).

3 데이터 수집

분석할 영문 텍스트 데이터는 학술 정보 포털인 한국교육학술정보원KERIS의 학술연구정보서비스RISS 사이트에서 1,000개의 해외 학술 문서 제목을 다운로드해 사용한다.

1 데이터 검색하기 한국교육학술정보원의 학술연구정보서비스 사이트(www.riss.kr)에서 검색 창에 'Big data'를 입력하고 〈검색〉 버튼을 클릭한다.

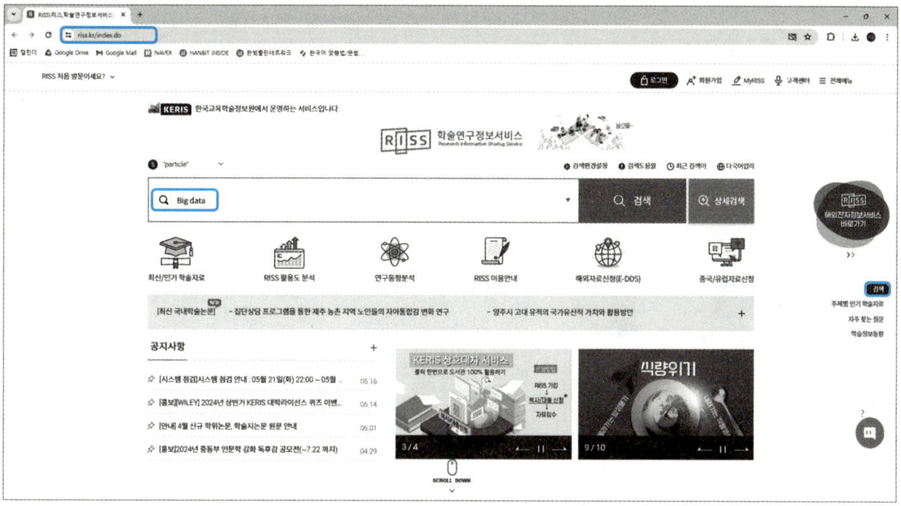

그림 8-1 한국교육학술정보원의 학술정보서비스 사이트: www.riss.kr

2 통합검색 결과 페이지가 나타나면 우리는 영어 텍스트를 수집할 것이므로 [해외학술논문] 메뉴를 클릭한다.

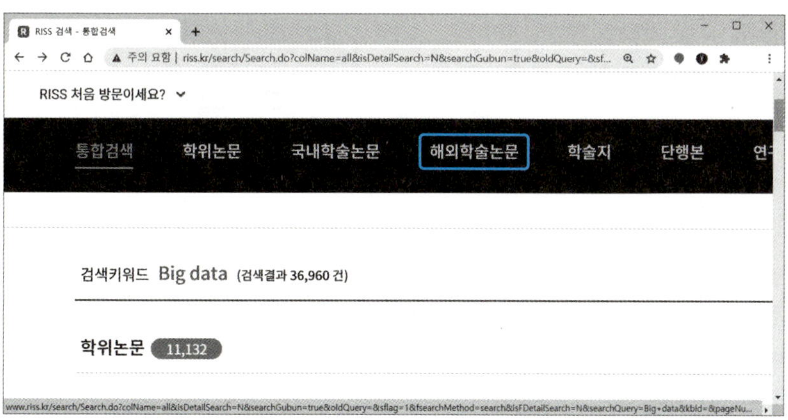

그림 8-2 검색 결과 페이지: 통합검색

3 해외학술논문 검색 결과 페이지가 나타나면 화면의 왼쪽 목록에서 '작성언어'를 [영어]로 선택하고 아래의 **실행** 버튼을 클릭한다.

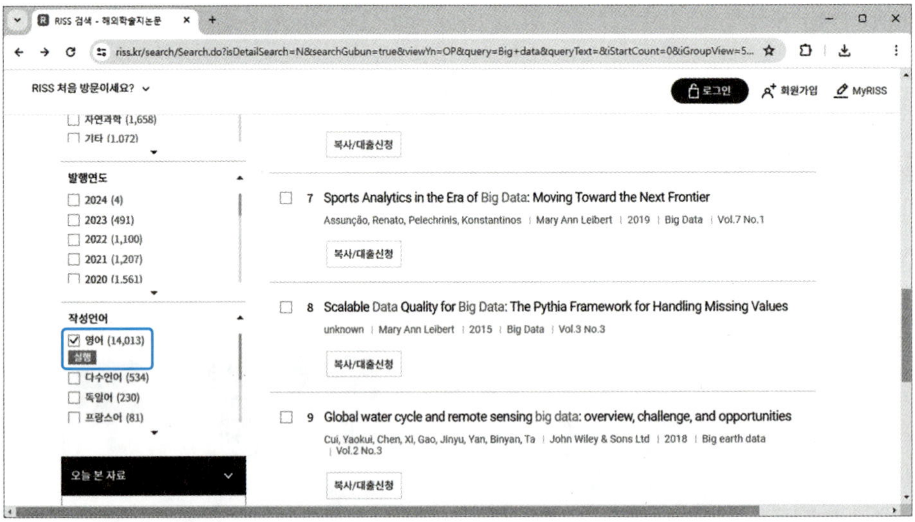

그림 8-3 검색 결과 페이지: 해외학술논문

4 검색 결과 출력 개수 변경하기 검색 결과가 나타나면 [100개씩 출력]을 선택하고 〈조회〉 버튼을 클릭하여 한 페이지에 100개의 검색 결과가 출력되도록 한다.

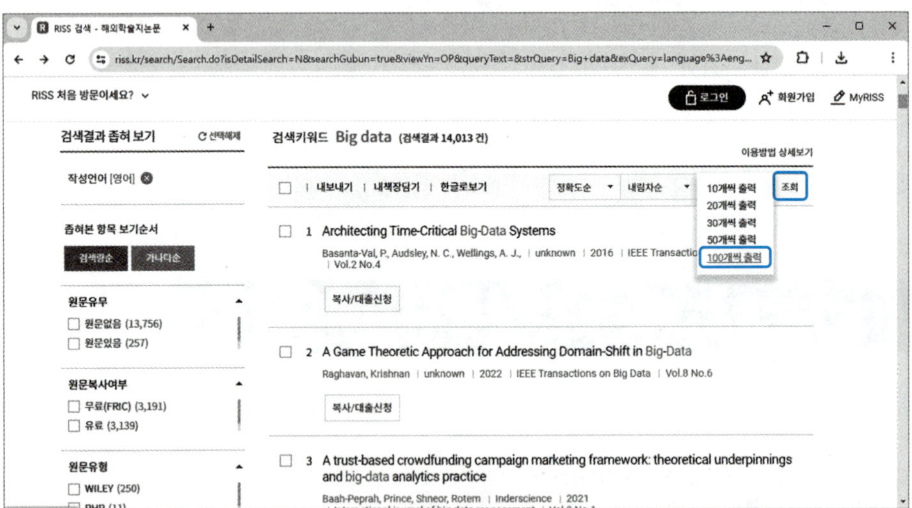

그림 8-4 검색 결과의 출력 개수 변경

5 데이터 저장하기 검색 결과를 엑셀 파일로 저장하기 위해 현재 페이지에 보이는 목록 전체를 체크해서 선택하고 [내보내기]를 클릭한다.

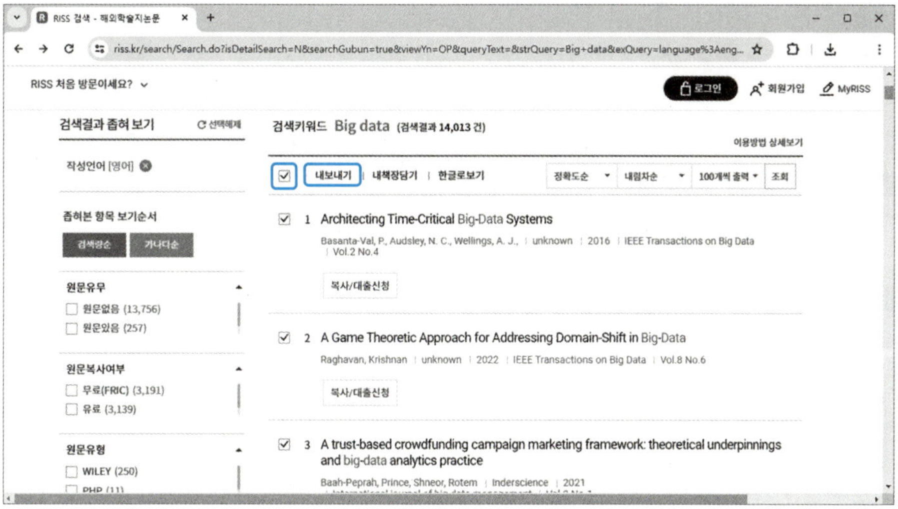

그림 8-5 현재 페이지 100개를 저장하기 위해 [내보내기] 메뉴 선택

6 서지정보 내보내기(Export) 창이 나타나면 [Excel저장]을 선택하고 〈내보내기〉 버튼을 클릭한 뒤 파일을 저장한다. 검색 결과 창에 있던 100개의 영어 학술논문 내용이 엑셀 파일로 저장된다.

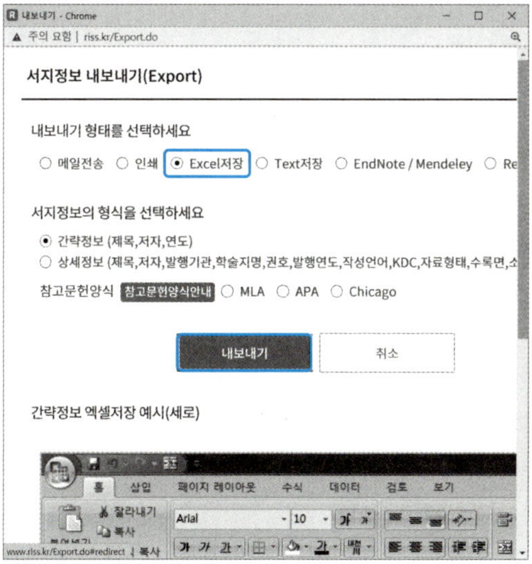

그림 8-6 내보내기 설정

7 우리는 1,000개의 데이터가 필요하므로 검색 결과 페이지 맨 아래에 있는 두 번째 페이지 버튼을 클릭한다. 다음 페이지가 나타나면 **5~6** 과정을 반복하여 100개의 데이터를 엑셀 파일로 저장하는 작업을 10페이지까지 반복한다.

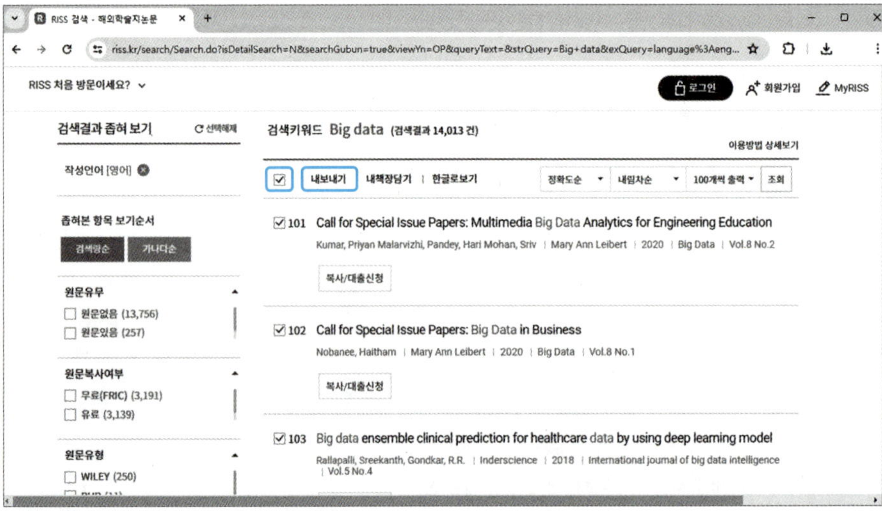

그림 8-7 다음 페이지에서 100개 데이터를 엑셀 파일로 저장하기 위해 [내보내기] 메뉴 선택

8 파일을 다운로드한 폴더를 보면 10개의 엑셀 파일이 저장되어 있다.

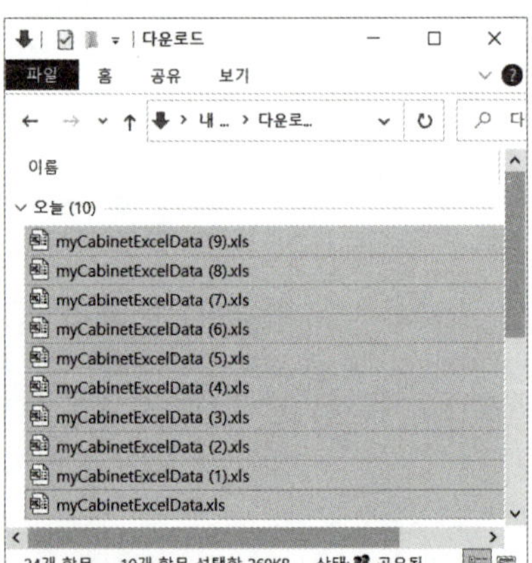

그림 8-8 엑셀 파일로 저장된 검색 결과

4 데이터 준비

저장한 엑셀 파일을 열어 데이터를 확인한다. 엑셀 컬럼에 번호, 제목, 저자, 출판사, 출판일이 있다. 이중에서 제목 컬럼에 대한 빈도 분석을 수행해 보자.

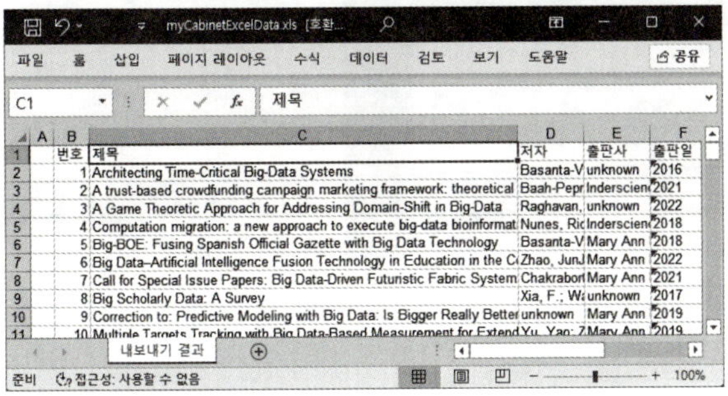

그림 8-9 저장한 파일 확인: myCabinetExcelData.xls

1 작업 준비하기 작업을 시작하기 전에 My_Python 폴더에 8장_data 폴더를 생성한 뒤 다운로드한 myCabinetExcelData 파일 10개를 이동한다.

파이썬 작업을 위해 아나콘다의 주피터 노트북을 실행하고 My_Python 폴더를 클릭하여 이동한 뒤 [New]-[Python 3]을 선택해 파일을 새로 생성한다.

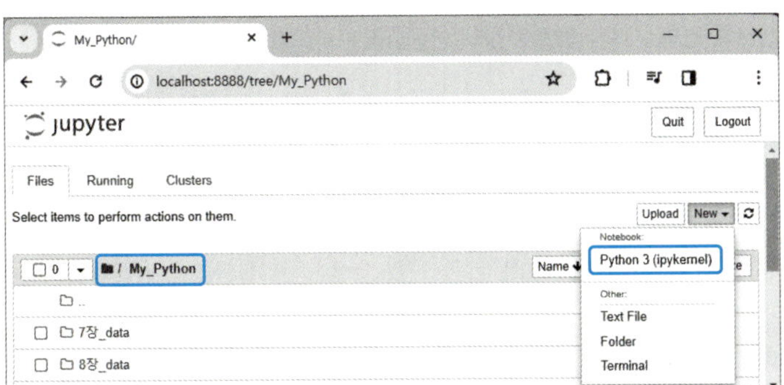

그림 8-10 아나콘다의 주피터 노트북에 새 notebook(Python 3) 추가

2 새로 추가된 노트북 페이지에서 'Untitled'를 클릭하고 '8장_영어단어분석'을 입력한 뒤 〈Rename〉 버튼을 클릭하여 파이썬 파일 이름을 변경한다.

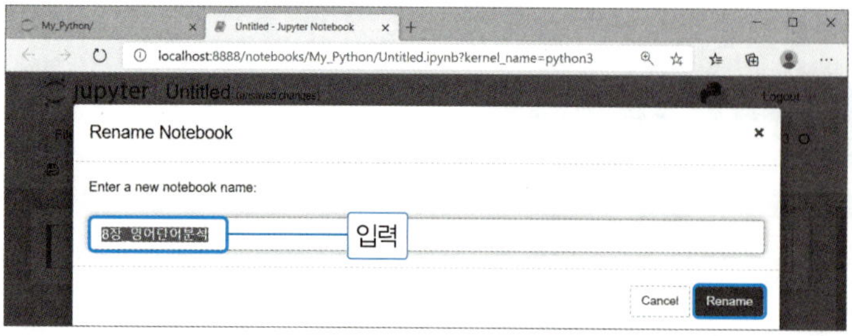

그림 8-11 새로 추가된 노트북 페이지의 이름 변경

3 패키지 설치하기 matplotlib와 wordcloud는 기본으로 설치되는 패키지가 아니므로 파이썬 코드에서 사용하기 전에 먼저 설치(install)해야 한다. 우리는 아나콘다를 사용하여 실습하고 있으므로 아나콘다 환경에 설치해야 한다. 아나콘다 주피터 노트북에 다음과 같이 패키지 설치 명령어를 입력하고 Shift + Enter를 눌러 실행한다.

```
In [ ]:  !pip install matplotlib
In [ ]:  !pip install wordcloud
```

TIP 주피터 노트북에서 설치 명령어(pip install)를 입력할 때는 앞에 !를 붙여야 한다. 명령 프롬프트 창에서 설치 명령어를 직접 입력하는 경우에는 Anaconda Prompt 창을 실행한 뒤 !를 뺀 나머지 명령어를 입력한다. 한 번 설치한 패키지는 시스템을 바꾸거나 포맷하지 않는 한 언제든지 파이썬에서 임포트해 사용할 수 있으며 다시 설치할 필요가 없다.

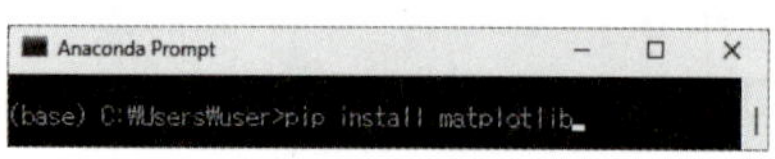

그림 8-12 아나콘다 프롬프트창에서 패키지 설치하기

4 프로젝트에 필요한 파이썬 패키지를 임포트한다.

```
In [1]:  import pandas as pd
         import glob
         import re
         from functools import reduce
         from nltk.tokenize import word_tokenize
         from nltk.corpus import stopwords
         from nltk.stem import WordNetLemmatizer
         from collections import Counter
         import matplotlib.pyplot as plt
         from wordcloud import STOPWORDS, WordCloud
```

TIP 코드 셀(In [ ])에 파이썬 코드를 입력한 뒤 Shift+Enter를 누르면 코드가 실행되고 그 아래에 다음 입력을 위한 코드 셀이 자동으로 추가된다.

TIP 내부적으로 연결해서 사용하는 nltk 리소스는 최초 한 번은 다운로드해야 한다. nltk는 아나콘다에 기본으로 설치되어 있으므로 pip install로 설치할 필요가 없다. import nltk와 nltk.download( )를 차례로 입력한 뒤 다운로드 대화상자가 뜨면 all을 선택하고 〈download〉 버튼을 누르면 된다.

```
In [ ]:  import nltk

In [ ]:  nltk.download()
```

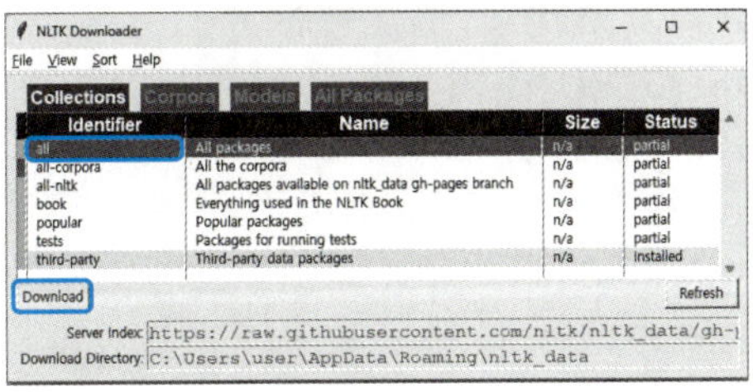

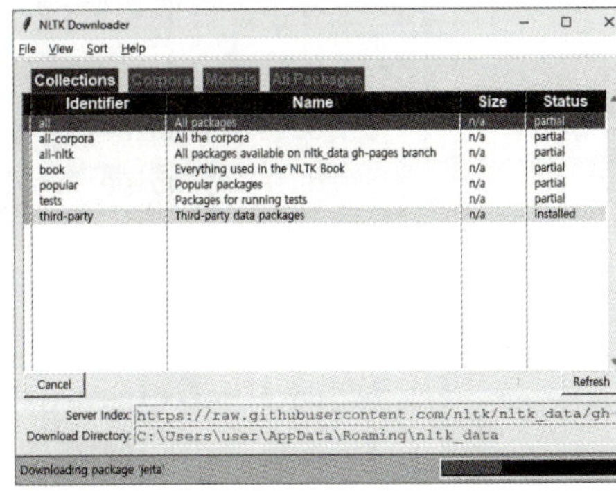

그림 8-13 NLTK 다운로드하기: nltk.download()

In [1]에서 임포트한 패키지는 다음과 같은 용도로 사용한다.

표 8-3 파이썬 패키지의 용도

패키지	용도
pandas	엑셀, CSV 등의 파일을 읽어서 데이터프레임에 저장하고 작업한 데이터를 데이터프레임 형태로 구성하여 엑셀, CSV 등의 파일에 저장하는 작업을 수행하는 모듈(이후 pd라는 이름을 사용)
glob	경로와 이름을 지정하여 파일을 다루는 파일 처리 작업을 위한 모듈
re	메타 문자를 이용해 특정 규칙을 작성하는 정규식을 사용하기 위한 모듈
reduce	2차원 리스트를 1차원 리스트로 차원을 줄이기 위한 모듈
word_tokenize	자연어 처리 패키지(from nltk.tokenize) 중에서 단어 토큰화 작업을 위한 모듈
stopwords	자연어 처리 패키지(from nltk.corpus) 중에서 불용어 정보를 제공하는 모듈
WordNetLemmatizer	자연어 처리 패키지(from nltk.stem) 중에서 단어 형태의 일반화를 위해 표제어 추출을 제공하는 모듈
Counter	데이터 집합에서 개수를 자동으로 계산하기 위한 모듈
matplotlib.pyplot	히스토그램을 그리기 위한 matplotlib 패키지의 내부 모듈(이후 plt라는 이름을 사용)
STOPWORDS, WordCloud	워드클라우드를 그리기 위해 사용할 워드클라우드용 불용어 모듈과 워드클라우드 모듈

5 데이터 조합 – 파일 병합하기 1,000개의 데이터가 10개의 파일로 저장되어 있으므로 파일을 하나로 병합해야 한다. 우선 병합할 엑셀 파일 이름 10개를 리스트에 저장한다. 파일 이름은 모두 'myCabinetExcelData'로 시작하므로 glob 함수를 사용하여 간단히 처리할 수 있다.

In [2]:
```
all_files = glob.glob('8장_data/myCabinetExcelData*.xls')
all_files  # 작업 확인용 출력
```

Out[2]:
```
['8장_data\\myCabinetExcelData (1).xls',
 '8장_data\\myCabinetExcelData (2).xls',
 '8장_data\\myCabinetExcelData (3).xls',
 '8장_data\\myCabinetExcelData (4).xls',
 '8장_data\\myCabinetExcelData (5).xls',
 '8장_data\\myCabinetExcelData (6).xls',
 '8장_data\\myCabinetExcelData (7).xls',
 '8장_data\\myCabinetExcelData (8).xls',
 '8장_data\\myCabinetExcelData (9).xls',
 '8장_data\\myCabinetExcelData.xls']
```

In [2] 10개의 엑셀 파일 이름을 all_files 리스트에 저장한다.

파일을 읽어서 하나의 데이터프레임으로 병합하고 CSV 파일에 저장한다.

In [3]:
```
all_files_data = []     # 저장할 리스트
for file in all_files:
    data_frame = pd.read_excel(file)
    all_files_data.append(data_frame)
all_files_data[0]     # 작업 확인용 출력
```

Out[3]:

	Unnamed: 0	번호	제목	저자	출판사	출판일
0	NaN	1	Call for Special Issue Papers: Soft Computing ...	Chilamkurti, Naveen; Paul, Anand; Kumar, Akshi	Mary Ann Leibert	2020
1	NaN	2	Big Data, Efficient Markets, and the End of Da...	Urbaczewski, Andrew; Elmore, Ryan	Mary Ann Leibert	2018
2	NaN	3	Big Data and Predictive Analytics in Health Care	unknown	Mary Ann Leibert	2014
3	NaN	4	Call for Special Issue Papers: Internet of Med...	Din, Sadia; Aslan, Nauman; Cheung, Simon K.S.;...	Mary Ann Leibert	2020
4	NaN	5	Big Data Literature Search	unknown	Mary Ann Leibert	2014
95	NaN	96	A survey on big data processing infrastructure...	Nunna, Krishna Chaitanya; Mehdipour, Farhad; T...	Inderscience	2015
96	NaN	97	Toward Efficient and Flexible Metadata Indexin...	Zhao, D.; Qiao, K.; Zhou, Z.; Li, T.; Lu, Z.; ...	unknown	2017
97	NaN	98	Distributed Feature Selection for Efficient Ec...	Zhao, L.; Chen, Z.; Hu, Y.; Min, G.; Jiang, Z.	unknown	2018
98	NaN	99	A platform for big data analytics on distribut...	Aye, Kyar Nyo; Thein, Thandar	Inderscience	2015
99	NaN	100	Towards quality-of-service driven consistency ...	García-Recuero, Álvaro; Esteves, Sérgio; Veiga...	Inderscience	2014

100 rows × 6 columns

In [3] all_files 리스트에 있는 파일 이름을 이용해 엑셀 파일을 읽어오고pd.read_excel(), 파일 내용을 all_files_data에 추가하는append() 작업을 all_files 리스트의 원소 개수만큼, 즉 10개 파일에 대해 반복한다.

TIP "ImportError: Missing optional dependency 'xlrd'."와 같은 에러가 발생한다면, 엑셀 파일 처리를 위해 `!pip install xlrd` 명령으로 xlrd 패키지를 설치해 준다.

In [4]:
```
all_files_data_concat = pd.concat(all_files_data, axis = 0,
                                  ignore_index = True)
all_files_data_concat     # 작업 확인용 출력
```

Out[4]:

	Unnamed: 0	번호	제목	저자	출판사	출판일
0	NaN	1	Call for Special Issue Papers: Soft Computing ...	Chilamkurti, Naveen; Paul, Anand; Kumar, Akshi	Mary Ann Leibert	2020
1	NaN	2	Big Data, Efficient Markets, and the End of Da...	Urbaczewski, Andrew; Elmore, Ryan	Mary Ann Leibert	2018
2	NaN	3	Big Data and Predictive Analytics in Health Care	unknown	Mary Ann Leibert	2014
3	NaN	4	Call for Special Issue Papers: Internet of Med...	Din, Sadia; Aslan, Nauman; Cheung, Simon K.S.;...	Mary Ann Leibert	2020
4	NaN	5	Big Data Literature Search	unknown	Mary Ann Leibert	2014
995	NaN	96	Big data analysis of swimming pools' impact on...	Elnakat, Afamia; Gomez, Juan D.; Roberts, Jaso...	Inderscience	2015
996	NaN	97	MonkeyKing: Adaptive Parameter Tuning on Big D...	Du, Haizhou; Han, Ping; Xiang, Qiao; Huang, Sheng	Mary Ann Leibert	2020
997	NaN	98	Curating Big Data Made Simple: Perspectives fr...	unknown	Mary Ann Leibert	2014
998	NaN	99	Big Data 2.0: Cataclysm or Catalyst?	unknown	Mary Ann Leibert	2014
999	NaN	100	Does Medical School Training Relate to Practic...	unknown	Mary Ann Leibert	2015

1000 rows × 6 columns

In [5]:
```
all_files_data_concat.to_csv('8장_data/riss_bigdata.csv',
                             encoding = 'utf-8', index = False)
```

In [4] all_files_data를 세로축을 기준으로axis=0 병합하여 all_files_data_concat 리스트에 저장한다.

In [5] 병합된 all_files_data_concat을 CSV 파일로 저장한다to_csv().

6 데이터 전처리하기 수집한 데이터에서 제목을 추출하여 전처리를 수행한다. 여기에서 수행할 전처리는 영어가 아닌 단어를 제거하고 소문자로 정규화하여 단어 토큰화를 하는 작업이다. 그리고 불용어는 제거하고 단어 형태를 일반화하기 위해 표제어 추출 작업을 한다.

In [6]:
```
all_title = all_files_data_concat['제목']
all_title   # 작업 확인용 출력
```

Out[6]:
```
0      Call for Special Issue Papers: Soft Computing ...
1      Big Data, Efficient Markets, and the End of Da...
2       Big Data and Predictive Analytics in Health Care
3      Call for Special Issue Papers: Internet of Med...
4       Big Data Literature Search
                             ...
995    Big data analysis of swimming pools' impact on...
996    MonkeyKing: Adaptive Parameter Tuning on Big D...
997    Curating Big Data Made Simple: Perspectives fr...
998          Big Data 2.0: Cataclysm or Catalyst?
999    Does Medical School Training Relate to Practic...
Name: 제목, Length: 1000, dtype: object
```

In [7]:
```
stopWords = set(stopwords.words("english"))
lemma = WordNetLemmatizer()
```

In [8]:
```
words = []

for title in all_title:
    EnWords = re.sub(r"[^a-zA-Z]+", " ", str(title))
    EnWordsToken = word_tokenize(EnWords.lower())
    EnWordsTokenStop = [w for w in EnWordsToken if w not in stopWords]
    EnWordsTokenStopLemma = [lemma.lemmatize(w) for w in
                            EnWordsTokenStop]
    words.append(EnWordsTokenStopLemma)
```

In [9]:	print(words) # 작업 확인용 출력
Out[9]:	[['call', 'special', 'issue', 'paper', 'soft', 'computing', 'model', 'big', 'data', 'internet', 'thing'], ['big', 'data', 'efficient', 'market', 'end', 'daily', 'fantasy', 'sport', 'know'], ... , ['big', 'data', 'cataclysm', 'catalyst'], ['medical', 'school', 'training', 'relate', 'practice', 'evidence', 'big', 'data']]

In [6] all_files_data_concat의 컬럼 중에서 분석에 사용할 '제목' 컬럼만 추출해 all_title에 저장한다.

In [7] 전처리 작업을 위해 nltk.corpus에서 제공하는 영어 불용어stopwords.words("english")를 불러와서 저장해 둔다. 그리고 표제어 추출 작업을 제공하는 WordNetLemmatizer 객체를 생성한다.

In [8] all_title의 제목에 대해 정규식으로 만든 규칙을 적용하여 영어가 아닌 것, 즉 알파벳으로 시작하지 않는 단어"[^a-zA-Z]+"는 공백으로 치환하여re.sub() 제거하고, 소문자로 정규화하고lower(), 단어 토큰화word_tokenize()를 한다. 그리고 불용어stopWords를 제거한 후에 표제어 추출lemmatize(w)을 한다.

7 전처리가 끝난 words는 2차원 리스트이므로 reduce( ) 함수를 사용하여 1차원 리스트로 변환한다.

In [10]:	words2 = list(**reduce**(**lambda** x, y: x+y, words)) print(words2) # 작업 확인용 출력
Out[10]:	['call', 'special', 'issue', 'paper', 'soft', 'computing', 'model', 'big', 'data', 'internet', 'thing', 'big', 'data', 'efficient', 'market', 'end', 'daily', 'fantasy', 'sport', 'know', ... , 'big', 'data', 'cataclysm', 'catalyst', 'medical', 'school', 'training', 'relate', 'practice', 'evidence', 'big', 'data']

5 데이터 탐색 및 분석 모델 구축

1 데이터 탐색 – 단어 빈도 구하기 어떤 분석 모델을 적용할 것인지 알아보려면 전처리가 끝난 데이터의 내용과 상태를 탐색해 봐야 한다. 단어의 구성을 탐색하기 위해 빈도를 구해보자.

In [11]:	`count = Counter(words2)`
	
	`count    # 작업 확인용 출력`

Out[11]:	`Counter({'data': 1239,`
	`         'big': 1112,`
	`         'analytics': 113,`
	`          ...`
	`         'medigap': 1,`
	`         ...})`

In [12]:	`word_count = dict()`
	
	`for tag, counts in count.most_common(50):`
	`    if(len(str(tag))>1):`
	`        word_count[tag] = counts`
	`        print("%s : %d" % (tag, counts))`

Out[12]:	`data : 1239`
	`big : 1112`
	`analytics : 113,`
	`...`
	`service : 21`
	`development : 20`

In [11] words2 리스트에 있는 단어별로 출현 횟수를 계산하여 딕셔너리 객체인 count를 생성한다Counter().

In [12] 출현 횟수가 많은 상위 50개 단어count.most_common(50) 중에서 단어 길이가 1보다 큰 것만 word_count 딕셔너리에 저장한 후 출력한다.

2 데이터 탐색 – 히스토그램 그리기 이번에는 단어 빈도에 대한 탐색을 시각적으로 쉽게 하기 위해 히스토그램을 그려보자.

In [13]:

```
sorted_Keys = sorted(word_count, key = word_count.get, reverse = True)
sorted_Values = sorted(word_count.values(), reverse = True)
plt.bar(range(len(word_count)), sorted_Values, align = 'center')
plt.xticks(range(len(word_count)), list(sorted_Keys, rotation = 85))
plt.show()
```

Out[13]:

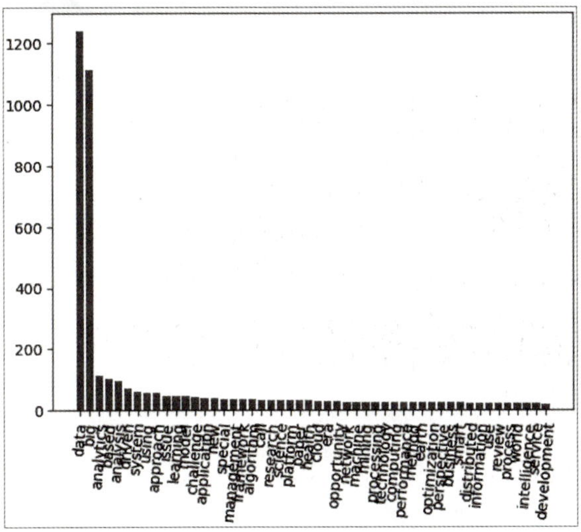

In [13] 히스토그램을 그리기 위해 matplotlib.pyplot, 즉 plt를 사용한다. 상위 50개만 저장한 word_count 딕셔너리에서 x축 값으로 사용할 sorted_Keys와 y축 값으로 사용할 sorted_Values를 역순으로 정렬하여reverse=True 준비한다. x축 눈금plt.xticks은 sorted_Keys 리스트의 값(상위 50개 단어)을 순서대로 사용한다. 설정 사항을 적용하여 히스토그램을 그린다plt.show().

NOTE 특정 단어를 제거한 뒤 히스토그램 그리기

out[13]의 히스토그램을 보면 data와 big이 압도적으로 많은 것을 한눈에 알 수 있다. 이것은 데이터 수집을 위한 검색 키워드로 'big data'를 사용했으므로, 모든 문서 제목에 data와 big이 포함되었기 때문이다. 검색어를 제외하고 히스토그램을 그리고 싶다면 다음과 같이 word_count 딕셔너리에서 'data'와 'big' 항목을 제거한del 후 In [13]을 실행한다.

```
del word_count['big']
del word_count['data']
```

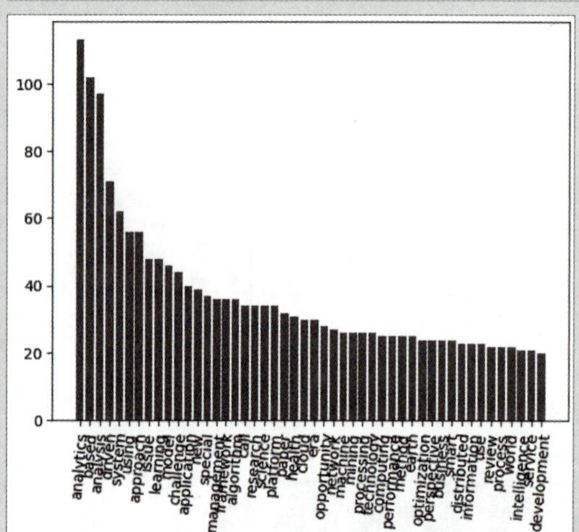

그림 8-14 검색어 'big'과 'data'를 제거한 후 생성한 히스토그램

6 결과 시각화

'Big data' 영어 학술 문서 제목의 키워드 분석을 위해 연도별 학술 문서의 수를 추출하여 그래프로 시각화하고 키워드에 대한 워드클라우드를 만들어보자.

1 그래프 그리기 연도별 학술 문서 수를 추출하여 그래프를 그려보자.

In [14]:

```
all_files_data_concat['doc_count'] = 0
summary_year = all_files_data_concat.groupby('출판일',
                    as_index = False)['doc_count'].count()
summary_year  # 작업 확인용 출력
```

Out[14]:

	출판일	doc_count
0	2003	1
1	2004	1
2	2011	5
10	2019	90
11	2020	105
12	2021	90
13	2022	60
14	2023	4

In [15]:

```
plt.figure(figsize = (12, 5))
plt.xlabel("year")
plt.ylabel("doc-count")
plt.grid(True)
plt.plot(range(len(summary_year)), summary_year['doc_count'])
plt.xticks(range(len(summary_year)), [text for text in summary_
            year['출판일']])
plt.show()
```

Out[15]:

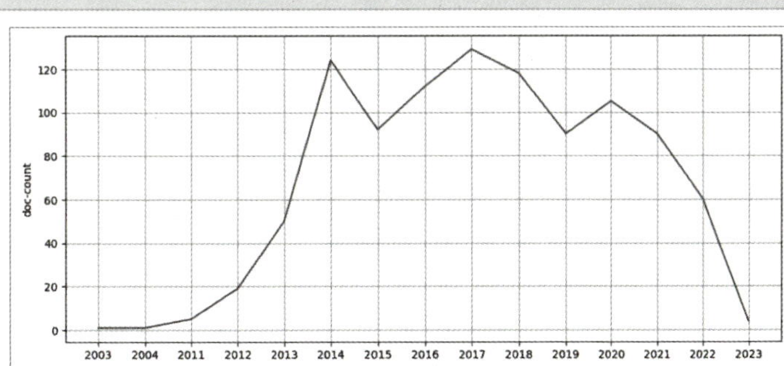

In [14] all_files_data_concat에 doc_count 컬럼을 추가한 뒤 '출판일' 컬럼을 기준으로 그룹을 만들고groupby(), 그룹별 데이터 개수count()를 doc_count 컬럼에 저장하여 summary_year 리스트를 생성한다.

In [15] 히스토그램의 크기plt.figure()를 지정하고 x축 레이블plt.xlabel()과 y축 레이블plt.ylabel()을 지정한다. summary_year의 doc_count 컬럼을 차트의 y축으로 설정하고plt.plot(), '출판일' 컬럼은 x축으로 설정하여plt.xticks() 차트를 그린다.

2 워드클라우드 그리기 이제 워드클라우드를 이용하여 시각화해 보자. 워드클라우드는 단어와 빈도로 구성된 딕셔너리 객체를 입력으로 사용한다. 우리는 데이터 탐색 단계에서 상위 50개 단어로 작성해 둔 word_count 딕셔너리가 있으므로 이를 사용하면 된다.

In [16]:

```
stopwords = set(STOPWORDS)
wc = WordCloud(background_color = 'ivory', stopwords = stopwords,
               width = 800, height = 600)
cloud = wc.generate_from_frequencies(word_count)
plt.figure(figsize = (8,8))
plt.imshow(cloud)
plt.axis('off')
plt.show()
```

Out[16]:

In [17]:

```
cloud.to_file("8장_data/riss_bigdata_wordCloud.jpg")
```

In [16] 워드클라우드에서 처리할 불용어를 설정하고set(STOPWORDS), 워드클라우드 객체를 생성한다WordCloud(). 워드클라우드 객체인 wc에 word_count 데이터를 담아서wc.generate_from_frequencies() cloud 객체를 생성한다. 생성한 워드클라우드는 matplotlib.pyplot을 사용하여 나타낸다.

In [17] 워드클라우드를 jpg 파일로 저장한다to_file().

단어 빈도 분석은 텍스트 분석에서 가장 기본으로 사용하는 분석 기법이다.

02

[한글 분석 + 워드클라우드]

한글 뉴스 기사의 키워드 분석하기

0 분석 미리보기

한글 뉴스 기사의 키워드 분석하기	
목표	'아시안컵'에 관한 한글 기사에서 명사 키워드를 분석한다.
핵심 개념	형태소 분석, 품사 태깅
데이터 수집	▪ 아시안컵 기사: 5장에서 네이버 뉴스를 크롤링하여 저장해 둔 '아시안컵_naver_news.json' 파일
데이터 준비	▪ 데이터 추출: json 파일에서 message 항목만 추출, key() ▪ 명사 단어 추출: Okt 품사 태깅 패키지로 명사 추출, from konlpy.tag import Okt
데이터 탐색 및 모델링	▪ 단어 빈도 탐색: Counter() ▪ 단어 빈도 히스토그램: font_manager.FontProperties(), matplotlib.pyplot
결과 시각화	

▪ 단어 빈도에 대한 히스토그램

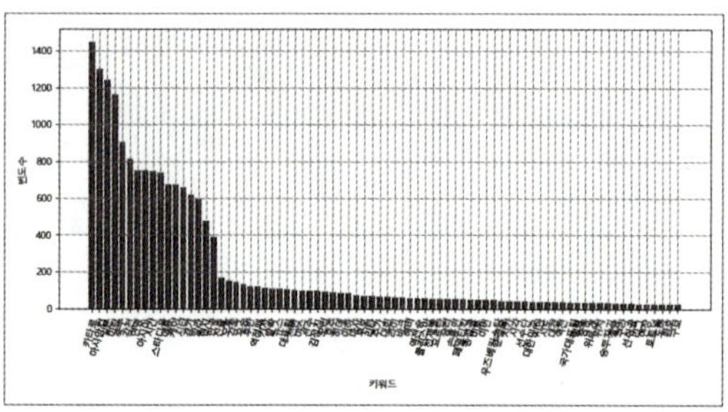

▪ 단어 빈도에 대한 워드클라우드

1 목표 설정

이 프로젝트의 목표는 '아시안컵'에 관한 네이버 뉴스 한글 기사에서 명사 키워드를 분석하는 것이다. 그리고 분석 결과에 대한 시각화 기법으로 워드클라우드를 사용한다.

한글 텍스트의 분석 절차는 영어 텍스트의 분석 절차와 같다. 영어에 비해 한글은 조사와 복합명사 등을 분리하기 어렵고 어미의 형태가 훨씬 다양하여 분석하기 어렵다는 의견이 많다.

2 핵심 개념 이해

이번 프로젝트를 수행하려면 형태소 분석과 품사 태깅(POS Part-Of Speech)에 대해 알아야 한다. 형태소 분석과 품사 태깅은 모든 언어의 텍스트 분석에 필요한 작업이다. 언어마다 해당 언어의 문법과 구성에 맞는 형태소 분석과 품사 태깅 패키지가 필요하다. 한글 텍스트 분석을 위해서는 국내에서 개발한 오픈 소스 프로젝트인 KoNLPy 패키지(https://konlpy.org/ko/latest)를 사용한다(KoNLPy의 설치 방법은 '부록 03' 참고).

형태소와 형태소 분석

형태소morpheme는 언어에서 의미가 있는 가장 작은 단위를 말한다. 단어는 의미를 갖는 문장의 가장 작은 단일 요소로, 문장에서 분리될 수 있는 부분이다. 독립형 형태소인 단어도 있지만, 대부분의 단어는 형태소와 접사로 구성된다. 형태소 분석morpheme analysis은 형태소, 어근, 접두사/접미사, 품사 등 다양한 언어학적 속성으로 구조를 파악하는 것이다.

품사 태깅

형태소의 뜻과 문맥을 고려하여 품사를 붙이는 것이다.

예 가방에 들어가신다 → 가방/NNG + 에/JKM + 들어가/VV + 시/EPH + ㄴ다/EFN

품사 태깅 패키지

파이썬 패키지인 KoNLPy에서 사용할 수 있는 품사 태깅 패키지에는 Hannanum, Kkma, Komoran, Mecab, Okt(Twitter) 등이 있다. 예를 들어, '아버지가방에들어가신다'에 대한 품사 태깅을 비교하면 [표 8-4]와 같다.

표 8-4 품사 태깅 비교의 예 (출처: https://konlpy-ko.readthedocs.io/ko/v0.4.3/morph/#pos-tagging-with-konlpy)

Hannanum	Kkma	Komoran	Mecab	Okt(Twitter)
아버지가방에들어가 / N	아버지 / NNG	아버지가방에들어가신다 / NNP	아버지 / NNG	아버지 / Noun
이 / J	가방 / NNG		가 / JKS	가방 / Noun
시ㄴ다 / E	에 / JKM		방 / NNG	에 / Josa
	들어가 / VV		에 / JKB	들어가신 / Verb
	시 / EPH		들어가 / VV	다 / Eomi
	ㄴ다 / EFN		신다 / EP+EC	

TIP 많이 사용하는 Twitter 태깅 패키지는 KoNLPy v0.4.5부터 Okt로 이름이 변경되었다.

3 데이터 수집

분석할 데이터는 5장에서 네이버 뉴스를 크롤링하여 My_Python 폴더에 저장해 둔 '아시안컵_naver_news.json'이다.

4 데이터 준비

1 '부록 03'에 있는 설치 방법에 따라 KoNLPy를 설치한다. 그리고 주피터 노트북에서 페이지를 My_Python 폴더에 추가한 뒤 '8장_한글단어분석'으로 파일 이름을 변경한다. 프로젝트에 필요한 파이썬 패키지를 임포트하고, json 파일을 읽어서 분석할 데이터를 준비한다.

In [1]:
```
import json
import re
from konlpy.tag import Okt
from collections import Counter
import matplotlib
import matplotlib.pyplot as plt
from matplotlib import font_manager, rc
from wordcloud import WordCloud
```

In [2]:

```
inputFileName = '아시안컵_naver_news'
data = json.loads(open(inputFileName+'.json', 'r', encoding =
                  'utf-8').read())
data    # 작업 확인용 출력
```

Out[2]:

```
[{'cnt': 1, 'description': '<b>아시안컵</b> 조별 및 토너먼트 경기 분석 ▲ 페널티킥 성공시킨 손흥민 손흥민이 25일(현지시간) 카타르 알와크라 알자누브 스타디움 열린 2023 아시아축구연맹(AFC) <b>아시안컵</b> 조별리그 E조 최종전 한국과 말레이시아의... ', 'link': 'https://www.ohmynews.com/NWS_Web/View/at_pg.aspx?CNTN_CD=A0002999660&CMPT_CD=P0010&utm_source=naver&utm_medium=newsearch&utm_campaign=naver_news', 'org_link': 'https://www.ohmynews.com/NWS_Web/View/at_pg.aspx?CNTN_CD=A0002999660&CMPT_CD=P0010&utm_source=naver&utm_medium=newsearch&utm_campaign=naver_news', 'pDate': '2024-02-04 11:41:00', 'title': "전세계 놀라게 한 '코리안타임'... 핵심은 중꺾마였다"}, {'cnt': 2, 'description': '일본은 3일 오후 8시 30분(한국시간) 카타르 알라이얀에 위치한 에듀케이션 시티 스타디움에서 열린 2023 아시아축구연맹(AFC) 카타르 <b>아시안컵</b> 8강전에서 이란에 1-2로 패배했다. 이날 경기 패배로 일본의 <b>아시안컵</b> 여정은... ', ...
```

In [2] json 파일을 읽어서json.loads() data 객체에 저장한다. 한글이 깨지지 않도록 utf-8 형식으로 인코딩한다encoding='utf-8'.

임포트한 패키지는 다음과 같은 용도로 사용한다.

- **json**: json 파일을 다루기 위한 모듈
- **Okt**: 한글 품사 태깅을 위한 모듈

2 data에 저장된 json 구조에서 'description' 키의 내용이 우리가 분석할 뉴스 본문 데이터다. 'description' 키의 데이터에서 품사가 명사인 단어만 추출한다.

In [3]:

```
description = ''
for item in data:
    if 'description' in item.keys():
        description = description + re.sub(r'[^\w]', ' ',
item['description']) + ' '
description    # 작업 확인용 출력
```

Out[3]:	' b 아시안컵 b 조별 및 토너먼트 경기 분석 페널티킥 성공시킨 손흥민 손흥민이 25일 현지시간 카타르 알와크라 알자누브 스타디움 열린 2023 아시아축구연맹 AFC b 아시안컵 b 조별리그 E조 최종전 한국과 말레이시아의 일본은 3일 오후 8시 30분 한국시간 카타르 알라이얀에 위치한 에듀케이션 시티 스타디움에서 열린 2023 아시아축구연맹 AFC 카타르 b 아시안컵 b 8강전에서 이란에 1 2로 패배했다 이날 경기 패배로 일본의 b 아시안컵 b 여정은 ...

In [3] 'description' 키의 값(뉴스 본문 내용)에서 문자나 숫자가 아닌 것r'[^\w]'은 공백으로 치환하여re.sub() 제거하면서 연결하여 전체를 하나의 문자열로 구성한다.

In [4]:
```
nlp = Okt()
description_N = nlp.nouns(description)
description_N    # 작업 확인용 출력
```

Out[4]:
```
['아시안컵', '별', '및', '토너먼트', '경기', '분석', '페널티킥', '성공', '손흥민', '손흥민', '현지', '시간', '카타르', ...]
```

In [4] 품사 태깅 패키지인 Okt를 사용하여 명사만 추출해nlp.nouns() description_N에 저장한다.

5 데이터 탐색 및 분석 모델 구축

1 명사를 추출하여 저장한 description_N에 있는 단어들을 탐색해 보자.

In [5]:
```
count = Counter(description_N)
count   # 작업 확인용 출력
```

Out[5]:
```
Counter({'카타르': 1446,
         '아시안컵': 1300,
         '일본': 1242,
         '이란': 1161,
         '축구': 906,
          ...
```

In [6]:
```
word_count = dict()
for tag, counts in count.most_common(100):
    if(len(str(tag))>1):
        word_count[tag] = counts
        print("%s : %d" % (tag, counts))
```

Out[6]:

```
카타르 : 1446
아시안컵 : 1300
일본 : 1242
이란 : 1161
축구 : 906
...
환호 : 27
구보 : 27
```

In [5] Counter( ) 함수를 사용하여 단어별 출현 횟수를 계산한다.

In [6] 출현 횟수가 많은 상위 100개의 단어 중에서 길이가 1보다 큰 것만 word_count 딕셔너리에 저장하면서 출력하여 확인한다.

2 단어 빈도를 시각적으로 탐색하기 위해 히스토그램을 그려보자.

In [7]:

```
plt.rc('font', family = 'Malgun Gothic')
```

In [8]:

```
plt.figure(figsize = (12, 5))
plt.xlabel('키워드')
plt.ylabel('빈도수')
plt.grid(True)
sorted_Keys = sorted(word_count, key = word_count.get, reverse = True)
sorted_Values = sorted(word_count.values(), reverse = True)
plt.bar(range(len(word_count)), sorted_Values, align = 'center')
plt.xticks(range(len(word_count)), list(sorted_Keys), rotation = 75)
plt.show()
```

Out[8]:

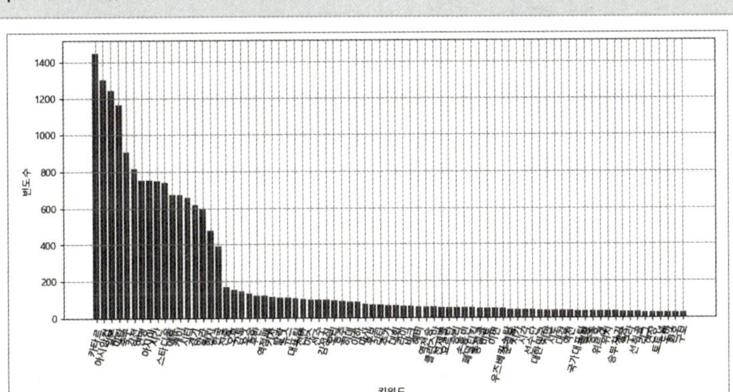

In [7] 히스토그램에 레이블을 한글로 표시하기 위해 한글 폰트인 맑은고딕체를 설정한다matplotlib.rc().

In [8] 히스토그램 작성 방법은 8장 01절의 프로젝트와 같다.

6 결과 시각화

네이버 뉴스 '아시안컵' 기사에서 명사 키워드를 분석하기 위해 단어 구성을 탐색해 보았다. 이제 단어 빈도 분석 결과를 워드클라우드로 시각화해 보자.

In [9]:

```
wc = WordCloud(font_path, background_color = 'ivory', width = 800,
               height = 600)
cloud = wc.generate_from_frequencies(word_count)
plt.figure(figsize = (8, 8))
plt.imshow(cloud)
plt.axis('off')
plt.show()
```

Out[9]:

In [10]:

```
cloud.to_file('8장_data/'+inputFileName + '_cloud.jpg')
```

In [9] 워드클라우드 객체를 생성하고WordCloud(), word_count에서 단어별 빈도수를 계산해서wc.generate_from_frequencies() cloud 객체에 저장하고, 워드클라우드를 생성한다plt.imshow().

In [10] 워드클라우드를 jpg 파일로 저장한다to_file().

텍스트에 대한 간단한 단어 분석을 수행해 보았다. 단어 빈도 분석보다 고급 분석에 해당하는 머신러닝 기반 텍스트 분석은 13장에서 학습한다.

Chapter

09

지리 정보 분석

학습목표

- 수집한 주소 데이터를 정리하고 분석하여 시각화할 수 있다.
- 주소를 분석하여 위도와 경도의 GPS 정보를 찾아낼 수 있다.
- 행정구역을 찾아서 지도에 나타난 정보를 분석할 수 있다.

01 [주소 데이터 분석 + 지오맵]

지리 정보 분석 후 맵 생성하기

0 분석 미리보기

지리 정보 분석 후 맵 생성하기	
목표	특정 주소에 대한 지리 정보를 분석한 뒤 위치를 시각화한 맵을 생성한다.
핵심 개념	위도와 경도의 GPS 좌표, 지리 정보 분석, 지리 정보 시각화 라이브러리
데이터 수집	▪ 커피 매장의 주소 데이터: 6장에서 크롤링으로 수집한 CoffeeBean.csv 파일(예제소스로 제공) ▪ 행정구역 주소체계 데이터: 국가통계포털에서 다운로드한 '행정구역_시군구_별__성별_인구수.xlsx' 파일
데이터 준비 및 탐색	▪ 데이터 정제: 주소의 행정구역 이름을 정확한 이름으로 수정 ▪ 데이터 조합: 필요한 컬럼을 추출하고 병합
분석 모델 구축 및 결과 시각화	

▪ 포리움 라이브러리로 생성한 맵

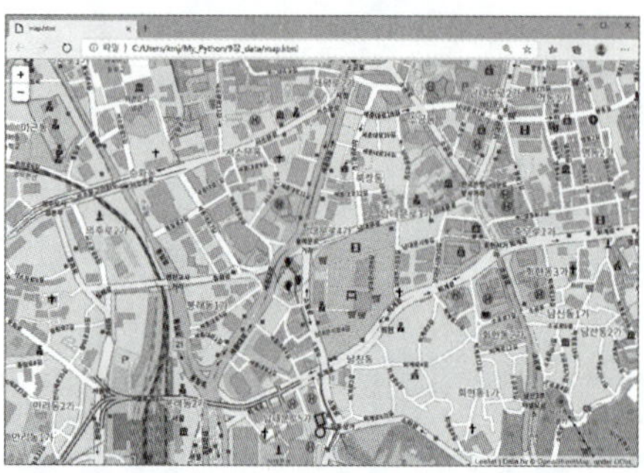

▪ 특정 주소의 위치를 시각화한 맵

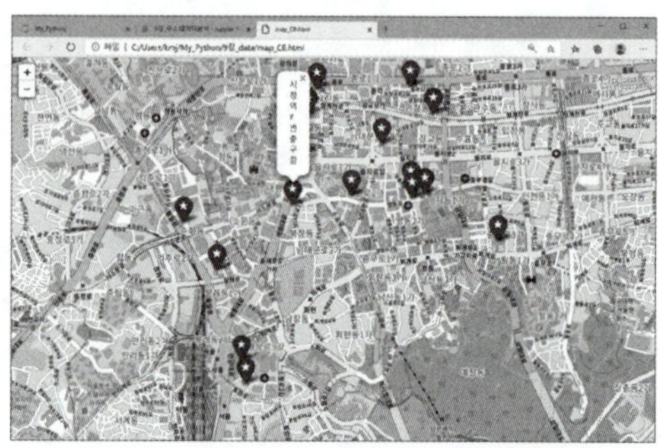

1 목표 설정

이번 프로젝트의 목표는 특정 주소의 지리 정보인 지오 데이터를 분석한 후 지도에 시각화하여 나타내는 것이다. 지오 데이터란 위도latitude와 경도longitude의 GPS 좌표와 같은 지리 정보를 말한다. 이 데이터를 이용하면 주소 위치를 맵에 표시할 수 있다. 먼저, 구글맵과 Geocoder-Xr(오픈 소프트웨어)을 사용해 주소에 해당하는 GPS 좌표를 구한다. 그리고 지리 정보 시각화 라이브러리를 사용해 주소 위치를 마커로 표시한 지오맵을 생성한다.

2 핵심 개념 이해

프로젝트를 수행하는 데 필요한 도구를 살펴보자.

GPS 좌표 구하기

특정 위치의 GPS 좌표를 나타내는 지오 데이터는 구글맵이나 카카오맵 API를 사용하여 구할 수 있다. 또는 국내 오픈 서비스인 GeoService(geoservice.co.kr)를 사용하여 주소를 지오 데이터로 변환할 수 있다.

지리 정보 시각화 라이브러리

지오 데이터를 지도에 시각화하기 위해 지리 정보 시각화 라이브러리를 사용한다. 우리가 사용할 라이브러리는 포리움folium이다.

3 데이터 수집

이 프로젝트에서 사용할 데이터는 다음과 같다.

- **주소 데이터**: 맵에 위치를 표시할 주소 데이터다.
- **행정구역 주소 체계 데이터**: 국가통계포털에서 다운로드한 데이터를 사용하며, 주소 데이터의 행정구역 이름을 정제할 기준이 된다. 위도와 경도의 GPS 좌표를 구하려면 주소 데이터의 행정구역 이름이 정확해야 하는데 이를 위한 데이터 정제 작업에 사용한다.

주소 데이터 수집하기

먼저 맵에 표시할 위치의 주소 데이터가 있어야 한다. 우리는 6장에서 크롤링하여 수집한

CoffeeBean.csv 파일을 주소 데이터로 사용하기로 한다. 사용자 폴더에 9장_data 폴더를 만들고 CoffeeBean.csv 파일을 복사하여 붙여넣는다.

TIP 6장 실습을 하면서 직접 수집한 파일을 사용해도 되고 예제소스로 제공하는 파일을 사용해도 된다.

행정구역 주소 체계 데이터 수집하기

1 행정구역 이름을 정제할 기준이 되는 데이터를 준비해야 한다. 먼저, 국가통계포털 사이트(http://kosis.kr)에서 '행정구역'으로 데이터를 검색한다.

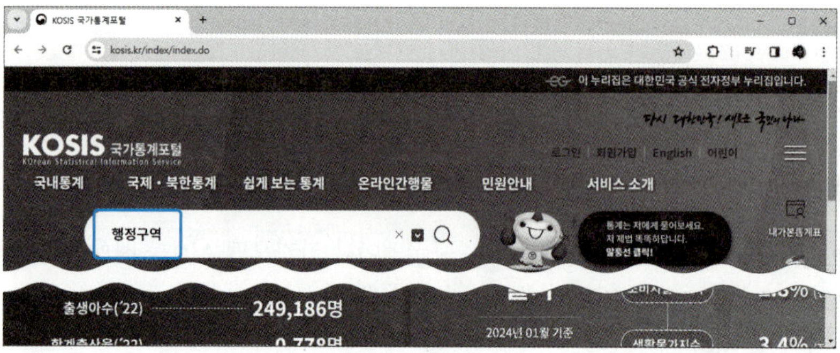

그림 9-1 국가통계포털 사이트에서 데이터 검색

2 검색 결과 중에서 '행정구역(시군구)별, 성별 인구수'를 선택한다.

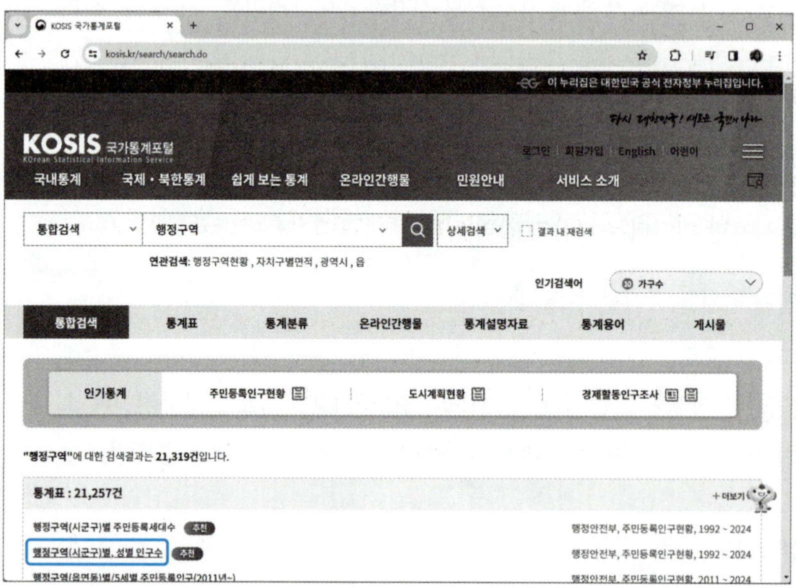

그림 9-2 '행정구역(시군구)별, 성별 인구수' 선택

[그림 9-3]에서 '행정구역(시군구)별' 열을 보면, 상위 레벨(시도)만 있고 하위 레벨(군구)은 보이지 않는다. 우리에게 필요한 데이터는 시군구별 행정구역 이름이므로 필요한 데이터를 조회하기 위해 [조회설정] 버튼을 클릭한다.

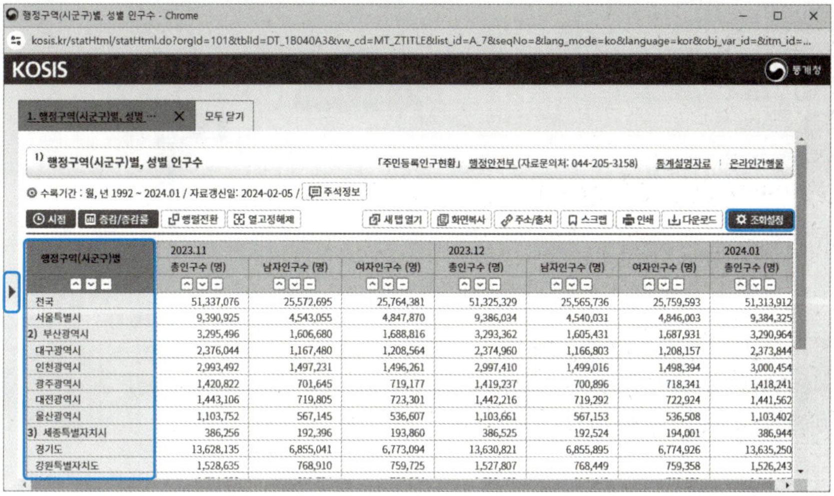

그림 9-3 검색 데이터 확인: 행정구역(시군구)별 확인

3 [행정구역(시군구)별]을 선택하고, [2 레벨]을 선택한다.

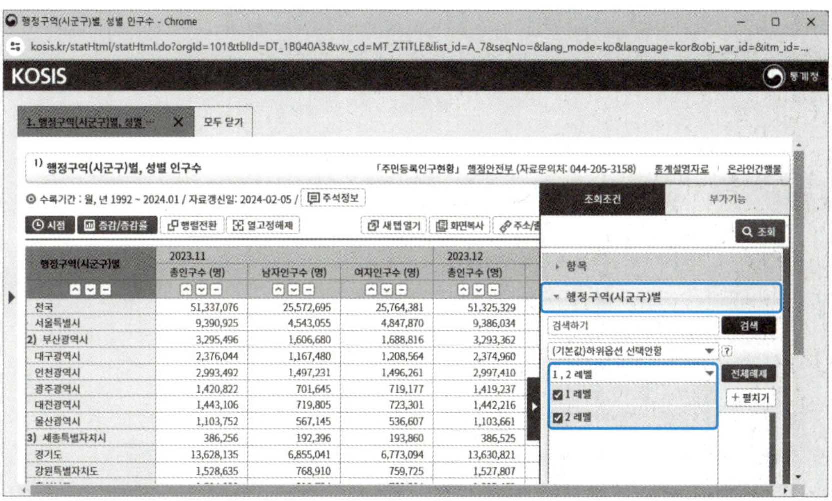

그림 9-4 검색 데이터 확인: 행정구역 2 레벨 선택

4 [시점]을 선택하고, [2024.01]을 선택한다. 〈조회〉 버튼을 클릭하여 데이터를 조회한다.

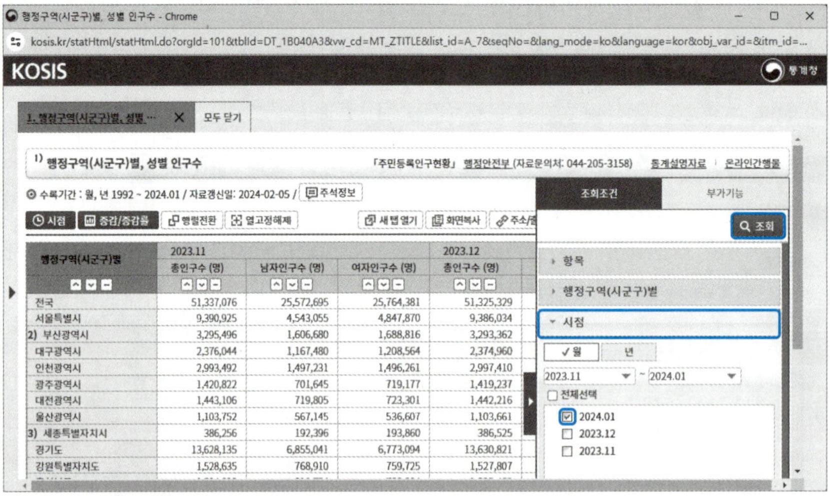

그림 9-5 검색 데이터 확인: 시점 설정

5 조회 결과 화면이 나타나면 〈다운로드〉 버튼을 클릭한다. [다운로드] 창이 나타나면 파일 형태를 [EXCEL(xlsx)]로 선택하고 〈다운로드〉 버튼을 클릭한다.

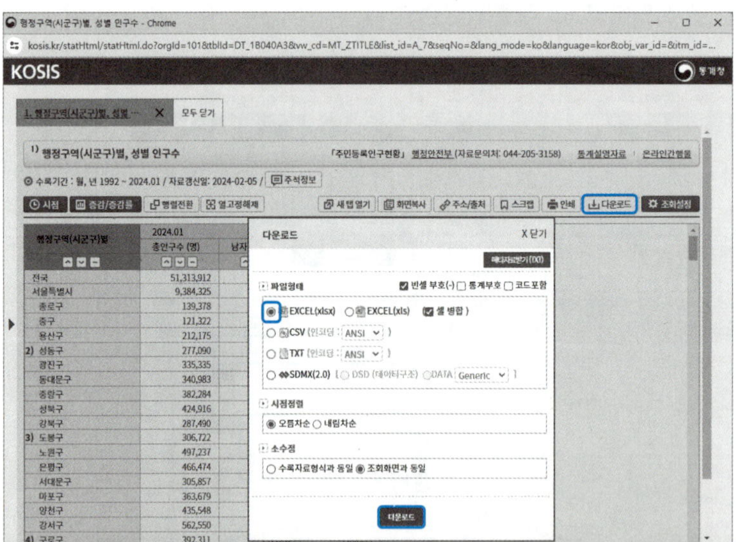

그림 9-6 데이터 파일 다운로드

6 다운로드된 파일은 이름을 '행정구역_시군구_별__성별_인구수.xlsx'로 수정한 뒤에 9장_data 폴더로 이동한다. 이 파일을 사용해서 우리가 사용할 표준 행정구역 주소 체계 데이터를 만들 것이다.

4 데이터 준비 및 탐색

프로젝트 목표대로 분석하려면 지리 정보, 즉 GPS 좌표를 구할 수 있는 주소 데이터를 준비해야 한다. 이때 행정구역 이름을 정확히 입력해야 GPS 좌표를 사용할 수 있다. 앞에서 다운로드한 '행정구역_시군구_별__성별_인구수.xlsx' 파일을 행정구역 주소 체계 데이터로 정리한 후에 분석할 커피 매장의 주소 데이터와 비교해 보자.

행정구역 주소 체계 데이터 준비하기

1 국가통계포털에서 다운로드한 '행정구역_시군구_별__성별_인구수.xlsx' 파일을 열어서 확인해 보자.

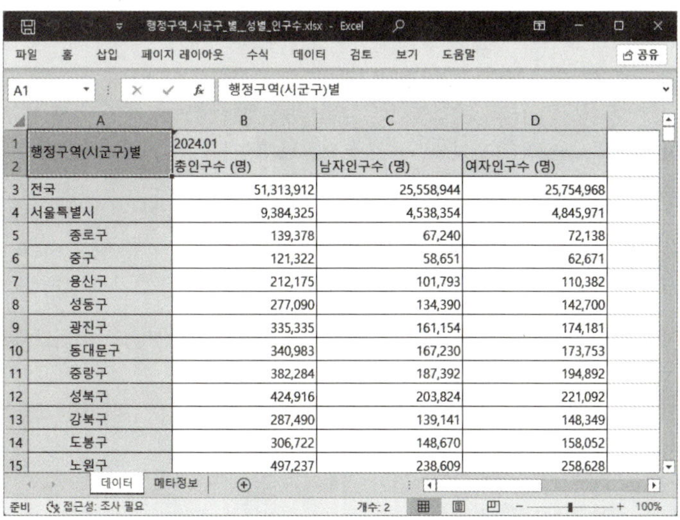

행정구역(시군구)별	2024.01		
	총인구수 (명)	남자인구수 (명)	여자인구수 (명)
전국	51,313,912	25,558,944	25,754,968
서울특별시	9,384,325	4,538,354	4,845,971
종로구	139,378	67,240	72,138
중구	121,322	58,651	62,671
용산구	212,175	101,793	110,382
성동구	277,090	134,390	142,700
광진구	335,335	161,154	174,181
동대문구	340,983	167,230	173,753
중랑구	382,284	187,392	194,892
성북구	424,916	203,824	221,092
강북구	287,490	139,141	148,349
도봉구	306,722	148,670	158,052
노원구	497,237	238,609	258,628

그림 9-7 데이터 파일 확인하기

엑셀 파일을 보면, 행정구역의 1 레벨인 시/도 이름과 2 레벨인 군/구 이름이 A열에 함께 있다. 행정구역 정리 작업을 하려면 행정구역 1 레벨과 2 레벨 열을 분리해야 한다. 이 작업은 엑셀에서 수행한다.

2 엑셀에서 왼쪽에 빈 열을 삽입한다.

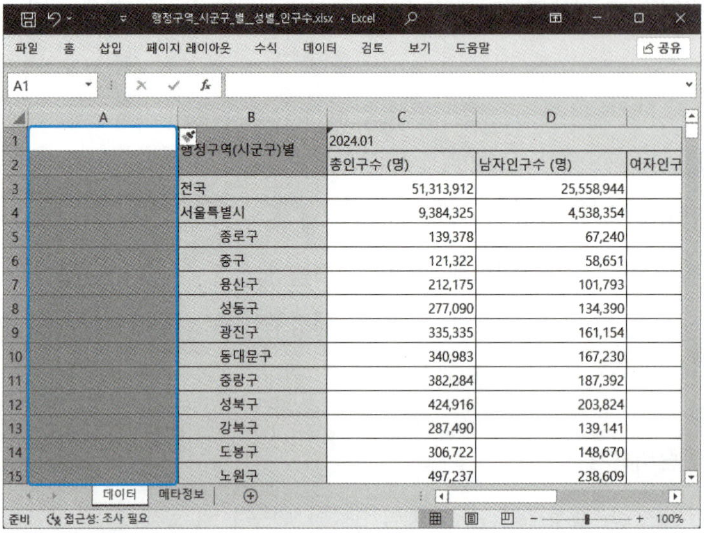

그림 9-8 빈 열 삽입하기

3 시/도 이름을 1 레벨로, 군/구 이름을 2 레벨로 열을 분리하는 작업을 해야 한다. 먼저 1 레벨로 분리할 시/도 이름을 잘라내어 A열에 붙여 넣는다.

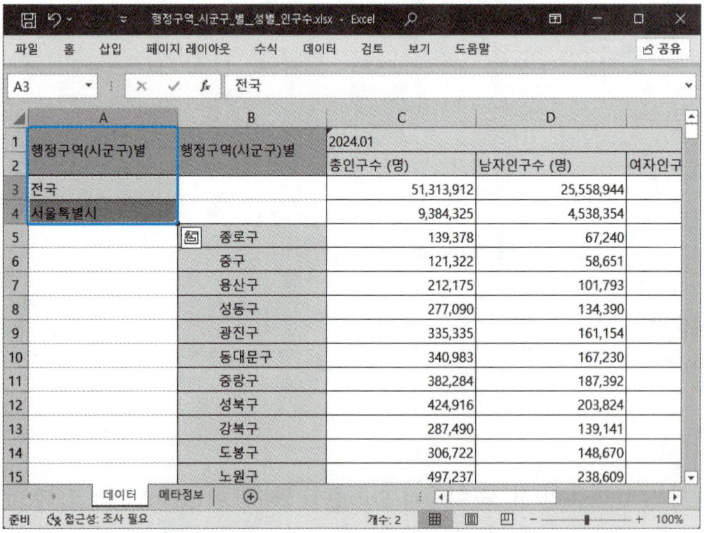

그림 9-9 1 레벨로 분리할 시/도 이름을 잘라내어 A열에 붙여 넣기

4 잘라낸 시/도 이름 자리에는 합계를 나타내는 '소계'를 입력한다.

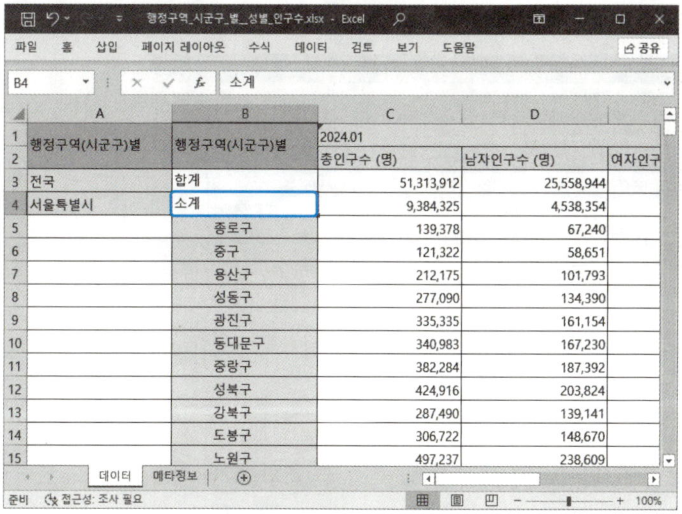

그림 9-10 잘라낸 시/도 이름 자리에 '소계' 입력하기

5 엑셀의 채우기 기능을 이용해 빈 자리에 시/도 이름을 복사한다.

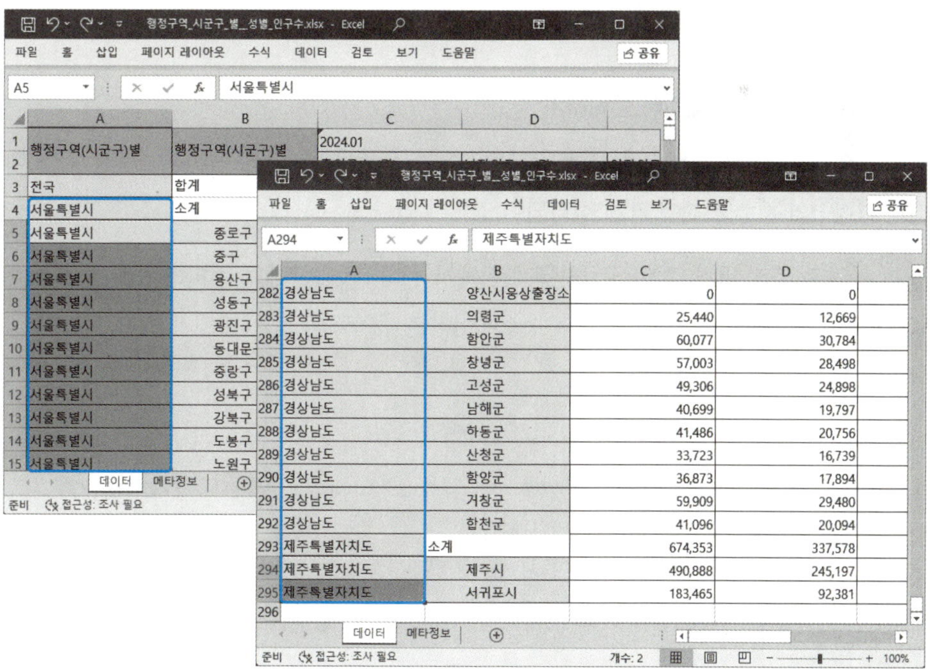

그림 9-11 빈 자리에 시/도 이름 복사하여 채워 넣기

6 첫 번째 행을 삭제하고 A, B열 이름을 각각 '행정구역(시군구)별(1)'과 '행정구역(시군구)별(2)'로 변경한다.

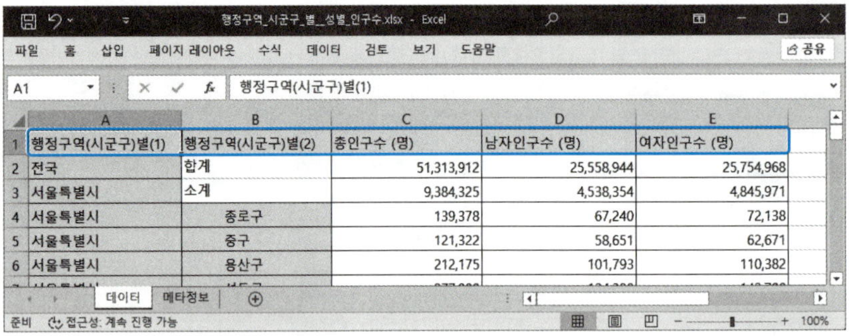

그림 9-12 A, B열 이름 변경하기

7 작업이 끝나면 파일을 '행정구역_시군구_별__성별_인구수_2.xlsx'로 저장한다. 이번 프로젝트에서는 이 파일에 적힌 행정구역 이름을 확인하는 정도로 사용할 것이고 두 번째 프로젝트에서는 파일을 직접 사용할 것이므로 잘 저장해 두도록 한다.

TIP 간단한 데이터 정리는 엑셀을 사용하는 게 더 효율적일 때가 있다. 빅데이터 분석 전문가에게 설문조사한 결과에 따르면, 가장 많이 사용하는 분석 툴은 엑셀이다.

분석할 커피 매장의 주소 데이터 준비하기

구글맵 등의 지도 정보 서비스나 오픈 소프트웨어를 사용해 GPS 좌표를 구하려면 주소 데이터가 행정구역 주소 체계에 맞게 정리되어 있어야 한다.

1 정리 작업을 위해 먼저 주소 데이터를 확인해야 한다. 아나콘다의 주피터 노트북을 실행한 뒤 노트북 페이지를 추가한다. '9장_주소데이터분석'으로 파일 이름을 변경한 뒤 다음을 입력한다.

```
In [1]:  import pandas as pd
         CB = pd.read_csv('C:/Users/000/My_Python/9장_data/CoffeeBean.csv',
                          encoding = 'CP949', index_col = 0, header = 0,
                          engine = 'python')
         CB.head()     # 작업 확인용 출력
```

Out[1]:

	store	address	phone
0	차병원점	서울시 강남구 논현로 566 강남차병원1층	
1	강남대로점	서울시 서초구 강남대로 369 1층	
2	청담에스점	서울시 강남구 압구정로 461 네이처포엠빌딩B108,109호	
3	신사점	서울시 강남구 도산대로 126	
4	역삼점	서울시 강남구 논현로 512 지상1,2층	

In [1] CoffeeBean.csv 파일을 CB 객체로 로드하고, 상위 5개 행의 데이터를 출력하여 head() 확인한다. 파이썬에서 CSV 파일을 파싱하는 과정에서 문제가 발생할 수 있는데, 이를 해결하기 위해 engine = 'python' 속성을 추가한다.

TIP head()는 상위 5개 행의 데이터를 출력하는 함수이고 tail()은 하위 5개 행의 데이터를 출력하는 함수다.

데이터를 로드한 CB 객체의 address 컬럼을 보면 행정구역의 시도 이름이 서울, 서울시, 서울특별시처럼 조금씩 다르게 되어 있다. 각기 다른 시도 이름을 행정구역 주소 체계에 맞게 정리해 보자.

2 주소 데이터를 행정구역 주소 체계에 맞게 정리하기 국가통계포털에서 다운로드하여 수정 및 저장한 '행정구역_시군구_별__성별_인구수_2.xlsx' 파일에 있는 정확한 시군구 이름과 비교하면서 CB 객체의 address 컬럼 값을 수정한다. address 컬럼 값을 띄어쓰기 기준으로 분리한 후에 시도 이름을 변경한다.

In [2]:
```
addr = []
for address in CB.address:
    addr.append(str(address).split())
addr    # 작업 확인용 출력
```

Out[2]:
```
[['서울시', '강남구', '논현로', '566', '강남차병원1층'],
 ['서울시', '서초구', '강남대로', '369', '1층'],
...
 ['서울특별시', '성북구', '고려대로', '73'],
 ['서울특별시', '중구', '세종대로', '67', '삼성', '본관빌딩', '1층', '후문',
  '로비', '일부']]
```

In [3]:

```
addr2 = []

for i in range(len(addr)):
    if addr[i][0] == "서울": addr[i][0] = "서울특별시"
    elif addr[i][0] == "서울시": addr[i][0] = "서울특별시"
    elif addr[i][0] == "부산시": addr[i][0] = "부산광역시"
    elif addr[i][0] == "인천": addr[i][0] = "인천광역시"
    elif addr[i][0] == "광주": addr[i][0] = "광주광역시"
    elif addr[i][0] == "대전시": addr[i][0] = "대전광역시"
    elif addr[i][0] == "울산시": addr[i][0] = "울산광역시"
    elif addr[i][0] == "세종시": addr[i][0] = "세종특별자치시"
    elif addr[i][0] == "경기": addr[i][0] = "경기도"
    elif addr[i][0] == "충북": addr[i][0] = "충청북도"
    elif addr[i][0] == "충남": addr[i][0] = "충청남도"
    elif addr[i][0] == "전북": addr[i][0] = "전라북도"
    elif addr[i][0] == "전남": addr[i][0] = "전라남도"
    elif addr[i][0] == "경북": addr[i][0] = "경상북도"
    elif addr[i][0] == "경남": addr[i][0] = "경상남도"
    elif addr[i][0] == "제주": addr[i][0] = "제주특별자치도"
    elif addr[i][0] == "제주도": addr[i][0] = "제주특별자치도"
    elif addr[i][0] == "제주시": addr[i][0] = "제주특별자치도"

    addr2.append(' '.join(addr[i]))

addr2    # 작업 확인용 출력
```

Out[3]:

```
['서울특별시 강남구 논현로 566 강남차병원1층',
 '서울특별시 서초구 강남대로 369 1층',
...
 '서울특별시 성북구 고려대로 73',
 '서울특별시 중구 세종대로 67 삼성 본관빌딩 1층 후문 로비 일부']
```

In [4]:

```
addr2 = pd.DataFrame(addr2, columns = ['address2'])
```

In [5]:

```
CB2 = pd.concat([CB, addr2], axis = 1 )
CB2.head()  # 작업 확인용 출력
```

```
Out[5]:
```

	store	address	phone	address2
0	차병원점	서울시 강남구 논현로 566 강남차병원1층	[illegible]	서울특별시 강남구 논현로 566 강남차병원1층
1	강남대로점	서울시 서초구 강남대로 369 1층	[illegible]	서울특별시 서초구 강남대로 369 1층
2	청담에스점	서울시 강남구 압구정로 461 네이처포엠빌딩B108,109호	[illegible]	서울특별시 강남구 압구정로 461 네이처포엠빌딩B108,109호
3	신사점	서울시 강남구 도산대로 126	[illegible]	서울특별시 강남구 도산대로 126
4	역삼점	서울시 강남구 논현로 512 지상1,2층	[illegible]	서울특별시 강남구 논현로 512 지상1,2층

```
In [6]: CB2.to_csv('9장_data/CoffeeBean_2.csv', encoding = 'CP949', index = False)
```

In [2] for 문을 이용해 각 address 컬럼의 값을 분리하고split() addr 리스트로 만든다.

In [3] addr 리스트의 0번 컬럼은 시도 이름이다. if 조건 검사를 통해 기준에 맞지 않는 이름을 수정하면서 분리했던 항목을 연결하여join() addr2 리스트를 만든다.

In [4] addr2를 DataFrame 타입으로 변경하고, 컬럼 이름을 address2로 지정한다.

In [5] CB와 addr2를 옆으로axis=1 결합하여concat() CB2를 만든다.

In [6] 시도 이름이 수정된 데이터를 CB2로 저장한다.

주소 데이터를 행정구역 주소 체계에 맞게 정리하는 작업이 끝났다(CoffeeBean.csv 파일의 데이터가 깔끔한 상태여서 데이터 준비 작업이 쉽게 끝났다).

5 분석 모델 구축 및 시각화

지리 정보 분석 모델을 구축하기 위해 지리 정보 시각화 라이브러리인 포리움folium을 사용한다.

지도 객체 생성하기

포리움 라이브러리를 사용하려면 먼저 folium 패키지를 설치해야 한다. 여기서는 주피터 노트북에서 패키지를 설치한다.

```
In [7]: !pip install folium

In [8]: import folium
```

In [7] folium 패키지를 설치한다. 주피터 노트북에서 설치할 때는 !pip install 명령을 사용한다.

In [8] folium을 사용하기 위해 임포트한다.

folium 라이브러리의 Map( ) 함수를 사용해 위도와 경도의 GPS 좌표를 중심 위치로 하는 지도 객체를 생성할 수 있다. 다음은 지도 객체를 생성하고 사용하는 연습으로, 구글맵에서 숭례문의 좌표를 구하여 지도 객체를 생성해 보자.

1 구글맵(https://www.google.co.kr/maps/)에서 우리나라 국보1호인 '숭례문'을 검색하면 숭례문 위치가 지도에 마커로 표시된다. 마커 위에서 마우스 오른쪽 버튼을 클릭하여 나오는 팝업 메뉴에서 [이곳이 궁금한가요?]를 선택한다.

그림 9-13 구글맵에서 좌표 구하기 1: 숭례문을 검색하여 찾기

2 다음과 같이 숭례문의 위도와 경도 좌표를 볼 수 있다. 좌표를 복사한다.

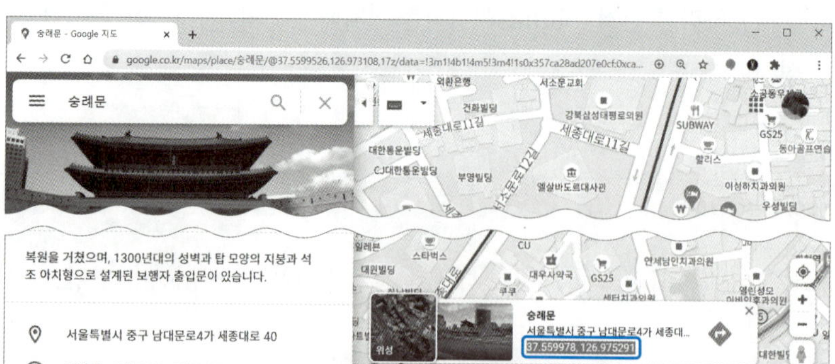

그림 9-14 구글맵에서 좌표 구하기 2: 숭례문의 좌표 복사하기

3 다음을 입력하여 복사한 좌표를 사용한 지도 객체를 생성한다.

In [9]:	`map_osm = folium.Map(location = [37.559978, 126.975291], zoom_start = 16)`
In [10]:	`map_osm.save('9장_data/map.html')`

In [9] 복사한 숭례문의 좌표를 folium.Map( ) 함수의 location 속성 값으로 설정하고, 지도의 크기를 확대하여zoom_start = 16 지도 객체인 map_osm을 생성한다.

In[10] 생성한 지도 객체 map_osm를 파일로 저장한다.

4 9장_data 폴더에 저장된 map.html 파일을 더블클릭해서 열어본다. 다음과 같이 숭례문 위치를 중심으로 저장된 지도를 확인할 수 있다.

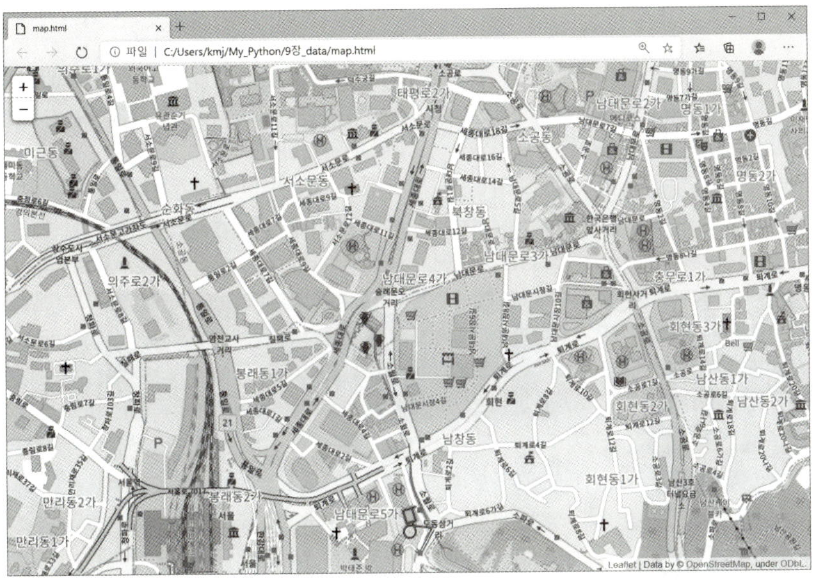

그림 9-15 지도 객체 파일 열기

지도 객체에 커피 매장 위치 표시하기

이제 지도 객체에 커피 매장의 위치를 마커로 표시하는 작업을 해보자. 이 작업을 하려면 지도에 표시할 커피 매장 주소에 대한 위도와 경도 좌표, 즉 지오데이터가 필요하다. 숭례문의 위도와 경도를 찾은 방법처럼 구글맵이나 카카오맵 API를 사용하여 구할 수 있다. 우리는 지오서비스웹GEOSERVICE-WEB을 사용해 보자. 지오서비스웹은 변환할 파일과 지오데이터 변환 결과 파일 등을 모두 웹 아카이브에 저장하게 되어 있다. 지오데이터 변환이 완성된 CSV 파일을 아카이브에서 다운로드하여 프로젝트에 사용한다.

TIP 지오서비스웹은 회원 가입을 하면 무료로 사용할 수 있다. 기능 매뉴얼은 http://www.gisdeveloper.co.kr/?p=12517 에서 확인할 수 있다.

1 지오서비스웹에 로그인하기 지오서비스웹에 접속하여 로그인한다(https://www.geoservice.co.kr/).

2 매장 주소 데이터를 지오데이터로 변환하기 지오서비스웹의 메뉴에서 [변환]-[지오코딩]-[주소를 좌표로 변환]을 선택한다.

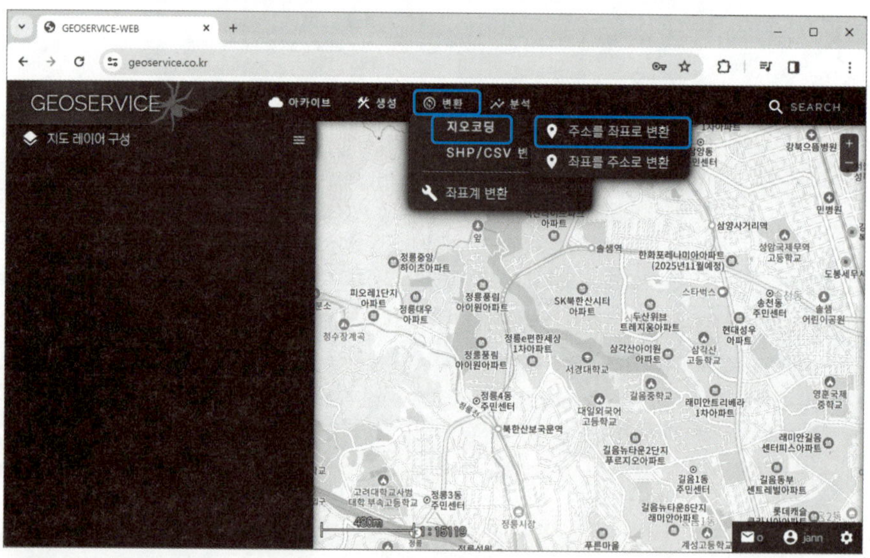

그림 9-16 지오데이터로 변환하기 1: [주소를 좌표로 변환] 선택

3 [지오코딩] 창에서 상단 왼쪽에 있는 (아카이브에서 데이터 불러오기) 버튼을 클릭한다.

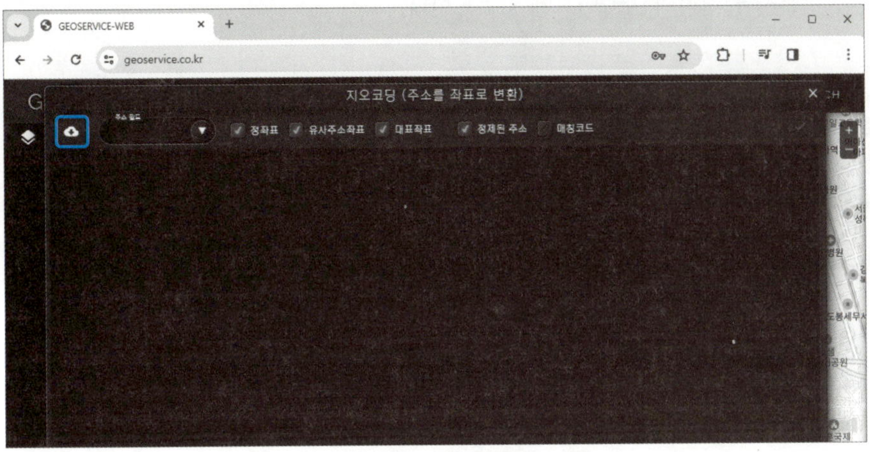

그림 9-17 지오데이터로 변환하기 2: 아카이브에서 데이터 불러오기 선택

4 [CSV 파일 또는 압축 파일 선택] 창에서 버튼을 마우스 우클릭하여 [데이터 추가]를 클릭한다.

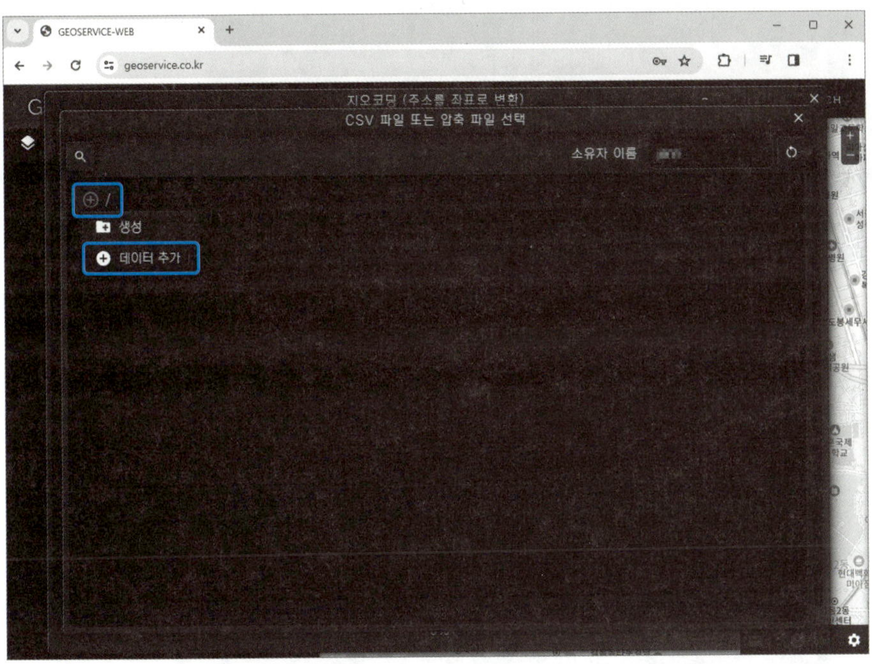

그림 9-18 지오데이터로 변환하기 3: 데이터 추가 선택

5 [아카이브에 데이터 업로드] 창에서 [데이터 파일]에 CoffeeBean_2.csv를 드래그하여 넣고 〈추가〉 버튼을 클릭하여 아카이브에 업로드한다.

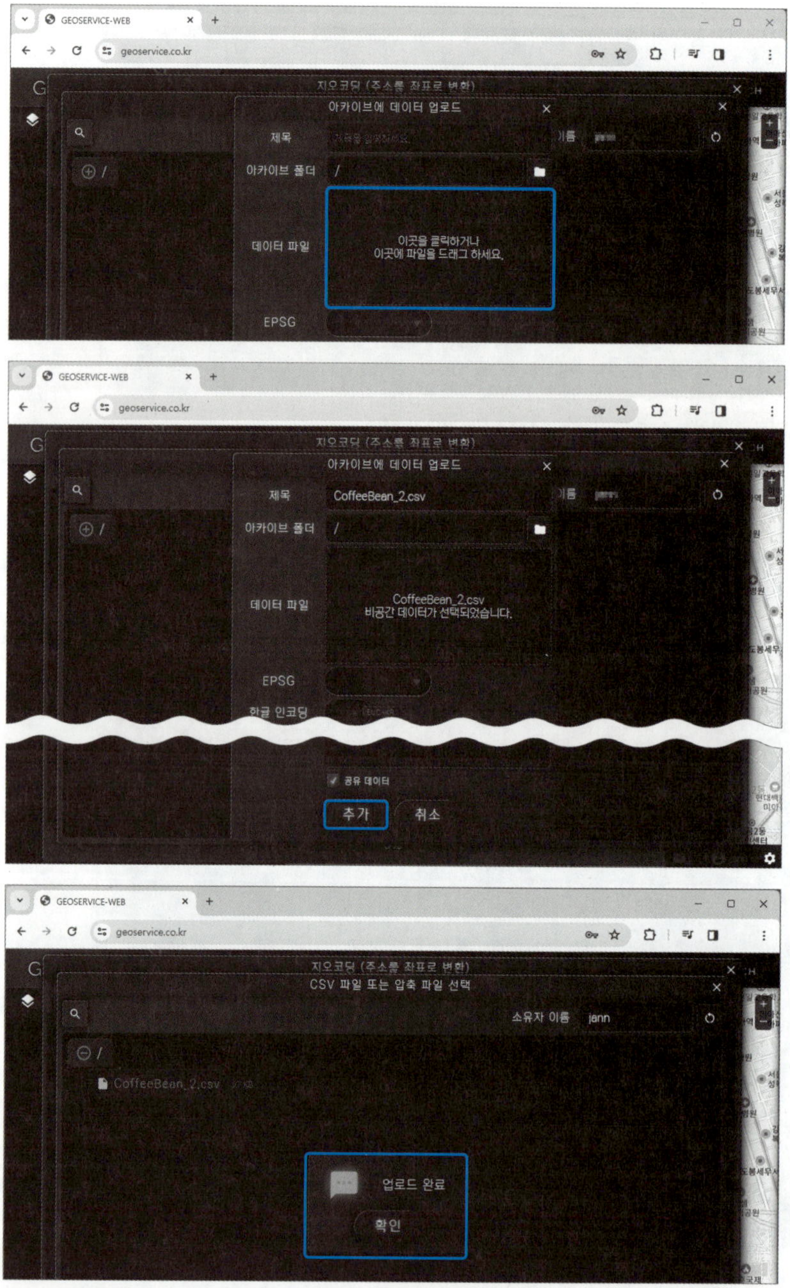

그림 9-19 지오데이터로 변환하기 4: 변환할 데이터 파일 업로드

6 업로드된 CoffeeBean_2.csv를 클릭하여 파일을 연다. 한글이 깨져서 보이는 경우, 팝업 창에서 〈예〉를 선택하여 인코딩 문제를 해결한다.

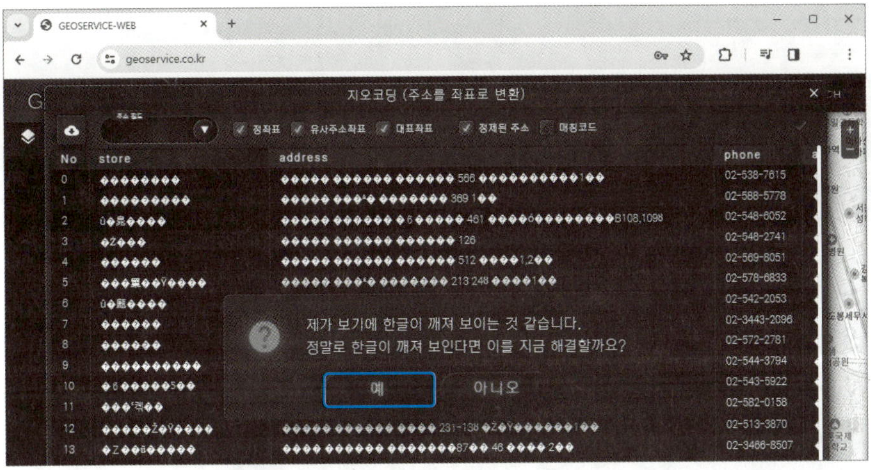

그림 9-20 지오데이터로 변환하기 5: 업로드된 파일 열기

7 [주소필드]에서 지오 데이터로 변환할 필드(열)인 [address2]를 선택한다. ☑(지오코딩 실행) 버튼을 클릭하여 좌표 변환 작업을 수행한다.

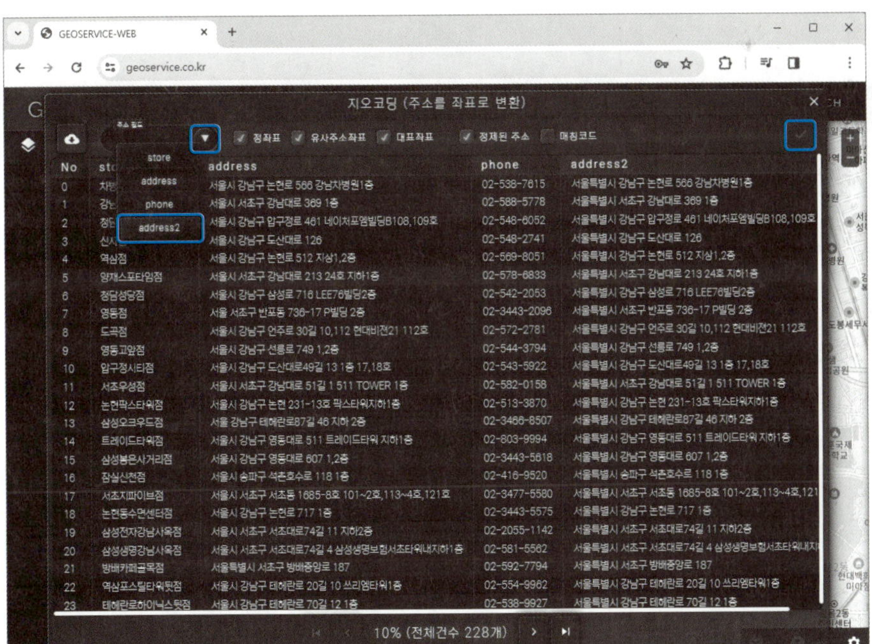

그림 9-21 지오데이터로 변환하기 6: 변환할 필드를 선택하고 좌표 변환 수행

8 생성된 지오코딩 파일 이름을 'CB_geo.zip'으로 입력하고 지오서비스웹 아카이브에 업로드한다.

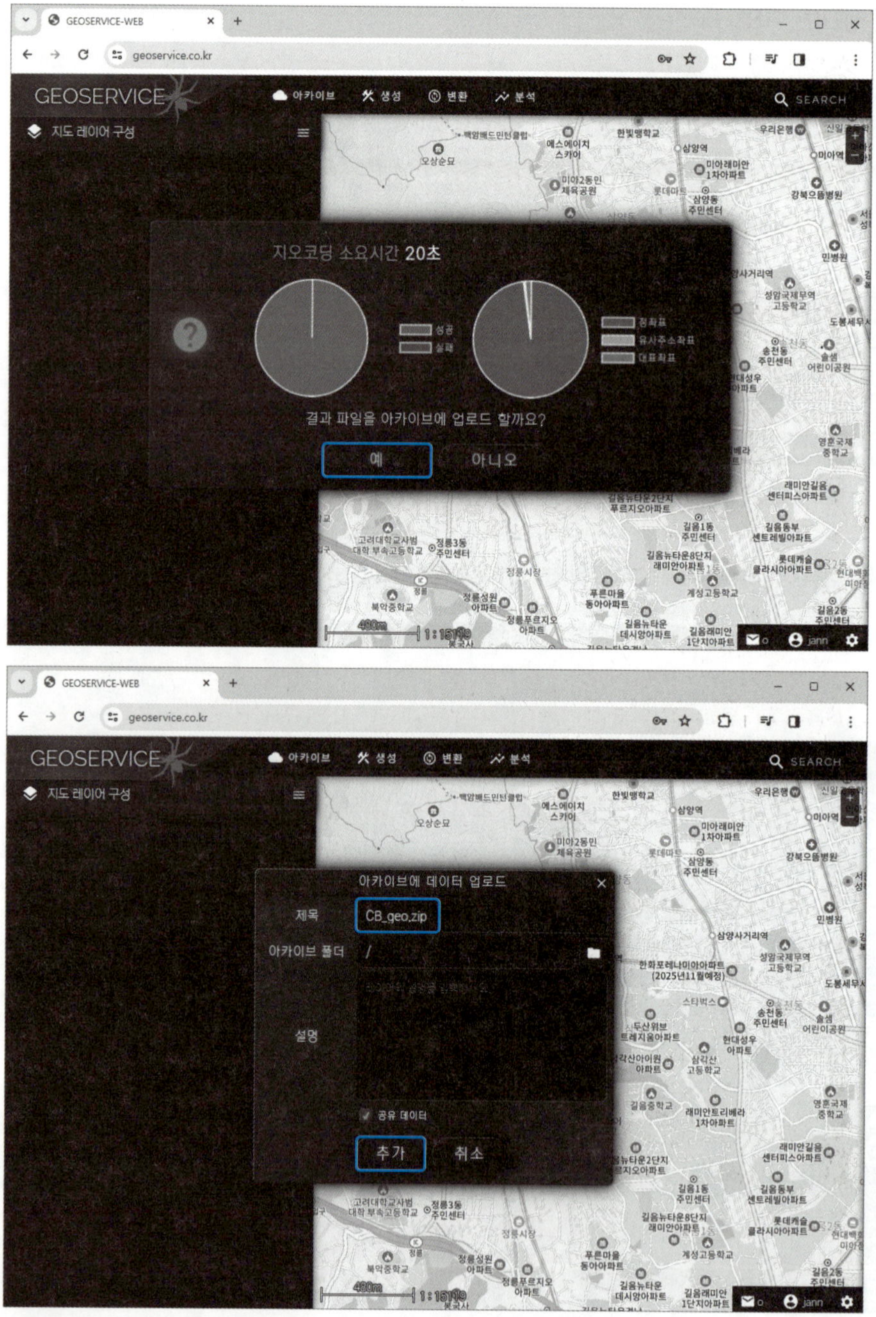

그림 9-22 지오데이터로 변환하기 7: 좌표 변환하여 생성된 파일을 아카이브에 업로드

9 [변환]-[SHP/CSV 변환]-[SHP 데이터를 CSV로 변환] 메뉴를 이용해 'CB_geo.zip' 파일을 CSV로 변환한 'CB_geo.csv' 파일을 아카이브에 업로드한다.

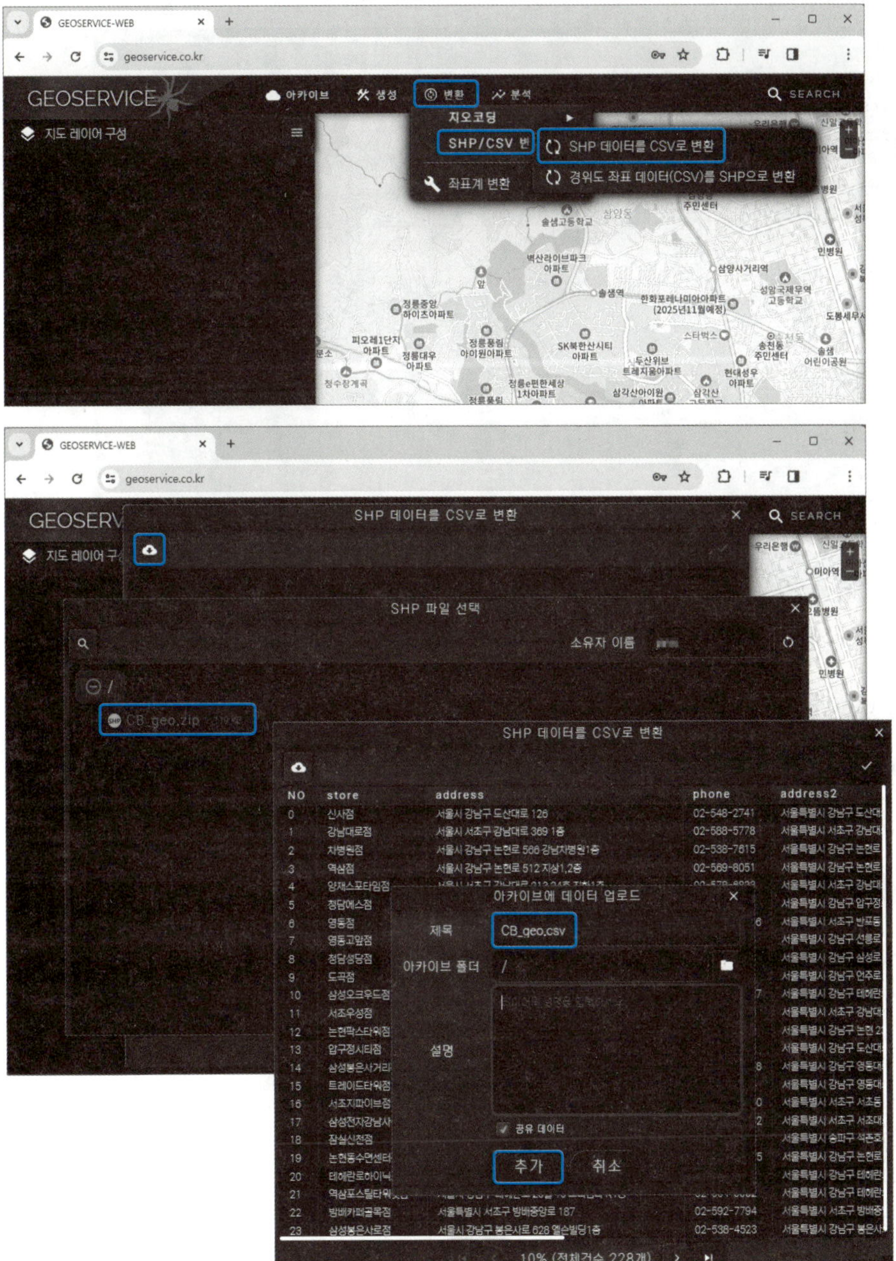

그림 9-23 지오데이터로 변환하기 8: CSV 파일을 아카이브에 업로드

10 변환 작업이 끝난 CSV 파일을 [아카이브] 메뉴에서 다운로드한다.

그림 9-24 지오데이터로 변환하기 9: CSV 파일을 다운로드

11 다운로드한 파일 이름을 CB_geo.csv로 변경하고, 9장_data 폴더로 이동한다.

12 변환한 지오데이터 확인하기 9장_data 폴더에서 CB_geo.csv 파일을 열어서 지오데이터를 확인해 보자. _X열이 경도, _Y열이 위도다.

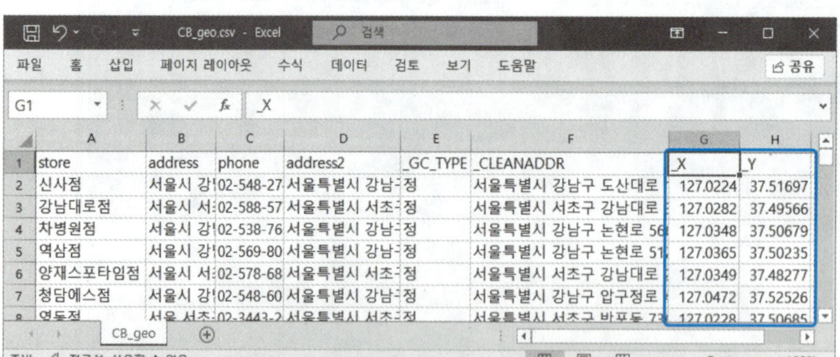

그림 9-25 지오데이터 파일을 열고 지오데이터 확인하기

13 지도에 매장 위치 표시하기 이제 CB_geo.csv 파일을 이용해 지도 객체에 커피 매장 위치를 마커로 표시한다.

In [11]:	`CB_geoData = pd.read_csv('9장_data/CB_geo.csv', encoding = 'utf8', engine = 'python')`
In [12]:	`map_CB = folium.Map(location = [37.560284, 126.975334], zoom_start = 15)`
In [13]:	`for i, store in CB_geoData.iterrows():` `    folium.Marker(location = [store['_Y'], store['_X']], popup = store['store'], icon = folium.Icon(color = 'red', icon = 'star')).add_to(map_CB)`
In [14]:	`map_CB.save('9장_data/map_CB.html')`
In [15]:	`import webbrowser` `webbrowser.open('C:/Users/000/My_Python/9장_data/map_CB.html')`

In [11] CB_geo.csv 파일을 CB_geoData 객체로 로드한다.

In [12] 지도 객체인 map_CB를 생성한다.

In [13] for 반복문을 사용하여 CB_geoData 객체에 있는 매장 정보를 하나씩 읽는다. folium.Marker() 함수의 location 속성은 위도와 경도 순서로 설정하게 되어 있다. CB_geoData에서 위도 열 이름은 _Y이고, 경도 열 이름은 _X다. 매장에 대한 마커의 팝업 글자는 매장 이름으로 설정하고popup = store['store'], 마커 모양은 빨간색 별 모양으로 설정하여icon = 'star' 마커를 만든 뒤folium.Marker() 지도 객체map_CB에 추가한다add_to(map_CB).

In [14] 완성된 지오맵을 저장한다.

In [15] 저장한 지오맵 파일을 웹 브라우저에서 확인한다.

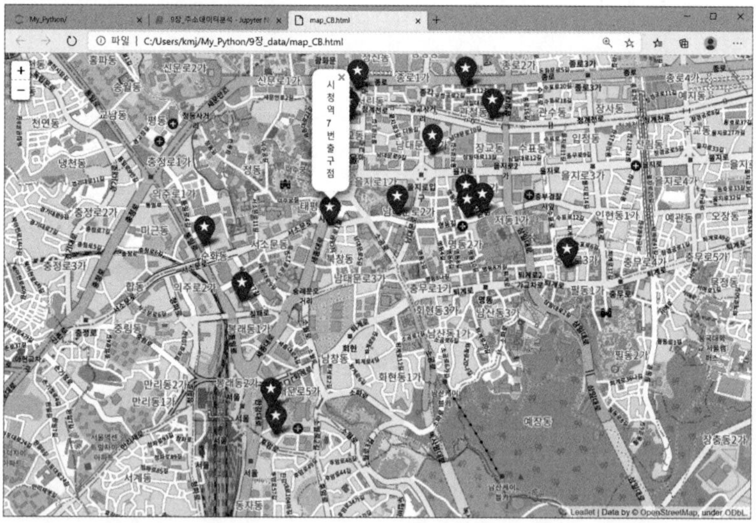

그림 9-26 커피 매장의 지오맵

[그림 9-26]에서 볼 수 있듯이 마커를 클릭하면 매장 이름이 팝업으로 나타나고, 화면을 드래그하여 보이는 위치를 이동할 수도 있다.

02 [행정구역별 데이터 분석 + 블록맵]

행정구역별 의료기관 현황 분석하기

0 분석 미리보기

행정구역별 의료기관 현황 분석하기	
목표	행정구역별로 공공보건의료기관 수를 파악하고 인구수 대비 공공보건의료기관 비율을 비교 분석한다. 분석 결과는 블록맵으로 시각화한다.
핵심 개념	블록맵
데이터 수집	▪ 공공보건의료기관현황.csv: 공공데이터포털에서 다운로드 ▪ 행정구역_시군구_별__성별_인구수_2.xlsx: 9장 01절의 프로젝트에서 정리한 파일
데이터 준비 및 탐색	▪ 행정구역 이름으로 주소 수정 ▪ 행정구역별 공공보건의료기관 수 집계 ▪ 행정구역별 인구수 데이터 정리 ▪ 테이블에 필요한 컬럼 추출 후 테이블 병합
분석 모델 구축 및 결과 시각화	

- 행정구역별 공공보건의료기관 수

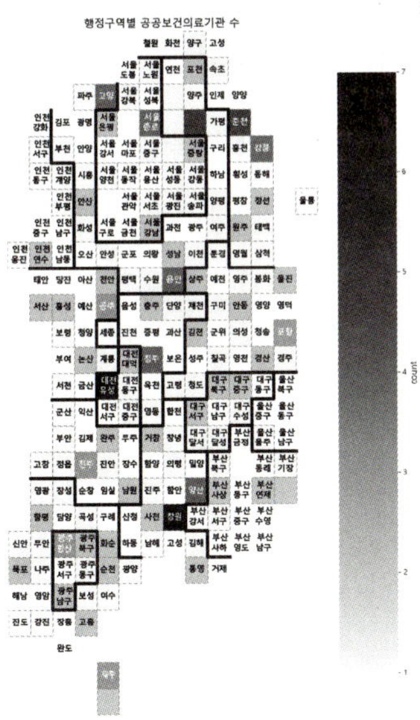

- 행정구역별 인구수 대비 공공보건의료기관 비율

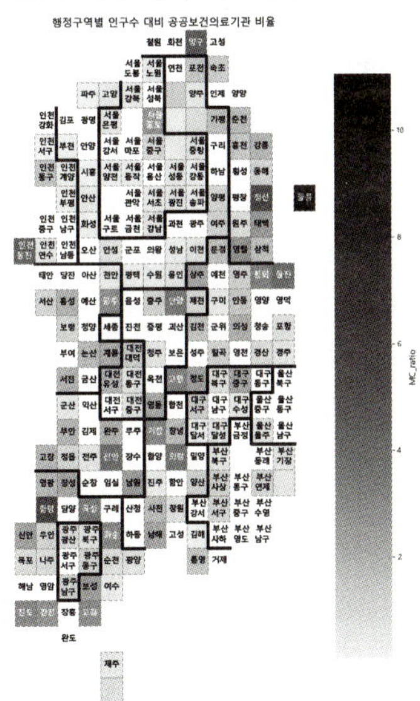

1 목표 설정

이 프로젝트의 목표는 첫째, 행정구역별로 공공보건의료기관 수를 파악하고 둘째, 행정구역별로 인구수 대비 공공보건의료기관 비율을 비교 분석하는 것이다. 분석한 결과는 블록맵을 사용하여 시각화한다.

2 핵심 개념 이해

프로젝트를 수행하는 데 필요한 도구를 알아보자.

블록맵

블록맵block map은 구역의 경계선을 단순화한 뒤 블록 형태로 그려서 지도를 나타내는 시각화 기법이다. 행정구역별 데이터 크기를 시각화할 때 많이 사용한다.

3 데이터 수집

이 프로젝트에서 사용할 데이터는 두 가지다.

- **전국 공공보건의료기관 현황 데이터**: 행정구역별 공공보건의료기관 수를 파악하고 인구수 대비 공공보건의료기관 비율을 비교 분석할 때 사용하는 데이터로 공공데이터포털 사이트에서 다운로드한다.
- **행정구역별 인구수 데이터**: 행정구역별 인구수 대비 공공보건의료기관 비율을 비교 분석할 때 사용하는 데이터로 9장 01절의 프로젝트에서 정리한 '행정구역_시군구_별__성별_인구수_2.xlsx' 파일을 사용한다.

전국 공공보건의료기관 현황 데이터 수집하기

1 공공데이터포털 사이트(www.data.go.kr)에서 '공공보건 의료기관 현황'으로 검색한다. 검색 결과가 나타나면 '보건복지부_공공보건 의료기관 현황'을 클릭한다.

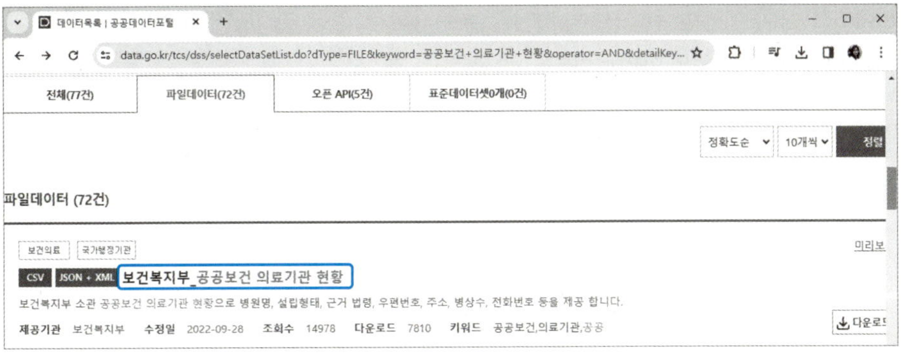

그림 9-27 '공공보건 의료기관 현황'으로 검색한 데이터 목록

2 데이터 상세 페이지가 나타나면 〈다운로드〉 버튼을 클릭한다.

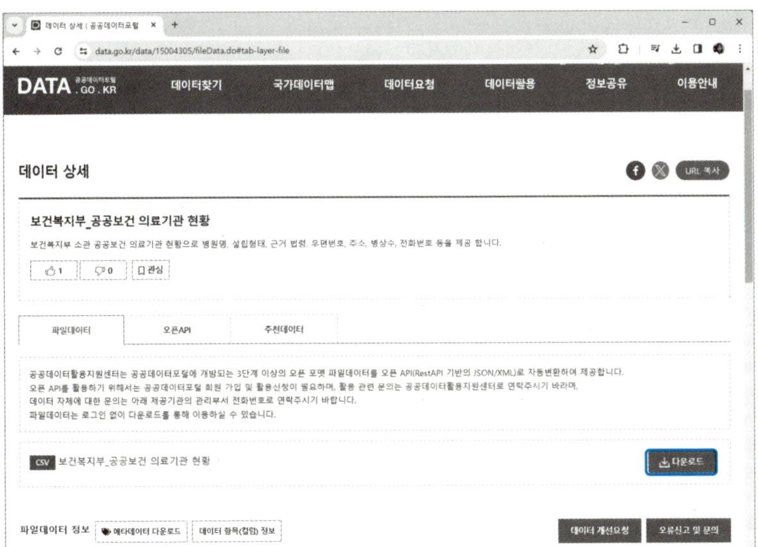

그림 9-28 공공보건 의료기관 현황 데이터 다운로드

3 다운로드한 파일은 파일명을 '공공보건의료기관현황.csv'로 바꾼 뒤 9장_data 폴더에 저장한다.

4 데이터 준비 및 탐색

공공보건의료기관 현황 데이터 준비하기

1 데이터 파일 확인하기 파일을 열어서 공공보건의료기관 현황 데이터를 살펴보고 아나콘다의 주피터 노트북을 실행한 뒤 노트북 페이지를 추가한다. '9장_행정구역데이터분석'으로 파일 이름을 변경한 뒤 다음을 입력한다.

In [1]:
```
import pandas as pd
pd.set_option('mode.chained_assignment', None)
import numpy as np

data = pd.read_csv('9장_data/공공보건의료기관현황.csv', index_col = 0,
          encoding = 'CP949', engine = 'python')
data.head()  # 작업 확인용 출력
```

Out[1]:

연번	병원 명	설립형태	근거 법령	관계 행정기관	관계 공공단체	심평원 요양기관번호	종별구분	병상수	소재지 우편번호	주소	홈페이지	대표전화	FAX	비고
1	강원도 재활병원	시도립	강원도재활병원설치및운영에관한조례	강원도	해당없음	32200641	병원	165	24227	강원도 춘천시 충열로 142번길 24-16	www.grh.or.kr	033-248-7700	033-248-7723	NaN
2	강원도 삼척의료원	특수법인	지방의료원의 설립 및 운영에 관한 법률	보건복지부(강원도)	지방의료원	32100060	종합병원	152	25920	강원도 삼척시 오십천로 418	http://ksmc.or.kr	033-572-1141	033-573-8424	NaN
3	강원도 영월의료원	특수법인	지방의료원의 설립 및 운영에 관한 법률	보건복지부(강원도)	지방의료원	32100078	종합병원	214	26234	강원도 영월군 영월읍 중앙1로 59	http://www.youngwol.org	033-370-9117	033-370-9137	NaN
4	강원도 원주의료원	특수법인	지방의료원의 설립 및 운영에 관한 법률	보건복지부(강원도)	지방의료원	32100086	종합병원	237	26448	강원도 원주시 서원대로 387(개운동)	www.kwmc.or.kr	033-760-4500	033-761-5121	NaN
5	강원도 강릉의료원	특수법인	지방의료원의 설립 및 운영에 관한 법률	보건복지부(강원도)	지방의료원	32100159	종합병원	137	25535	강원도 강릉시 경강로 2007(남문동 164-1)	http://www.gnmc.or.kr	033-646-6910	033-610-1415	NaN

In [1] '공공보건의료기관현황.csv' 파일을 data 객체로 로드하고, 상위 5개 행의 데이터를 출력하여data.head() 확인한다.

2 주소 정리하기 data 객체에서 필요한 정보는 시도, 군구 행정구역별 공공보건의료기관의 수로, 행정구역 그룹을 정리한 뒤 그룹에 포함된 원소 수를 찾으면 된다. 행정구역을 파악하기 위해 다음과 같이 주소를 정리한다.

In [2]:
```
# 주소에서 시도, 군구 정보 분리
addr = pd.DataFrame(data['주소'].apply(lambda v: v.split()[:2]).
                    tolist(), columns = ('시도', '군구'))
addr.head()  # 작업 확인용 출력
```

Out[2]:

	시도	군구
0	강원도	춘천시
1	강원도	삼척시
2	강원도	영월군
3	강원도	원주시
4	강원도	강릉시

In [2] data 객체에서 ['주소'] 컬럼의 값을 공백을 기준으로 분리하여split(), 시도와 군구 정보에 해당하는 0~1번 컬럼[:2]을 추출해서 컬럼 이름을 '시도', '군구'로 나타내고columns=('시도', '군구'), 데이터프레임 객체인 addr을 생성한다. 생성된 addr 객체의 내용을 출력하여addr.head() 확인한다.

3 먼저, 시도 이름에서 잘못된 내용이 있는지 확인한다.

In [3]:
```
addr['시도'].unique()
```

Out[3]:
```
array(['강원도', '경기도', '경기', '경남', '창원시', '경상남도', '경상북도',
       '경산시', '경북', '인천광역시', '대구광역시', '전라남도',
       '대전광역시', '광주광역시', '제주특별자치도', '부산광역시', '전라북도',
       '충북', '서울특별시', '서울시', '부산특별시', '대전시', '충남',
       '전남', '충청남도', '울산광역시', '전북', '천안시', '충청북도'], dtype
       = object)
```

In [3] addr 객체의 ['시도'] 컬럼 값에서 고윳값을 확인한다addr['시도'].unique().

4 출력된 고윳값을 보면 17개 시도, 광역시, 특별시 이름이 아닌 잘못된 값이 보인다. '창원시'와 '경산시', '천안시'는 ['시도'] 컬럼이 아니라 ['군구'] 컬럼의 값이 되어야 한다. 잘못된 위치를 찾아서 값을 수정한다.

In [4]:
```
addr[addr['시도'] == '창원시']
```
Out[4]:

	시도	군구
27	창원시	의창구
31	창원시	마산합포구3.15대로

In [5]:
```
addr.iloc[27] = ['경상남도', '창원시']
addr.iloc[31] = ['경상남도', '창원시']
```
In [6]:
```
addr.iloc[27]
```
Out[6]:
```
시도    경상남도
군구     창원시
Name: 27, dtype: object
```
In [7]:
```
addr.iloc[31]
```
Out[7]:
```
시도     경상남도
군구      창원시
Name: 31, dtype: object
```

In [4] ['시도'] 컬럼 값이 '창원시'로 되어 있는 행 번호를 찾아보니 27번과 31번이다.

In [5] 27번과 31번의 값을 ['경상남도', '창원시']로 수정한다.

In [6], [7] 수정한 내용을 확인한다.

5 같은 방법으로 '경산시'를 ['경상북도', '경산시']로, '천안시'를 ['충청남도', '천안시']로 수정한다.

In [8]:
```
addr[addr['시도'] == '경산시']
```
Out[8]:

	시도	군구
47	경산시	경안로

In [9]:
```
addr.iloc[47] = ['경상북도', '경산시']
```
In [10]:
```
addr[addr['시도'] == '천안시']
```

Out[10]:	<table><tr><th></th><th>시도</th><th>군구</th></tr><tr><td>209</td><td>천안시</td><td>동남구</td></tr><tr><td>210</td><td>천안시</td><td>동남구</td></tr></table>
In [11]:	addr.iloc[209] = ['충청남도', '천안시'] addr.iloc[210] = ['충청남도', '천안시']

TIP 데이터포털에서 파일을 다운로드한 시점에 따라 파일 내용이 다를 수 있다. 자신이 실습한 결과인 Out[10]의 행번호에 맞게 In[11]에서 행 번호를 지정해야 한다.

6 다시 addr 객체의 ['시도'] 컬럼 값에서 수정할 내용이 있는지 확인한다.

```
In [12]:  addr['시도'].unique()

Out[12]:  array(['강원도', '경기도', '경기', '경남', '경상남도', '경상북도', '경북',
                 '인천광역시', '대구광역시', '전라남도', '대전광역시', '광주광역시',
                 '제주특별자치도', '부산광역시', '전라북도', '충북', '서울특별시',
                 '서울시', '부산특별시', '대전시', '충남', '전남', '충청남도',
                 '울산광역시', '전북', '충청북도'], dtype = object)
```

7 '경기', '경남'과 같이 축약된 이름을 정확한 표준 행정구역 이름으로 수정한다.

```
In [13]:  addr_aliases = {'경기':'경기도', '경남':'경상남도', '경북':'경상북도',
                           '충북':'충청북도', '서울시':'서울특별시', '부산특별시':
                           '부산광역시', '대전시':'대전광역시', '충남':'충청남도',
                           '전남':'전라남도', '전북':'전북특별자치도', '전라북도':'전
                           북특별자치도','강원도':'강원특별자치도'}

In [14]:  addr['시도'] = addr['시도'].apply(lambda v: addr_aliases.get(v, v))

In [15]:  addr['시도'].unique()

Out[15]:  array(['강원특별자치도', '경기도', '경상남도', '경상북도', '인천광역시',
                 '대구광역시', '전라남도',  '대전광역시', '광주광역시', '제주특별자치도',
                 '부산광역시',  '전북특별자치도', '충청북도', '서울특별시',  '충청남도',
                 '울산광역시'], dtype=object)
```

In [13] 변경할 이름에 대한 '축약이름:표준이름'의 addr_aliases 딕셔너리를 정의한다. 강원도와 전라북도가 '강원특별자치도'와 '전북특별자치도'로 행정구역 이름이 변경되었다.

TIP 여기서는 9장 1절의 프로젝트에서 사용한 표준 이름 변경(In [3])과 다른 방법을 사용하였다. 데이터를 정리하는 방법은 다양하다. 여러 가지 방법을 연습하고 새로운 방법을 고안하여 사용하는 것이 좋다.

In [14] addr_aliases 딕셔너리를 적용하여 ['시도'] 컬럼의 값을 변경한다.

In [15] addr 객체의 ['시도'] 컬럼 고윳값을 출력하여 빠짐없이 변경되었는지 확인한다.

8 ['시도'] 컬럼의 데이터 정리가 끝났으니, 이번에는 ['군구'] 컬럼에서 정리할 사항이 있는지 탐색한다.

```
In [16]: addr['군구'].unique()
```

```
Out[16]: array(['춘천시', '삼척시', '영월군', '원주시', '강릉시', '속초시', '정선군',
       '수원시', '이천시', '안성시', '의정부시', '포천시', '파주시',
       '용인시', '평택시', '시흥시', '여주시', '남양주시', '동두천시',
       '안산시', '부천시', '통영시', '사천시', '창원시', '김해시', '양산시',
       '거창군', '남해군', '의령군', '포항시', '김천시', '안동시', '울진군',
       '경주시', '구미시', '영주시', '상주시', '문경시', '경산시', '의성군',
       '청도군', '고령군', '칠곡군', '봉화군', '울릉군', '부평구', '북구',
       '순천시', '대덕구', '태백시', '동해시', '화성시', '광산구', '남구',
       '중구', '아란13길', '서구', '전주시', '진주시', '청주시', '종로구',
       '성남시', '동구', '화순군', '강동구', '사상구', '달서구', '해운대구',
       '유성구', '가평군', '양주시', '고양시', '홍천군', '양구군', '청원군',
       '계룡시', '논산시', '함평군', '양평군', '수성구', '달성군', '연수구',
       '노원구', '기장군', '공주시', '강북구', '광진구', '나주시', '창녕군',
       '목포시', '고흥군', '연제구', '동매로', '서초구', '은평구', '중랑구',
       '강남구', '동작구', '동대문구', '양천구', '성동구', '송파구',
       '울주군', '계양구', '옹진군', '보성군', '광양시', '영광군', '무안군',
       '진도군', '강진군', '곡성군', '여수시', '신안군', '장성군', '완주군',
       '부안군', '정읍시', '남원시', '군산시', '고창군', '진안군', '제주시',
       '서귀포시', '천안시', '보령시', '서산시', '서천군', '홍성군',
       '제천시', '충주시', '영동군', '단양군'], dtype=object)
```

```
In [17]: addr[addr['군구'] == '아란13길']
```

Out[17]:

	시도	군구
75	제주특별자치도	아란13길

```
In [18]: addr.iloc[75] = ['제주특별자치도', '제주시']
```

In [16] addr 객체에서 ['군구'] 컬럼의 고윳값을 확인한다. '아란13길'을 인터넷에서 검색해 보면 제주시에 있는 도로명이므로 '제주시'로 수정해야 한다.

In [17] ['군구'] 컬럼 값이 '아란13길'로 되어 있는 행 번호를 찾아보니 75번이다.

In [18] 75번 행의 값을 ['제주특별자치도', '제주시']로 수정한다.

9 행정구역별 공공보건의료기관의 수 구하기 행정구역 이름이 정리되었으니, 이제 행정구역별 공공보건의료기관의 수가 필요하다. 행정구역별 공공보건의료기관의 수를 알기 위해 행정구역별(시도군구별) 그룹의 합계를 구한다.

In [19]:
```
addr['시도군구'] = addr.apply(lambda r: r['시도'] + ' ' + r['군구'], axis = 1)
addr.head()    # 작업 확인용 출력
```

Out[19]:

	시도	군구	시도군구
0	강원특별자치도	춘천시	강원특별자치도 춘천시
1	강원특별자치도	삼척시	강원특별자치도 삼척시
2	강원특별자치도	영월군	강원특별자치도 영월군
3	강원특별자치도	원주시	강원특별자치도 원주시
4	강원특별자치도	강릉시	강원특별자치도 강릉시

In [20]:
```
addr['count'] = 0
addr.head()    # 작업 확인용 출력
```

Out[20]:

	시도	군구	시도군구	count
0	강원특별자치도	춘천시	강원특별자치도 춘천시	0
1	강원특별자치도	삼척시	강원특별자치도 삼척시	0
2	강원특별자치도	영월군	강원특별자치도 영월군	0
3	강원특별자치도	원주시	강원특별자치도 원주시	0
4	강원특별자치도	강릉시	강원특별자치도 강릉시	0

In [21]:
```
addr_group = pd.DataFrame(addr.groupby(['시도', '군구', '시도군구'],
                          as_index = False).count())
addr_group.head()    # 작업 확인용 출력
```

Out[21]:

	시도	군구	시도군구	count
0	강원특별자치도	강릉시	강원특별자치도 강릉시	4
1	강원특별자치도	동해시	강원특별자치도 동해시	1
2	강원특별자치도	삼척시	강원특별자치도 삼척시	1
3	강원특별자치도	속초시	강원특별자치도 속초시	1
4	강원특별자치도	양구군	강원특별자치도 양구군	1

In [19] ['시도']와 ['군구'] 컬럼 값을 연결하여 만든 값으로 addr 객체에 새로운 ['시도군구'] 컬럼을 추가한다.

In [20] addr 객체에 ['count'] 컬럼을 추가한다.

In [21] ['시도'], ['군구'], ['시도군구'] 컬럼을 기준으로 그룹을 만든다addr.groupby(['시도', '군구', '시도군구'], as_index = False). 그리고 그룹별 원소의 개수를 구하여count() ['count'] 컬럼에 저장한다.

10 데이터 병합에 사용할 인덱스를 설정한다.

In [22]:

```
addr_group = addr_group.set_index("시도군구")
addr_group.head()   # 작업 확인용 출력
```

Out[22]:

시도군구	시도	군구	count
강원특별자치도 강릉시	강원특별자치도	강릉시	4
강원특별자치도 동해시	강원특별자치도	동해시	1
강원특별자치도 삼척시	강원특별자치도	삼척시	1
강원특별자치도 속초시	강원특별자치도	속초시	1
강원특별자치도 양구군	강원특별자치도	양구군	1

In [22] ['시도군구'] 컬럼을 데이터프레임 병합에 사용할 인덱스로 설정한다.

행정구역별 인구수 데이터 준비하기

1 데이터 정리하기 이제 행정구역별 인구수가 필요하다. 9장 01절의 프로젝트에서 정리한 '행정구역_시군구_별__성별_인구수_2.xlsx' 파일에서 필요한 데이터를 다음과 같이 정리한다.

In [23]:

```
population = pd.read_excel('9장_data/행정구역_시군구_별__성별_인구수_2.xlsx')
population.head()   # 작업 확인용 출력
```

Out[23]:

	행정구역(시군구)별(1)	행정구역(시군구)별(2)	총인구수 (명)	남자인구수 (명)	여자인구수 (명)
0	전국	합계	51313912	25558944	25754968
1	서울특별시	소계	9384325	4538354	4845971
2	서울특별시	종로구	139378	67240	72138
3	서울특별시	중구	121322	58651	62671
4	서울특별시	용산구	212175	101793	110382

In [24]:	
	``` population = population.rename(columns = {'행정구역(시군구)별(1)': '시 도', '행정구역(시군구)별(2)': '군구'}) population.head() # 작업 확인용 출력 ```

Out[24]:

	시도	군구	총인구수 (명)	남자인구수 (명)	여자인구수 (명)
0	전국	합계	51313912	25558944	25754968
1	서울특별시	소계	9384325	4538354	4845971
2	서울특별시	종로구	139378	67240	72138
3	서울특별시	중구	121322	58651	62671
4	서울특별시	용산구	212175	101793	110382

In [23] '행정구역_시군구_별__성별_인구수_2.xlsx' 파일을 population 객체로 로드하고, 출력하여 확인한다.

In [24] rename( ) 함수를 사용하여 컬럼 이름을 변경한다.

2 ['군구'] 컬럼에 포함된 왼쪽 띄어쓰기 공백을 제거하고 ['시도군구'] 컬럼을 만든다. 그리고 addr_group과 병합하기 위해 ['시도군구'] 컬럼을 인덱스로 설정한다.

In [25]:
```
for element in range(0,len(population)):
    population['군구'][element] = population['군구'][element].strip()
```

In [26]:
```
population['시도군구'] = population.apply(lambda r: r['시도'] + ' ' +
                                    r['군구'], axis = 1)

population.head()  # 작업 확인용 출력
```

Out[26]:

	시도	군구	총인구수 (명)	남자인구수 (명)	여자인구수 (명)	시도군구
0	전국	합계	51313912	25558944	25754968	전국 합계
1	서울특별시	소계	9384325	4538354	4845971	서울특별시 소계
2	서울특별시	종로구	139378	67240	72138	서울특별시 종로구
3	서울특별시	중구	121322	58651	62671	서울특별시 중구
4	서울특별시	용산구	212175	101793	110382	서울특별시 용산구

In [27]:
```
population = population[population.군구 != '합계']
population = population[population.군구 != '소계']
```

In [28]:	

```
population = population.set_index("시도군구")

population.head()  # 작업 확인용 출력
```

Out[28]:

	시도	군구	총인구수 (명)	남자인구수 (명)	여자인구수 (명)
시도군구					
서울특별시 종로구	서울특별시	종로구	139378	67240	72138
서울특별시 중구	서울특별시	중구	121322	58651	62671
서울특별시 용산구	서울특별시	용산구	212175	101793	110382
서울특별시 성동구	서울특별시	성동구	277090	134390	142700
서울특별시 광진구	서울특별시	광진구	335335	161154	174181

In [25] ['군구'] 컬럼의 문자열 앞뒤에 포함된 띄어쓰기 공백을 모두 제거한다strip().

In [26] ['시도']와 ['군구'] 컬럼 값을 연결하여 새로운 ['시도군구'] 컬럼에 추가한다.

In [27] ['군구'] 컬럼 값이 '합계'와 '소계'인 행은 필요 없으므로 제외한다.

In [28] ['시도군구'] 컬럼을 데이터프레임 병합에 사용할 인덱스로 설정한다.

3 addr_group과 population을 인덱스 기준으로 병합하면 필요한 데이터를 하나의 데이터프레임으로 정리할 수 있다.

In [29]:

```
addr_population_merge = pd.merge(addr_group,population,  how = 'inner',
                                 left_index = True, right_index = True)

addr_population_merge.head()  # 작업 확인용 출력
```

Out[29]:

	시도_x	군구_x	count	시도_y	군구_y	총인구수 (명)	남자인구수 (명)	여자인구수 (명)
시도군구								
강원특별자치도 강릉시	강원특별자치도	강릉시	4	강원특별자치도	강릉시	209174	103616	105558
강원특별자치도 동해시	강원특별자치도	동해시	1	강원특별자치도	동해시	88591	45007	43584
강원특별자치도 삼척시	강원특별자치도	삼척시	1	강원특별자치도	삼척시	62309	31645	30664
강원특별자치도 속초시	강원특별자치도	속초시	1	강원특별자치도	속초시	82021	40606	41415
강원특별자치도 양구군	강원특별자치도	양구군	1	강원특별자치도	양구군	20975	10994	9981

In [30]:

```
local_MC_Population = addr_population_merge[['시도_x', '군구_x',
                                             'count', '총인구수 (명)']]

local_MC_Population.head()   # 작업 확인용 출력
```

Out[30]:

시도군구	시도_x	군구_x	count	총인구수 (명)
강원특별자치도 강릉시	강원특별자치도	강릉시	4	209174
강원특별자치도 동해시	강원특별자치도	동해시	1	88591
강원특별자치도 삼척시	강원특별자치도	삼척시	1	62309
강원특별자치도 속초시	강원특별자치도	속초시	1	82021
강원특별자치도 양구군	강원특별자치도	양구군	1	20975

In [31]:

```
# 컬럼 이름 변경
local_MC_Population = local_MC_Population.rename(columns = {'시도_x':
                      '시도', '군구_x': '군구','총인구수 (명)': '인구수'})

MC_count = local_MC_Population['count']
local_MC_Population['MC_ratio'] = MC_count.div(local_MC_Population['
                                  인구수'], axis = 0)*100000

local_MC_Population.head()   # 작업 확인용 출력
```

Out[31]:

시도군구	시도	군구	count	인구수	MC_ratio
강원특별자치도 강릉시	강원특별자치도	강릉시	4	209174	1.912284
강원특별자치도 동해시	강원특별자치도	동해시	1	88591	1.128783
강원특별자치도 삼척시	강원특별자치도	삼척시	1	62309	1.604905
강원특별자치도 속초시	강원특별자치도	속초시	1	82021	1.219200
강원특별자치도 양구군	강원특별자치도	양구군	1	20975	4.767580

In [29] addr_group과 population을 내부병합how = 'inner'으로 병합한다.

In [30] 필요한 컬럼 4개만 추출하여 local_MC_Population 객체를 생성한다.

In [31] 인구수 대비 공공보건의료기관 비율을 구하여 local_MC_Population의 ['MC_ratio'] 컬럼에 추가한다.

5 분석 모델 구축 및 시각화

행정구역별 공공보건의료기관 현황을 알아보기 위해 행정구역별 공공보건의료기관 수와 인구수 대비 공공보건의료기관 비율을 바 차트로 그리고 블록맵으로 시각화한다.

바 차트 그리기

1 행정구역별 공공보건의료기관 수에 대한 바 차트를 그리기 위해 다음을 입력한다.

In [32]:

```
from matplotlib import pyplot as plt
from matplotlib import rcParams, style
style.use('ggplot')

plt.rc('font', family = 'Malgun Gothic')
```

In [33]:

```
MC_ratio = local_MC_Population[['count']]
MC_ratio = MC_ratio.sort_values('count', ascending = False)
plt.rcParams["figure.figsize"] = (25, 5)
MC_ratio.plot(kind = 'bar', rot = 90)
plt.show()
```

Out[33]:

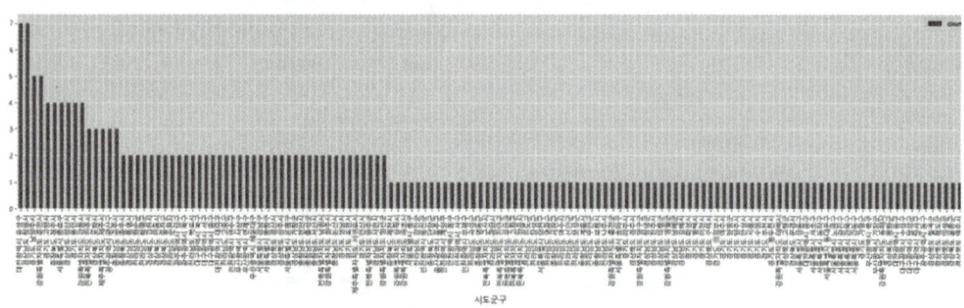

In [33] local_MC_Population 객체의 ['count'] 컬럼 값을 오름차순으로 정렬하여, 행정구역별 공공보건의료기관 수에 대한 바 차트를 그린다.

2 행정구역별로 인구수 대비 공공보건의료기관 비율에 대한 바 차트를 그리기 위해 다음을 입력한다.

In [34]:

```
MC_ratio = local_MC_Population[['MC_ratio']]
MC_ratio = MC_ratio.sort_values('MC_ratio', ascending = False)
plt.rcParams["figure.figsize"] = (25, 5)
MC_ratio.plot(kind = 'bar', rot = 90)
plt.show()
```

Out[34]:

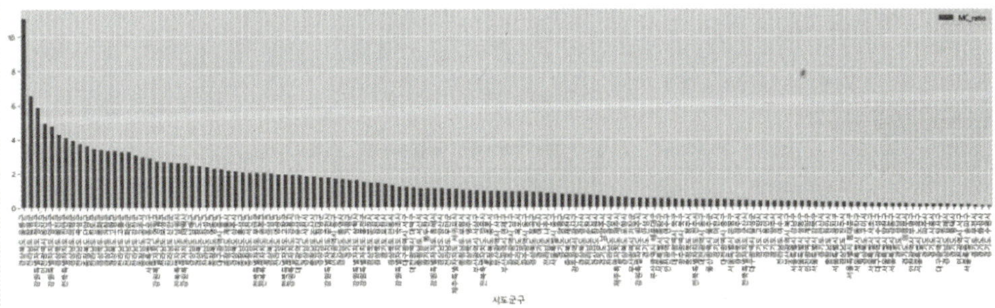

In [34] local_MC_Population 객체의 ['MC_ratio'] 컬럼 값을 오름차순으로 정렬하여, 행정구역별로 인구수 대비 공공보건의료기관 비율에 대한 바 차트를 그린다.

공공보건의료기관 수를 보면 대전광역시 유성구와 경상남도 창원시가 가장 많고, 인구수 대비 공공보건의료기관 비율은 경상북도 울릉군이 가장 높다.

블록맵으로 시각화하기

이번에는 행정구역별 현황을 시각적으로 분석하기 위해 블록맵을 작성해 보자. 블록맵을 그리려면 구역의 경계선을 단순화해서 정리한 데이터가 필요하다. 해당 데이터로 data_draw_korea.csv 파일을 사용하기로 하자(인터넷에서 검색하거나 이 책의 예제소스로 제공하는 파일을 사용한다).

1 데이터 준비하기 data_draw_korea.csv는 블록맵을 그리기 위한 데이터를 정리해 놓은 파일이다. shortName은 블록맵에 표시할 행정구역의 축약된 이름을 의미하고, x와 y는 행정구역을 나타내는 블록의 위치를 의미한다. 여기에도 인구수 컬럼이 있지만 우리는 앞에서 열심히 정리해 둔 local_MC_Population의 2024년 1월 인구수 데이터를 사용할 것이다.

In [35]:
```
import os
path = os.getcwd()
```

In [36]:
```
data_draw_korea = pd.read_csv(path+'\\9장_data\\data_draw_korea.csv',
                              index_col = 0, encoding = 'UTF-8', engine = 'python')

data_draw_korea.head()    # 작업 확인용 출력
```

Out[36]:

	인구수	shortName	x	y	면적	광역시도	행정구역
0	202520	강릉	11	4	1040.07	강원도	강릉시
1	25589	고성(강원)	9	0	664.19	강원도	고성군
2	86747	동해	11	5	180.01	강원도	동해시
3	63986	삼척	11	8	1185.80	강원도	삼척시
4	76733	속초	9	1	105.25	강원도	속초시

In [37]:
```
#2023년 6월 이후에 변경된 행정구역명으로 수정하기
addr_aliases = { '강원도':'강원특별자치도', '전라북도':'전북특별자치도'}
data_draw_korea['광역시도'] = data_draw_korea['광역시도'].
apply(lambda v: addr_aliases.get(v, v))
data_draw_korea.head() # 작업 확인용 출력
```

Out[37]:

	인구수	shortName	x	y	면적	광역시도	행정구역
0	202520	강릉	11	4	1040.07	강원특별자치도	강릉시
1	25589	고성(강원)	9	0	664.19	강원특별자치도	고성군
2	86747	동해	11	5	180.01	강원특별자치도	동해시
3	63986	삼척	11	8	1185.80	강원특별자치도	삼척시
4	76733	속초	9	1	105.25	강원특별자치도	속초시

In [35] 현재 사용 중인 폴더(디렉터리)의 경로를 구하여 path에 저장한다.

In [36] data_draw_korea.csv 파일을 로드하여 data_draw_korea 객체에 저장하고, 출력하여 내용을 확인한다.

In [37] '강원도'와 '전라북도'의 행정구역 이름이 '강원특별자치도'와 '전북특별자치도'로 변경되었다. data_draw_korea.csv 파일은 그 이전에 만들어진 파일이므로 ['광역시도']를 변경된 행정구역 이름으로 수정한다.

2 행정구역 이름 매핑하기 블록맵 데이터의 행정구역 이름과 local_MC_Population의 행정구역 이름을 매핑하여 시각화 작업을 할 것이다. 이를 위해 블록맵 데이터에 '시도군구' 컬럼을 만들고 local_MC_Population과 병합하는 작업이 필요하다.

In [38]:
```
data_draw_korea['시도군구'] = data_draw_korea.apply(lambda r: r['광역
                                        시도'] + ' ' + r['행정구역'], axis = 1)
```

In [39]:
```
data_draw_korea = data_draw_korea.set_index("시도군구")

data_draw_korea.head()  # 작업 확인용 출력
```

Out[39]:

시도군구	인구수	shortName	x	y	면적	광역시도	행정구역
강원특별자치도 강릉시	202520	강릉	11	4	1040.07	강원특별자치도	강릉시
강원특별자치도 고성군	25589	고성(강원)	9	0	664.19	강원특별자치도	고성군
강원특별자치도 동해시	86747	동해	11	5	180.01	강원특별자치도	동해시
강원특별자치도 삼척시	63986	삼척	11	8	1185.80	강원특별자치도	삼척시
강원특별자치도 속초시	76733	속초	9	1	105.25	강원특별자치도	속초시

In [40]:
```
data_draw_korea_MC_Population_all = pd.merge(data_draw_korea,local_MC_
                                        Population, how = 'outer', left_
                                        index = True, right_index = True)

data_draw_korea_MC_Population_all.head()  # 작업 확인용 출력
```

Out[40]:

시도군구	인구수_x	shortName	x	y	면적	광역시도	행정구역	시도	군구	count	인구수_y	MC_ratio
강원특별자치도 강릉시	202520	강릉	11	4	1040.07	강원특별자치도	강릉시	강원특별자치도	강릉시	4.0	209174.0	1.912284
강원특별자치도 고성군	25589	고성(강원)	9	0	664.19	강원특별자치도	고성군	NaN	NaN	NaN	NaN	NaN
강원특별자치도 동해시	86747	동해	11	5	180.01	강원특별자치도	동해시	강원특별자치도	동해시	1.0	88591.0	1.128783
강원특별자치도 삼척시	63986	삼척	11	8	1185.80	강원특별자치도	삼척시	강원특별자치도	삼척시	1.0	62309.0	1.604905
강원특별자치도 속초시	76733	속초	9	1	105.25	강원특별자치도	속초시	강원특별자치도	속초시	1.0	82021.0	1.219200

In [38] ['광역시도']와 ['행정구역'] 컬럼 값을 연결하여 새로운 ['시도군구'] 컬럼으로 추가한다.

In [39] ['시도군구'] 컬럼을 데이터프레임 병합에 사용할 인덱스로 설정한다.

In [40] data_draw_korea와 local_MC_Population을 외부병합how = 'outer'으로 병합한다.

외부병합으로 두 데이터프레임을 병합했기 때문에 강원특별자치도 고성군처럼 블록맵에 있는 '시도군구'이지만 공공의료기관이 없는 경우에는 MC_ratio 값이 NaN으로 표시된다.

3 블록맵으로 시각화하기 다음은 대한민국 지도를 블록맵으로 시각화하는 코드다.

```
In [41]: BORDER_LINES = [
    [(3, 2), (5, 2), (5, 3), (9, 3), (9, 1)], # 인천
    [(2, 5), (3, 5), (3, 4), (8, 4), (8, 7), (7, 7), (7, 9), (4, 9),
     (4, 7), (1, 7)], # 서울
    [(1, 6), (1, 9), (3, 9), (3, 10), (8, 10), (8, 9),
     (9, 9), (9, 8), (10, 8), (10, 5), (9, 5), (9, 3)], # 경기도
    [(9, 12), (9, 10), (8, 10)], # 강원도
    [(10, 5), (11, 5), (11, 4), (12, 4), (12, 5), (13, 5),
    (13, 4), (14, 4), (14, 2)], # 충청남도
    [(11, 5), (12, 5), (12, 6), (15, 6), (15, 7), (13, 7),
     (13, 8), (11, 8), (11, 9), (10, 9), (10, 8)], # 충청북도
    [(14, 4), (15, 4), (15, 6)], # 대전시
    [(14, 7), (14, 9), (13, 9), (13, 11), (13, 13)], # 경상북도
    [(14, 8), (16, 8), (16, 10), (15, 10),
     (15, 11), (14, 11), (14, 12), (13, 12)], # 대구시
    [(15, 11), (16, 11), (16, 13)], # 울산시
    [(17, 1), (17, 3), (18, 3), (18, 6), (15, 6)], # 전라북도
    [(19, 2), (19, 4), (21, 4), (21, 3), (22, 3), (22, 2), (19, 2)], # 광주시
    [(18, 5), (20, 5), (20, 6)], # 전라남도
    [(16, 9), (18, 9), (18, 8), (19, 8), (19, 9), (20, 9), (20, 10)], # 부산시
]
```

In [42]:

```
def draw_blockMap(blockedMap, targetData, title, color ):
    whitelabelmin = (max(blockedMap[targetData]) -
                     min(blockedMap[targetData])) * 0.25 +
                     min(blockedMap[targetData])

    datalabel = targetData

    vmin = min(blockedMap[targetData])
    vmax = max(blockedMap[targetData])

    mapdata = blockedMap.pivot(index = 'y', columns = 'x', values = targetData)
    masked_mapdata = np.ma.masked_where(np.isnan(mapdata), mapdata)

    plt.figure(figsize = (8, 13))
    plt.title(title)
    plt.pcolor(masked_mapdata, vmin = vmin, vmax = vmax, cmap =
               color, edgecolor = '#aaaaaa', linewidth = 0.5)

    # 지역 이름 표시
    for idx, row in blockedMap.iterrows():
      annocolor = 'white' if row[targetData] > whitelabelmin else
                  'black'
      # 광역시는 구 이름이 겹치는 경우가 많아서 시단위 이름도 같이 표시
      if row['광역시도'].endswith('시') and not row['광역시도'].
      startswith('세종'):
          dispname = '{}\n{}'.format(row['광역시도'][:2], row['행정구역'][:-1])
          if len(row['행정구역']) <= 2:
              dispname += row['행정구역'][-1]
      else:
          dispname = row['행정구역'][:-1]
```

```
        # 서대문구, 서귀포시같이 이름이 3자 이상이면 작은 글자로 표시
        if len(dispname.splitlines()[-1]) >= 3:
            fontsize, linespacing = 9.5, 1.5
        else:
            fontsize, linespacing = 11, 1.2

        plt.annotate(dispname, (row['x']+0.5, row['y']+0.5), weight = 'bold',
            fontsize = fontsize, ha = 'center', va = 'center', color = annocolor,
            linespacing = linespacing)

    # 시도 경계 그리기
    for path in BORDER_LINES:
        ys, xs = zip(*path)
        plt.plot(xs, ys, c = 'black', lw = 4)

    plt.gca().invert_yaxis()
    #plt.gca().set_aspect(1)
    plt.axis('off')

    cb = plt.colorbar(shrink = 1, aspect = 10)
    cb.set_label(datalabel)

    plt.tight_layout()
    plt.savefig('.\\9장_data\\' + 'blockMap_' + targetData + '.png')
    plt.show()
```

In [41] 블록맵의 행정구역 경계선을 그리기 위해 행정구역의 블록 위치인 x, y 데이터를 정의한다.

In [42] 블록맵의 블록에 데이터를 매핑하고 색을 표시하여 블록맵을 그린 뒤 저장하는 함수를 정의한다.

4 이제 준비를 마쳤으니 먼저, 행정구역별 공공보건의료기관 수를 블록맵으로 시각화한다.

In [43]:
```
draw_blockMap(data_draw_korea_MC_Population_all, 'count',
                  '행정구역별 공공보건의료기관 수', 'Blues')
```

In [43] data_draw_korea_MC_Population_all 객체의 ['count'] 컬럼 값에 대해 Blues 색상 스펙트럼을 사용하여 블록맵을 작성한다.

주피터 노트북의 실행 결과로 나타난 블록맵 또는 9장_data 폴더에 생성된 'blockMap_count.png' 파일을 열어서 블록맵을 확인한다([그림 9-29(a)]). 흰색은 값이 없는 블록, 즉 외부병합 결과가 NaN인 행정구역이고 가장 진한 색의 블록은 공공보건의료기관이 가장 많은 행정구역이다. 바 차트에서 확인했듯이 대전광역시 유성구와 경상남도 창원시가 가장 진한 색의 블록으로 나타난다.

5 다음으로 인구수 대비 공공보건의료기관 비율을 블록맵으로 시각화한다.

In [44]:
```
draw_blockMap(data_draw_korea_MC_Population_all, 'MC_ratio',
                  '행정구역별 인구수 대비 공공보건의료기관 비율', 'Reds')
```

In [44] data_draw_korea_MC_Population_all 객체의 ['MC_ratio'] 컬럼 값에 대해 Reds 색상 스펙트럼을 사용하여 블록맵을 작성한다.

'blockMap_MC_ratio.png'를 보면([그림 9-29(b)]) 가장 진한 색의 블록이 인구수 대비 공공보건의료기관 비율이 가장 높은 행정구역이다. 바 차트에서 확인했듯이 경상북도 울릉군이 가장 진한 색이고 그다음은 전라남도 함평군임을 확인할 수 있다.

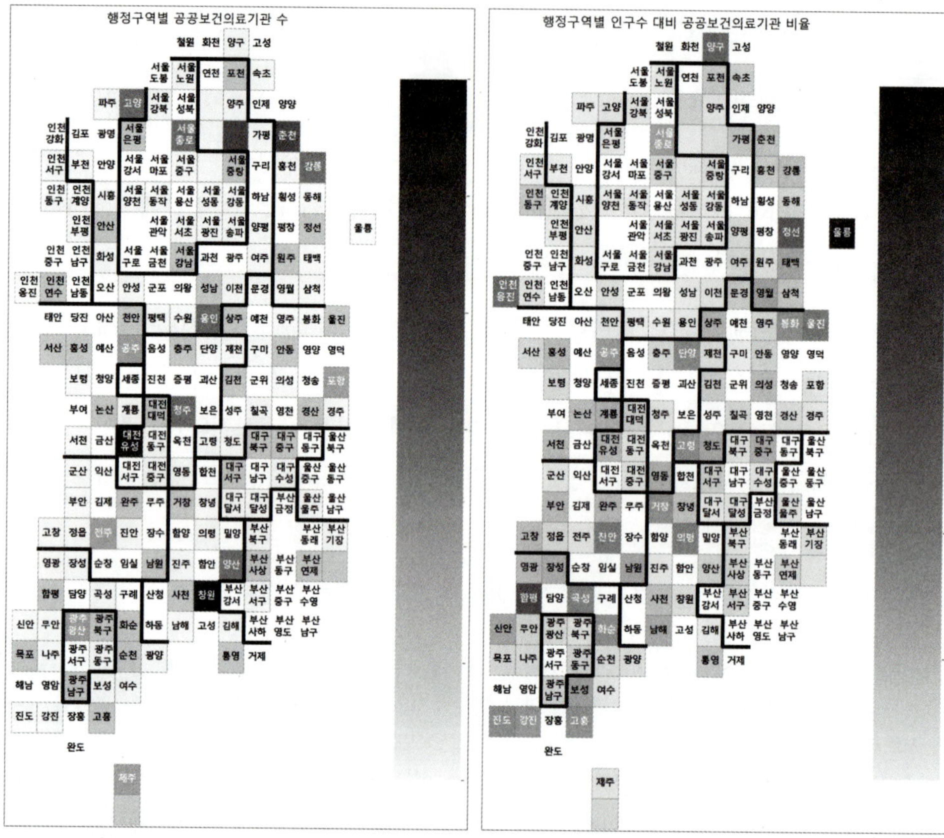

(a) 행정구역별 공공보건의료기관 수 블록맵 (b) 인구수 대비 공공보건의료기관 비율 블록맵

그림 9-29 행정구역별 공공보건의료기관 현황 파악을 위한 블록맵

TIP 여기서 사용한 블록맵의 경계좌표 값과 함수는 오픈 소스를 사용한 것이다. 이외에도 활용할 수 있는 오픈 소스 함수나 데이터 파일이 많으니 활용하길 바란다. 이를 계기로 여러분도 좋은 데이터 파일이나 코드를 공유하는 컨트리뷰터(contributor)가 되길 바란다.

Part 04

빅데이터 분석 – 머신러닝/딥러닝 프로젝트

Part 04
빅데이터 분석 – 머신러닝/딥러닝 프로젝트

머신러닝Machine Learning은 데이터 안에서 패턴(규칙)을 찾아내어 학습하고 결과를 예측하는 분석 방법으로 인공지능의 한 분야다. 머신러닝은 해결해야 할 문제와 관련된 데이터가 많고, 빠르게 변화하는 빅데이터 환경에 적합한 효과적인 분석 방법이다. 머신러닝의 학습 유형은 크게 지도 학습supervised learning과 비지도 학습unsupervised learning으로 나눌 수 있다. 그리고 머신러닝으로 해결하는 주요 문제 유형으로 회귀regression와 분류classification, 군집clustering이 있다.

딥러닝Deep Learning은 머신러닝의 신경망 모델이 심화된 모델이며 이미지 분석, 시계열 데이터 분석, 자연어 처리 분야에 활용되고 있다.

4부에서는 데이터 과학 방법론의 절차를 기반으로 머신러닝과 딥러닝 프로젝트를 수행한다.

- 10장: 파이썬의 머신러닝 라이브러리인 사이킷런scikit-learn을 이용해 회귀 분석을 수행한다.
- 11장: 머신러닝을 이용한 분류 분석을 다룬다.
- 12장: 머신러닝을 이용한 군집 분석을 다룬다.
- 13장: 머신러닝의 고급 기술을 적용한 텍스트 마이닝 기법을 다룬다.
- 14장: 딥러닝에 기반한 시계열 분석과 이미지 분석을 다룬다.

Chapter

10

회귀 분석

학습목표

- 머신러닝의 지도 학습 방식을 이해한다.
- 머신러닝을 위한 파이썬 라이브러리인 사이킷런을 학습한다.
- 머신러닝 방식의 선형 회귀 분석을 통해 예측을 수행할 수 있다.

01 [회귀 분석 + 산점도/선형 회귀 그래프]

항목에 따른 자동차 연비 예측하기

0 분석 미리보기

항목에 따른 자동차 연비 예측하기	
목표	자동차 연비 데이터에 머신러닝 기반의 회귀 분석을 수행하여 연비에 영향을 미치는 항목을 확인하고 그에 따른 자동차 연비를 예측한다.
핵심 개념	머신러닝, 머신러닝 프로세스, 지도 학습, 사이킷런, 사이킷런의 내장 데이터셋, 분석 평가 지표
데이터 수집	▪ 자동차 연비 데이터: UCI Machine Learning Repository에서 다운로드
데이터 준비 및 탐색	▪ 필요 없는 컬럼 제거 ▪ X 변수와 Y 변수 확인
분석 모델 구축	▪ 사이킷런의 선형 회귀 모델 구축
결과 시각화	

▪ X 변수와 Y 변수에 대한 산점도 그래프와 선형 회귀 그래프

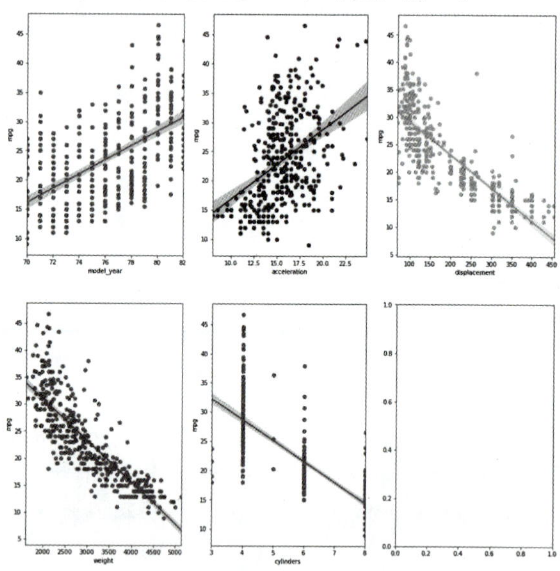

1 목표 설정

회귀 분석은 데이터 간의 연관성 분석이나 입력 데이터를 기반으로 결과를 예측하기 위한 분석에 많이 사용하는 머신러닝 분석 방법이다. 이 프로젝트의 목표는 자동차 연비 데이터에 머신러닝 기반의 회귀 분석을 수행하여 연비에 영향을 미치는 항목을 확인하고, 그에 따른 자동차 연비를 예측하는 것이다. 자동차 연비에 관련된 변수를 독립 변수(피처feature 변수) x로 설정하고 연비를 종속 변수(타깃target 변수) y로 설정하여 머신러닝을 이용한 선형 회귀 분석으로 연비를 예측하는 프로젝트를 수행해 보자.

2 핵심 개념 이해

프로젝트를 수행하는 데 필요한 내용을 알아보자.

머신러닝

1959년에 컴퓨터공학자인 아서 사무엘Arthur Samuel은 체커 게임 프로그램을 만들면서 머신러닝machine learning을 "컴퓨터에 명시적인 프로그램 없이 스스로 학습할 수 있는 능력을 부여하는 연구 분야"라고 정의하였다. 머신러닝은 인간이 지식과 경험을 학습하는 방법을 적용하여 컴퓨터에 입력된 데이터에서 스스로 패턴을 찾아 학습해 새로운 지식을 만들고 예측함으로써 통찰insight을 제공하는 AI의 한 분야다.

일반 프로그램은 [그림 10-1]의 (a)와 같이 프로그램을 실행하여 입력값에 대한 결괏값을 구하지만 머신러닝 프로그램은 (b)와 같이 입력값을 학습하여 학습 모델을 생성한다. 그리고 새로운 값을 학습 모델에 입력하면 모델을 수행하여 분석값 또는 예측값을 출력한다.

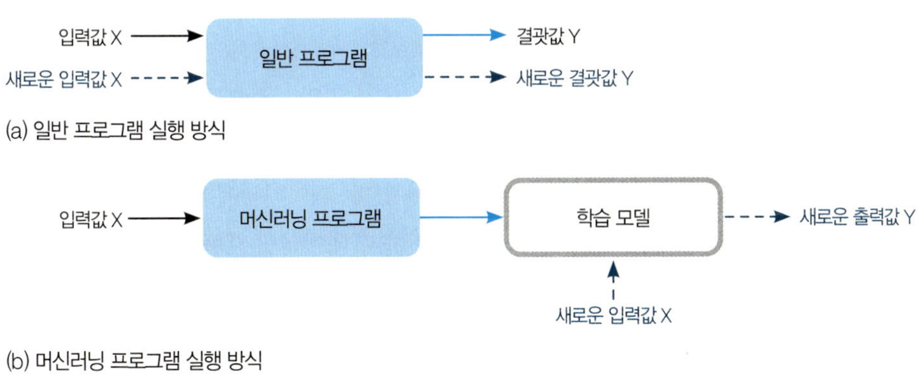

그림 10-1 일반 프로그램과 머신러닝 프로그램 실행 방식 비교

머신러닝 프로세스

머신러닝의 기본 프로세스는 다음과 같다.

데이터 수집 → 데이터 전처리 및 훈련/평가 데이터 분할 → 모델 구축 및 학습 → 모델 평가 → 예측

지도 학습

지도 학습supervised learning은 학습을 하기 위한 훈련 데이터training data에 입력과 출력을 같이 제공하므로 문제(입력)에 대한 답(출력, 결괏값)을 알고 있는 상태에서 학습하는 방식이다. 지도 학습에서는 입력을 예측 변수predictor variable 또는 속성, 특징feature이라고 하고, 출력을 반응 변수response variable 또는 목표 변수target variable, 클래스class, 레이블label이라고 한다. 지도 학습 방식을 사용하는 대표적인 머신러닝 유형으로 회귀와 분류가 있다.

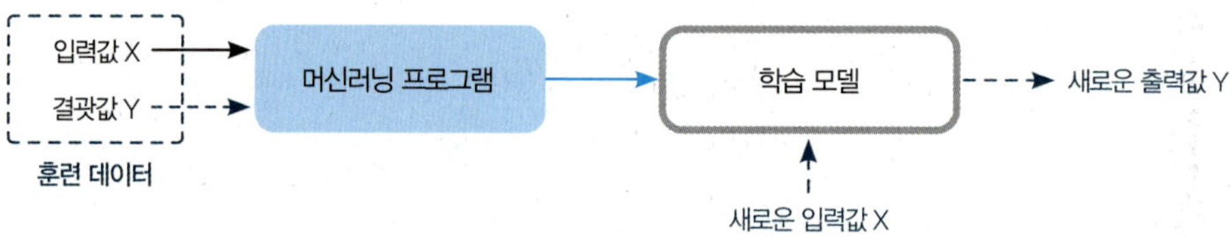

그림 10-2 머신러닝의 지도 학습 방식

사이킷런

사이킷런scikit-learn은 파이썬의 머신러닝 라이브러리 중에서 가장 많이 사용하는 라이브러리로 머신러닝을 수행하기 위한 쉽고 효율적인 개발 라이브러리를 제공한다. 사이킷런을 사용하여 데이터를 학습용과 평가용으로 분할하는 작업, 머신러닝 모델을 생성하고 훈련/예측/평가하는 작업 등을 할 수 있다.

사이킷런은 당뇨병 진단 데이터, 유방암 진단 데이터, 숫자 이미지 데이터, 붓꽃 데이터 등과 같은 머신러닝 분석용 데이터셋도 제공한다. 이러한 사이킷런의 내장 데이터셋sklearn.datasets은 머신러닝 모델에 바로 사용할 수 있는 형태로 되어 있다. 데이터셋에 있는 전체 n개의 컬럼 중 앞에서 (n-1)개의 컬럼은 독립 변수 X를 의미하며 데이터셋 객체의 data 배열에 있다. 그리고 마지막 컬럼은 종속 변수 Y이며, 데이터셋 객체의 target 배열로 관리한다.

TIP 머신러닝에서는 속성을 나타내는 독립 변수를 피처(feature)라고 하고 종속 변수는 클래스(class) 또는 타깃(target)이라고 한다.

분석 평가 지표

회귀 분석 결과에 대한 평가 지표는 예측값과 실제값의 차이인 오류의 크기가 된다. 정확한 평가를 위해 오류의 절댓값 평균이나 제곱의 평균, 제곱 평균의 제곱근 또는 분산 비율을 사용한다.

표 10-1 회귀 분석 결과에 대한 평가 지표

평가 지표	수식	사이킷런 라이브러리
MAE Mean Absolute Error	$\frac{1}{n}\sum_{i=1}^{n}\lvert Y_i-\hat{Y}_i\rvert$	metrics.mean_absolute_error()
MSE Mean Squared Error	$\frac{1}{n}\sum_{i=1}^{n}(Y_i-\hat{Y}_i)^2$	metrics.mean_squared_error()
RMSE Root Mean Squared Error	$\sqrt{\frac{1}{n}\sum_{i=1}^{n}(Y_i-\hat{Y}_i)^2}$	없음
R^2: Variance score, 결정 계수 coefficient of determination	$\frac{\text{예측값의 분산}}{\text{실제값의 분산}}$	metrics.r2_score()

3 데이터 수집

프로젝트에 사용할 자동차 연비 데이터는 UCI Machine Learning Repository에서 다운로드하여 사용한다.

1 자동차 연비 데이터 다운로드하기 UCI Machine Learning Repository(https://archive.ics.uci.edu)에 접속하여 'auto mpg'를 검색한다.

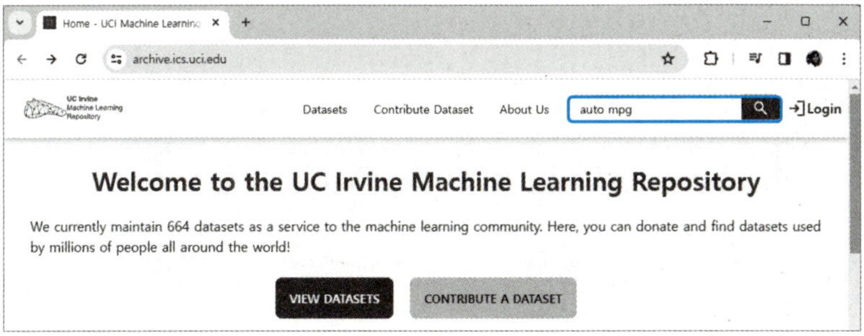

그림 10-3 UCI Machine Learning Repository 사이트에서 'auto mpg' 검색

2 Browse Datasets 페이지에서 'Auto MPG'를 클릭한다.

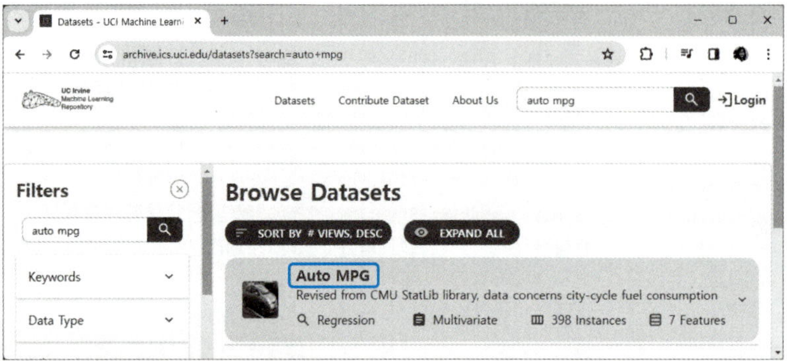

그림 10-4 다운로드할 데이터셋 선택

3 Auto MPG 페이지가 나타난다. 이 데이터셋의 Variable Table을 보면 자동차 연비를 나타내는 mpg miles per gallon는 타깃 변수(결과 변수, 종속 변수, Y)로 설정되어 있고, displacement, cylinders, horsepower, weight, acceleration, model_year, origin은 피처 변수(독립 변수, X)로 설정되어 있다. 맨 마지막 항목인 car_name은 자동차 이름을 나타내며, 데이터 샘플을 유일하게 구별하는 ID 역할을 하도록 구성되어 있다. 이러한 데이터 샘플(instance)이 398개가 있다. 〈DOWNLOAD〉 버튼을 클릭하여 데이터셋 파일을 다운로드한다.

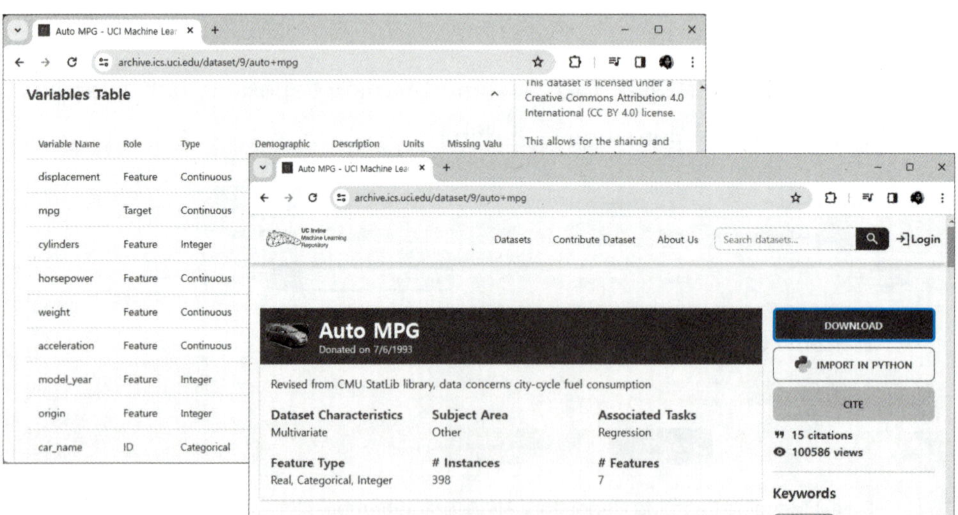

그림 10-5 데이터셋 다운로드

4 **CSV 파일로 변경하기** 다운로드한 auto+mpg.zip 파일을 압축 풀기하면 내부 파일로 auto-mpg.data 파일이 있다. 작업을 편리하게 하려면 이 auto-mpg.data 파일을 auto-mpg.csv 파일로 변경해야 한다. 엑셀 프로그램을 실행한 뒤 [열기] 메뉴에서 auto-mpg.data 파일을 선택한다.

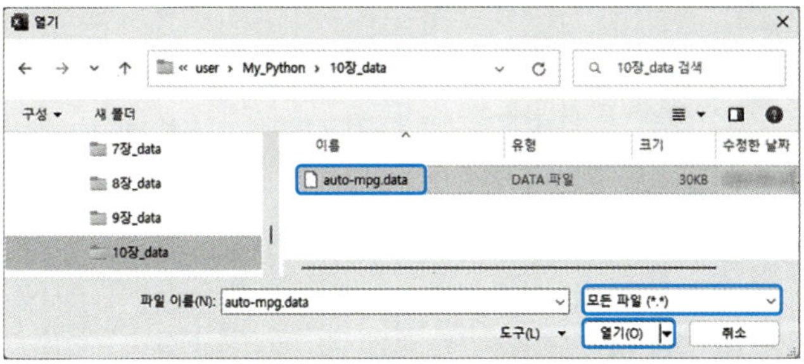

그림 10-6 CSV 파일로 변경하기 1: 엑셀 프로그램에서 파일 열기

5 텍스트 마법사 1단계는 〈다음〉 버튼을 클릭하여 넘어간다. 2단계에서는 [구분 기호]로 [공백]을 선택하고 〈다음〉 버튼을 클릭한다.

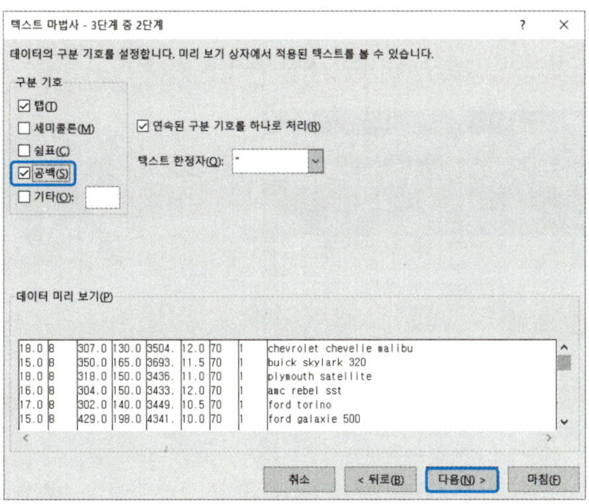

그림 10-7 CSV 파일로 변경하기 2: 텍스트 마법사로 파일 정리

6 텍스트 마법사 3단계에서 데이터 미리 보기를 확인하고 〈마침〉 버튼을 클릭한다.

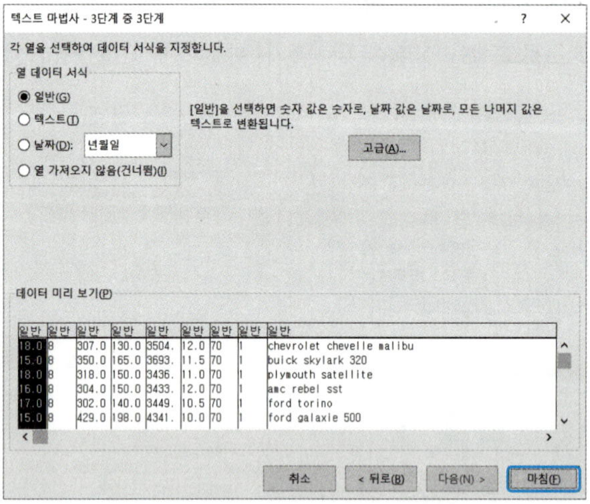

그림 10-8 CSV 파일로 변경하기 3: 미리보기로 확인한 후 텍스트 마법사 종료

7 파일 내용을 보면 9개 열과 398개 행으로 구성된 것을 볼 수 있다. 항목을 구분하기 위해 열 이름을 추가한다. 맨 위에 행을 삽입하고 열 이름으로 mpg, cylinders, displacement, horsepower, weight, acceleration, model_year, origin, car_name을 각각 입력한다.

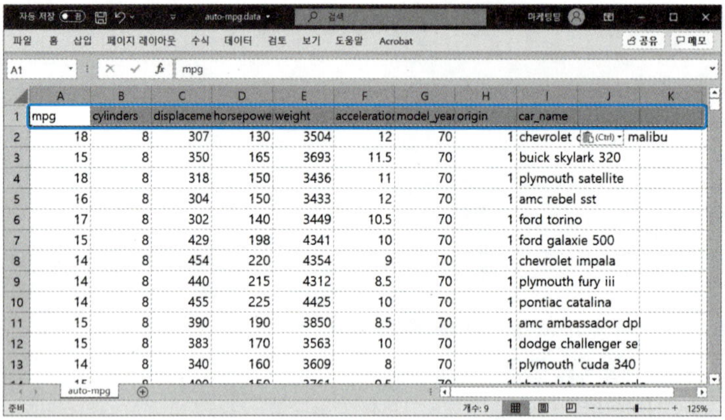

그림 10-9 CSV 파일로 변경하기 4: 항목 이름 추가

8 10장_data 폴더에 파일을 'auto-mpg.csv'로 저장한다.

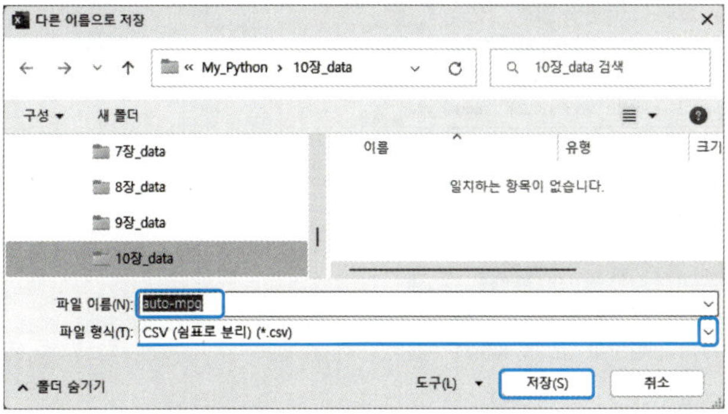

그림 10-10 CSV 파일로 변경하기 4: CSV 파일 저장

4 데이터 준비 및 탐색

저장한 데이터를 주피터 노트북에서 읽어와 분석에 필요 없는 컬럼을 제거하고 준비 및 탐색 작업을 해보자.

주피터 노트북에서 '10장_자동차연비분석'으로 노트북 페이지를 추가한다. 사이킷런을 설치하기 위해 노트북에 !pip install sklearn 명령을 입력한다.

다음을 입력하여 분석에 필요 없는 컬럼을 제거하고 데이터셋의 내용을 확인한다.

In [1]:

```
import numpy as np
import pandas as pd
data_df = pd.read_csv('./10장_data/auto-mpg.csv', header = 0, engine
                       = 'python')
```

In [2]:

```
print('데이터셋 크기: ', data_df.shape)
data_df.head()        # 작업 확인용 출력
```

Out[2]:

데이터셋 크기: (398, 9)

	mpg	cylinders	displacement	horsepower	weight	acceleration	model_year	origin	car_name
0	18.0	8	307.0	130	3504	12.0	70	1	chevrolet chevelle malibu
1	15.0	8	350.0	165	3693	11.5	70	1	buick skylark 320
2	18.0	8	318.0	150	3436	11.0	70	1	plymouth satellite
3	16.0	8	304.0	150	3433	12.0	70	1	amc rebel sst
4	17.0	8	302.0	140	3449	10.5	70	1	ford torino

In [3]:

```python
data_df = data_df.drop(['car_name', 'origin', 'horsepower'], axis = 1,
                       inplace = False)
data_df.head()        # 작업 확인용 출력
```

Out[3]:

	mpg	cylinders	displacement	weight	acceleration	model_year
0	18.0	8	307.0	3504	12.0	70
1	15.0	8	350.0	3693	11.5	70
2	18.0	8	318.0	3436	11.0	70
3	16.0	8	304.0	3433	12.0	70
4	17.0	8	302.0	3449	10.5	70

In [4]:

```python
print('데이터셋 크기: ', data_df.shape)
```

Out[4]:

```
데이터셋 크기: (398, 6)
```

In [5]:

```python
data_df.info()
```

Out[5]:

```
<class 'pandas.core.frame.DataFrame'>
RangeIndex: 398 entries, 0 to 397
Data columns (total 6 columns):
 #   Column        Non-Null Count  Dtype
---  ------        --------------  -----
 0   mpg           398 non-null    float64
 1   cylinders     398 non-null    int64
 2   displacement  398 non-null    float64
 3   weight        398 non-null    int64
 4   acceleration  398 non-null    float64
 5   model_year    398 non-null    int64
dtypes: float64(3), int64(3)
memory usage: 18.8 KB
```

In [2] 데이터셋의 형태data_df.shape를 확인해 보면, 398행과 9열로 구성되어 있다. 398개 데이터에 9개 컬럼이 있으므로 파일 내용이 DataFrame으로 잘 저장되었다는 것을 알 수 있다. 데이터 5개를 출력하여 내용을 확인한다data_df.head().

In [3] 피처 중에서 car_name, origin, horsepower는 분석에 사용하지 않으므로 제거한data_df.drop() 후 확인한다data_df.head().

In [4] 분석에 사용할 데이터셋의 형태data_df.shape를 확인한다.

In [5] 분석에 사용할 데이터셋의 정보data_df.info()를 확인한다.

5 분석 모델 구축, 결과 분석 및 시각화

선형 회귀 분석 모델 구축하기

1 자동차 연비 예측을 위해 다음과 같이 선형 회귀 분석 모델을 구축한다.

In [6]:
```
from sklearn.linear_model import LinearRegression
from sklearn.model_selection import train_test_split
from sklearn.metrics import mean_squared_error, r2_score
```

In [7]:
```
# X, Y 분할하기
Y = data_df['mpg']
X = data_df.drop(['mpg'], axis = 1, inplace = False)
```

In [8]:
```
# 훈련 데이터와 평가 데이터 분할하기
X_train, X_test, Y_train, Y_test = train_test_split(X, Y, test_size
                                        = 0.3, random_state = 0)
```

In [9]:
```
# 선형 회귀 분석: 모델 생성
lr = LinearRegression()
```

In [10]:
```
# 선형 회귀 분석: 모델 훈련
lr.fit(X_train.values, Y_train)
```

Out[10]:
```
LinearRegression()
```

In [11]:
```
# 선형 회귀 분석: 평가 데이터에 대한 예측 수행 -> 예측 결과로 Y_predict 구하기
Y_predict = lr.predict(X_test.values)
```

In [6] 사이킷런을 사용하여 머신러닝 선형 회귀 분석을 하기 위한 LinearRegression과 데이터셋 분리 작업을 하기 위한 train_test_split, 성능 측정을 하기 위한 평가 지표인 mean_squared_error, r2_score를 임포트한다.

In [7] 자동차 연비를 예측하는 것이 프로젝트의 목표이므로, mpg 피처를 회귀식의 종속 변수 Y로 설정하고, mpg를 제외한 나머지 피처를 독립 변수 X로 설정한다.

In [8] 데이터를 7:3 비율test_size=0.3로 분할하여train_test_split() 학습 데이터와 평가 데이터로 설정한다.

In [9] 선형 회귀 분석 모델 객체인 lr을 생성한다.

In [10] 학습 데이터 X값X_train.values과 YY_train를 가지고 학습을 수행한다fit().

In [11] 평가 데이터 X값X_test.values을 적용하여 예측을 수행한predict() 예측값 YY_predict를 구한다.

2 평가 지표를 통해 선형 회귀 분석 모델을 평가하고 회귀 계수를 확인하여 자동차 연비에 끼치는 피처의 영향을 분석한다.

In [12]:	`mse = mean_squared_error(Y_test, Y_predict)`
	`rmse = np.sqrt(mse)`
	`print('MSE : {0:.3f}, RMSE : {1:.3f}'.format(mse, rmse))`
	`print('R^2(Variance score) : {0:.3f}'.format(r2_score(Y_test, Y_predict)))`

Out[12]:	MSE : 12.278, RMSE : 3.504 R^2(Variance score) : 0.808
In [13]:	`print('Y 절편 값: ', np.round(lr.intercept_, 2))` `print('회귀 계수 값: ', np.round(lr.coef_, 2))`
Out[13]:	Y 절편 값: -17.55 회귀 계수 값: [-0.14 0.01 -0.01 0.2 0.76]
In [14]:	`coef = pd.Series(data = np.round(lr.coef_, 2), index = X.columns)` `coef.sort_values(ascending = False)`
Out[14]:	model_year 0.76 acceleration 0.20 displacement 0.01 weight -0.01 cylinders -0.14 dtype: float64

In [12] 회귀 분석은 지도 학습이므로 평가 데이터 X에 대한 YY_test를 이미 알고 있다. 평가 데이터의 결괏값Y_test과 예측 결괏값Y_predict의 오차를 계산하여 모델을 평가하는데, mean_squared_error()를 이용해 평가 지표 MSE를 구하고 구한 값의 제곱근을 계산하여 평가 지표 RMSE를 구한다. 그리고 r2_score()를 이용해 평가 지표 R^2을 구한다.

In [13] 선형 회귀의 Y절편lr.intercept_과 각 피처의 회귀 계수lr.coef_를 확인한다.

In [14] 회귀 모델에서 구한 회귀 계수 값lr.coef_과 피처 이름X.columns을 묶어서 Series 자료형으로 만들고, 회귀 계수 값을 기준으로 내림차순ascending = False으로 정렬sort_values()하여 회귀 계수 값이 큰 항목을 확인한다.

회귀 모델 결과로 자동차 연비를 예측하는 회귀식을 정리하면 다음과 같다.

$$Y_{mpg} = -0.14X_{cylinders} + 0.01X_{displacement} - 0.01X_{weight} + 0.20X_{acceleration} + 0.76X_{model\_year} - 17.55$$

회귀 분석 결과를 산점도 + 선형 회귀 그래프로 시각화하기

1 피처 중에서 타깃인 mpg를 제외하고 5개 피처가 회귀 분석에 미치는 영향을 시각화하여 알아보자. seaborn 라이브러리를 사용하여 산점도와 선형 회귀 그래프를 작성한다.

In [15]:
```
import matplotlib.pyplot as plt
import seaborn as sns
```

In [16]:
```
fig, axs = plt.subplots(figsize = (16, 16), ncols = 3, nrows = 2)
x_features = ['model_year', 'acceleration', 'displacement',
              'weight', 'cylinders']
plot_color = ['r', 'b', 'y', 'g', 'r']
for i, feature in enumerate(x_features):
    row = int(i/3)
    col = i%3

    sns.regplot(x = feature, y = 'mpg', data = data_df, ax =
                axs[row][col], color = plot_color[i])
```

In [15] 시각화에 필요한 모듈을 임포트한다.

In [16] subplots()를 사용하여 독립 변수인 5개 피처['model_year', 'acceleration', 'displacement', 'weight', 'cylinders']와 종속 변수인 연비mpg 간 회귀 관계를 보여주는 5개 그래프를 2행 3열 구조로 나타낸다.

[그림 10-11]의 시각화된 결과를 보면, model_year가 클수록(즉 최신 모델일수록), acceleration이 높을수록 자동차 연비가 높다. 반대로 displacement, weight, cylinders가 낮을수록 자동차 연비가 높다. 이러한 분석 결과는 연비가 높은 자동차를 선택할 때 활용할 수 있다.

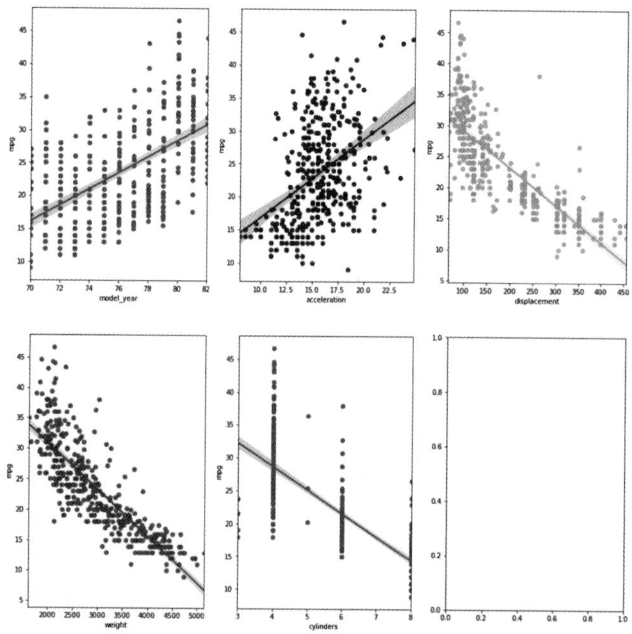

그림 10-11 5개 피처와 연비의 회귀 관계를 보여주는 산점도 + 선형 회귀 그래프

2 완성된 자동차 연비 예측 모델을 사용하여 임의의 데이터를 입력하면 연비를 예측할 수 있다.

In [17]:
```
print("연비를 예측하고 싶은 차의 정보를 입력해주세요.")

cylinders = int(input("cylinders : "))
displacement = int(input("displacement : "))
weight = int(input("weight : "))
acceleration = int(input("acceleration : "))
model_year = int(input("model_year : "))
```

Out[17]:
```
연비를 예측하고 싶은 차의 정보를 입력해주세요.
cylinders : 8
displacement : 350
weight : 3200
acceleration : 22
model_year : 99
```
키보드로 값을 입력한 후 Enter 누르기

In [18]:
```
mpg_predict = lr.predict([[cylinders, displacement, weight,
                            acceleration , model_year]])
```

In [19]:
```
print("이 자동차의 예상 연비(MPG)는 %.2f입니다." %mpg_predict)
```

Out[19]:
```
이 자동차의 예상 연비(MPG)는 41.32입니다.
```

In [17] 5개 항목(독립 변수)을 입력하면 변수에 저장한다.

In [18] 변수를 회귀 모델에 적용하여 예측 결괏값을 구한다.

02 [선형 회귀 분석 + 산점도/선형 회귀 그래프]

대기오염 데이터와 미세먼지의 연관성 분석하기

0 분석 미리보기

대기오염 데이터와 미세먼지의 연관성 분석하기	
목표	대기 오염 데이터에 머신러닝 기반의 회귀 분석을 수행하여 미세먼지와의 연관성을 분석한다.
핵심 개념	머신러닝, 머신러닝 프로세스, 지도 학습, 사이킷런, 사이킷런의 내장 데이터셋, 분석 평가 지표
데이터 수집	▪ 공공데이터포털에서 제공하는 오픈 API를 사용해 대기오염 및 미세먼지 데이터를 크롤링하여 수집
데이터 준비 및 탐색	▪ 대기오염 데이터 항목 확인 ▪ 그래프를 이용해 데이터 탐색
분석 모델 구축	▪ 사이킷런의 선형 회귀 모델 구축
결과 시각화	

▪ 미세먼지와 대기오염 항목의 관계

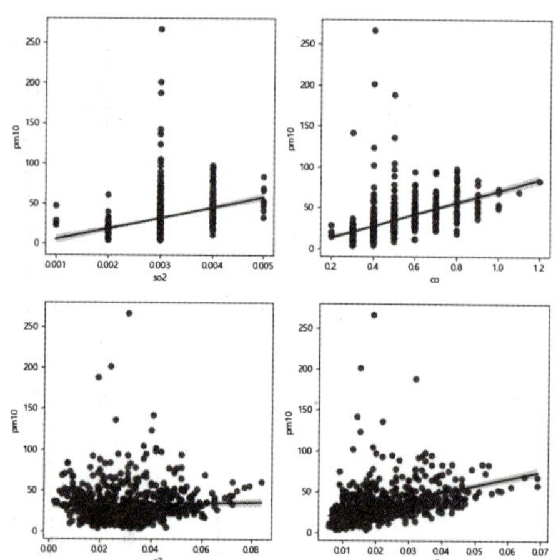

▪ 초미세먼지와 대기오염 항목의 관계

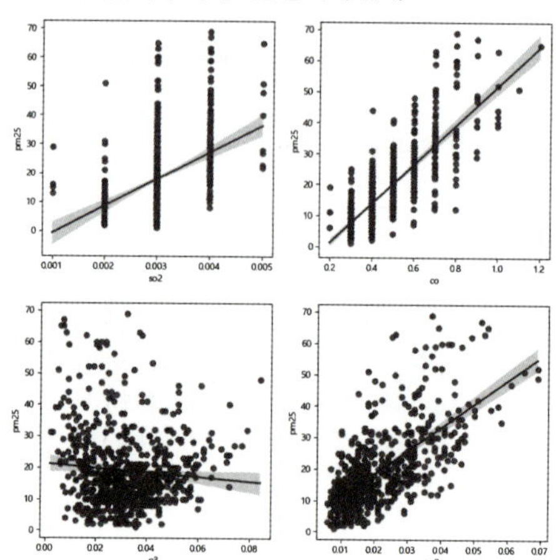

1 목표 설정

이 프로젝트의 목표는 대기 오염 데이터에 머신러닝 기반의 회귀 분석을 수행하여 미세먼지와 관련된 변수를 확인하고 회귀 계수를 구해 미세먼지와의 연관성을 살펴보는 것이다. 아황산가스, 일산화탄소 등 대기 오염 데이터 항목을 독립 변수 x로, 미세먼지(PM10)와 초미세먼지(PM2.5)를 각각 종속 변수 y로 설정하여 머신러닝을 이용한 선형 회귀 분석 프로젝트를 수행해 보자.

2 핵심 개념 이해

10장 1절의 프로젝트와 동일한 개념에 대한 이해가 필요하다.

3 데이터 수집

프로젝트를 수행하려면 미세먼지를 포함하여 대기오염 물질에 대한 측정 데이터가 필요하다. 5장에서 수행한 공공데이터 API 기반 크롤링을 하여 데이터를 수집해 보자.

1 공공데이터포털(www.data.go.kr)에서 '대기오염데이터'를 검색한 다음 [오픈 API] 탭에서 '한국환경공단_에어코리아_대기오염통계 현황'을 선택한다. 선택한 오픈 데이터는 측정소에서 측정한 아황산가스(SO_2), 일산화탄소(CO), 오존(O_3), 이산화질소(NO_2), 미세먼지(PM10), 초미세먼지(PM25) 데이터를 제공한다. 기술 문서와 상세 기능에서 요청 주소와 요청 변수 및 출력 결과 변수 등을 확인하고 크롤링 프로그램을 작성한다.

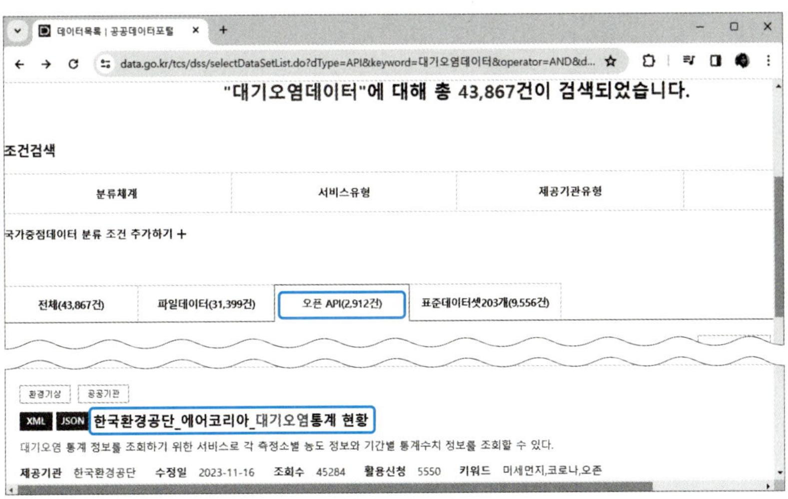

그림 10-12 공공데이터포털에서 '대기오염데이터' 검색

2 크롤링 파이썬 프로그램을 작성하기 위해 주피터 노트북에서 '10장_대기오염데이터크롤링'으로 노트북 페이지를 추가한다.

In [1]:
```
import urllib.request
import datetime
import json
import pandas as pd
```

In [2]:
```
# 공공데이터포털(data.go.kr)에서 발급받은 인증키를 복사하여 사용
ServiceKey= "인증키"
```

In [3]:
```
# [CODE 1]
def getRequestUrl(url):
    req = urllib.request.Request(url)
    try:
        response = urllib.request.urlopen(req)
        if response.getcode() == 200:
            print ("[%s] Url Request Success" % datetime.datetime.now())
            return response.read().decode('utf-8')
    except Exception as e:
        print(e)
        print("[%s] Error for URL : %s" % (datetime.datetime.now(), url))
        return None
```

In [4]:
```
# [CODE 2]
def reqAirInfo(where, beginDay, endDay, numOfRows):
    service_url = 'http://apis.data.go.kr/B552584/ArpltnStatsSvc/
getMsrstnAcctoRDyrg'
    parameters = "?returnType=json&serviceKey =" + ServiceKey # 인증키
    parameters += "&msrstnName =" + (urllib.parse.quote(where))
    parameters += "&inqBginDt =" + beginDay
    parameters += "&inqEndDt =" + endDay
    parameters += "&numOfRows =" + numOfRows
```

```
    url = service_url + parameters
    print(url)  # 액세스 거부 여부 확인용 완성된 url출력

    responseDecode = getRequestUrl(url)   # [CODE 1]

    if (responseDecode == None):
        return None
    else:
        return json.loads(responseDecode)
```

In [5]:

```
# [CODE 3]
def getAirInfoItem(item, result):
    msrstnName = item['msrstnName']  # 측정소
    msurDt = item['msurDt']  # 측정일
    so2Value = item['so2Value'] # 아황산가스 평균 농도
    coValue = item['coValue']  # 일산화탄소 평균 농도
    o3Value = item['o3Value']  # 오존 평균농도
    no2Value = item['no2Value'] # 이산화질소 평균 농도
    pm10Value = item['pm10Value'] # 미세먼지 평균 농도
    pm25Value = item['pm25Value'] # 초미세먼지 평균 농도

    result.append([msrstnName, msurDt, so2Value, coValue, o3Value,
no2Value, pm10Value, pm25Value])
```

In [3] url에 대한 서비스 요청을 보내고 JSON 형태로 받은 응답 데이터를 반환하는 함수를 정의한다.

In [4] 오픈 API로 제공하는 서비스 요청 url과 크롤링 조건을 parameter로 결합하여 url을 완성하고, getRequestUrl() 함수를 호출하여 받은 응답 데이터를 파이썬 json 객체로 반환하는 함수를 정의한다.

In [5] 응답으로 받은 json 형태의 일 측정 데이터item에서 항목을 추출하여 리스트result에 추가하는 함수를 정의한다.

3 우리는 종로구 측정소에서 2022년 4월 1일부터 2024년 2월 15일까지 측정된 대기오염 데이터를 수집한다.

In [6]:	`where = input('대기오염 데이터 수집 측정소를 입력하세요 : ')`
	`beginDay = input('대기오염 데이터 수집 시작 일자를 입력하세요(YYYYMMDD) : ')`
	`endDay = input('대기오염 데이터 수집 종료 일자를 입력하세요(YYYYMMDD) : ')`

Out[6]:	대기오염 데이터 수집 측정소를 입력하세요 : **종로구** — 키보드 입력 대기오염 데이터 수집 시작 일자를 입력하세요(YYYYMMDD) : **20220401** 대기오염 데이터 수집 종료 일자를 입력하세요(YYYYMMDD) : **20240215**

In [7]:	`b_date = datetime.datetime.strptime(beginDay, '%Y%m%d')`
	`e_date = datetime.datetime.strptime(endDay, '%Y%m%d')`
	`days = e_date - b_date`
	`numOfRows = str(days.days)  # 크롤링 데이터 수: 수집 기간의 일수`
	
	`jsonResponse = []  # 크롤링한 JSON 데이터를 저장할 리스트`
	`result = []        # JSON에서 항목을 추출하여 저장할 리스트 -> csv로 저장`

In [8]:	`jsonResponse = `**`reqAirInfo(`**`where, beginDay, endDay, numOfRows)  # [CODE 2]`
Out[8]:	http://apis.data.go.kr/B552584/ArpltnStatsSvc/getMsrstnAcctoRDyrg? returnType=json&serviceKey=xHru4wnHHGAMDByNJ78vlA2sbT%2BWifXKF%2FD &msrstnName=%EC%A2%85%EB%A1%9C%EA%B5%AC&inqBginDt=20220401 &inqEndDt=20240215&numOfRows=685 [2024-02-16 12:41:55.891220] Url Request Success
In [9]:	**`for`**` item `**`in`**` jsonResponse['response']['body']['items']:` **`getAirInfoItem`**`(item, result)  # [CODE 3]`

In [10]:	`# 파일 저장: csv 파일`
	`columnNames = ["location", "day", "so2", "co", "o3", "no2", "pm10", "pm25"]`
	`result_df = pd.DataFrame(result, columns = columnNames)`
	`result_df.to_csv('./10장_data/대기오염데이터_%s_%s_%s.csv' % (where,`
	`beginDay, endDay), index=False, encoding='CP949')`
	
	`print ('./10장_data/대기오염데이터_%s_%s_%s.csv 저장완료.' % (where,`
	`beginDay, endDay))`

Out[10]:	./10장_data/대기오염데이터_종로구_20220401_20240215.csv 저장완료.

In [6] 오픈 API에 사용하기 위해 url에 추가할 매개변수로 필요한 크롤링 조건을 입력받는다.

In [7] url에 추가할 데이터 개수$_{numOfRows}$ 값을 만들고 리스트 변수를 선언한다.

In [8]~[9] reqAirInfo( ) 함수를 호출하여 데이터 수집을 수행하고, getAirInfoItem( ) 함수를 호출하여 수집한 데이터를 리스트$_{result}$에 정리한다.

In [10] 리스트$_{result}$를 데이터프레임$_{result_df}$로 변환하여 csv 파일로 10장_data 폴더에 저장한다.

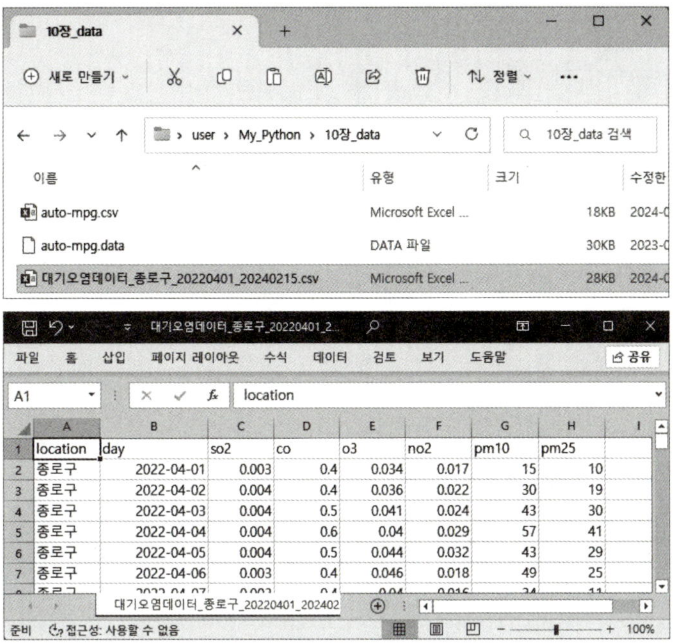

그림 10-13 데이터 수집으로 저장된 csv 파일 확인

4 데이터 준비 및 탐색

수집하여 저장한 데이터를 주피터 노트북에서 연 뒤 준비 및 탐색 작업을 해보자.

1 주피터 노트북에서 노트북 페이지를 추가하여 '10장_미세먼지회귀분석'으로 저장하고 다음을 입력한다.

```
In [1]:  import numpy as np
         import pandas as pd
```

In [2]:	`data_df = pd.read_csv('./10장_data/대기오염데이터_종로구_20220401_20240215.csv', header = 0, encoding = 'CP949', engine = 'python')`

Out[2]:

	location	day	so2	co	o3	no2	pm10	pm25
0	종로구	2022-04-01	0.003	0.4	0.034	0.017	15	10
1	종로구	2022-04-02	0.004	0.4	0.036	0.022	30	19
2	종로구	2022-04-03	0.004	0.5	0.041	0.024	43	30
3	종로구	2022-04-04	0.004	0.6	0.040	0.029	57	41
4	종로구	2022-04-05	0.004	0.5	0.044	0.032	43	29

In [3]:

```
print(data_df.shape)
```

Out[3]:

```
(673, 8)
```

In [4]:

```
data_df.isna().sum()
```

Out[4]:

```
location    0
day         0
so2         7
co          0
o3          0
no2         0
pm10        0
pm25        0
dtype: int64
```

In [5]:

```
data_df = data_df.fillna(data_df['so2'].median())
data_df.isna().sum()  # 작업 결과 확인용
```

Out[5]:

```
location    0
day         0
so2         0
co          0
o3          0
no2         0
pm10        0
pm25        0
dtype: int64
```

In [2]~[3] 데이터 CSV 파일을 읽어와 구조를 확인하니 673개의 행과 8개의 열이 있다.

In [4]~[5] 데이터 결측치를 확인해 보니 so2에서 7개 값이 결측치로 나타났다. 결측치가 있는 샘플을 삭제할 수도 있지만, 중간값으로 채워 넣는 방법을 사용하였다.

2 데이터를 좀 더 쉽게 탐색하기 위해 그래프 시각화를 사용해 보자.

In [6]:

```
import matplotlib
import matplotlib.pyplot as plt

plt.rc('font', family='Malgun Gothic')

graph_df = data_df.drop(['location'], axis = 1, inplace = False)
graph_df.set_index('day',inplace=True)
graph_df.plot(kind='line', figsize=(10, 6)) # kind='line' 선형그래프 지정

plt.title('대기 오염 항목 그래프')
plt.xlabel('day')
plt.legend(loc='upper left')  # 범례 위치 설정
plt.show()
```

Out[6]:

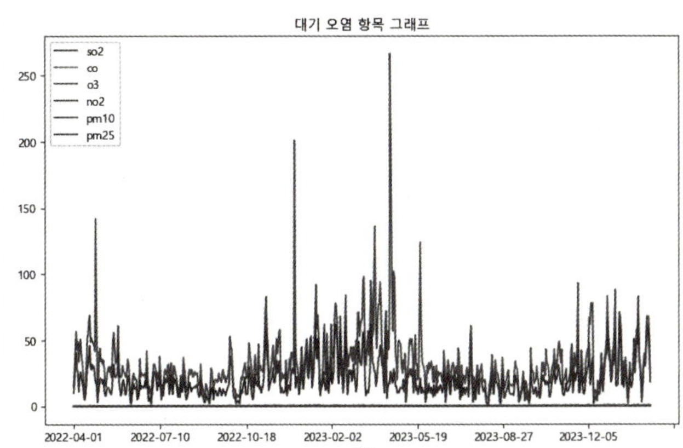

In [6] 측정소location를 제외하고, 6개 항목에 대한 측정치를 그래프로 시각화하였다.

3 각 항목에 따라 수치의 범위가 다르기 때문에 데이터 탐색이 어려우므로 6개 측정치를 정규화한 후에 그래프로 시각화해 보자.

In [7]:

```
from sklearn.preprocessing import StandardScaler
```

In [8]:

```
data_df2 = data_df.drop(['location', 'day'], axis = 1, inplace = False)
data_df2_scaled = StandardScaler().fit_transform(data_df2.values)
data_df2 = pd.DataFrame(data_df2_scaled)
data_df2.columns = ['so2','co','o3','no2','pm10','pm25']
```

In [9]:

```
day_df = data_df[['day']].copy()
grapf_df2 = pd.concat([day_df, data_df2], axis = 1)
```

In [10]:

```
graph_df2.set_index('day',inplace = True)
graph_df2.plot(kind='line', figsize = (16, 8))
plt.title('대기 오염 항목 그래프2')
plt.xlabel('day')
plt.legend(loc = 'upper left')
plt.rcParams['axes.unicode_minus'] = False  # 음수 부호 깨지지 않게 설정
plt.show()
```

Out[10]:

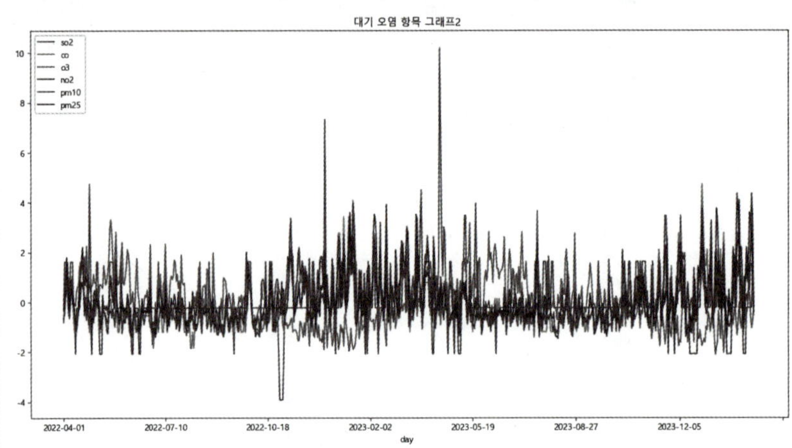

In [8] 측정소location와 측정일day을 제외하고, 대기 오염 측정치 6개 항목을 추출하여 정규화 작업StandardScaler().fit_transform()을 수행하고, 자료형을 데이터프레임으로 변환한다.

In [9]~[10] 그래프의 X축에 사용할 측정일day과 정규화된 측정치 데이터를 결합한 graph_df2를 이용하여 그래프를 그린다.

데이터를 시각화한 그래프만으로는 데이터를 충분히 이해하기 어려운 경우도 많다. 데이터 탐색은 이 정도로 하고, 다음 단계인 데이터 분석을 진행해 보자.

5 분석 모델 구축, 결과 분석 및 시각화

날씨 예보에서 미세먼지(PM10)와 초미세먼지(PM25)를 구별하여 예보하듯이, 이번 프로젝트에서도 미세먼지와 초미세먼지를 구별하여 각각 회귀 분석을 수행한다.

In [11]:
```
from sklearn.linear_model import LinearRegression
from sklearn.model_selection import train_test_split
from sklearn.metrics import mean_squared_error, r2_score

import matplotlib.pyplot as plt
import seaborn as sns
```

In [12]:
```
# X, Y 분할하기
Y_pm10 = data_df['pm10']    # 미세먼지 분석을 위한 Y
Y_pm25 = data_df['pm25']    # 초미세먼지 분석을 위한 Y
X = data_df.drop(['location', 'day','pm10', 'pm25'], axis = 1,
inplace = False)
```

In [12] 머신러닝 분석에 사용할 독립 변수 X와 종속 변수 Y를 분할한다. 독립 변수 X는 아황산가스(SO_2), 일산화탄소(CO), 오존(O_3), 이산화질소(NO_2)를 설정한다. 종속 변수 Y는 미세먼지 분석을 위해 pm10을 분할한 Y_pm10와 초미세먼지 분석을 위해 pm25를 분할한 Y_pm25를 설정한다.

미세먼지와 대기오염 항목에 대한 회귀 분석하기

1 머신러닝 회귀 분석 모델 구축하기 미세먼지 분석을 위해 다음과 같이 선형 회귀 분석 모델을 구축한다.

In [13]:
```
# 훈련 데이터와 평가 데이터 분할하기
X_train, X_test, Y_pm10_train, Y_pm10_test = train_test_split(X, Y_pm10,
test_size = 0.3, random_state = 156)
```

In [14]:
```
# 선형 회귀 분석: 모델 생성
lr_pm10 = LinearRegression()
```

In [15]:
```
# 선형 회귀 분석: 모델 훈련
lr_pm10.fit(X_train, Y_pm10_train)
```

Out[15]:	▾ LinearRegression LinearRegression()
In [16]:	`# 선형 회귀 분석: 평가 데이터에 대한 예측 수행 -> 예측 결과로 Y_predict 구하기` `Y_pm10_predict = lr_pm10.predict(X_test)`

In [13] 미세먼지 항목인 Y_pm10을 훈련용과 평가용으로 분할한다.

In [14]~[16] 미세먼지에 대한 회귀 분석 모델lr_pm10을 생성하여 훈련하고, 평가 데이터에 대한 결괏값을 구한다.

2 모델 평가하기 평가 지표를 통해 선형 회귀 분석 모델을 평가하고, 미세먼지와 대기오염 항목의 관계를 확인한다.

In [17]:
```
mse = mean_squared_error(Y_pm10_test, Y_pm10_predict)
rmse = np.sqrt(mse)

print('MSE : {0:.3f}, RMSE : {1:.3f}'.format(mse, rmse))
print('R^2(Variance score) : {0:.3f}'.format(r2_score(Y_pm10_test,
Y_pm10_predict)))
```

Out[17]:
```
MSE : 293.367, RMSE : 17.128
R^2(Variance score) : 0.344
```

In [18]:
```
print('Y_pm10 절편 값: ', lr_pm10.intercept_)
print('회귀 계수 값: ', np.round(lr_pm10.coef_, 1))
```

Out[18]:
```
Y_pm10 절편 값:  -24.63720422013533
회귀 계수 값:  [2512.8   55.2  444.8  447.3]
```

In [19]:
```
coef = pd.Series(data = np.round(lr_pm10.coef_, 2), index = X.columns)
coef.sort_values(ascending = False)
```

Out[19]:
```
so2    2512.75
no2     447.27
o3      444.80
co       55.18
dtype: float64
```

In [17] 성능 평가 지표를 사용하여 모델을 평가한다.

In [18]~[19] 미세먼지$_{pm10}$에 대한 4개 대기 오염 피처의 회귀 계수를 구한다. 미세먼지와 가장 연관성이 높은 피처는 아황산가스(so2)로 압도적인 수치를 보여준다. 뒤이어 이산화질소(no2), 오존(o3), 일산화탄소(co) 순서로 나타났다.

3 산점도+선형 회귀 그래프로 시각화하기 미세먼지 회귀 분석 결과를 산점도 및 선형 회귀 그래프로 시각화하여 확인해 보자.

In [20]:

```
fig, axs = plt.subplots(figsize=(10, 10), ncols=2, nrows=2)
x_features = ['so2', 'co', 'o3', 'no2']

for i, feature in enumerate(x_features):
      row = int(i/2)
      col = i%2
      sns.regplot(x=feature, y='pm10', data=data_df, ax=axs[row]
[col])
```

Out[20]:

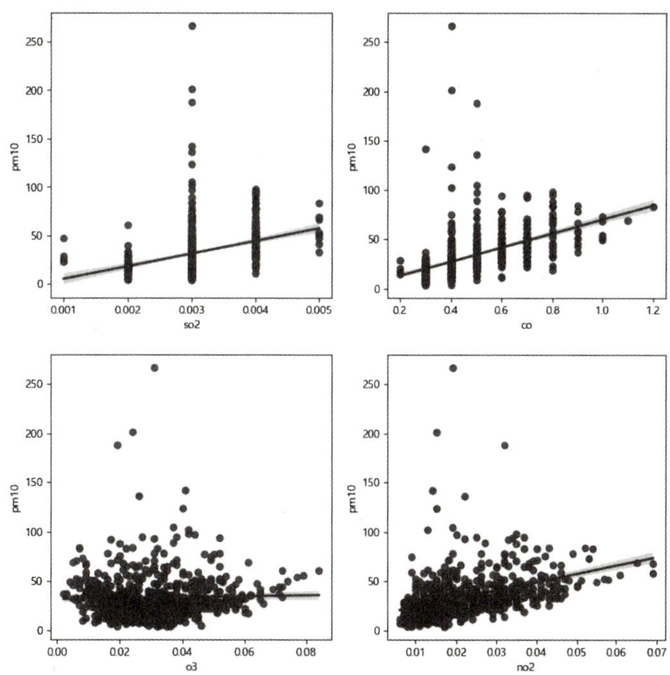

In [20] regplot( )을 사용하여 종속 변수인 미세먼지$_{pm10}$와 4개 피처의 관계를 보여주는 4개 그래프를 시각화하였다.

초미세먼지와 대기오염 항목에 대한 회귀 분석하기

1 머신러닝 회귀 분석 모델 구축하기 이번에는 초미세먼지를 분석하기 위해 다음과 같이 선형 회귀 분석 모델을 구축한다.

In [21]:
```
# 훈련 데이터와 평가 데이터 분할하기
X_train, X_test, Y_pm25_train, Y_pm25_test = train_test_split(X, Y_pm25, test_size=0.3, random_state=156)
```

In [22]:
```
# 선형 회귀 분석: 모델 생성
lr_pm25 = LinearRegression()
```

In [23]:
```
# 선형 회귀 분석: 모델 훈련
lr_pm25.fit(X_train, Y_pm25_train)
```

Out[23]:
```
▾ LinearRegression
LinearRegression()
```

In [24]:
```
# 선형 회귀 분석: 평가 데이터에 대한 예측 수행 -> 예측 결과로 Y_predict 구하기
Y_pm25_predict = lr_pm25.predict(X_test)
```

In [21] 초미세먼지 항목인 Y_pm25를 훈련용과 평가용으로 분할한다.

In [22]~[24] 초미세먼지에 대한 회귀 분석 모델lr_pm25을 생성하여 훈련하고, 평가 데이터에 대한 결괏값을 구한다.

2 모델 평가하기 평가 지표를 통해 선형 회귀 분석 모델을 평가하고, 초미세먼지와 대기오염 항목의 관계를 확인한다.

In [25]:
```
mse = mean_squared_error(Y_pm25_test, Y_pm25_predict)
rmse = np.sqrt(mse)

print('MSE : {0:.3f}, RMSE : {1:.3f}'.format(mse, rmse))
print('R^2(Variance score) : {0:.3f}'.format(r2_score(Y_pm25_test,
Y_pm25_predict)))
```

Out[25]:
```
MSE : 51.813, RMSE : 7.198
R^2(Variance score) : 0.661
```

In [26]:
```
print('Y_pm25 절편 값: ', lr_pm25.intercept_)
print('회귀 계수 값: ', np.round(lr_pm25.coef_, 1))
```

Out[26]:
```
Y_pm25 절편 값:  -22.952459871175368
회귀 계수 값:  [776.   61.5 218.2 136.8]
```

In [27]:
```
coef = pd.Series(data = np.round(lr_pm25.coef_, 2), index = X.columns)
coef.sort_values(ascending = False)
```

Out[27]:
```
so2    776.01
o3     218.18
no2    136.83
co      61.50
dtype: float64
```

In [26]~[27] 초미세먼지pm25에 대한 4개 대기 오염 피처의 회귀 계수를 구한다. 초미세먼지와 연관성이 높은 피처는 아황산가스(so2), 오존(o3), 이산화질소(no2), 일산화탄소(co) 순서로 나타났다.

3 산점도+선형 회귀 그래프로 시각화하기 초미세먼지 회귀 분석 결과를 산점도 및 선형 회귀 그래프로 시각화하여 확인해 보자.

In [28]:

```
fig, axs = plt.subplots(figsize = (10, 10), ncols = 2, nrows = 2)
x_features = ['so2', 'co', 'o3', 'no2']

for i, feature in enumerate(x_features):
    row = int(i/2)
    col = i%2
    sns.regplot(x = feature, y = 'pm25', data = data_df, ax = axs[row][col])
```

Out[28]:

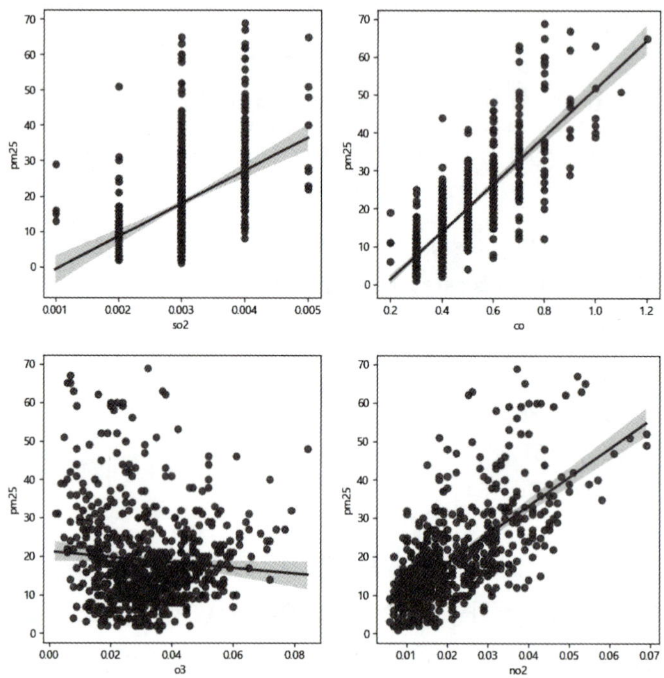

In [28] regplot( )을 사용하여 종속 변수인 초미세먼지$_{pm25}$와 4개 피처의 관계를 보여주는 4개 그래프를 시각화하였다.

Chapter 11

분류 분석

학습목표

- 로지스틱 회귀의 이진 분류를 이해한다.
- 로지스틱 회귀 분석을 이용해 질병 진단을 할 수 있다.
- 결정 트리의 다중 분류를 이해한다.
- 결정 트리 분석을 이용해 움직임을 분류할 수 있다.

01 [로지스틱 회귀 분석]
특징 데이터로 유방암 진단하기

0 분석 미리보기

특징 데이터로 유방암 진단하기	
목표	로지스틱 회귀 분석을 이용해 유방암에 영향을 미치는 특징 데이터를 분석하고 유방암 여부를 진단하는 예측 모델을 생성한다.
핵심 개념	로지스틱 회귀, 시그모이드 함수, 성능 평가 지표, 오차 행렬, 정밀도, 재현율, F1 스코어, ROC 기반 AUC 스코어
데이터 준비	▪ 유방암 진단 데이터: 사이킷런 내장 데이터셋
데이터 탐색	▪ 사이킷런 데이터셋에서 제공하는 설명 확인: b_cancer.DESCR ▪ 사이킷런 데이터셋에 지정된 X 피처와 타깃 피처 결합 ▪ 로지스틱 회귀 분석을 위해 X 피처 값을 정규 분포 형태로 스케일링: b_cancer_scaled = scaler.fit_transform(b_cancer.data)
분석 모델 구축	▪ 사이킷런의 로지스틱 회귀 모델 구축
결과 분석	▪ 성능 평가 지표 계산: confusion_matrix, accuracy_score, precision_score, recall_score, f1_score, roc_auc_score

1 목표 설정

분류classification는 대표적인 지도 학습 유형의 머신러닝 기법으로, 데이터에 주어진 클래스 값을 학습하여 각 클래스를 구별할 수 있는 패턴을 찾아 학습 모델을 생성하고 새로운 데이터에 대한 클래스를 예측 및 분류하는 기법이다. 로지스틱 회귀는 선형 회귀 방식을 참/거짓의 이진 분류에 적용한 기법이다. 여기서는 유방암 특징을 측정한 데이터에 로지스틱 회귀 분석을 수행하여 유방암 발생을 예측하는 프로젝트를 수행해 보자.

2 핵심 개념 이해

프로젝트를 수행하는 데 필요한 개념을 알아보자.

로지스틱 회귀

로지스틱 회귀logistic regression는 분류에 사용하는 기법으로, 선형 함수를 사용하여 추세를 예측하는 선형 회귀와 달리 S자 함수를 사용하여 참(True, 1)과 거짓(False, 0)을 분류한다.

공부 시간	1	3	5	7	9	11
점수	40	55	65	70	80	95

공부 시간	1	3	5	7	9	11
점수	불합격	불합격	불합격	합격	합격	합격

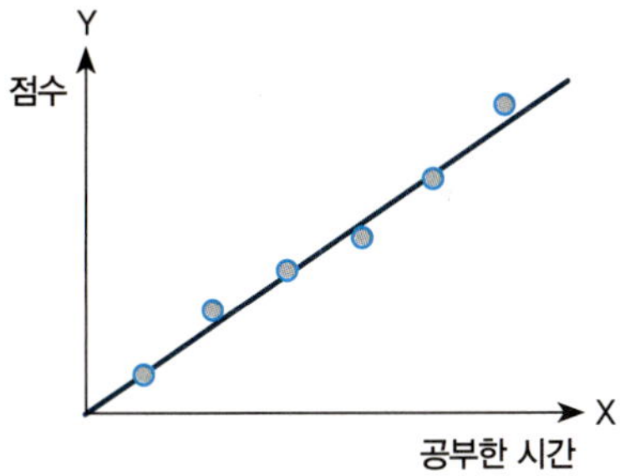

(a) 선형 회귀와 선형 함수

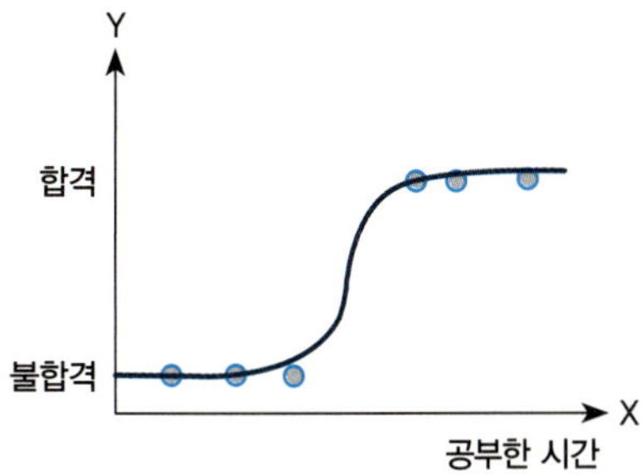

(b) 로지스틱 회귀와 S자 함수

그림 11-1 선형 회귀와 로지스틱 회귀 비교

시그모이드 함수

로지스틱 회귀에서 사용하는 S자 함수를 시그모이드 함수sigmoid function라고 한다. 시그모이드 함수의 방정식은 다음과 같다.

$$y = \frac{1}{1+e^{ax+b}}$$

시드모이드 함수는 x의 값이 커지면 y의 값은 1에 근사하게 되고 x의 값이 작아지면 y의 값은 0에 근사하게 되어 S자 형태의 그래프가 된다. 이러한 특성을 이용해 2개의 값을 분류하는 이진 분류에 많이 사용한다.

로지스틱 회귀 모델의 성능 평가 지표

로지스틱 회귀 모델의 성능 평가 지표는 선형 회귀 모델의 성능 평가 지표와 다르다. 선형 회귀 모델은 실제값과 예측값의 오차에 기반한 지표를 사용하지만 로지스틱 회귀 모델은 이진 분류 결과를 평가하기 위해 오차 행렬에 기반한 성능 지표인 정밀도, 재현율, F1 스코어, ROC_AUC를 사용한다.

오차 행렬과 정확도

오차 행렬confusion matrix은 행렬을 사용해 이진 분류의 예측 오류를 나타내는 지표로, 행은 실제 클래스의 Negative/Positive 값을 나타내고 열은 예측 클래스의 Negative/Positive 값을 나타낸다.

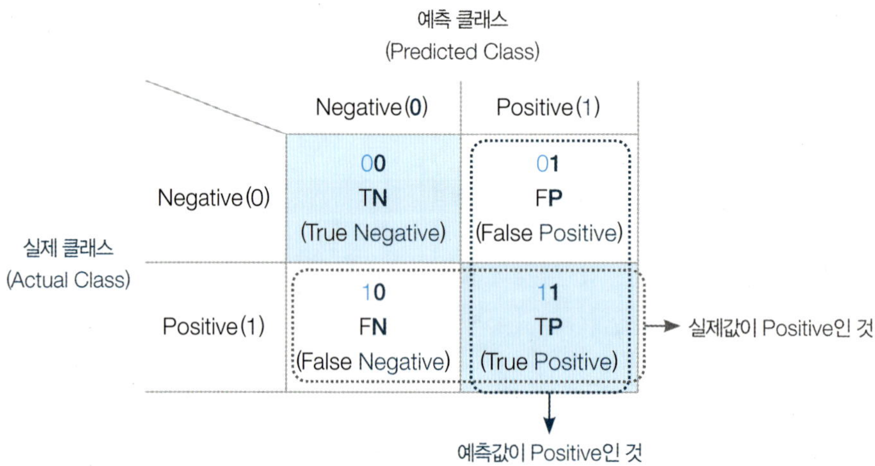

그림 11-2 오차 행렬

[그림 11-2]에서 TN은 Negative가 참True인 경우, FP는 Positive가 거짓False인 경우, FN은 Negative가 거짓인 경우, TP는 Positive가 참인 경우를 의미한다. 모델의 정확도accuracy는 오차 행렬을 사용하여 다음과 같이 설명할 수 있다.

$$정확도 = \frac{예측\ 결과와\ 실제값이\ 동일한\ 건수}{전체\ 데이터\ 수} = \frac{(TN+TP)}{(TN+FP+FN+TP)}$$

사이킷런에서는 오차 행렬을 구하기 위해 confusion_matrix 함수를 제공한다.

정밀도

정밀도precision는 예측값이 Positive인 것(FP+TP) 중에서, 참인 것(TP)의 비율을 의미한다. 정밀도는 Positive 예측 성능을 더 정밀하게 평가하기 위한 지표로 사용한다.

$$정밀도 = \frac{TP}{(FP+TP)}$$

사이킷런에서는 정밀도를 구하기 위해 precision_score 함수를 제공한다.

재현율

재현율recall은 실제값이 Positive인 것(FN+TP) 중에서 참인 것(TP)의 비율을 의미한다. 재현율은 실제 Positive인 데이터를 정확히 예측했는지 평가하는 지표로, 민감도sensitivity 또는 TPRTrue Positive Rate이라고 한다.

$$\text{재현율} = \frac{TP}{(FN+TP)}$$

사이킷런에서는 재현율을 구하기 위해 recall_score 함수를 제공한다.

F1 스코어

F1 스코어F1 score는 정밀도와 재현율을 결합한 평가 지표로, 정밀도와 재현율이 서로 트레이드 오프 관계(상충 관계)인 문제점을 고려하여 정확한 평가를 위해 많이 사용한다.

$$F1\ \text{스코어} = \frac{2}{\frac{1}{\text{재현율}}+\frac{1}{\text{정밀도}}} = 2\times\frac{\text{정밀도}\times\text{재현율}}{\text{정밀도}+\text{재현율}}$$

사이킷런에서는 F1 스코어를 구하기 위해 f1_score 함수를 제공한다.

ROC 기반 AUC 스코어

ROC는 오차 행렬의 FPRFP Rate이 변할 때 TPRTP Rate이 어떻게 변하는지를 나타내는 곡선이다. FPR은 실제 Negative인 데이터를 Positive로 거짓False으로 예측한 비율이고 TPR은 실제 Positive인 데이터를 참True으로 예측한 비율(재현율)이다.

$$FPR = \frac{FP}{(FP+TN)}$$

ROC 기반의 AUC 값은 ROC 곡선 밑의 면적을 구한 것으로 1에 가까울수록 좋은 성능을 의미한다. 사이킷런에서는 ROC 기반의 AUCReceiver Operation characteristic Curve – Area Under Curve를 구하기 위해 roc_auc_score 함수를 제공한다.

3 데이터 준비 및 탐색

사이킷런에서는 다음과 같이 다양한 데이터셋을 제공한다.

표 11-1 사이킷런에서 제공하는 주요 데이터셋

데이터셋	샘플 갯수	독립 변수	종속 변수	데이터 로드 함수
붓꽃(아이리스) 데이터	150	4개	붓꽃 종류: setosa, versicolor, virginica	load_iris()
당뇨병 환자 데이터	442	10개	당뇨병 수치	load_diabetes()
숫자 0~9를 손으로 쓴 흑백 데이터	1797	64개	숫자: 0~9	load_digits()
와인의 화학 성분 데이터	178	13개	와인 종류: 0, 1, 2	load_wine()
체력 검사 데이터	20	3개	체력 검사 점수	load_linnerud()
유방암 진단 데이터	569	30개	악성(malignant), 양성(benign): 1, 0	load_ breast_ cancer()

사이킷런의 유방암 진단 데이터셋 사용하기

이 프로젝트에서는 유방암 진단 데이터셋을 사용한다.

1 데이터 준비하기 주피터 노트북에서 '11장_로지스틱회귀분석'으로 노트북 페이지를 추가하고 다음을 입력한다.

```
In [1]: import numpy as np
        import pandas as pd

        from sklearn.datasets import load_breast_cancer
In [2]: b_cancer = load_breast_cancer()
```

In [1] 사이킷런에서 제공하는 데이터셋sklearn.datasets 중에서 유방암 진단 데이터셋을 사용하기 위해 load_breast_cancer를 임포트한다.

In [2] 데이터셋을 로드하여 객체b_cancer를 생성한다.

2 데이터 탐색하기 사이킷런에서 제공하는 데이터셋이므로 머신러닝 분석에 사용할 수 있도록 정리된 상태다. b_cancer 객체의 필드와 함수를 사용해서 데이터셋을 탐색한다.

In [3]:
```
print(b_cancer.DESCR)
```

In [4]:
```
b_cancer_df = pd.DataFrame(b_cancer.data, columns = b_cancer.
                                              feature_names)
```

In [5]:
```
b_cancer_df['diagnosis']= b_cancer.target
```

In [6]:
```
b_cancer_df.head()
```

Out[6]:

	mean radius	mean texture	mean perimeter	mean area	mean smoothness	mean compactness	mean concavity	mean concave points	mean symmetry	mean fractal dimension	...	worst texture	worst perimeter	worst area	worst smoothness
0	17.99	10.38	122.80	1001.0	0.11840	0.27760	0.3001	0.14710	0.2419	0.07871	...	17.33	184.60	2019.0	0.1622
1	20.57	17.77	132.90	1326.0	0.08474	0.07864	0.0869	0.07017	0.1812	0.05667	...	23.41	158.80	1956.0	0.1238
2	19.69	21.25	130.00	1203.0	0.10960	0.15990	0.1974	0.12790	0.2069	0.05999	...	25.53	152.50	1709.0	0.1444
3	11.42	20.38	77.58	386.1	0.14250	0.28390	0.2414	0.10520	0.2597	0.09744	...	26.50	98.87	567.7	0.2098
4	20.29	14.34	135.10	1297.0	0.10030	0.13280	0.1980	0.10430	0.1809	0.05883	...	16.67	152.20	1575.0	0.1374

5 rows × 31 columns

In [3] 데이터셋에 대한 설명을 확인한다.

In [4] 데이터셋 객체의 data 배열b_cancer.data, 즉 독립 변수 X가 되는 피처를 DataFrame 자료형으로 변환하여 b_cancer_df를 생성한다.

In [5] 유방암 유무 class로 사용할 diagnosis 컬럼을 b_cancer_df에 추가하고 데이터셋 객체의 target 컬럼b_cancer.target을 저장한다.

In [6] b_cancer_df의 데이터 샘플 5개를 출력b_cancer_df.head()하여 확인한다.

3 데이터셋의 크기와 독립 변수 X가 되는 피처에 대한 정보를 확인한다.

In [7]:
```
print('유방암 진단 데이터셋 크기: ', b_cancer_df.shape)
```

Out[7]:
```
유방암 진단 데이터셋 크기: (569, 31)
```

In [8]:
```
b_cancer_df.info()
```

Out[8]:
```
<class 'pandas.core.frame.DataFrame'>
RangeIndex: 569 entries, 0 to 568
Data columns (total 31 columns):
 #   Column                   Non-Null Count  Dtype
---  ------                   --------------  -----
 0   mean radius               569 non-null    float64
 1   mean texture              569 non-null    float64
```

```
 2   mean perimeter          569 non-null    float64
 3   mean area               569 non-null    float64
 4   mean smoothness         569 non-null    float64
 5   mean compactness        569 non-null    float64
 6   mean concavity          569 non-null    float64
 7   mean concave points     569 non-null    float64
 8   mean symmetry           569 non-null    float64
 9   mean fractal dimension  569 non-null    float64
 10  radius error            569 non-null    float64
 11  texture error           569 non-null    float64
 12  perimeter error         569 non-null    float64
 13  area error              569 non-null    float64
 14  smoothness error        569 non-null    float64
 15  compactness error       569 non-null    float64
 16  concavity error         569 non-null    float64
 17  concave points error    569 non-null    float64
 18  symmetry error          569 non-null    float64
 19  fractal dimension error 569 non-null    float64
 20  worst radius            569 non-null    float64
 21  worst texture           569 non-null    float64
 22  worst perimeter         569 non-null    float64
 23  worst area              569 non-null    float64
 24  worst smoothness        569 non-null    float64
 25  worst compactness       569 non-null    float64
 26  worst concavity         569 non-null    float64
 27  worst concave points    569 non-null    float64
 28  worst symmetry          569 non-null    float64
 29  worst fractal dimension 569 non-null    float64
 30  diagnosis               569 non-null    int32
dtypes: float64(30), int32(1)
memory usage: 135.7 KB
```

In [7] b_cancer_df.shape를 사용하여 데이터셋의 행의 개수(데이터 샘플 개수)와 열의 개수(변수 개수)를 확인한다. 행의 개수가 569이므로 데이터 샘플이 569개, 열의 개수가 31이므로 변수가 31개 있다.

In [8] b_cancer_df에 대한 정보를 확인b_cancer_df.info()한다. 30개의 피처(독립 변수 X) 이

름과 1개의 종속 변수 이름을 확인할 수 있다. diagnosis는 악성이면 1, 양성이면 0의 값이므로 유방암 여부에 대한 이진 분류의 class로 사용할 종속 변수가 된다.

4 로지스틱 회귀 분석에 피처로 사용할 데이터를 평균이 0, 분산이 1이 되는 정규 분포 형태로 맞춘다.

In [9]:	`from sklearn.preprocessing import StandardScaler` `scaler = StandardScaler()`
In [10]:	`b_cancer_scaled = scaler.fit_transform(b_cancer.data)`
In [11]:	`print(b_cancer.data[0])`
Out[11]:	[1.799e+01 1.038e+01 1.228e+02 1.001e+03 1.184e-01 2.776e-01 3.001e-01 1.471e-01 2.419e-01 7.871e-02 1.095e+00 9.053e-01 8.589e+00 1.534e+02 6.399e-03 4.904e-02 5.373e-02 1.587e-02 3.003e-02 6.193e-03 2.538e+01 1.733e+01 1.846e+02 2.019e+03 1.622e-01 6.656e-01 7.119e-01 2.654e-01 4.601e-01 1.189e-01]
In [12]:	`print(b_cancer_scaled[0])`
Out[12]:	[1.09706398 -2.07333501 1.26993369 0.9843749 1.56846633 3.28351467 2.65287398 2.53247522 2.21751501 2.25574689 2.48973393 -0.56526506 2.83303087 2.48757756 -0.21400165 1.31686157 0.72402616 0.66081994 1.14875667 0.90708308 1.88668963 -1.35929347 2.30360062 2.00123749 1.30768627 2.61666502 2.10952635 2.29607613 2.75062224 1.93701461]

In [9] 사이킷런의 전처리 패키지에 있는 정규 분포 스케일러를 임포트하고 사용할 객체scaler를 생성한다.

In [10] 피처로 사용할 데이터b_cancer.data에 대해 정규 분포 스케일링을 수행scaler.fit_transform()하여 b_cancer_scaled에 저장한다.

In [11]~[12] 정규 분포 스케일링을 수행한 후에 값이 조정된 것을 확인할 수 있다.

4 분석 모델 구축 및 결과 분석

로지스틱 회귀를 이용해 분석 모델 구축하기

사이킷런의 선형 분석 모델 패키지sklearn.linear_model의 로지스틱 회귀LogisticRegression를 이용해 분석 모델을 구축한다.

In [13]:
```
from sklearn.linear_model import LogisticRegression
from sklearn.model_selection import train_test_split
```

In [14]:
```
# X, Y 설정하기
Y = b_cancer_df['diagnosis']
X = b_cancer_scaled
```

In [15]:
```
# 훈련 데이터와 평가 데이터 분할하기
X_train, X_test, Y_train, Y_test = train_test_split(X, Y, test_size =
                                   0.3, random_state = 0)
```

In [16]:
```
# 로지스틱 회귀 분석: 모델 생성
lr_b_cancer = LogisticRegression()
```

In [17]:
```
# 로지스틱 회귀 분석: 모델 훈련
lr_b_cancer.fit(X_train, Y_train)
```

Out[17]:
```
▾ LogisticRegression
LogisticRegression()
```

In [18]:
```
# 로지스틱 회귀 분석: 평가 데이터에 대한 예측 수행 -> 예측 결과로 Y_predict 구하기
Y_predict = lr_b_cancer.predict(X_test)
```

In [13] 필요한 모듈을 임포트한다.

In [14] diagnosis를 Y, 정규 분포로 스케일링한 b_cancer_scaled를 X로 설정한다.

In [15] 전체 데이터 샘플 569개를 학습 데이터:평가 데이터=7:3으로 분할test_size=0.3한다.

In [16] 로지스틱 회귀 분석 모델 객체lr_b_cancer를 생성한다.

In [17] 학습 데이터X_train, Y_train로 모델 학습을 수행fit()한다.

In [18] 학습이 끝난 모델에 대해 평가 데이터 XX_test를 가지고 예측을 수행predict()하여 예측값 YY_predict를 구한다.

TIP 아나콘다의 주피터 노트북 버전에 따라 실습 실행 결과가 조금 다르게 나타날 수 있다. 결과가 책과 다르다고 틀린 것은 아니니 그대로 실습을 진행하면 된다. 참고로, 이 책에서 사용한 주피터 노트북 버전은 오른쪽과 같다. 주피터 노트북 버전은 노트북 화면 상단의 [Help]–[About] 메뉴에서 확인할 수 있다.

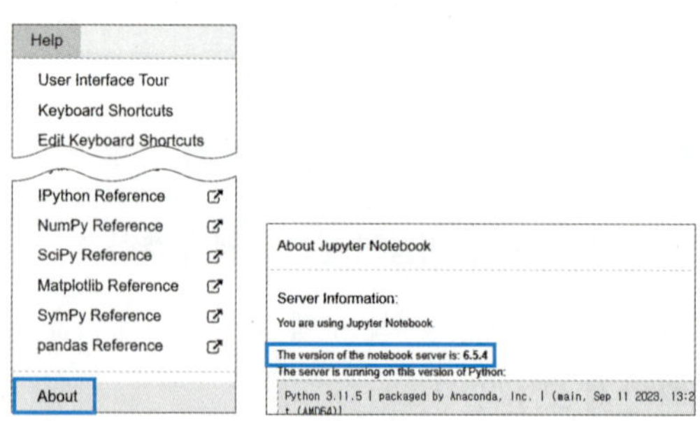

그림 11-3 주피터 노트북 버전 확인

생성한 모델의 성능 확인하기

분류에 대한 성능 지표를 통해 생성한 모델의 성능을 확인한다.

```
In [19]: from sklearn.metrics import confusion_matrix, accuracy_score
         from sklearn.metrics import precision_score, recall_score, f1_
         score, roc_auc_score

In [20]: # 오차 행렬
         confusion_matrix(Y_test, Y_predict)

Out[20]: array([[ 60,   3],
                [  1, 107]], dtype = int64)

In [21]: acccuracy = accuracy_score(Y_test, Y_predict)
         precision = precision_score(Y_test, Y_predict)
         recall = recall_score(Y_test, Y_predict)
         f1 = f1_score(Y_test, Y_predict)
         roc_auc = roc_auc_score(Y_test, Y_predict)

In [22]: print('정확도: {0:.3f}, 정밀도: {1:.3f}, 재현율: {2:.3f}, F1: {3:.3f}'.fo
             rmat(acccuracy,precision,recall,f1))

Out[22]: 정확도: 0.977, 정밀도: 0.973, 재현율: 0.991, F1: 0.982

In [23]: print('ROC_AUC: {0:.3f}'.format(roc_auc))

Out[23]: ROC_AUC: 0.972
```

In [19] sklearn.metrics 패키지에서 평가 지수 계산을 제공하는 모듈을 임포트한다.

In [20] 평가를 위해 7:3으로 분할한 171개의 test 데이터에 대해 이진 분류의 성능 평가 기본이 되는 오차 행렬을 구한다. 실행 결과를 보면 TN이 60개, FP가 3개, FN이 1개, TP가 107개인 오차 행렬이 구해졌다.

In [21] 성능 평가 지표인 정확도, 정밀도, 재현율, F1 스코어, ROC_AUC 스코어를 구한다.

In [22]~[23] 성능 평가 지표를 출력하여 확인한다.

02 [결정 트리 분석 + 산점도/선형 회귀 그래프]

센서 데이터로 움직임 분류하기

0 분석 미리보기

센서 데이터로 움직임 분류하기	
목표	스마트폰으로 수집한 센서 데이터를 분석하여 사람의 움직임에 대한 분류 모델을 생성하고 새로운 데이터에 대한 움직임 유형을 예측하여 분류한다.
핵심 개념	결정 트리, 정보 이득 지수, 지니 계수, Graphviz 패키지
데이터 준비	▪ 센서 데이터: UCI Machine Learning Repository에서 다운로드
데이터 탐색	▪ 피처 이름 파일을 로드하여 객체로 저장 ▪ 훈련 데이터셋을 파일에서 로드하여 객체로 저장 ▪ 평가 데이터셋을 파일에서 로드하여 객체로 저장 ▪ 레이블 이름 파일을 로드하여 객체로 저장
분석 모델 구축	▪ 사이킷런의 결정 트리 모델 구축: 결정 트리 모델의 생성, 훈련, 예측
결과 분석	▪ 성능 평가 지표 계산: accuracy_score ▪ 결정 트리의 하이퍼 매개변수 변경에 대한 정확도 분석 ▪ 최적 결정 트리 모델 생성: GridSearchCV ▪ 중요 피처 분석: feature_importances_
결과 시각화	

▪ Graphviz 패키지를 사용한 트리 시각화

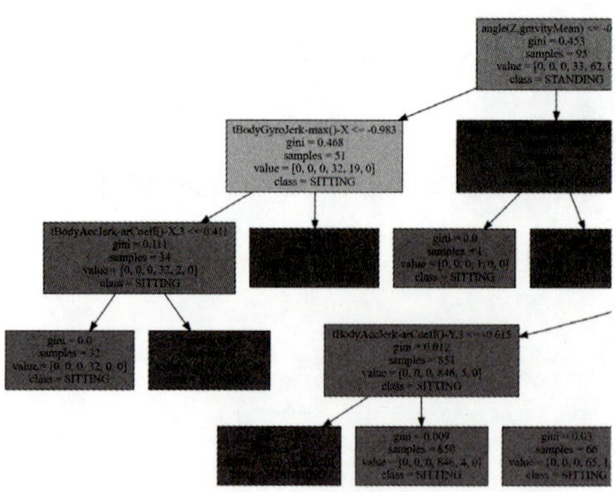

1 목표 설정

이 프로젝트의 목표는 스마트폰에서 수집한 센서 데이터를 분석하여 사람의 움직임을 분류하는 모델을 생성하고 새로운 데이터에 대해 움직임 유형을 예측하는 것이다. 로지스틱 회귀를 이용한 분류는 참과 거짓으로 이루어진 이진 분류다. 물론, 로지스틱 회귀를 다중 분류로 확장하여 사용하기도 하지만 여러 개의 클래스로 분류하는 다중 분류 문제는 로지스틱 회귀 대신 다른 알고리즘을 사용한다. 다중 분류가 가능한 알고리즘 중에서 직관적으로 이해하기 쉬운 결정 트리를 사용하여 프로젝트를 수행해 보자.

2 핵심 개념 이해

프로젝트를 수행하는 데 필요한 개념을 알아보자.

결정 트리

결정 트리decision tree는 머신러닝 알고리즘 중에서 직관적으로 이해하기 쉬운 알고리즘으로 다중 분류에 많이 사용한다. 스스로 데이터 안에서 if/else 기반의 규칙을 찾아 학습하여 트리 구조의 분류 규칙을 만든다. 결정 트리의 구조는 규칙 조건(if)을 나타내는 규칙 노드decision node와 분류가 결정된 클래스 값이 표시된 리프 노드leaf node로 구성된다. [그림 11-4]는 {개구리, 펭귄, 까치, 나무늘보, 다람쥐}를 분류하기 위한 결정 트리를 나타낸다.

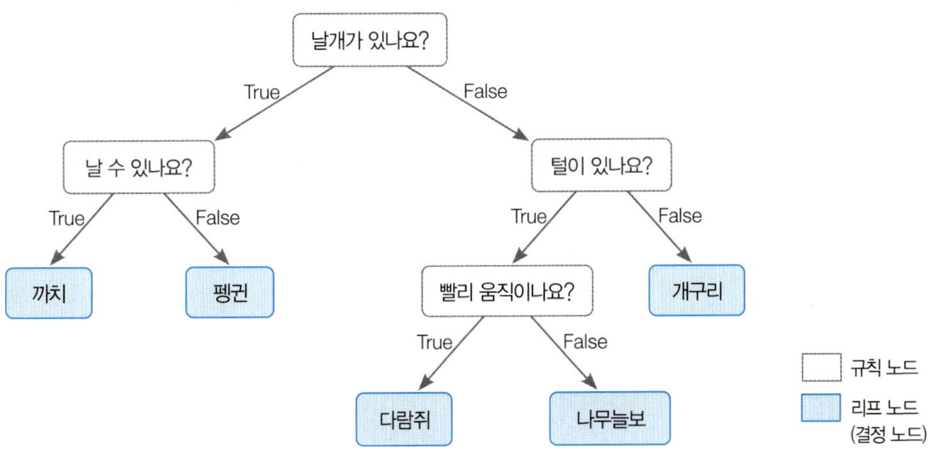

그림 11-4 {개구리, 펭귄, 까치, 나무늘보, 다람쥐}를 분류하기 위한 결정 트리

규칙 노드가 많을수록 분할이 많아져 트리의 깊이가 증가하므로 어떤 피처를 규칙으로 분할할 것인가가 중요하다. 따라서 분할된 하위 그룹에 있는 데이터의 균일도를 최대로 높게 만드는 규칙을 찾아서 규칙 노드로 구성해야 한다. 데이터의 균일도를 계산하는 대표적인 방법으로 정보 이득 지수와 지니 계수가 있다.

정보 이득 지수

정보 이득은 엔트로피entropy 개념을 기반으로 한다. 엔트로피는 데이터 집합의 혼잡도를 의미하는 것으로 데이터 집합에 다른 데이터가 섞여서 균일도가 떨어지면 혼잡도가 높아지므로 엔트로피가 높고, 같은 데이터가 섞여서 균일도가 높아지면 혼잡도가 떨어지므로 엔트로피가 낮아진다. 정보 이득 지수information gain index는 혼잡도가 줄어들어 얻게 되는 이득을 의미하는 것으로, '1-엔트로피'로 계산한다. 결정 트리는 정보 이득 지수가 높은 피처를 분할 기준으로 사용한다.

지니 계수

경제학 용어인 지니 계수gini coefficient는 소득의 불균형 정도를 나타내는 것인데 머신러닝에서 지니 계수는 데이터의 순도를 나타내는 데 사용된다. 결정 트리에서는 지니 계수가 높을수록 순도가 낮은 데이터 집합을 의미하므로 균일도가 낮은 집합이 되고, 지니 계수가 0이면 완전 순수한 데이터 집합을 의미한다. 결정 트리는 지니 계수가 낮은 피처를 분할 기준으로 사용한다.

DecisionTreeClassifier

DecisionTreeClassifier는 사이킷런에서 제공하는 결정 트리 분류 모델로 주요 매개변수는 [표 11-2]와 같다.

Graphviz 패키지

Graphviz 패키지는 결정 트리 시각화에 사용하는 패키지로 다이어그램을 그리기 위해 AT&T에서 개발한 그래프 시각화 오픈 소스 프로그램이다. 네트워크 그래프, 흐름도, 트리 등을 쉽게 시각화할 수 있어서 결정 트리의 시각화 툴로 많이 사용한다. 사이킷런에서 제공하는 export_graphviz() API를 사용하여 Graphviz 패키지를 사용할 수 있다.

표 11-2 DecisionTreeClassifier의 주요 매개변수

매개변수	설명
min_samples_split	노드를 분할하기 위한 최소 샘플 데이터 개수(default: 2)
min_samples_leaf	리프 노드가 되기 위한 최소 샘플 데이터 개수
max_features	최적의 분할을 위해 고려할 최대 피처 개수 • None: 모든 피처 사용 • int: 사용할 피처 개수를 설정 • float: 사용할 피처 개수를 퍼센트로 설정 • sqrt: $\sqrt{(\text{전체 피처 개수})}$를 계산하여 설정 • auto: sqrt와 동일 • log: $\log_2$(전체 피처 개수)를 계산하여 설정
max_depth	트리의 최대 깊이
max_leaf_nodes	리프 노드에 들어가는 샘플 데이터의 최대 개수

3 데이터 준비

센서 데이터 다운로드하기

분석에 사용할 센서 데이터는 UCI Machine Learning Repository에서 다운로드하여 사용한다.

1 센서 데이터를 다운로드하기 위해 UCI Machine Learning Repository(https://archive.ics.uci.edu/)에 접속하여 'human activity recognition'을 검색한다.

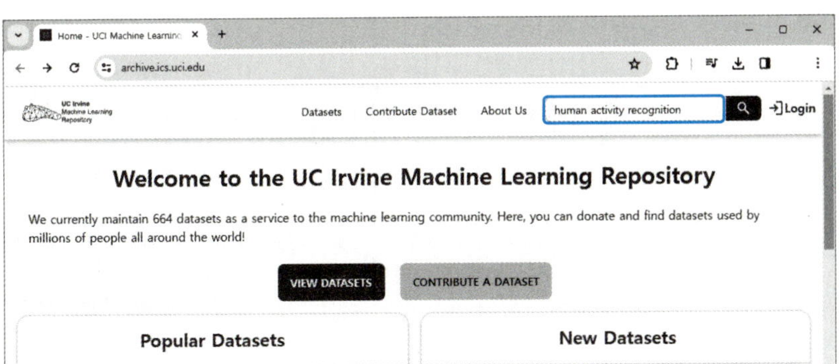

그림 11-5 UCI Machine Learning Repository 사이트에서 'human activity recognition' 검색

2 Browse Datasets에서 'Human Activity Recognition Using Smartphones'를 클릭한다.

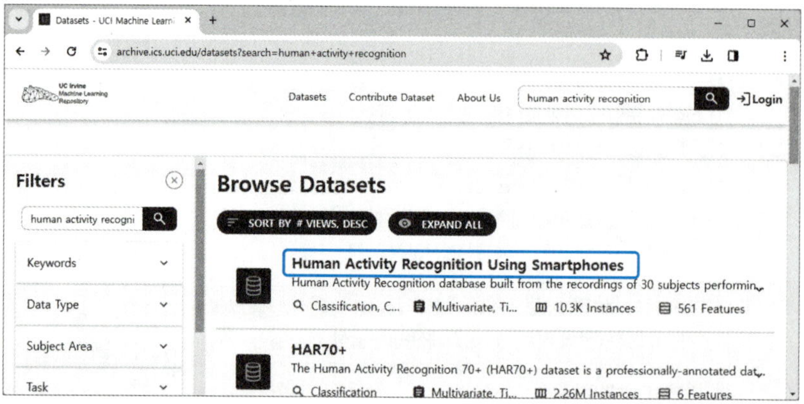

그림 11-6 다운로드할 데이터셋 선택

3 'Human Activity Recognition Using Smartphones' 페이지에서 〈DOWNLOAD〉 버튼을 클릭하여 'human+activity+recognition+using+smartphones.zip'을 다운로드한다.

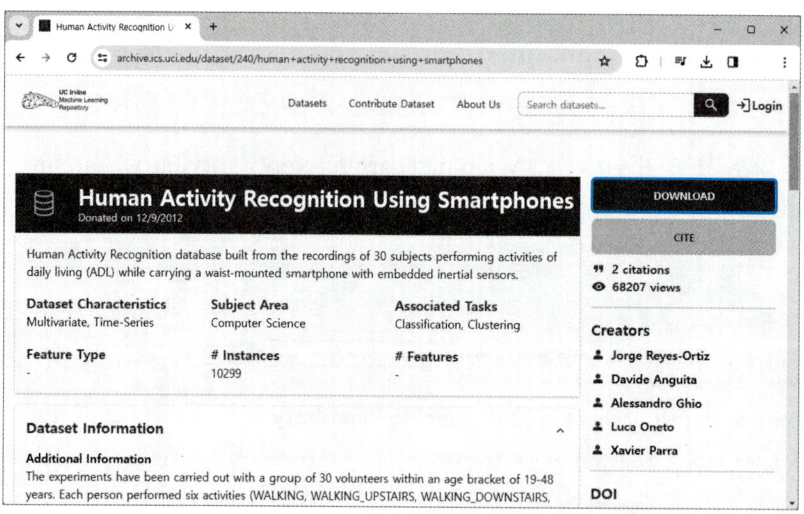

그림 11-7 데이터셋 다운로드

4 다운로드한 파일을 압축 풀기하고, 그 안에 있는 'UCI HAR Dataset.zip' 파일을 다시 압축 풀기한다. My_Python 폴더에 11장_data 폴더를 만든 뒤 'UCI HAR Dataset' 폴더 안에 있는 'UCI HAR Dataset' 폴더를 11장_data 폴더로 옮기고 폴더 이름을 'UCI_HAR_Dataset'으로 변경한다.

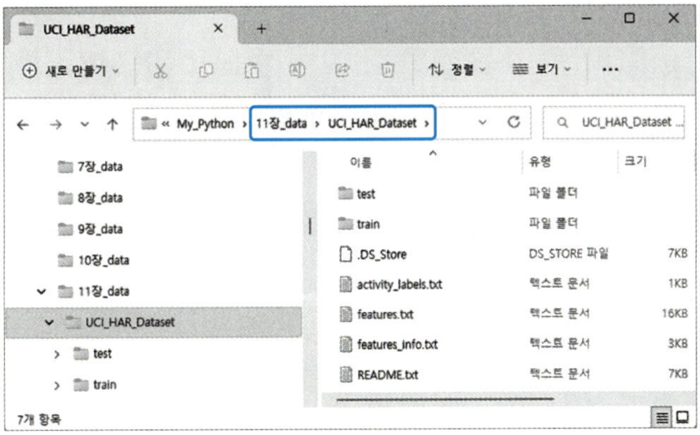

그림 11-8 다운로드한 데이터셋의 이름 변경

4 데이터 탐색

훈련용과 평가용 데이터셋 확인하기

다운로드한 데이터에 대한 설명은 README.txt 파일에 나와 있다. 이 데이터는 30명의 연구 자원 봉사자가 허리에 스마트폰(삼성 갤럭시 S2)을 착용하고 6가지 움직임을 수행하면서 가속계와 자이로스코프로 수집한 XYZ 3축에 대한 데이터다. 다운로드한 파일 중에서 activity_labels.txt를 보면 WALKING, WALKING_UPSTAIRS, WALKING_DOWNSTAIRS, SITTING, STANDING, LAYING과 같은 6가지 움직임이 있는 것을 확인할 수 있다. 우리는 결정 트리 모델을 사용해서 이 6가지 움직임을 분류할 것이다.

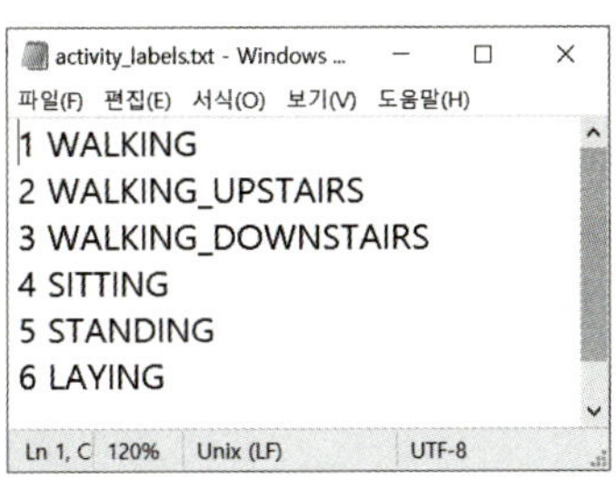

그림 11-9 다운로드한 파일 확인

1 주피터 노트북에서 '11장_결정트리분석'으로 노트북 페이지를 추가하고 다음을 입력한다. features_info.txt 파일에 561개 피처에 대한 설명이 있고, 이미 훈련용과 평가용 데이터셋 폴더로 나뉜 것을 확인할 수 있다.

In [1]:
```
import numpy as np
import pandas as pd
```

In [2]:
```
# 피처 이름 파일 읽어오기
feature_name_df = pd.read_csv('./11장_data/UCI_HAR_Dataset/features.txt',
                              sep = '\s+',  header = None, names = ['index',
                              'feature_name'], engine = 'python')
```

In [3]:
```
feature_name_df.head()          # 작업 확인용 출력
```

Out[3]:

	index	feature_name
0	1	tBodyAcc-mean()-X
1	2	tBodyAcc-mean()-Y
2	3	tBodyAcc-mean()-Z
3	4	tBodyAcc-std()-X
4	5	tBodyAcc-std()-Y

In [4]:
```
feature_name_df.shape          # 작업 확인용 출력
```

Out[4]:
```
(561, 2)
```

In [5]:
```
# index는 제거하고, feature_name만 리스트로 저장
feature_name = feature_name_df.iloc[:, 1].values.tolist()
```

In [6]:
```
feature_name[:5]
```

Out[6]:
```
['tBodyAcc-mean()-X',
 'tBodyAcc-mean()-Y',
 'tBodyAcc-mean()-Z',
 'tBodyAcc-std()-X',
 'tBodyAcc-std()-Y']
```

In [1] 데이터 탐색에 필요한 모듈을 임포트하고 설치되어 있는 pandas 버전을 확인한다.

In [2]~[5] 피처 이름이 있는 features.txt 파일을 열어서 내용을 확인한다. 561개 피처가 있는데 feature_name만 추출해서 리스트로 저장한다.

2 X_train, X_test, Y_train, Y_test 데이터 파일도 분석에 사용할 수 있도록 준비한다.

In [7]:
```
X_train = pd.read_csv('./11장_data/UCI_HAR_Dataset/train/X_train.txt',
                        delim_whitespace = True, header = None, encoding
                        = 'latin-1')
X_train.columns = feature_name
X_test = pd.read_csv('./11장_data/UCI_HAR_Dataset/test/X_test.txt',
                       delim_whitespace = True, header = None, encoding
                       = 'latin-1')
X_test.columns = feature_name
Y_train = pd.read_csv('./11장_data/UCI_HAR_Dataset/train/y_train.txt',
                        sep = '\s+', header = None, names = ['action'],
                        engine = 'python')
Y_test = pd.read_csv('./11장_data/UCI_HAR_Dataset/test/y_test.txt',
                       sep = '\s+', header = None, names = ['action'],
                       engine = 'python')
```

In [8]:
```
X_train.shape, Y_train.shape, X_test.shape, Y_test.shape
```

Out[8]:
```
((7352, 561), (7352, 1), (2947, 561), (2947, 1))
```

In [9]:
```
X_train.head()          # 작업 확인용 출력
```

Out[9]:

	tBodyAcc-mean()-X	tBodyAcc-mean()-Y	tBodyAcc-mean()-Z	tBodyAcc-std()-X	tBodyAcc-std()-Y	tBodyAcc-std()-Z	tBodyAcc-mad()-X	tBodyAcc-mad()-Y	tBodyAcc-mad()-Z	tBodyAcc-max()-X	...	fBodyBodyGyroJerkMag-meanFreq()	fBodyI
0	0.288585	-0.020294	-0.132905	-0.995279	-0.983111	-0.913526	-0.995112	-0.983185	-0.923527	-0.934724	...	-0.074323	
1	0.278419	-0.016411	-0.123520	-0.998245	-0.975300	-0.960322	-0.998807	-0.974914	-0.957686	-0.943068	...	0.158075	
2	0.279653	-0.019467	-0.113462	-0.995380	-0.967187	-0.978944	-0.996520	-0.963668	-0.977469	-0.938692	...	0.414503	
3	0.279174	-0.026201	-0.123283	-0.996091	-0.983403	-0.990675	-0.997099	-0.982750	-0.989302	-0.938692	...	0.404573	
4	0.276629	-0.016570	-0.115362	-0.998139	-0.980817	-0.990482	-0.998321	-0.979672	-0.990441	-0.942469	...	0.087753	

5 rows × 561 columns

In [10]:
```
print(Y_train['action'].value_counts())
```

Out[10]:
```
6    1407
5    1374
4    1286
1    1226
2    1073
3     986
Name: action, dtype: int64
```

In [11]:	`label_name_df = pd.read_csv('./11장_data/UCI_HAR_Dataset/activity_labels.txt', sep = '\s+', header = None, names = ['index', 'label'], engine = 'python')`
In [12]:	`# index는 제거하고, feature_name만 리스트로 저장` `label_name = label_name_df.iloc[:, 1].values.tolist()`
In [13]:	`label_name        # 작업 확인용 출력`

Out[13]:	`['WALKING',`
	`'WALKING_UPSTAIRS',`
	`'WALKING_DOWNSTAIRS',`
	`'SITTING',`
	`'STANDING',`
	`'LAYING']`

In [7]~[8] train 폴더와 test 폴더에는 훈련용 X/Y 데이터와 평가용 X/Y 데이터가 txt 파일로 들어 있다. 파일을 읽어서 저장하고 크기를 확인하면X_train.shape, Y_train.shape, X_test.shape, Y_test.shape 훈련 데이터는 7,352개, 평가 데이터는 2,947개로 구성된 것을 알 수 있다.

In [9] 훈련용 X 데이터는 feature_name에서 확인한 561개 피처로 구성되어 있다.

In [10] Y 데이터는 6가지 움직임에 대한 레이블(분류할 class) 값으로 되어 있으므로, 각 레이블의 데이터 개수value_counts()를 확인한다.

In [11]~[13] 레이블 이름이 있는 파일인 activity_labels.txt에서 label_name만 추출해 리스트로 저장한다.

5 분석 모델 구축 및 결과 분석

결정 트리 분류 분석 모델 구축하기

6개 움직임을 분류하기 위한 결정 트리 모델을 구축해 보자.

In [14]:
```
from sklearn.tree import DecisionTreeClassifier
```

In [15]:
```
# 결정 트리 분류 분석: 모델 생성
dt_HAR = DecisionTreeClassifier(random_state=156)
```

In [16]:
```
# 결정 트리 분류 분석: 모델 훈련
dt_HAR.fit(X_train, Y_train)
```

Out[16]:
```
▾ DecisionTreeClassifier
DecisionTreeClassifier(random_state=156)
```

In [17]:
```
# 결정 트리 분류 분석: 평가 데이터에 대한 예측 수행 -> 예측 결과로 Y_predict 구하기
Y_predict = dt_HAR.predict(X_test)
```

In [14] 사이킷런을 사용하여 결정 트리 분류 분석을 하기 위해 sklearn.tree 패키지에 있는 DecisionTreeClassifier 모듈을 임포트한다.

In [15] 훈련 데이터와 평가 데이터는 이미 준비되어 있으므로 모델 생성 작업을 한다.

In [16] 모델 훈련을 수행한다.

In [17] 평가 데이터로 예측을 수행하고 예측값을 Y_predict에 저장한다.

생성한 모델의 성능 확인하고 분류 정확도 높이기

1 결과 분석하기 생성된 결정 트리 모델의 분류 정확도 성능을 확인하고 결정 트리의 하이퍼 매개변수를 변경하여 분류 정확도를 높여보자.

In [18]:	`from sklearn.metrics import accuracy_score`
In [19]:	`accuracy = accuracy_score(Y_test, Y_predict)` `print('결정 트리 예측 정확도: {0:.4f}'.format(accuracy))`
Out[19]:	결정 트리 예측 정확도: 0.8548
In [20]:	`print('결정 트리의 현재 하이퍼 매개변수: \n', dt_HAR.get_params())`
Out[20]:	결정 트리의 현재 하이퍼 매개변수: {'ccp_alpha': 0.0, 'class_weight': None, 'criterion': 'gini', 'max_depth': None, 'max_features': None, 'max_leaf_nodes': None, 'min_impurity_decrease': 0.0, 'min_impurity_split': None, 'min_samples_leaf': 1, 'min_samples_split': 2, 'min_weight_fraction_leaf': 0.0, 'presort': 'deprecated', 'random_state': 156, 'splitter': 'best'}

In [18] 정확도 측정을 위해 accuracy_score 모듈을 임포트한다.

In [19] 평가 데이터의 Y_test 값과 결정 트리 모델에서 예측한 Y_predict의 오차를 기반으로 계산한 정확도 점수를 확인한다.

In [20] 결정 트리 모델 학습을 통해 자동 설정된 하이퍼 매개변수를 표시한다. 매개변수 중에서 'criterion': 'gini'는 분할 기준으로 지니 계수를 사용한다는 의미다.

현재 모델의 정확도가 0.8548로 나왔다. 결정 트리 모델의 하이퍼 매개변수를 수정하면 정확도를 높일 수 있다.

2 정확도를 검사하여 최적의 하이퍼 매개변수를 찾아주는 GridSearchCV 모듈을 사용해 보자.

In [21]:
```
from sklearn.model_selection import GridSearchCV
```

In [22]:
```
params = {
    'max_depth' : [6, 8, 10, 12, 16, 20, 24]
}

grid_cv = GridSearchCV(dt_HAR, param_grid = params, scoring =
                    'accuracy', cv = 5, return_train_score = True)

grid_cv.fit(X_train, Y_train)
```

Out[22]:
```
GridSearchCV
GridSearchCV(cv=5, estimator=DecisionTreeClassifier(random_state=156),
             param_grid={'max_depth': [6, 8, 10, 12, 16, 20, 24]},
             return_train_score=True, scoring='accuracy')
    ▸ estimator: DecisionTreeClassifier
        ▸ DecisionTreeClassifier
```

In [23]:
```
cv_results_df = pd.DataFrame(grid_cv.cv_results_)

cv_results_df[['param_max_depth', 'mean_test_score', 'mean_train_score']]
```

Out[23]:

	param_max_depth	mean_test_score	mean_train_score
0	6	0.850791	0.944879
1	8	0.851069	0.982692
2	10	0.851209	0.993403
3	12	0.844135	0.997212
4	16	0.851344	0.999660
5	20	0.850800	0.999966
6	24	0.849440	1.000000

In [24]:
```
print('최고 평균 정확도: {0:.4f}, 최적 하이퍼 매개변수: {1}'.format(grid_
      cv.best_score_, grid_cv.best_params_))
```

Out[24]:
```
최고 평균 정확도: 0.8513, 최적 하이퍼 매개변수: {'max_depth': 16}
```

In [21] GridSearchCV 모듈을 임포트한다.

In [22] GridSearchCV를 사용하여, 결정 트리의 하이퍼 매개변수 중에서 트리의 깊이를 6, 8, 10, 12, 16, 20, 24로 변경하면서 결정 트리 모델 7개를 생성해서 모델 학습grid_cv.fit()을 한다.

In [23] GridSearchCV를 사용하여 생성한 7개 모델의 param_max_depth, mean_test_score, mean_train_score를 확인한다.

In [24] 7개 모델 중에서 최고 평균 정확도와 그때의 최적 max_depth를 출력하여 확인한다.

최적의 트리 깊이는 16이고, 평균 정확도는 0.8513이다. 이전에 측정한 0.8548보다 오히려 정확도가 낮아졌다.

3 이번에는 max_depth와 함께 min_samples_split을 조정하면서 최고의 평균 정확도를 확인해 보자.

In [25]:
```
params = {
    'max_depth' : [8, 16, 20],
    'min_samples_split' : [8, 16, 24]
}

grid_cv = GridSearchCV(dt_HAR, param_grid = params, scoring =
                       'accuracy', cv = 5, return_train_score = True)
grid_cv.fit(X_train, Y_train)
```

Out[25]:
```
GridSearchCV
GridSearchCV(cv=5, estimator=DecisionTreeClassifier(random_state=156),
             param_grid={'max_depth': [8, 16, 20],
                         'min_samples_split': [8, 16, 24]},
             return_train_score=True, scoring='accuracy')
▸ estimator: DecisionTreeClassifier
▸ DecisionTreeClassifier
```

In [26]:
```
cv_results_df = pd.DataFrame(grid_cv.cv_results_)

cv_results_df[['param_max_depth', 'param_min_samples_split', 'mean_
          test_score', 'mean_train_score']]
```

Out[26]:

	param_max_depth	param_min_samples_split	mean_test_score	mean_train_score
0	8	8	0.852023	0.981468
1	8	16	0.854879	0.979836
2	8	24	0.851342	0.978237
3	16	8	0.844136	0.994457
4	16	16	0.847127	0.990479
5	16	24	0.849439	0.986772
6	20	8	0.846040	0.994491
7	20	16	0.848624	0.990479
8	20	24	0.849167	0.986772

In [27]:

```
print('최고 평균 정확도: {0:.4f}, 최적 하이퍼 매개변수: {1}'.
      format(grid_cv.best_score_, grid_cv.best_params_))
```

Out[27]:

```
최고 평균 정확도: 0.8549, 최적 하이퍼 매개변수: {'max_depth': 8, 'min_
samples_split': 16}
```

In [25] max_depth를 8, 16, 20으로 변경하고 min_samples_split를 8, 16, 24로 변경하면서 결정 트리 모델을 생성하여 모델 학습grid_cv.fit()을 한다.

In [26] GridSearchCV를 사용하여 생성한 9개 모델의 param_max_depth, min_samples_split, mean_test_score, mean_train_score를 확인한다.

In [27] GridSearchCV를 사용하여 생성한 모델 중에서 최고 평균 정확도와 최적 하이퍼 매개변수를 출력하여 확인한다. max_depth만 변경했을 때보다 평균 정확도가 높아졌다.

여기에서 구한 최적 하이퍼 매개변수인 max_depth = 8, min_samples_split = 16으로 학습된 모델은 GridSearchCV의 객체인 grid_cv의 best_estimator_ 속성에 저장된다.

4 최적 모델grid_cv.best_estimator_을 사용하여 평가 데이터에 대한 예측을 수행해 보자.

In [28]:

```
best_dt_HAR = grid_cv.best_estimator_
best_Y_predict = best_dt_HAR.predict(X_test)
best_accuracy = accuracy_score(Y_test, best_Y_predict)

print('best 결정 트리 예측 정확도: {0:.4f}'.format(best_accuracy))
```

Out[28]:

```
best 결정 트리 예측 정확도: 0.8717
```

In [28] GridSearchCV의 객체인 grid_cv의 best_estimator_ 속성에 저장된 최적 모델best_dt_HAR에 대하여 평가 데이터X_test에 대한 예측predict( )을 수행하고 정확도를 출력하여 확인한다.

최적 결정 트리 모델의 예측 정확도가 0.8717로 높아졌다.

5 결정 트리 모델은 feature_importances_ 속성을 사용하여 각 피처의 중요도를 알 수 있다. 561개 피처 중에서 중요도가 높은 10개 피처를 찾아 그래프로 나타내보자.

In [29]:
```
import seaborn as sns
import matplotlib.pyplot as plt
```

In [30]:
```
feature_importance_values = best_dt_HAR.feature_importances_
feature_importance_values_s = pd.Series(feature_importance_values,
                                        index = X_train.columns)
```

In [31]:
```
feature_top10 = feature_importance_values_s.sort_values(ascending
                  = False)[:10]
```

In [32]:
```
plt.figure(figsize = (10, 5))
plt.title('Feature Top 10')
sns.barplot(x = feature_top10, y = feature_top10.index)
plt.show()
```

In [29] 중요 피처를 그래프로 나타내기 위한 모듈을 임포트한다.

In [30] 최적 결정 트리 모델best_dt_HAR의 feature_importances_를 객체에 저장하고 막대 그래프로 그리기 위해 Series 자료형으로 변환하여 저장한다.

In [31] 중요도 값을 오름차순 정렬하여 상위 10개만 feature_top10에 저장한다.

In [32] 중요 피처 10개를 막대그래프로 나타낸다.

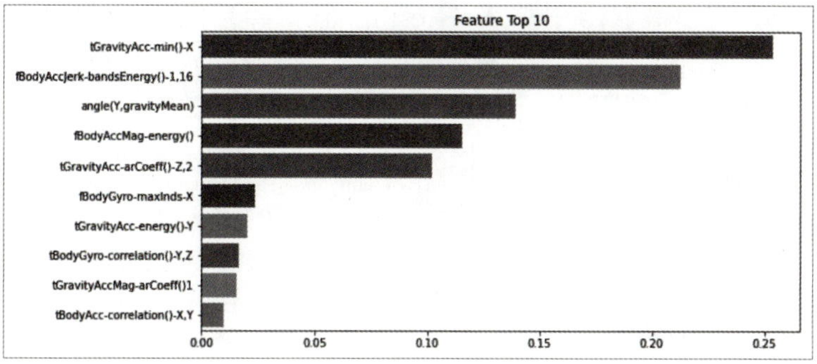

그림 11-10 중요도 값 상위 10개를 피처로 나타낸 막대그래프

6 결과 시각화

결정 트리 모델의 트리 구조를 그림으로 시각화하기

최적의 결정 트리 모델인 best_dt_HAR을 그림으로 시각화해 보자.

1 시각화에 필요한 Graphviz 패키지를 사용하려면 별도의 설치 작업을 해야 한다. Graphviz 다운로드 사이트(https://graphviz.org/download/)에서 graphviz-2.49.3 (64-bit) EXE installer [sha256]을 다운로드하여 설치한다. 설치 과정에 나타나는 Install Options에서 'Add Graphviz to the system PATH' 옵션을 선택하여 Graphviz 경로가 환경변수에 추가되도록 한다.

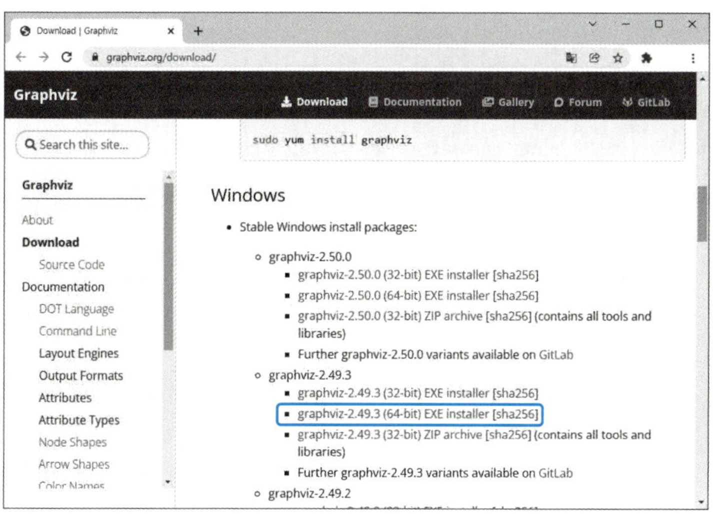

그림 11-11 Graphviz 패키지 설치 파일 다운로드

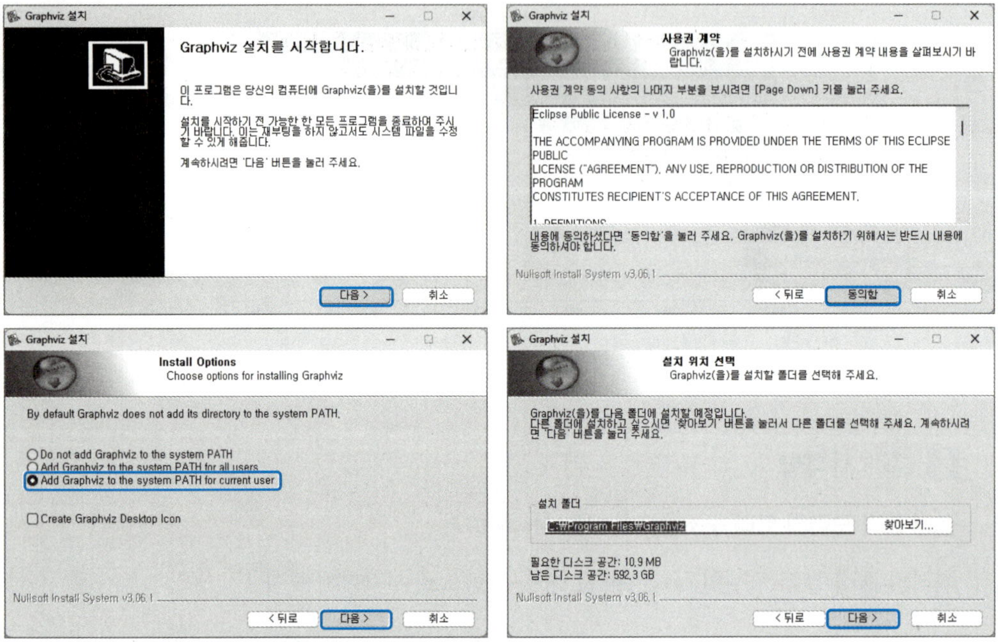

그림 11-12 Graphviz 패키지 설치

2 Graphviz 패키지를 파이썬으로 사용하기 위해 파이썬 래퍼 모듈인 graphviz를 설치한다.

In [33]:
```
!pip install graphviz
```

In [34]:
```
from sklearn.tree import export_graphviz

# export_graphviz()의 호출 결과로 out_file로 지정된 tree.dot 파일 생성
export_graphviz(best_dt_HAR, out_file = "./11장_data/tree.dot", class_names
= label_name, feature_names = feature_name, impurity = True, filled = True)
```

In [35]:
```
import graphviz

# 위에서 생성된 tree.dot 파일을 읽어서 graphviz를 사용하여 시각화
with open("./11장_data/tree.dot") as f:
    dot_graph = f.read()

graphviz.Source(dot_graph)
```

In [33] Graphviz를 사용하기 위해 파이썬 래퍼 모듈을 설치한다.

In [34] Graphviz 인터페이스 모듈인 export_graphviz를 임포트하고, 결정 트리 모델 best_dt_HAR의 트리 구조 정보를 dot 파일로 생성한다.

In [35] dot 파일을 읽어서 트리 구조를 graphviz를 사용하여 시각화한다.

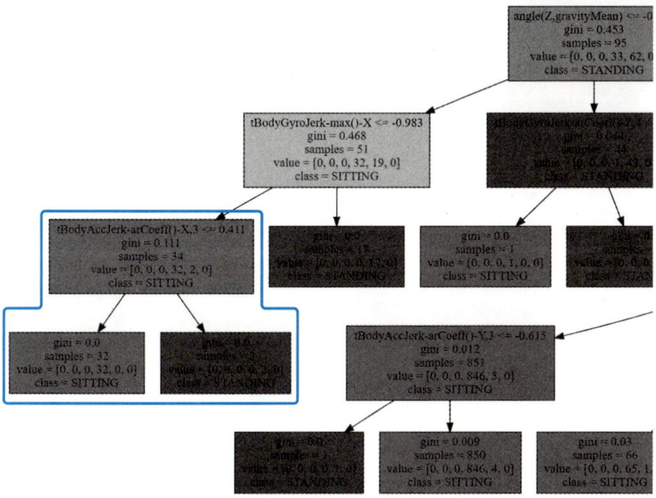

그림 11-13 결정 트리 모델을 시각화한 트리 구조 그래프

시각화된 트리 그래프를 보면 561개 피처를 사용하여 depth가 8인 결정 트리를 작성한 것을 확인할 수 있다. 트리의 크기가 커서 한 화면에 보이지 않으니 스크롤하면서 확인해야 한다.

결정 트리의 가장 왼쪽 부분을 살펴보자. 위에 있는 노드는 규칙 노드로 tBodyAccJerk-arCoeff()-X,3 〈= 0.411의 규칙을 가지고 있고 지니 계수는 0.111, 데이터 샘플은 34개다. 아직 트리 깊이가 8이 되지 않았고 샘플 개수도 min_samples_split로 설정한 16보다 크기 때문에 규칙에 따라 분할되었다. True로 분할된 왼쪽 노드를 보면 지니 계수가 0.0으로 순수하게 하나의 class로 결정되어 32개 데이터 샘플이 SITTING으로 분류되었다. 그리고 False로 분할된 오른쪽 노드 역시 지니 계수가 0.0이므로 순수하게 하나의 class로 결정되어 2개의 데이터 샘플이 STANDING으로 분류되었다.

새로운 데이터를 모델에 입력하면 결정 트리의 루트 노드부터 규칙을 검사하여 조건에 맞는 하위 노드를 탐색하면서 class를 결정한다.

TIP AttributeError

트리 그래프를 그리는데 AttributeError: module 'graphviz' has no attribute 'Source' 오류가 발생할 수 있다. 이 오류가 발생한 이유는 이전에 설치한 graphviz와 충돌이 일어났기 때문이다. 이 경우에는 설치한 graphviz를 uninstall해야 한다. 아나콘다 프롬프트를 실행하고 다음과 같이 pip uninstall graphviz 명령어를 입력하여 실행한다.

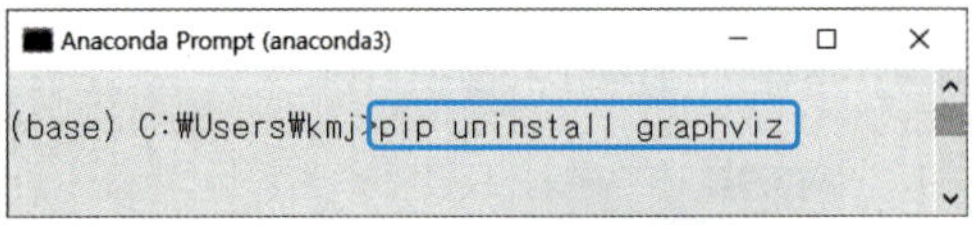

그리고 주피터 노트북을 종료했다가 실행한 후 다시 In [1]부터 실행하면 트리 그래프를 그릴 수 있다.

Chapter

12

군집 분석

학습목표

- 머신러닝의 비지도 학습 방식을 이해한다.
- 군집화와 K-평균 알고리즘을 이해한다.
- 군집 분석을 이용해 소비자 군집을 생성할 수 있다.

01 [K-평균 군집화 분석 + 그래프]

타깃 마케팅을 위한 소비자 군집 분석하기

0 분석 미리보기

타깃 마케팅을 위한 소비자 군집 분석하기	
목표	온라인 판매 데이터를 분석하여 타깃 마케팅에 필요한 소비자 군집을 구성한다.
핵심 개념	타깃 마케팅, 비지도 학습, 군집화, K-평균, 엘보우 방법, 실루엣 분석
데이터 수집	▪ 온라인 판매 데이터: UCI Machine Learning Repository에서 다운로드
데이터 준비 및 탐색	▪ 데이터 정제: 자료형 변환, 오류 및 중복 데이터 제거 ▪ 데이터프레임의 컬럼 추출 및 분석용 데이터 생성 ▪ 로그함수를 이용한 데이터 분포 조정: 데이터 치우침 조정
분석 모델 구축	▪ 사이킷런의 K-평균 군집화 모델 구축
결과 시각화	

- 클러스터의 비중을 가로 바 차트로 시각화

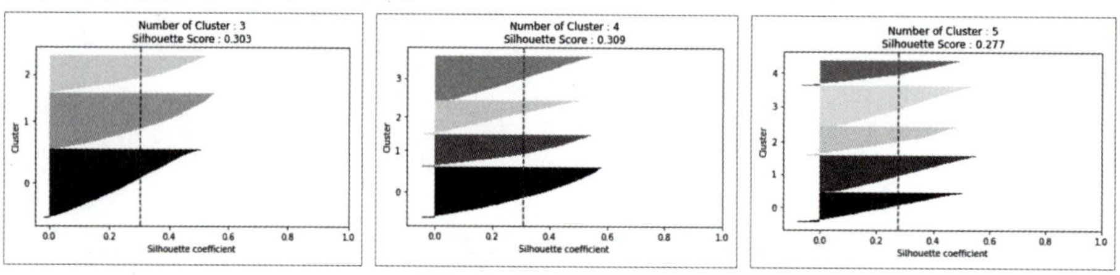

- 클러스터의 데이터 분포를 스캐터 차트로 시각화

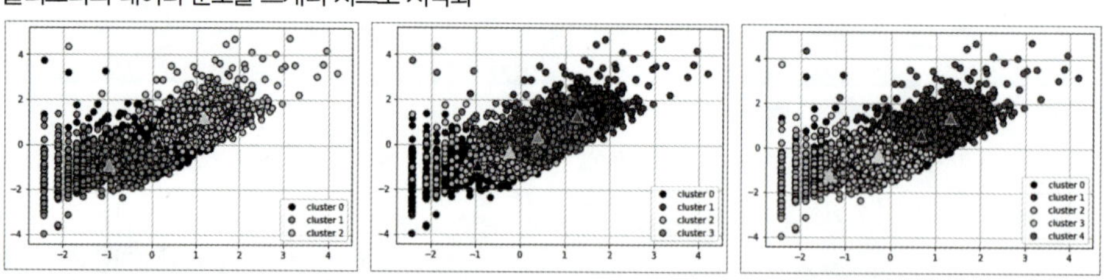

1 목표 설정

머신러닝의 학습 유형에는 지도 학습과 비지도 학습이 있다. 10장의 회귀 분석과 11장의 분류 분석 프로젝트는 지도 학습이다. 지도 학습은 훈련 데이터에 이미 타깃값(정답)이 있어서 타깃값과 함께 학습하고 평가 데이터에 대한 예측값과 비교해 오차를 확인할 수 있다. 이번 장에서 학습하는 군집화는 비지도 학습이다. 비지도 학습은 타깃값 없이 데이터만 있는 경우에 사용하는 방식으로, 학습을 통하여 데이터 안에 숨겨진 패턴을 찾아 타깃값을 만들어야 한다.

이번 장에서는 군집화의 대표 알고리즘인 K-평균으로 온라인 판매 데이터를 분석한 후 타깃 마케팅을 위한 소비자 군집을 만드는 프로젝트를 수행해 보자. 타깃 마케팅target marketing은 구매 행동을 가진 그룹을 세분화하여 각 특성에 맞게 마케팅하는 전략이다. 타깃 마케팅에서 고객 정보를 분석하고 그룹을 세분화하는 작업에 머신러닝의 군집 분석을 사용할 수 있다.

2 핵심 개념 이해

프로젝트를 수행하는 데 필요한 개념은 다음과 같다.

비지도 학습

비지도 학습unsupervised learning은 훈련 데이터에 타깃값이 주어지지 않은 상태에서 학습을 수행하는 방식이다. 훈련 데이터를 학습하여 모델을 생성하면서 유사한 특성(관계, 패턴 등)이 있는 데이터를 클러스터로 구성한다. 그리고 새로운 데이터의 특성을 분석하여 해당하는 클러스터를 예측한다.

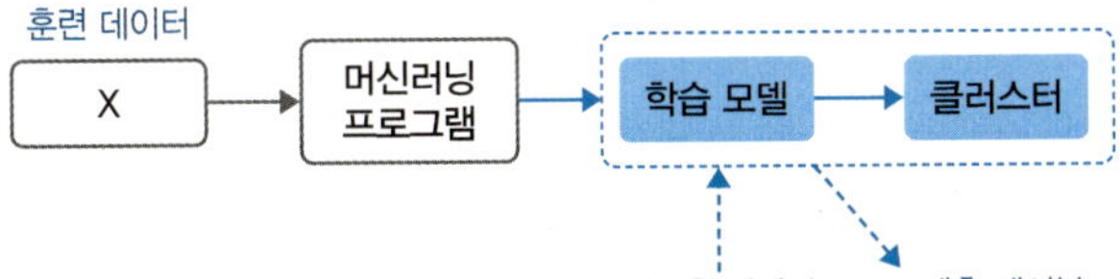

그림 12-1 머신러닝의 비지도 학습 구조

군집화

군집화(또는 클러스터링clustering)는 데이터를 클러스터cluster 즉 군집으로 구성하는 작업이다. 군집화는 군집에 대한 정보가 없는 상태에서 비지도 학습을 수행하여 데이터 간의 관계를 분석하고 이에 따라 유사한 데이터를 군집으로 구성한다. 군집화를 위한 대표적인 알고리즘에는 K-평균과 계층적 군집이 있다.

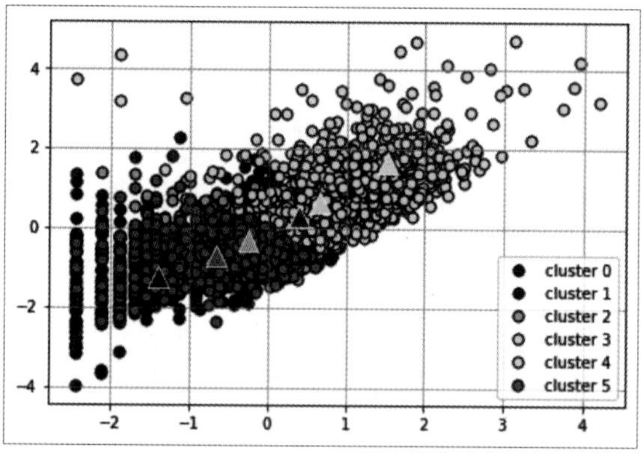

그림 12-2 데이터 군집화의 예

K-평균 알고리즘

K-평균K-means 알고리즘은 k개의 클러스터를 구성하기 위한 알고리즘이다. k개의 중심점을 임의의 위치로 잡고 중심점을 기준으로 가까이 있는 데이터를 확인한 뒤 그들과의 거리(유클리디안 거리의 제곱을 사용하여 계산)의 평균 지점으로 중심점을 이동하는 방식이다. 이동한 위치에서 가까이 있는 데이터를 다시 확인하고 그들의 평균 지점으로 중심점을 이동하는 과정을 반복한다. 더 이상 이동이 발생하지 않는 위치를 찾으면 각 중심점을 기준으로 k개의 클러스터가 구성된다. 가장 많이 활용하는 군집화 알고리즘이지만, 클러스터의 수를 나타내는 k를 직접 지정해야 하는 문제가 있다. 적합한 클러스터의 수, 즉 가장 좋은 k를 결정하는 작업에 엘보 방법이나 실루엣 방법을 사용할 수 있다.

엘보 방법

클러스터의 중심점과 클러스터 내의 데이터 거리 차이의 제곱값 합을 왜곡distortion이라고 한다. 엘보 방법elbow method은 이러한 왜곡을 이용해 최적의 k를 찾는 것이다. 클러스터의 개수 k의 변화에 따른 왜곡의 변화를 그래프로 그려보면 그래프가 꺾이는 지점인 엘보가 나타나는데, 그 지점의 k를 최적의 k로 선택한다.

실루엣 분석

실루엣 분석silhouette analysis은 클러스터 내에 있는 데이터가 얼마나 조밀하게 모여 있는지를 측정하는 그래프 도구다. 데이터 i가 해당 클러스터 내의 데이터와 얼마나 가까운가를 나타내는 클러스터 응집력cluster coherence $a(i)$와 가장 가까운 다른 클러스터 내의 데이터와 얼마나 떨어져 있는가를 나타내는 클러스터 분리도cluster separation $b(i)$를 이용해 실루엣 계수 $s(i)$를 계산한다. 실루엣 계수는 −1에서 1 사이의 값을 가지며 1에 가까울수록 좋은 군집화를 의미한다.

$$s(i) = \frac{b(i)-a(i)}{\max(a(i),\ \mathrm{b}(i))}$$

3 데이터 수집

프로젝트를 수행하기 위해 UCI Machine Learning Repository에서 온라인 판매 데이터를 다운로드하여 사용한다. 수집할 데이터는 영국 온라인 소매 플랫폼에서 2010년 12월 1일부터 2011년 12월 9일까지 발생한 실제 거래 데이터 541,909개다.

1 온라인 거래 데이터 수집하기 UCI Machine Learning Repository(https://archive.ics.uci.edu)에 접속하여 'online retail'을 검색한다.

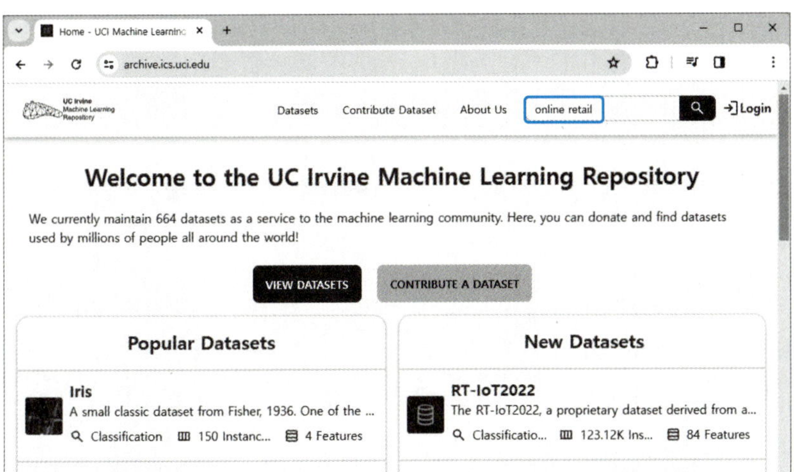

그림 12-3 UCI Machine Learning Repository 사이트에서 'online retail' 검색

2 Browse Datasets에서 'Online Retail'를 클릭한다.

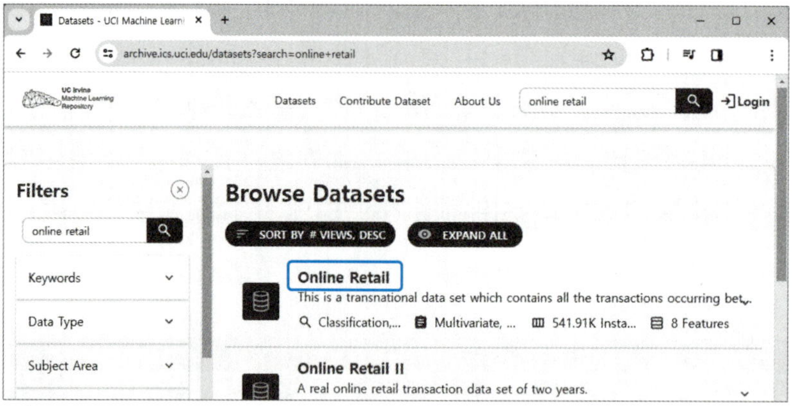

그림 12-4 다운로드할 데이터셋 선택

3 Online Retail 페이지에서 [DOWNLOAD] 버튼을 클릭하여 클릭하여 'online+retail.zip'을 다운로드한다.

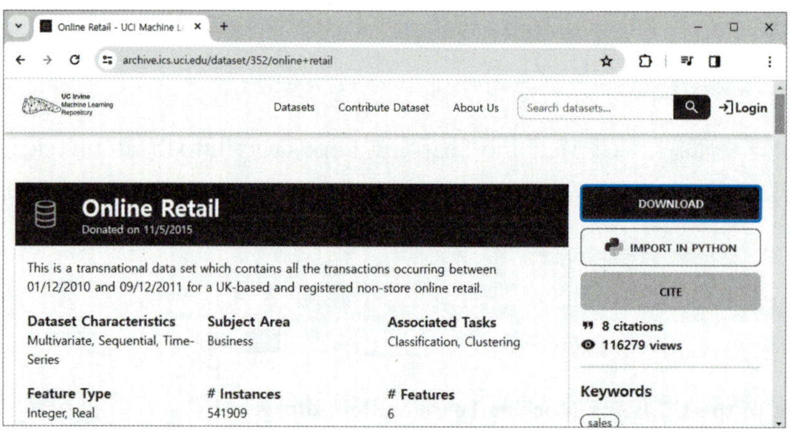

그림 12-5 데이터셋 다운로드

4 My_Python 폴더에 12장_data 폴더를 만든다. 다운로드한 online+retail.zip 파일을 압축 풀기한 후에 Online Retail.xlsx 파일을 12장_data 폴더로 이동하고 파일 이름을 'Online_Retail.xlsx'로 수정한다. 주피터 노트북에서 '12장_군집분석'으로 노트북 페이지를 추가하고 파일을 로드한다.

TIP 데이터를 수집하다 보면 띄어쓰기를 기준으로 항목을 구별하느라 파일 이름이나 컬럼 이름에 띄어쓰기가 포함된 경우가 있다. 이 경우 에러가 발생할 수도 있으니 파일이나 컬럼 이름에 띄어쓰기가 있다면 밑줄(_)로 바꾸는 게 안전하다.

In [1]:	`import pandas as pd` `import math`
In [2]:	`retail_df = pd.read_excel('./12장_data/Online_Retail.xlsx')` `retail_df.head()        # 작업 확인용 출력`

Out[2]:

	InvoiceNo	StockCode	Description	Quantity	InvoiceDate	UnitPrice	CustomerID	Country
0	536365	85123A	WHITE HANGING HEART T-LIGHT HOLDER	6	2010-12-01 08:26:00	2.55	17850.0	United Kingdom
1	536365	71053	WHITE METAL LANTERN	6	2010-12-01 08:26:00	3.39	17850.0	United Kingdom
2	536365	84406B	CREAM CUPID HEARTS COAT HANGER	8	2010-12-01 08:26:00	2.75	17850.0	United Kingdom
3	536365	84029G	KNITTED UNION FLAG HOT WATER BOTTLE	6	2010-12-01 08:26:00	3.39	17850.0	United Kingdom
4	536365	84029E	RED WOOLLY HOTTIE WHITE HEART.	6	2010-12-01 08:26:00	3.39	17850.0	United Kingdom

In [1] 필요한 모듈을 임포트한다.

In [2] 'Online_Retail.xlsx' 파일을 로드한다. 내용을 확인하기 위해 상위 5개 레코드를 표시한다.

4 데이터 준비 및 탐색

데이터 정제하기

수집한 데이터는 영국 온라인 소매 플랫폼에서 2010년 12월 1일부터 2011년 12월 9일까지 발생한 실제 거래 데이터 541,909개다.

1 데이터 정보 확인하기 데이터에 대한 정보를 확인하기 위해 다음을 입력한다.

In [3]:
```
retail_df.info()
```

Out[3]:
```
<class 'pandas.core.frame.DataFrame'>
RangeIndex: 541909 entries, 0 to 541908
Data columns (total 8 columns):
 #   Column       Non-Null Count   Dtype
---  ------       --------------   -----
 0   InvoiceNo    541909 non-null  object
 1   StockCode    541909 non-null  object
 2   Description  540455 non-null  object
```

```
 3   Quantity     541909 non-null   int64
 4   InvoiceDate  541909 non-null   datetime64[ns]
 5   UnitPrice    541909 non-null   float64
 6   CustomerID   406829 non-null   float64
 7   Country      541909 non-null   object
dtypes: datetime64[ns](1), float64(2), int64(1), object(4)
memory usage: 33.1+ MB
```

In [3] 데이터셋의 정보를 확인한다.

데이터를 구성하는 항목 8개는 다음과 같다.

- **InvoiceNo**: 6자리 정수로 이루어진 송장 번호. 'C'로 시작하는 것은 취소 주문
- **StockCode**: 제품 고유의 품목 코드
- **Description**: 제품 설명
- **Quantity**: 주문 수량
- **InvoiceDate**: 주문 날짜와 시간
- **UnitPrice**: 제품 단가(£, 영국 파운드화)
- **CustomerID**: 주문 고객 번호
- **Country**: 주문 고객의 국적

2 데이터 정제하기 데이터 정보를 보면, CustomerID의 자료형이 실수float64로 되어 있다. CustomerID는 정수 형태이므로 자료형을 정수형으로 변경해야 한다. 그리고 전체 데이터 541,909개 중에서 406,829개만 CustomerID 값이 있고 나머지는 없는데, CustomerID가 없는 데이터는 분석에 사용할 수 없으므로 제거한다. 추가로 Quantity와 UnitPrice가 음수인 것도 제거한다.

In [4]:
```
# 오류 데이터 정제
retail_df = retail_df[retail_df['Quantity']>0]
retail_df = retail_df[retail_df['UnitPrice']>0]
retail_df = retail_df[retail_df['CustomerID'].notnull()]

# 'CustomerID' 자료형을 정수형으로 변환
retail_df['CustomerID'] = retail_df['CustomerID'].astype(int)
```

In [5]:
```
retail_df.info()
print(retail_df.isnull().sum())
print(retail_df.shape)
```

Out[5]:	<class 'pandas.core.frame.DataFrame'>

```
<class 'pandas.core.frame.DataFrame'>
Int64Index: 397884 entries, 0 to 541908
Data columns (total 8 columns):
 #   Column       Non-Null Count   Dtype
---  ------       --------------   -----
 0   InvoiceNo    397884 non-null  object
 1   StockCode    397884 non-null  object
 2   Description  397884 non-null  object
 3   Quantity     397884 non-null  int64
 4   InvoiceDate  397884 non-null  datetime64[ns]
 5   UnitPrice    397884 non-null  float64
 6   CustomerID   397884 non-null  int32
 7   Country      397884 non-null  object
dtypes: datetime64[ns](1), float64(1), int32(1), int64(1), object(4)
memory usage: 25.8+ MB
InvoiceNo      0
StockCode      0
Description    0
Quantity       0
InvoiceDate    0
UnitPrice      0
CustomerID     0
Country        0
dtype: int64
(397884, 8)
```

In [6]:

```
# 중복 레코드 제거
retail_df.drop_duplicates(inplace = True)
print(retail_df.shape)  # 작업 확인용 출력
```

Out[6]:

```
(392692, 8)
```

In [4] 오류 데이터를 필터링하고 CustomerID의 자료형을 정수형으로 변환astype(int)한다.

In [5] 정리한 결과를 확인하면retail_df.info() 데이터는 397,884개다.

In [6] 중복 레코드를 제거하면drop_duplicates() 데이터는 392,692개가 된다.

데이터프레임의 컬럼 추출 및 분석용 데이터 생성하기

1 데이터 탐색을 위해 제품 수, 거래 건수, 고객 수를 알아보고 고객의 국적도 확인해 보자.

In [7]:
```
pd.DataFrame([{'Product':len(retail_df['StockCode'].value_counts()),
               'Transaction':len(retail_df['InvoiceNo'].value_
               counts()), 'Customer':len(retail_df['CustomerID'].
               value_counts())}], columns = ['Product', 'Transaction',
               'Customer'], index = ['counts'])
```

Out[7]:

	Product	Transaction	Customer
counts	3665	18532	4338

In [8]:
```
retail_df['Country'].value_counts()
```

Out[8]:
```
United Kingdom        349203
Germany               9025
France                8326
EIRE                  7226
Spain                 2479
Netherlands           2359
...
```

In [7] 개별 제품을 알 수 있는 StockCode의 개수value_counts()로 제품 수, InvoiceNo의 개수로 거래 건수, CustomerID의 개수로 고객 수를 구한다. 고객의 수는 4,338명이다.

In [8] Country 값의 개수를 계산하여 고객의 국적 빈도를 확인한다.

TIP 실습에 사용하는 데이터셋은 온라인 구매 플랫폼에서 구한 것으로 고객의 국적이 다양하다. 다양한 국적의 고객 모두를 대상으로 마케팅한다고 가정하고 국적 데이터는 따로 정리하지 않기로 하자.

2 마케팅에 이용하기 위해 고객의 주문 횟수, 주문 총액 그리고 마지막 주문 후 며칠이 지났는지에 대한 정보를 추출해 보자.

In [9]:
```
# 주문 금액 컬럼 추가
retail_df['SaleAmount'] = retail_df['UnitPrice']*retail_df['Quantity']
retail_df.head() # 작업 확인용 출력
```

Out[9]:

	InvoiceNo	StockCode	Description	Quantity	InvoiceDate	UnitPrice	CustomerID	Country	SaleAmount
0	536365	85123A	WHITE HANGING HEART T-LIGHT HOLDER	6	2010-12-01 08:26:00	2.55	17850	United Kingdom	15.30
1	536365	71053	WHITE METAL LANTERN	6	2010-12-01 08:26:00	3.39	17850	United Kingdom	20.34
2	536365	84406B	CREAM CUPID HEARTS COAT HANGER	8	2010-12-01 08:26:00	2.75	17850	United Kingdom	22.00
3	536365	84029G	KNITTED UNION FLAG HOT WATER BOTTLE	6	2010-12-01 08:26:00	3.39	17850	United Kingdom	20.34
4	536365	84029E	RED WOOLLY HOTTIE WHITE HEART.	6	2010-12-01 08:26:00	3.39	17850	United Kingdom	20.34

In [10]:

```
aggregations = {
    'InvoiceNo':'count',
    'SaleAmount':'sum',
    'InvoiceDate':'max'
}

customer_df = retail_df.groupby('CustomerID').agg(aggregations)
customer_df = customer_df.reset_index()
customer_df.head() # 작업 확인용 출력
```

Out[10]:

	CustomerID	InvoiceNo	SaleAmount	InvoiceDate
0	12346	1	77183.60	2011-01-18 10:01:00
1	12347	182	4310.00	2011-12-07 15:52:00
2	12348	31	1797.24	2011-09-25 13:13:00
3	12349	73	1757.55	2011-11-21 09:51:00
4	12350	17	334.40	2011-02-02 16:01:00

In [11]:

```
customer_df = customer_df.rename(columns = {'InvoiceNo':'Freq',
                                            'InvoiceDate':'ElapsedDays'})
customer_df.head()  # 작업 확인용 출력
```

Out[11]:

	CustomerID	Freq	SaleAmount	ElapsedDays
0	12346	1	77183.60	2011-01-18 10:01:00
1	12347	182	4310.00	2011-12-07 15:52:00
2	12348	31	1797.24	2011-09-25 13:13:00
3	12349	73	1757.55	2011-11-21 09:51:00
4	12350	17	334.40	2011-02-02 16:01:00

In [9] 제품 단가UnitPrice와 주문 개수Quantity를 곱하여 주문 금액SaleAmount을 계산하고 컬럼으로 추가한다.

In [10] 각 고객의 정보를 추출하기 위해 CustomerID를 기준으로 그룹을 만들고groupby(), 주문 횟수를 계산하기 위해 InvoiceNo의 개수count를 구한다. 주문 금액SaleAmount의 총액sum을 구하고, 주문일InvoiceDate 중에서 가장 최근 날짜max를 찾아 새로운 데이터프레임 객체인 customer_df를 생성한다.

In [11] customer_df의 컬럼 이름을 변경rename()한다.

3 마지막 주문일로부터 며칠이 지났는지에 대한 값을 ElapsedDays 컬럼에 저장해야 한다. 이 값은 '기준 날짜 – 마지막 구매일'로 계산해 구한다. 분석 중인 데이터의 기준 날짜는 2011년 12월 10일이다.

In [12]:

```
import datetime

customer_df['ElapsedDays'] = datetime.datetime(2011,12,10) - customer_
                                                    df['ElapsedDays']
customer_df.head()  # 작업 확인용 출력
```

Out[12]:

	CustomerID	Freq	SaleAmount	ElapsedDays
0	12346	1	77183.60	325 days 13:59:00
1	12347	182	4310.00	2 days 08:08:00
2	12348	31	1797.24	75 days 10:47:00
3	12349	73	1757.55	18 days 14:09:00
4	12350	17	334.40	310 days 07:59:00

In [13]:

```
customer_df['ElapsedDays'] = customer_df['ElapsedDays'].apply(lambda
                                    x: x.days+1)
customer_df.head() # 작업 확인용 출력
```

Out[13]:

	CustomerID	Freq	SaleAmount	ElapsedDays
0	12346	1	77183.60	326
1	12347	182	4310.00	3
2	12348	31	1797.24	76
3	12349	73	1757.55	19
4	12350	17	334.40	311

In [12] '기준 날짜 – 마지막 구매일'을 계산한다.

In [13] 마지막 구매 후 며칠이 지났는지를 날짜 수로 환산하여 ElapsedDays 값을 구한다.

군집 분석에 사용할 데이터 구성이 customer_df로 완성되었다.

데이터 분포 조정하기

1 데이터 준비의 마지막 작업으로, 데이터 값이 한쪽으로 치우치지 않았는지 박스플롯 그래프로 확인하고 조정해 보자.

In [14]:

```
import matplotlib.pyplot as plt
import seaborn as sns

fig, ax = plt.subplots()
ax.boxplot([customer_df['Freq'], customer_df['SaleAmount'],  customer_
            df['ElapsedDays']], sym = 'bo')
plt.xticks([1, 2, 3], ['Freq', 'SaleAmount','ElapsedDays'])
plt.show()
```

Out[14]:

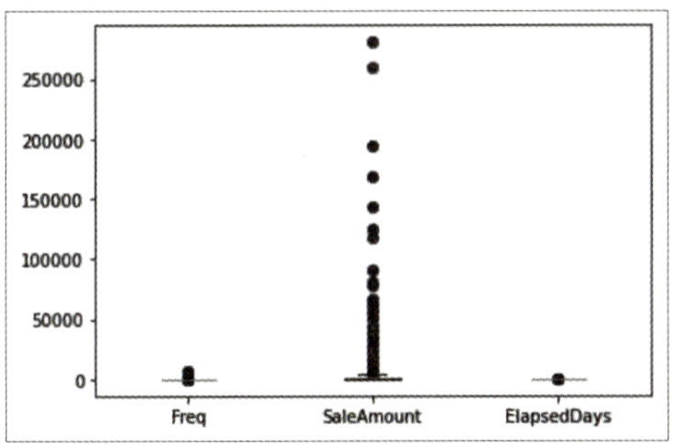

In [14] customer_df의 3개 컬럼으로 박스플롯 3개를 그린다.

2 점으로 표시된sym='bo' 아웃라이어 값이 많다는 것은 데이터 값이 고르게 분포하지 않고 치우쳐 있음을 나타낸다. 값이 한쪽으로 치우쳐 있으면 분석 결과가 정확하다고 할 수 없으므로 로그함수를 적용하여 값의 분포를 고르게 조정해야 한다.

In [15]:

```
import numpy as np

customer_df['Freq_log'] = np.log1p(customer_df['Freq'])
customer_df['SaleAmount_log'] = np.log1p(customer_df['SaleAmount'])
customer_df['ElapsedDays_log'] = np.log1p(customer_df['ElapsedDays'])
customer_df.head() # 작업 확인용 출력
```

Out[15]:

	CustomerID	Freq	SaleAmount	ElapsedDays	Freq_log	SaleAmount_log	ElapsedDays_log
0	12346	1	77183.60	326	0.693147	11.253955	5.789960
1	12347	182	4310.00	3	5.209486	8.368925	1.386294
2	12348	31	1797.24	76	3.465736	7.494564	4.343805
3	12349	73	1757.55	19	4.304065	7.472245	2.995732
4	12350	17	334.40	311	2.890372	5.815324	5.743003

In [16]:

```
fig, ax = plt.subplots()
ax.boxplot([customer_df['Freq_log'], customer_df['SaleAmount_log'],
           customer_df['ElapsedDays_log']], sym = 'bo')
plt.xticks([1, 2, 3], ['Freq_log', 'SaleAmount_log', 'ElapsedDays_log'])
plt.show()
```

Out[16]:

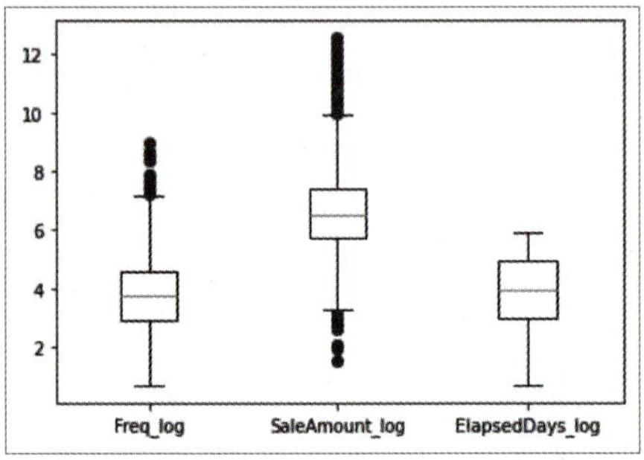

In [15] 컬럼 값에 로그함수log1p()를 취한 값을 새 컬럼으로 추가하여 저장한다.

In [16] 박스플롯을 그린다.

로그함수를 취하여 수정한 값에 대한 박스플롯을 보면 이전보다 아웃라이어가 줄어들고 모양도 균형이 잡힌 것 같다. 완벽하지는 않지만 이 정도로 만족하고 데이터 탐색 작업을 마치도록 하자.

5 분석 모델 구축

K-평균 군집화 모델을 이용해 분석 모델 구축하기

타깃 마케팅을 위한 소비자 군집화를 위해 사이킷런의 K-평균 군집화 모델인 KMeans를 이용해 분석 모델을 구축한다.

1 X_features를 정규 분포로 스케일링하기 분석의 정확도를 높이기 위해 X 변수(피처)들을 정규 분포가 되도록 스케일링한다.

In [17]:	`from sklearn.cluster import KMeans`
	`from sklearn.metrics import silhouette_score, silhouette_samples`
	`from sklearn.preprocessing import StandardScaler`

In [18]:	`X_features = customer_df[['Freq_log', 'SaleAmount_log', 'ElapsedDays_log']].values`
In [19]:	`X_features_scaled = StandardScaler().fit_transform(X_features)`

In [17] K-평균 군집화 모델링을 위한 KMeans와 실루엣 계수 계산에 사용할 silhouette_score, silhouette_samples, 정규분포 스케일링에 사용할 StandardScaler를 임포트한다.

In [18] K-평균 모델에 사용할 값을 위해 Freq_log, SaleAmount_log, ElapsedDays_log 컬럼을 X_features에 저장한다.

In [19] X_features를 정규 분포로 스케일링StandardScaler().fit_transform하여 X_features_scaled에 저장한다.

2 엘보 방법으로 클러스터 개수 k 선택하기 K-평균 모델에 적당한 클러스터 개수 k를 엘보 방법을 사용하여 구한다. 클러스터 개수를 1개부터 10개까지 변화시키면서 왜곡의 크기 변화를 그래프로 나타내어 엘보 지점을 찾아보자.

In [20]:

```
distortions = []

for i in range(1, 11):
    kmeans_i = KMeans(n_clusters = i, random_state = 0, n_init =
                      'auto')                          # 모델 생성
    kmeans_i.fit(X_features_scaled)                    # 모델 훈련
    distortions.append(kmeans_i.inertia_)

plt.plot(range(1, 11), distortions, marker = 'o')
plt.xlabel('Number of clusters')
plt.ylabel('Distortion')
plt.show()
```

Out[20]:

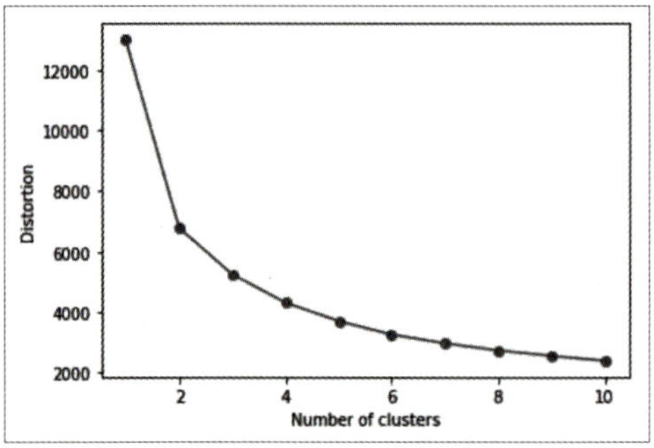

In [20] K-평균 모델을 생성하고KMeans() 훈련하는fit() 작업을 클러스터의 개수인 1부터 10까지 반복하면서 왜곡 값inertia_을 리스트distortions에 저장append()한다. K-평균 모델은 클러스터 초기 중심점을 랜덤으로 설정한다. 정확성을 위해 랜덤 초기화 작업을 여러 번 수행한 후에 그중에서 최적의 위치를 초기 중심점으로 사용하게 된다. 중심점 랜덤 초기화 작업을 몇 번 수행할지는 KMeans() 함수의 n_init 매개변수로 설정한다. n_init='auto'로 설정하면 데이터 크기와 클러스터 개수에 따라 자동으로 랜덤 초기화 작업 반복 회수를 결정한다. 클러스터 개수에 따른 왜곡 값의 변화를 그래프로 그려서plot() 시각화한다.

3 K-그래프를 보면 엘보라고 할 수 있는 지점이 3 또는 4, 5가 될 수 있을 것 같다. 여기에서는 클러스터의 개수 k를 3으로 설정하여 K-평균 모델을 다시 학습한 뒤 생성된 클러스터 레이블을 확인한다.

In [21]:

```
kmeans = KMeans(n_clusters=3, random_state=0, n_init='auto')
# 모델 생성
# 모델 학습과 결과 예측(클러스터 레이블 생성)
Y_labels = kmeans.fit_predict(X_features_scaled)
```

In [22]:

```
customer_df['ClusterLabel'] = Y_labels
customer_df.head()          # 작업 확인용 출력
```

Out[22]:

	CustomerID	Freq	SaleAmount	ElapsedDays	Freq_log	SaleAmount_log	ElapsedDays_log	ClusterLabel
0	12346	1	77183.60	326	0.693147	11.253955	5.789960	2
1	12347	182	4310.00	3	5.209486	8.368925	1.386294	1
2	12348	31	1797.24	76	3.465736	7.494564	4.343805	2
3	12349	73	1757.55	19	4.304065	7.472245	2.995732	2
4	12350	17	334.40	311	2.890372	5.815324	5.743003	0

In [21] 클러스터의 개수를 3으로 설정하고n_clusters=3 다시 K-평균 군집화 모델을 생성한다. 생성된 모델에서 X_features_scaled를 적용하여 학습하고 클러스터에 대한 레이블 예측값Y_labels을 구한다fit_predict().

In [22] 레이블 예측값Y_labels을 customer_df에 컬럼으로 추가하고 확인한다.

여기서 잠깐 클러스터 번호 정하기

클러스터를 3개로 설정하였으므로 ClusterLable에 적힌 클러스터 번호가 0~2로 나타난다. 0, 1, 2 중에서 클러스터에 사용하는 번호는 어떻게 정할까? 클러스터 크기 순서대로? 클러스터 위치 순서대로? 클러스터 번호를 정하는 원칙은 없다. Kmeans 모델뿐 아니라 클러스터링을 하는 비지도 학습 모델은 번호를 할당하는 원칙 없이 임의의 번호를 할당한다. 그러므로 실습하는 시스템에 따라서 ClusterLable의 값이 책의 결과와 다를 수 있다. 예를 들어, A 컴퓨터에서 1번을 할당한 클러스터에 대해 B 컴퓨터는 0번을 할당할 수 있다. 비지도 학습에 의한 클러스터링은 어떤 것이 같은 클러스터로 분석되었는지, 클러스터에 잠재된 패턴이 무엇인지가 중요하지 클러스터 번호가 0번인지 1번인지는 의미가 없다.

	CustomerID	Freq	SaleAmount	ElapsedDays	Freq_log	SaleAmount_log	ElapsedDays_log	ClusterLabel
0	12346	1	77183.60	326	0.693147	11.253955	5.789960	2
1	12347	182	4310.00	3	5.209486	8.368925	1.386294	0
2	12348	31	1797.24	76	3.465736	7.494564	4.343805	2
3	12349	73	1757.55	19	4.304065	7.472245	2.995732	2
4	12350	17	334.40	311	2.890372	5.815324	5.743003	1

6 결과 분석 및 시각화

클러스터의 비중과 데이터 분포를 차트로 시각화하기

K-평균 군집화 모델의 성능은 클러스터 개수가 중요한 요인이 된다. 엘보 방법을 사용하여 클러스터 개수 k를 3으로 정했지만, 최적의 클러스터 수라고 확신하기는 애매하다. 실루엣 계수가 높은지, 각 클러스터의 비중이 고르게 구성되었는지를 분석하여 최적의 클러스터 개수를 구해보자. 클러스터의 비중과 데이터 분포를 쉽게 확인하기 위해 그래프 시각화를 사용한다.

1 먼저, 각 클러스터의 비중을 가로 바 차트로 시각화한다.

In [23]:
```
from matplotlib import cm

def silhouetteViz(n_cluster, X_features):
    kmeans = KMeans(n_clusters = n_cluster, random_state = 0,
                    n_init = 'auto')
    Y_labels = kmeans.fit_predict(X_features)

    silhouette_values = silhouette_samples(X_features, Y_labels,
                                           metric = 'euclidean')

    y_ax_lower, y_ax_upper = 0, 0
    y_ticks = []

    for c in range(n_cluster):
        c_silhouettes = silhouette_values[Y_labels == c]
        c_silhouettes.sort()
        y_ax_upper += len(c_silhouettes)
        color = cm.jet(float(c) / n_cluster)
        plt.barh(range(y_ax_lower, y_ax_upper), c_silhouettes,
                 height = 1.0, edgecolor = 'none', color = color)
        y_ticks.append((y_ax_lower + y_ax_upper) / 2.)
        y_ax_lower += len(c_silhouettes)

    silhouette_avg = np.mean(silhouette_values)
    plt.axvline(silhouette_avg, color = 'red', linestyle = '--')
    plt.title('Number of Cluster : '+ str(n_cluster) + '\n' \ +
              'Silhouette Score : '+ str(round(silhouette_avg,3)))
    plt.yticks(y_ticks, range(n_cluster))
    plt.xticks([0, 0.2, 0.4, 0.6, 0.8, 1])
    plt.ylabel('Cluster')
    plt.xlabel('Silhouette coefficient')
    plt.tight_layout()
    plt.show()
```

In [23] 실루엣 계수를 구하고, 각 클러스터의 비중을 가로 바 차트barh()로 시각화하기 위해 silhouetteViz 함수를 정의한다.

2 클러스터의 데이터 분포를 확인하기 위해 스캐터 차트로 시각화한다.

In [24]:
```
def clusterScatter(n_cluster, X_features):
    c_colors = []
    kmeans = KMeans(n_clusters = n_cluster, random_state = 0,
                    n_init = 'auto')
    Y_labels = kmeans.fit_predict(X_features)

    for i in range(n_cluster):
        c_color = cm.jet(float(i) / n_cluster)  # 클러스터의 색상 설정
        c_colors.append(c_color)
        # 클러스터의 데이터 분포를 동그라미로 시각화
        plt.scatter(X_features[Y_labels == i,0], X_features[Y_labels
                    == i,1], marker = 'o', color = c_color, edgecolor
                    = 'black', s = 50, label = 'cluster '+ str(i))

    # 각 클러스터의 중심점을 삼각형으로 표시
    for i in range(n_cluster):
        plt.scatter(kmeans.cluster_centers_[i,0], kmeans.cluster_
                    centers_[i,1], marker = '^', color = c_colors[i],
                    edgecolor = 'w', s = 200)
        plt.legend()
        plt.grid()
        plt.tight_layout()
        plt.show()
```

In [24] 클러스터에 대한 데이터의 분포를 스캐터 차트scatter()로 시각화하기 위해 cluster Scatter 함수를 정의한다.

3 In [20]에서 생성한 그래프를 고려하여 클러스터 개수가 3, 4, 5, 6인 경우의 실루엣 계수와 각 클러스터의 비중, 데이터 분포를 시각화하여 비교해 보자.

In [25]:	`silhouetteViz(3, X_features_scaled)`
In [26]:	`silhouetteViz(4, X_features_scaled)`
In [27]:	`silhouetteViz(5, X_features_scaled)`
In [28]:	`silhouetteViz(6, X_features_scaled)`

In [25]~[28] silhouetteViz 함수를 호출하여 실루엣 계수와 클러스터의 비중을 시각화한 결과는 다음과 같다.

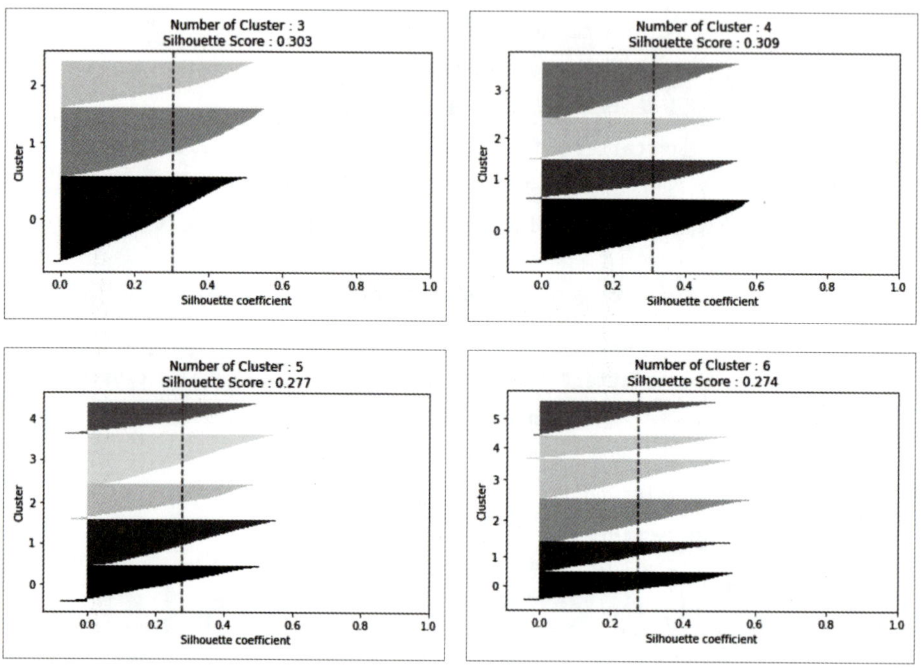

그림 12-6 클러스터의 비중 시각화

클러스터의 비중이 한쪽으로 치우치지 않고 비슷하면서 실루엣 계수가 높은 것은 클러스터가 4개인 경우로 실루엣 계수는 0.309다.

4 이번에는 클러스터 분포를 이용해 최적의 클러스터 수를 확인한다.

In [29]:	`clusterScatter(3, X_features_scaled)`
In [30]:	`clusterScatter(4, X_features_scaled)`
In [31]:	`clusterScatter(5, X_features_scaled)`
In [32]:	`clusterScatter(6, X_features_scaled)`

In [29]~[32] clusterScatter 함수를 호출하여 클러스터의 데이터 분포(원으로 표시)와 클러스터의 중심점 위치(삼각형으로 표시)를 시각화한 결과는 다음과 같다.

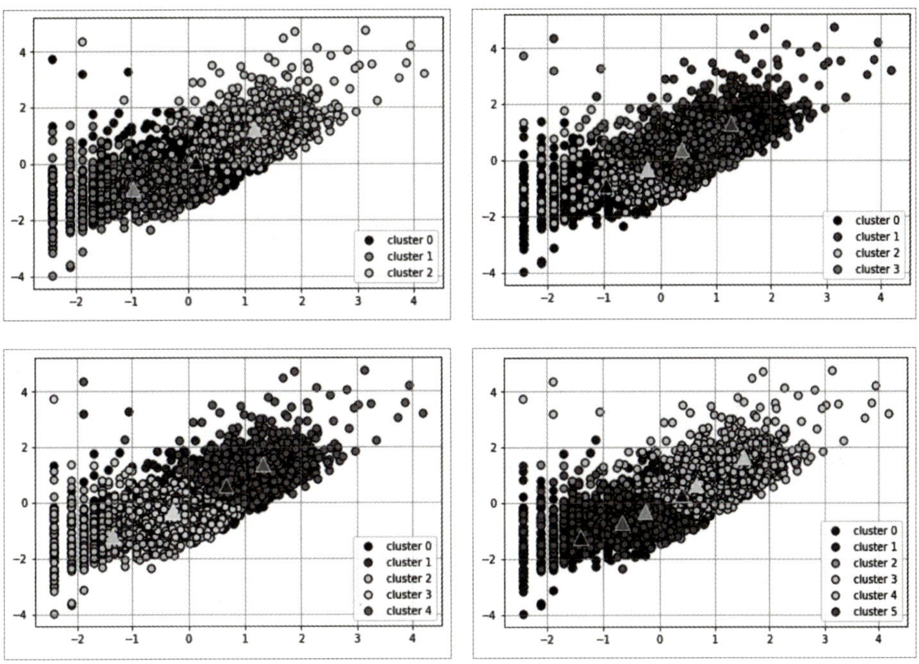

그림 12-7 클러스터의 데이터 분포 시각화

clusterScatter( ) 함수에 의해 먼저 클러스터 0이 그려지고 그 위에 클러스터 1이, 다시 그 위에 클러스터 2가 순서대로 그려진다. 따라서 위치가 비슷한 데이터들은 나중에 그려지는 클러스터의 데이터에 의해 가려진다. 클러스터 0의 데이터가 별로 없는 것처럼 보이는 것은 이처럼 가려졌기 때문이다.

5 데이터가 섞이지 않고 같은 클러스터끼리 모여 있는 형태가 되면 군집화가 잘된 것으로 판단한다. 클러스터가 3개인 경우와 4개인 경우가 비슷하게 좋아 보이는데 silhouetteViz 함수를 호출한 결과에서 클러스터가 4개인 경우가 더 좋은 것으로 나타났으므로 최종적으로 최적의 클러스터 개수 k를 4로 결정하기로 하자.

In [33]:
```
best_cluster = 4
kmeans = KMeans(n_clusters = best_cluster, random_state = 0,
                n_init = 'auto')
Y_labels = kmeans.fit_predict(X_features_scaled)
```

In [34]:
```
customer_df['ClusterLabel'] = Y_labels
customer_df.head()        # 작업 확인용 출력
```

Out[34]:

	CustomerID	Freq	SaleAmount	ElapsedDays	Freq_log	SaleAmount_log	ElapsedDays_log	ClusterLabel
0	12346	1	77183.60	326	0.693147	11.253955	5.789960	3
1	12347	182	4310.00	3	5.209486	8.368925	1.386294	1
2	12348	31	1797.24	76	3.465736	7.494564	4.343805	3
3	12349	73	1757.55	19	4.304065	7.472245	2.995732	3
4	12350	17	334.40	311	2.890372	5.815324	5.743003	0

In [35]:
```
customer_df.to_csv('./12장_data/Online_Retail_Customer_Cluster.csv')
```

In [33] 최적의 K-평균 군집화 모델의 레이블 예측값Y_labels을 구한다.

In [34] 레이블 예측값Y_labels을 customer_df에 저장한다.

In [35] customer_df를 CSV 파일로 저장한다.

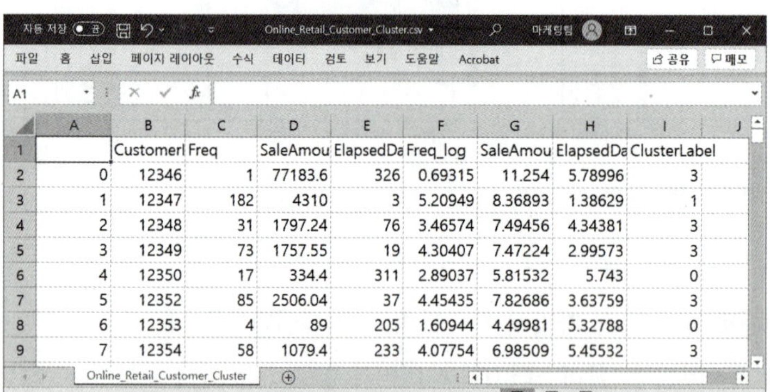

	A	B	C	D	E	F	G	H	I
1		CustomerI	Freq	SaleAmou	ElapsedDa	Freq_log	SaleAmou	ElapsedDa	ClusterLabel
2	0	12346	1	77183.6	326	0.69315	11.254	5.78996	3
3	1	12347	182	4310	3	5.20949	8.36893	1.38629	1
4	2	12348	31	1797.24	76	3.46574	7.49456	4.34381	3
5	3	12349	73	1757.55	19	4.30407	7.47224	2.99573	3
6	4	12350	17	334.4	311	2.89037	5.81532	5.743	0
7	5	12352	85	2506.04	37	4.45435	7.82686	3.63759	3
8	6	12353	4	89	205	1.60944	4.49981	5.32788	0
9	7	12354	58	1079.4	233	4.07754	6.98509	5.45532	3

그림 12-8 완성된 소비자 군집 파일

프로젝트의 목표인 '타깃 마케팅에 필요한 소비자 군집'이 완성되었다.

추가 분석하기

이렇게 구성된 소비자 군집, 즉 소비자 클러스터를 이용해 타깃 마케팅 전략을 세우려면 추가 분석이 필요하다. 각 클러스터의 특징을 간단히 살펴보자.

1 클러스터의 특징을 살펴보기 위해 먼저 ClusterLabel을 기준으로 그룹을 만든다.

In [36]:
```
customer_df.groupby('ClusterLabel')['CustomerID'].count()
```

Out[36]:
```
ClusterLabel
0    1167
1     900
2     931
3    1340
Name: CustomerID, dtype: int64
```

전체 고객 4,338명 중에서 클러스터 0은 1,167명이고 클러스터 1은 900명, 클러스터 2는 931명, 클러스터 3은 1,340명으로 구성되어 있다.

2 고객 클러스터에서 총 구매 빈도와 총 구매 금액, 마지막 구매 이후 경과일 정보를 추출하고, 구매 1회당 평균 구매 금액도 계산해 보자.

In [37]:
```
customer_cluster_df = customer_df.drop(['Freq_log', 'SaleAmount_log',
                      'ElapsedDays_log'], axis = 1, inplace = False)
```

In [38]:
```
# 주문 1회당 평균 구매금액: SaleAmountAvg
customer_cluster_df['SaleAmountAvg'] = customer_cluster_df
                    ['SaleAmount']/customer_cluster_df['Freq']
customer_cluster_df.head()          # 작업 확인용 출력
```

Out[38]:

	CustomerID	Freq	SaleAmount	ElapsedDays	ClusterLabel	SaleAmountAvg
0	12346	1	77183.60	326	0	77183.600000
1	12347	182	4310.00	3	1	23.681319
2	12348	31	1797.24	76	0	57.975484
3	12349	73	1757.55	19	1	24.076027
4	12350	17	334.40	311	3	19.670588

```
In [39]: customer_cluster_df.drop(['CustomerID'], axis = 1, inplace = False).
                                        groupby('ClusterLabel').mean()
```

Out[39]:

ClusterLabel	Freq	SaleAmount	ElapsedDays	SaleAmountAvg
0	74.443873	1453.809907	106.652956	106.760512
1	275.008889	6901.516111	14.833333	94.322099
2	41.978518	643.460173	20.473684	31.243547
3	14.347761	283.721501	184.191791	43.337452

고객 클러스터 1은 다른 클러스터보다 구매 횟수가 월등히 높지만 구매당 평균 금액은 두 번째로 높다. 고객 클러스터 0은 구매당 평균 금액이 가장 높다. 이러한 분석 정보를 바탕으로 판촉 메일을 보내는 시기와 간격, 추천 제품의 가격대를 구분하여 고객 클러스터별 마케팅 전략을 세울 수 있다.

우리가 가진 데이터에는 포함되어 있지 않지만 실제 온라인 쇼핑몰의 데이터에는 고객 주소가 있을 것이다. 9장에서 수행한 지리 정보 분석을 활용하면 고객의 주소를 지도에 시각화하여 고객 클러스터에 따른 지리적 특성도 분석할 수 있다.

Chapter 13

텍스트 마이닝

학습목표

- 텍스트 마이닝 기법 중에서 감성 분석과 토픽 분석을 이해한다.
- 로지스틱 회귀를 이용한 감성 분류 모델을 학습하고 분석을 수행한다.
- 토픽 모델링 기법을 이해하고 토픽 분석을 학습한다.

01 [감성 분석 모델링]

영화 리뷰 데이터로 감성 분석 모델링하기

0 분석 미리보기

영화 리뷰 데이터로 감성 분석 모델링하기	
목표	영화 리뷰 데이터에 감성 분석 모델을 구축하여 새로운 데이터의 감성을 분석한다.
핵심 개념	텍스트 마이닝, 특성 벡터화, BoW, TF-IDF, DTM, 감성 분석
데이터 수집	▪ 영화 리뷰 데이터: https://github.com/e9t/nsmc에서 다운로드

데이터 준비 및 탐색

▪ 훈련/평가 데이터
- 파일 불러오기: pd.read_csv()
- 정보 확인: nsmc_train_df.info() / nsmc_test_df.info()
- 결측 데이터 제거: _train_df['document'].notnull() / nsmc_test_df['document'].notnull()
- 레이블 확인: nsmc_train_df['label'].value_counts() / nsmc_test_df['label'].value_counts()
- 한글 외의 문자 제거: lambda x: re.sub(r'[^ ㄱ-ㅣ가-힣]+', " ", x)

분석 모델 구축

▪ 특성 벡터화
- 형태소 기반 토큰화: Okt()
- TF-IDF 기반 벡터 생성: TfidfVectorizer()

▪ 감성 분석 모델 구축
- 로지스틱 회귀 기반 분석 모델 생성
- 최적 하이퍼 매개변수 도출: GridSearchCV()
- 최적 하이퍼 매개변수 모델의 훈련: SA_lr_best

분석 모델 평가

▪ 평가 데이터를 이용한 모델 정확도 확인
- 평가 데이터의 피터 벡터화: tfidf.transform()
- 감성 예측: SA_lr_best.predict()
- 정확도: accuracy_score()

▪ 새로운 텍스트에 대한 감성 예측
- 텍스트 입력: input()
- 텍스트 전처리: 한글 이외의 문자 제거
- 텍스트의 특성 벡터화: tfidf.transform()
- 감성 예측값 출력

1 목표 설정

텍스트 마이닝은 기본적인 텍스트 분석에서 의미 있는 인사이트를 도출하기 위해 머신러닝의 고급 기술을 적용하며 발전된 분석 기술이다. 최근에는 빅데이터 수집으로 얻은 텍스트 데이터를 분석하기 위해 다양한 분야에서 텍스트 마이닝을 사용하고 있다. 최근 텍스트 마이닝의 핵심 기법으로 사용되는 것은 감성 분석과 토픽 모델링이다.

이 프로젝트의 목표는 영화 리뷰 데이터에 텍스트 마이닝의 감성 분석 기술을 사용하여 감성 분석 모델을 구축한 뒤 새로운 데이터에 대한 감성을 분석하는 것이다.

2 핵심 개념 이해

본 프로젝트를 수행하는 데 필요한 개념을 알아보자.

텍스트 마이닝

텍스트 마이닝text mining은 비정형의 텍스트 데이터로부터 패턴을 찾아내어 의미 있는 정보를 추출하는 분석 과정 또는 기법을 말한다. 텍스트 마이닝은 데이터 마이닝과 자연어 처리natural language process, 정보 검색 등의 분야가 결합된 분석 기법을 사용하여 텍스트 데이터로부터 유용한 고급 정보를 찾아내는 과정이다. 텍스트 마이닝의 프로세스는 다음과 같다. 텍스트 전처리에는 토큰화, 불용어 제거, 표제어 추출, 형태소 분석 등의 작업이 포함된다.

텍스트 전처리 → 특성 벡터화 → 머신러닝 모델 구축 및 학습/평가 프로세스 수행

특성 벡터화와 특성 추출

머신러닝 알고리즘으로 분석하기 위해서는 텍스트를 구성하는 단어 기반의 특성 추출feature extraction을 하고 이를 숫자형 값인 벡터 값으로 표현해야 한다. 특성 벡터화feature vectorization의 대표적인 방법으로 BoWBag of Words와 Word2vec이 있다. 여기서 BoW는 문서에 있는 모든 단어에 대해 순서는 무시한 채 빈도만 고려하여 단어가 얼마나 자주 등장하는지로 특성 벡터를 만드는 방법이다. BoW에는 카운트 기반 벡터화와 TF-IDF 기반 벡터화 방식이 있다.

카운트 기반 벡터화

단어 피처에 숫자형 값을 할당할 때 각 문서에서 해당 단어가 등장하는 횟수, 즉 단어 빈도term frequency를 부여하는 벡터화 방식이다. 전체 문서에 등장한 단어를 기반으로 어휘 사전을 생성하고 단어마다 등장 횟수를 카운트하여 해당 단어의 정수 벡터 값으로 할당한다. 문서별 단어의 빈도를 정리하여 문서 단어 행렬(DTMDocument Term Matrix)을 구성하는데 단어 출현 빈도가 높을수록 중요한 단어로 다루어진다. 문서 d에 등장한 단어 t의 횟수는 $tf(t,d)$로 표현한다. 카운트 기반 벡터화는 사이킷런의 CountVectorizer 모듈에서 제공한다.

> **NOTE** 머신러닝 분야에서는 특성보다 피처(feature)라는 용어를 더 많이 사용한다.

	그래서	데이터	분석	…	이다	한다
doc#1	13	20	16	…	65	71
doc#2	11	15	32	…	69	81

그림 13-1 카운트 기반 벡터화의 DTM 예: tf(“데이터”, doc#1) = 20

TF-IDF 기반 벡터화

카운트 기반 벡터화에서 카운트 값이 높은 단어는 문서에서 많이 사용된 중요한 단어일 수도 있지만 단지 문장 구성상 많이 사용되는 단어일 수도 있다. 이런 문제를 보완하기 위해 TF-IDFTerm Frequency-Inverse Document Frequency 기반 벡터화를 사용한다. TF-IDF 벡터화는 특정 문서에 많이 나타나는 단어의 경우 해당 문서의 단어 벡터에 가중치를 높이고, 모든 문서에 많이 나타나는 단어의 경우 문서의 특징을 나타내는 단어가 아니라 범용적으로 사용하는 단어로 취급하여 가중치를 낮추는 방식이다. 문서 d에 등장한 단어 t의 TF-IDF는 다음과 같이 계산할 수 있다.

$$tf\text{-}idf(t,\ d) = tf(t,d) \times idf(t,d)$$

여기서 $idf(t,d)$는 역 문서 빈도inverse document frequency로 다음과 같이 계산한다.

$$idf(t, d) = log\frac{n_d}{1+df(d, t)}$$

n_d는 전체 문서의 개수이고, $df(d,t)$는 단어 t가 포함된 문서 d의 개수가 된다.

	그래서	데이터	분석	…	이다	한다
doc#1	0.12	0.52	0.42	…	0.19	0.20
doc#2	0.13	0.48	0.67	…	0.18	0.22

그림 13-2 TF-IDF 기반 벡터화의 DTM 예: tf-idf("데이터", doc#1) = 0.52

TF-IDF 기반 벡터화는 사이킷런의 TfidfVectorizer 모듈에서 제공한다.

감성 분석

감성 분석sentiment analysis은 텍스트에서 사용자의 주관적인 의견이나 감성, 태도를 분석하는 텍스트 마이닝의 핵심 분석 기법 중 하나로 오피니언 마이닝opinion mining이라고도 한다. 감성 분석은 텍스트에서 감성을 나타내는 단어를 기반으로 긍정 또는 부정의 감성을 결정한다. 감성 사전 기반의 감성 분석은 감성 단어에 대한 사전을 가진 상태에서 단어를 검색하여 점수를 계산한다. 최근에는 머신러닝 기반의 감성 분석이 늘어나고 있는데 감성 분류 클래스가 있는 데이터를 지도 학습 방법으로 훈련하여 감성 분류 모델을 구축한 뒤 분석할 데이터를 감성 분류 모델에 적용하여 분석한다.

3 데이터 수집

프로젝트에 사용할 네이버 영화 리뷰 데이터는 깃허브에 공개된 데이터셋을 다운로드하여 사용한다.

1 https://github.com/e9t/nsmc에 접속한 뒤 ratings.txt, ratings_test.txt, ratings_train.txt 파일을 차례대로 다운로드한다.

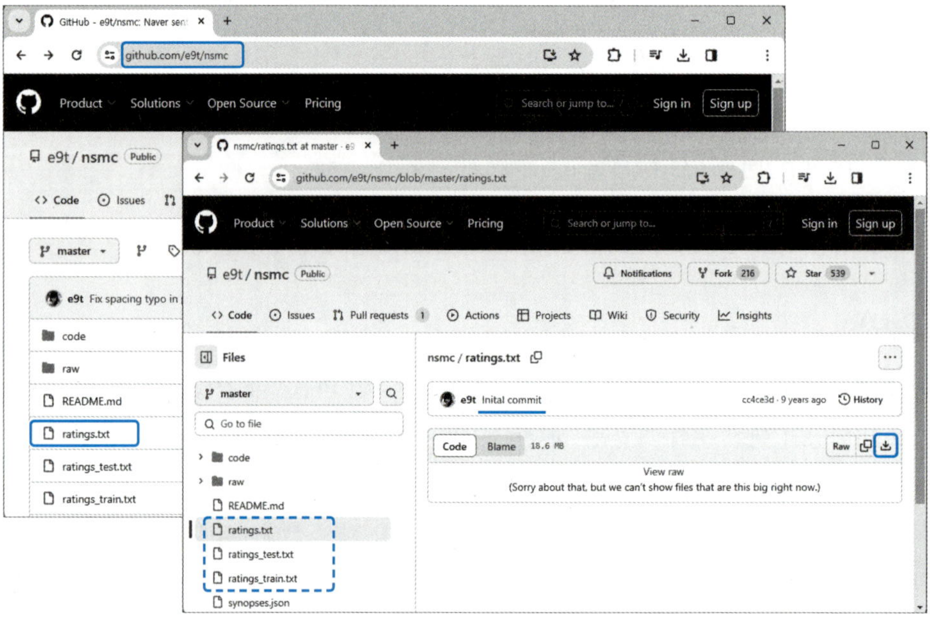

그림 13-3 깃허브에 공개된 데이터셋 다운로드

2 My_Python 폴더에 13장_data 폴더를 만든 뒤 다운로드한 파일을 폴더로 옮긴다. 다운로드한 파일을 열어서 내용을 확인해 보자.

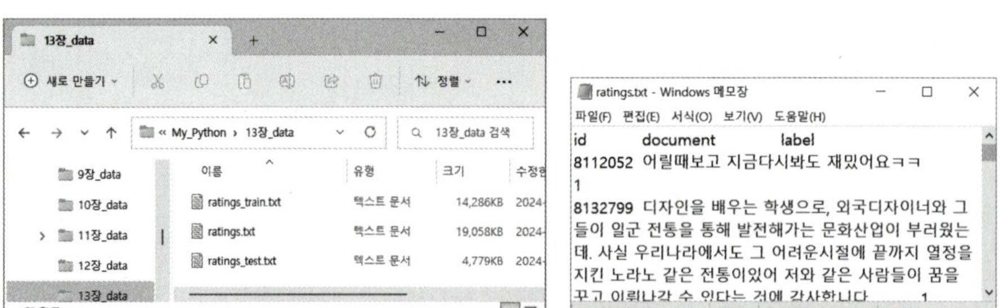

그림 13-4 다운로드한 파일 확인

ratings.txt 파일은 네이버 영화 페이지에서 리뷰를 크롤링하여 수집한 200K 용량의 데이터 파일이다. 여기서 50K를 평가용으로 분리한 파일이 ratings_test.txt이고 나머지 150K를 훈련용으로 준비한 것이 ratings_train.txt 파일이다. 파일 내용은 3개의 컬럼(id, document, label)이 탭(\t)으로 분리되어 있다. label 컬럼은 감성 분류 클래스 값인데, 1~10점의 평점 중에서 중립적인 평점인 5~8점은 제외하고 1~4점을 부정 감성 0으로, 9~10점을 긍정 감성 1로 표시하였다.

4 데이터 준비 및 탐색

텍스트 마이닝에 필요한 패키지를 설치하기 위해 주피터 노트북을 [관리자 권한으로 실행] 옵션으로 실행한다. 노트북 페이지를 추가하고 '13장_텍스트마이닝'으로 저장한다.

훈련 데이터 준비하기

1 다운로드한 파일 중에서 훈련 데이터인 ratings_train.txt 파일을 주피터 노트북에서 로드하여 살펴보자.

In [1]:
```
import pandas as pd
```

In [2]:
```
nsmc_train_df = pd.read_csv('./13장_data/ratings_train.txt', encoding
                             = 'utf8', sep = '\t', engine = 'python')

nsmc_train_df.head()    # 작업 확인용 출력
```

Out[2]:

	id	document	label
0	9976970	아 더빙.. 진짜 짜증나네요 목소리	0
1	3819312	흠...포스터보고 초딩영화줄....오버연기조차 가볍지 않구나	1
2	10265843	너무재밓었다그래서보는것을추천한다	0
3	9045019	교도소 이야기구먼 ..솔직히 재미는 없다..평점 조정	0
4	6483659	사이몬페그의 익살스런 연기가 돋보였던 영화!스파이더맨에서 늙어보이기만 했던 커스틴 ...	1

In [3]:
```
nsmc_train_df.info()
```

Out[3]:	``` <class 'pandas.core.frame.DataFrame'> RangeIndex: 150000 entries, 0 to 149999 Data columns (total 3 columns): # Column Non-Null Count Dtype --- ------- --------------- ------- 0 id 150000 non-null int64 1 document 149995 non-null object 2 label 150000 non-null int64 dtypes: int64(2), object(1) memory usage: 3.4+ MB ```

In [2] 훈련 데이터 파일을 읽고pd.read_csv() 데이터프레임 객체nsmc_train_df에 저장한다.

In [3] 훈련 데이터셋의 정보를 확인한다.

2 결측치 제거하기 훈련 데이터에는 150,000개의 샘플이 있는데 document 컬럼 값이 non-null인 샘플이 149,995개다. 따라서 5개의 결측치가 있다는 것을 알 수 있다. 결측치를 제거한다.

```
In [4]: nsmc_train_df = nsmc_train_df[nsmc_train_df['document'].notnull()]

In [5]: nsmc_train_df.info()

Out[5]: <class 'pandas.core.frame.DataFrame'>
Int64Index: 149995 entries, 0 to 149999
Data columns (total 3 columns):
 #   Column    Non-Null Count   Dtype
---  --------  ---------------  -------
 0   id        149995 non-null  int64
 1   document  149995 non-null  object
 2   label     149995 non-null  int64
dtypes: int64(2), object(1)
memory usage: 4.6+ MB

In [6]: nsmc_train_df['label'].value_counts()

Out[6]: 0    75170
1    74825
Name: label, dtype: int64
```

In [4] document 컬럼이 non-null인 샘플만 nsmc_train_df에 다시 저장한다.

In [5] 수정된 nsmc_train_df의 정보를 다시 확인한다.

In [6] 감성 분류 클래스의 구성을 확인한다.

부정 감성(0) 샘플이 75,170개, 긍정 감성(1) 샘플이 74,825개로 비슷하게 구성되어 있다.

3 한글 외의 문자 제거하기 정확한 분석을 하기 위해 한글 외의 문자는 제거한다.

In [7]:
```
import re
```

In [8]:
```
nsmc_train_df['document'] = nsmc_train_df['document'].apply(lambda
                              x : re.sub(r'[^ ㄱ-ㅣ가-힣]+', " ", x))

nsmc_train_df.head()      # 작업 확인용 출력
```

Out[8]:

	id	document	label
0	9976970	아 더빙 진짜 짜증나네요 목소리	0
1	3819312	흠 포스터보고 초딩영화줄 오버연기조차 가볍지 않구나	1
2	10265843	너무재밓었다그래서보는것을추천한다	0
3	9045019	교도소 이야기구먼 솔직히 재미는 없다 평점 조정	0
4	6483659	사이몬페그의 익살스런 연기가 돋보였던 영화 스파이더맨에서 늙어보이기만 했던 커스틴 ...	1

In [7] 정규식을 사용하기 위해 re 모듈을 임포트한다.

In [8] 'ㄱ'으로 시작하거나 '가'부터 '힣'까지의 문자를 제외한 나머지는 공백으로 치환한다.

이제 훈련 데이터에 대한 준비 작업이 끝났다. 같은 방법으로 평가 데이터도 준비해 두자.

평가 데이터 준비하기

다운로드한 파일 중에서 평가 데이터인 ratings_test.txt 파일을 로드하여 살펴보자.

In [9]:
```
nsmc_test_df = pd.read_csv('./13장_data/ratings_test.txt', encoding
                          = 'utf8', sep = '\t', engine = 'python')

nsmc_test_df.head()   # 작업 확인용 출력
```

Out[9]:

	id	document	label
0	6270596	굳 ㅋ	1
1	9274899	GDNTOPCLASSINTHECLUB	0
2	8544678	뭐야 이 평점들은.... 나쁘진 않지만 10점 짜리는 더더욱 아니잖아	0
3	6825595	지루하지는 않은데 완전 막장임... 돈주고 보기에는....	0
4	6723715	3D만 아니었어도 별 다섯 개 줬을텐데.. 왜 3D로 나와서 제 심기를 불편하게 하죠??	0

In [10]:

```
nsmc_test_df.info()
```

Out[10]:

```
<class 'pandas.core.frame.DataFrame'>
RangeIndex: 50000 entries, 0 to 49999
Data columns (total 3 columns):
 #   Column    Non-Null Count  Dtype
---  ------    --------------  ------
 0   id        50000 non-null  int64
 1   document  49997 non-null  object
 2   label     50000 non-null  int64
dtypes: int64(2), object(1)
memory usage: 1.1+ MB
```

In [11]:

```
# document 컬럼이 Null인 샘플 제거
nsmc_test_df = nsmc_test_df[nsmc_test_df['document'].notnull()]
```

In [12]:

```
nsmc_test_df['label'].value_counts()
```

Out[12]:

```
1    25171
0    24826
Name: label, dtype: int64
```

In [13]:

```
nsmc_test_df['document'] = nsmc_test_df['document'].apply(lambda x :
                    re.sub(r'[^ ㄱ-ㅣ가-힣]+', " ", x))
```

5 분석 모델 구축

감성 분류는 긍정과 부정으로 분류하는 작업이므로 결국 이진 분류 분석이다. 11장에서 학습한 머신러닝의 로지스틱 회귀 분석을 이용해 감성 분류 모델을 구축해 보자.

특성 벡터화 작업하기

1 분류 모델을 구축하기 전에 사용할 텍스트 데이터를 숫자 형태의 벡터 데이터로 변환하는 특징 벡터화 작업을 해야 한다. 형태소 단위로 토큰화morpheme tokenization한 한글 단어에 대해 TF-IDF 방식을 사용하여 벡터화 작업을 한다. 이때 한글 형태소 분석 작업은 konlpy 패키지의 Okt 클래스를 사용한다.

TIP ① konlpy 패키지는 8장에서 설치하였다. 자세한 설치 방법은 '부록 03'을 참고한다. ② Okt 클래스는 트위터에서 만든 한글 형태소 분석기로 0.5.0 버전부터 클래스 이름이 Twitter에서 Okt로 변경되었다.

In [14]:
```
from konlpy.tag import Okt

okt = Okt()
```

In [15]:
```
def okt_tokenizer(text):
    tokens = okt.morphs(text)
    return tokens
```

In [16]:
```
from sklearn.feature_extraction.text import TfidfVectorizer

tfidf = TfidfVectorizer(tokenizer = okt_tokenizer, ngram_range =
                        (1, 2), min_df = 3, max_df = 0.9, token_
                        pattern = None)
tfidf.fit(nsmc_train_df['document'])
nsmc_train_tfidf = tfidf.transform(nsmc_train_df['document'])
```

In [14] 형태소 분석에 사용할 konlpy 패키지의 Okt 클래스를 임포트하고 okt 객체를 생성한다.

In [15] 문장을 토큰화하기 위해 okt_tokenizer 함수를 정의하고 okt.morphs() 함수를 사용하여 형태소 단위로 토큰화 작업을 수행한다.

In [16] 사이킷런의 TfidfVectorizer를 이용해 TF-IDF 벡터화에 사용할 tfidf 객체를 생성한다. 실행 시간은 컴퓨터마다 차이가 있겠지만 대략 6~7분 정도 소요된다.토큰 생성기tokenizer는 우리가 정의한 okt_tokenizer() 함수로 설정하고 토큰의 단어 크기ngram_range는 1~2개 단어로 한다. 토큰은 출현 빈도가 최소min_df 3번 이상이고 최대max_df 90% 이하인 것만 사용한다. 벡터화할 데이터nsmc_train_df['document']에 대해 벡터 모델tfidf의 내부 설정값을 조정fit()하고 벡터로 변환을 수행transform()한다.

TIP jpype._jvmfinder.JVMNotFoundException

In [14]에서 jpype._jvmfinder.JVMNotFoundException: No JVM shared library file (jvm.dll) found 오류가 발생한다면 시스템 환경변수에 JAVA_HOME이 있는지 확인하고 없다면 추가해야 한다. 시스템 환경변수에 JAVA_HOME을 추가하는 방법은 '부록 03'에 있다.

jvmnotfoundexception: no jvm shared library file (jvm.dll) found. try setting up the java_home environment variable properly.

JAVA_HOME 설정을 잘 했는데도 아나콘다 환경에서 오류가 발생하는 경우도 있다. 이런 경우에는 아나콘다 설치 경로로 들어가서 Lib\site-packages\jpype_jvmfinder.py 파일을 연 뒤 def _get_from_java_home(self): 함수를 찾는다. 함수 안에 java_home 변수가 있을 것이다. 여기에 자바를 설치한 경로를 복사하여 넣고 파일을 저장한다. 예를 들어 자바 설치 경로가 "C:\Program Files\Java\jdk-21"이면 다음과 같이 수정한다.

java_home = **"C:\Program Files\Java\jdk-21"**

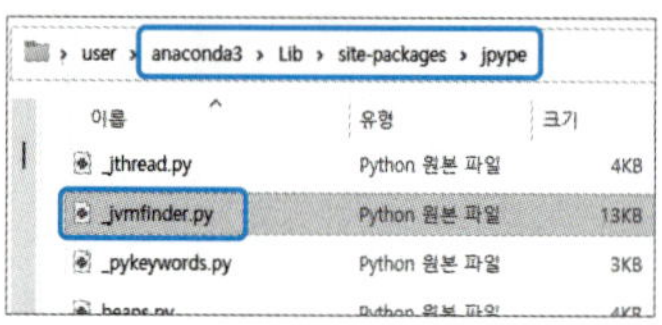

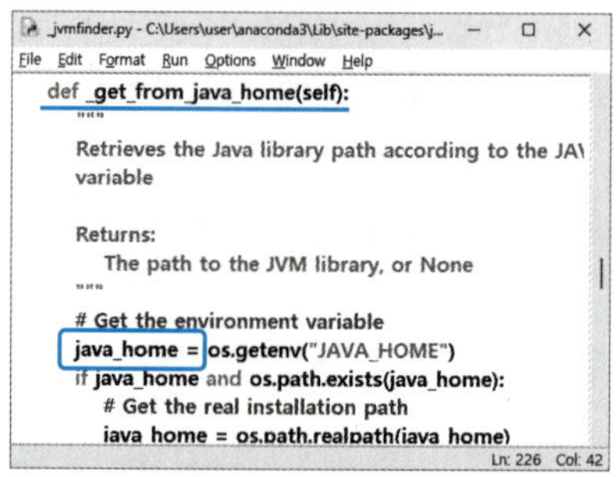

감성 분류 모델 구축하기

1 머신러닝의 로지스틱 회귀 모델을 이용해 긍정과 부정의 감성 이진 분류 모델을 구축해 보자. 로지스틱 회귀 모델의 독립 변수 X는 TF-IDF 방식으로 벡터화한 nsmc_train_tfidf가 되고 종속 변수 Y는 감성 클래스 분류값을 가지고 있는 label 컬럼이 된다.

In [17]:
```
from sklearn.linear_model import LogisticRegression

SA_lr = LogisticRegression(random_state = 0, max_iter=500)
```

In [18]:
```
SA_lr.fit(nsmc_train_tfidf, nsmc_train_df['label'])
```

Out[18]:
```
▾ LogisticRegression
LogisticRegression(max_iter=500, random_state=0)
```

In [17] 사이킷런의 LogisticRegression 클래스에 대해 객체 SA_lr을 생성한다.

In [18] nsmc_train_tfidf를 독립 변수 X로 하고 label 컬럼을 종속 변수 Y로 하여 로지스틱 회귀 모델SA_lr의 내부 설정값을 조정fit( )한다.

2 로지스틱 회귀의 하이퍼 매개변수 C의 최적값을 구하기 위해 C 값을 다르게 한 여러 모형을 만들고 실행하여 각 성능을 비교해야 한다. 이러한 작업을 수행해 주는 것이 사이킷런의 GridSearchCV 클래스다. GridSearchCV는 매개변수의 가능한 모든 조합에 대해 내부 모형을 생성하고 교차 검증cross-validation을 수행하여 최적의 매개변수 조합을 찾는다.

In [19]:
```
from sklearn.model_selection import GridSearchCV

params = {'C': [1, 3, 3.5, 4, 4.5, 5]}
SA_lr_grid_cv = GridSearchCV(SA_lr, param_grid = params, cv = 3,
                             scoring = 'accuracy', verbose = 1)
```

In [20]:
```
SA_lr_grid_cv.fit(nsmc_train_tfidf, nsmc_train_df['label'])
```

Out[20]:
```
Fitting 3 folds for each of 6 candidates, totalling 18 fits
GridSearchCV
GridSearchCV(cv=3, estimator=LogisticRegression(max_iter=500, random_state=0),
             param_grid={'C': [1, 3, 3.5, 4, 4.5, 5]}, scoring='accuracy',
             verbose=1)
▸ estimator: LogisticRegression
▸ LogisticRegression
```

In [21]:
```
print(SA_lr_grid_cv.best_params_, round(SA_lr_grid_cv.best_score_, 4))
```

Out[21]:
```
{'C': 3} 0.8553
```

In [22]:
```
# 최적 매개변수의 best 모델 저장
SA_lr_best = SA_lr_grid_cv.best_estimator_
```

In [19] 하이퍼 매개변수 C에 대해 비교 검사를 할 6개 값[1, 3, 3.5, 4, 4.5, 5]을 params로 하고, 교차 검증cv을 3, 모형 비교 기준은 정확도로 설정scoring = 'accuracy'하여 GridSearchCV 객체를 생성한다.

In [20] GridSearchCV 객체에 nsmc_train_tfidf와 label 컬럼에 대해 설정값을 조정fit( )한다.

In [21] GridSearchCV로 찾은 최적의 C 매개변수best_params와 최고 점수best_score를 출력하여 확인한다.

In [22] 최적 매개변수가 설정된 모형best_estimator을 SA_lr_best 객체에 저장한다.

6 분석 모델 평가

평가 데이터를 이용해 감성 분류 모델의 정확도를 확인하고 새로운 텍스트를 입력하여 감성 예측값을 확인해 보자.

평가 데이터를 이용해 모델 정확도 확인하기

평가 데이터를 벡터화한 뒤 모델 정확도를 계산하여 출력한다.

In [23]:	`# 평가 데이터의 피처 벡터화` `nsmc_test_tfidf = tfidf.transform(nsmc_test_df['document'])`
In [24]:	`test_predict = SA_lr_best.predict(nsmc_test_tfidf)`

In [25]:	`from sklearn.metrics import accuracy_score`
	
	`print('감성 분석 정확도 : ', round(accuracy_score(nsmc_test_df['label'], test_predict), 3))`

Out[25]:	감성 분석 정확도 : 0.858

In [23] json 파일을 다루기 위해 json 모듈을 임포트한다. 평가 데이터nsmc_test_df['document']에 In [16]에서 생성한 tfidf 객체를 적용하여 벡터 변환을 수행transform()한다.

In [24] 감성 분류 모델SA_lr_best에 nsmc_test_tfidf 벡터를 사용하여 감성을 예측predict()한다.

In [25] 평가 데이터의 감성 결괏값nsmc_test_df['label']과 감성 예측값test_predict을 기반으로 정확도를 계산accuracy_score()하여 출력한다.

감성 분류 모델의 정확도가 85.8%다. 분류 모델의 매개변수 값을 변경하면 정확도를 높일 수 있을 것이다.

새로운 텍스트로 감성 예측 확인하기

감성 분류 모델에 새로운 텍스트를 직접 입력하여 감성 예측을 해보자.

텍스트 입력

In [26]:	`st = input('감성 분석할 문장 입력 >> ')`
Out[26]:	감성 분석할 문장 입력 >> 웃자 ^o^ 오늘은 좋은 날이 될 것 같은 예감100%! ^^*

In [27]:
```
# 0) 입력 텍스트에 대한 전처리 수행
st = re.compile(r'[ㄱ-ㅣ가-힣]+').findall(st)
print(st)
st = [" ".join(st)]
print(st)
```

Out[27]:
```
['웃자', '오늘은', '좋은', '날이', '될', '것', '같은', '예감']
['웃자 오늘은 좋은 날이 될 것 같은 예감']
```

In [28]:
```
# 1) 입력 텍스트의 피처 벡터화
st_tfidf = tfidf.transform(st)
# 2) 최적 감성 분석 모델에 적용하여 감성 분석 평가
st_predict = SA_lr_best.predict(st_tfidf)
```

In [29]:
```
# 3) 예측값 출력하기
if(st_predict == 0):
    print(st , "->> 부정 감성")
else :
    print(st , "->> 긍정 감성")
```

Out[29]:
```
['웃자 오늘은 좋은 날이 될 것 같은 예감'] ->> 긍정 감성
```

In [26] input() 함수로 텍스트를 입력받아 st에 저장한다.

In [27] 입력받은 텍스트st에 대해 In [14]에서 수행한 것과 같은 전처리 작업을 수행한다.

In [28] tfidf 객체로 벡터화transform()한 후에 모델에 적용하여 감성 예측predict()을 한다.

In [29] 감성 예측 결과를 출력하여 확인한다.

실행 결과인 감성 예측이 예상과 다를 수도 있다. 우리가 만든 감성 분석 모델은 정확도가 85.8%이지만, 아주 기본적인 감성 분석 모델이다. 최적의 매개변수 찾기, 머신러닝 모델의 결합, 딥러닝 모델 적용과 같이 감성 분석 모델의 정확도를 높이기 위한 연구는 자연어 처리 분야에서 중요한 영역이다. 그리고 모델 학습에 사용한 데이터도 완전하지 않다. nsmc 오픈 데이터는 '영화 리뷰'라는 특정 분야의 데이터이기 때문에 다른 분야 또는 일반적인 단어에 대한 감성 예측에서도 같은 정확도를 발휘할 것으로 보기 어렵다. 분석 성능을 높이기 위해 품질 높은 학습 데이터를 만드는 것도 빅데이터 분석 분야에서 중요한 연구 영역이다.

02 [감성 분석 + 바 차트]
챗GPT 뉴스 텍스트의 감성 분석하기

0 분석 미리보기

챗GPT 뉴스 텍스트의 감성 분석하기	
목표	네이버 뉴스의 챗GPT 관련 텍스트에 대해 감성 분석을 수행한다.
핵심 개념	텍스트 마이닝, 특성 벡터화, BoW, TF-IDF, DTM, 감성 분석
데이터 수집	▪ 네이버 뉴스의 json 파일: 네이버 API로 크롤링하여 저장(5장 nvCrawler.py를 사용하여 크롤링, 예제소스로 제공)
데이터 준비 및 탐색	▪ 파일 불러오기: json.load() ▪ 분석할 컬럼을 추출하여 데이터프레임 구성 ▪ 한글 외의 문자 제거
감성 분석	▪ title/description 컬럼에 대한 감성 분석 • TF-IDF 기반 특성 벡터화: tfidf.transform() • 분석 모델을 이용한 감성 분석: SA_lr_best.predict() • 분석 결과를 데이터프레임에 저장
결과 확인 및 시각화	

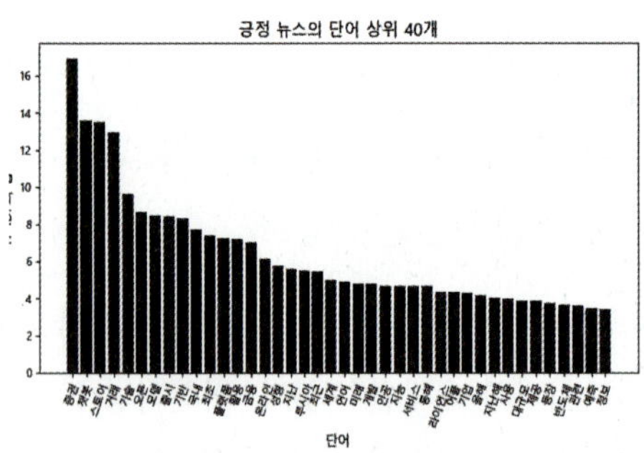

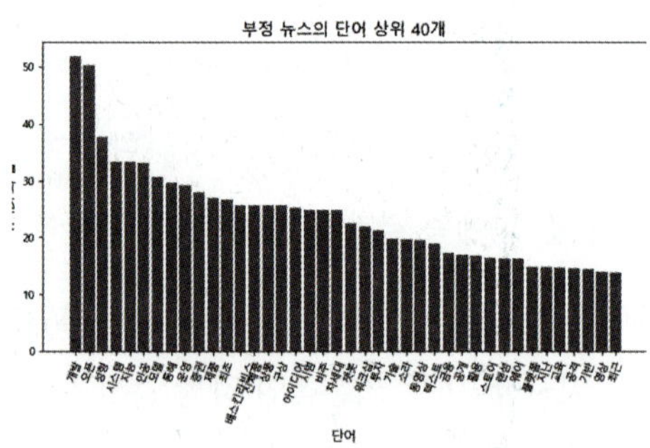

1 목표 설정

이번 프로젝트의 목표는 앞에서 완성한 감성 분류 모델을 이용해 네이버 뉴스에서 크롤링한 '챗GPT' 관련 뉴스 텍스트에 대해 감성을 분석한다.

2 핵심 개념 이해

13장 1절의 프로젝트와 동일한 개념에 대한 이해가 필요하다.

3 데이터 수집

5장에서 학습한 '네이버 API를 이용한 크롤링(nvCrawler.py)'을 실행하여 검색어에 '챗GPT'를 입력하고 네이버 뉴스를 크롤링하여 텍스트 데이터를 수집한다. 그러면 크롤링을 수행하는 시점을 기준으로 최근 1,000개의 뉴스가 크롤링되어 저장된 json 파일을 생성할 수 있다. 직접 크롤링을 해도 되고 예제소스로 제공하는 '챗GPT_naver_news.json' 파일을 이용해도 된다.

4 데이터 준비 및 탐색

분석할 컬럼을 추출하여 데이터프레임 구성하기

1 My_Python 폴더에 13장_data 폴더를 만든 뒤 크롤링한 파일을 옮긴다. 그리고 앞에서 만든 '13장_텍스트마이닝' 페이지에 이어서 실습한다.

In [30]:
```
import json
```

In [31]:
```
file_name = '챗GPT_naver_news'

with open('./13장_data/'+ file_name+'.json', encoding = 'utf8') as j_f:
    data = json.load(j_f)
print(data)
```

Out[31]:	[{'cnt': 1, 'description': "특히, 오픈AI가 개발한 <b>챗GPT</b>를 통해 신제품 아이디어를 구상하고 생성형 AI로 제품 비주얼까지 그려내는 차세대 상품 개발 모델 '배스킨라빈스 AI NPD(New Product Development) 시스템'을 최초로 시범 운영한다. 워크샵... ", 'link': 'http://www.thefirstmedia.net/news/articleView.html?idxno=139133', 'org_link': 'http://www.thefirstmedia.net/news/articleView.html?idxno=139133', 'pDate': '2024-02-20 20:04:00', 'title': "SPC 배스킨라빈스, AI 활용한 차세대 혁신매장 '워크샵(Workshop)' 오픈"}, {'cnt': 2, 'description': '<b>챗GPT</b> 개발사 오픈AI와 마이크로소프트(MS)가 대상이다. 생성형AI를 훈련하는 과정에서 자사 저작물을 무단 사용했다는 주장이다.

In [30] json 파일을 다루기 위해 json 모듈을 임포트한다.

In [31] 분석할 데이터 파일을 로드json.load()하여 data 객체에 저장한다. data 객체의 내용을 출력하여 확인한다.

2 뉴스에는 제목과 내용이 있다. 뉴스의 내용이 들어 있는 description 컬럼과 제목이 들어 있는 title 컬럼을 추출하여 데이터프레임으로 구성하자.

In [32]:
```
data_title = []
data_description = []

for item in data:
    data_title.append(item['title'])
    data_description.append(item['description'])
```

In [33]:
```
data_title        # 작업 확인용 출력
```

Out[33]:
```
["SPC 배스킨라빈스, AI 활용한 차세대 혁신매장 '워크샵(Workshop)' 오픈",
 '언론과 AI의 상생 윈윈 지혜 필요하다',
 '배움으로 삶을 풍요롭게 가꾸는 부여도서관 평생교육 수강생 모집', ...
```

In [34]:
```
data_description        # 작업 확인용 출력
```

Out[34]:
```
["특히, 오픈AI가 개발한 <b>챗GPT</b>를 통해 신제품 아이디어를 구상하고 생성형 AI로 제품 비주얼까지 그려내는 차세대 상품 개발 모델 '배스킨라빈스 AI NPD(New Product Development) 시스템'을 최초로 시범 운영한다. 워크샵... ",
'<b>챗GPT</b> 개발사 오픈AI와 마이크로소프트(MS)가 대상이다. 생성형AI를 훈련하는 과정에서 자사 저작물을 무단 사용했다는 주장이다. 미국의 언론사가 AI 기업을 상대로 저작권 소송을 제기한 건 처음이다. 대규모 언어 모델... ', ...
```

```
In [35]:  data_df = pd.DataFrame({'title':data_title, 'description':data_
                                      description})
```

In [32] 전체 데이터가 들어 있는 data 객체에서 뉴스 1개에 해당하는 item의 title과 description을 각각 추출하여 리스트를 구성append()하는 작업을 반복한다.

In [33] 생성된 data_title 리스트를 확인한다.

In [34] 생성된 data_description 리스트를 확인한다.

In [35] 리스트를 데이터프레임 객체로 저장한다.

텍스트 전처리하기

구성한 데이터프레임은 분석에 사용할 텍스트이므로 전처리 작업으로 한글 이외의 문자를 제거한다.

```
In [36]:  data_df['title'] = data_df['title'].apply(lambda x : re.sub(r'[^ ㄱ-
                           ㅣ가-힣]+', " ", x))
          data_df['description'] = data_df['description'].apply(lambda x :
                                re.sub(r'[^ ㄱ-ㅣ가-힣]+', " ", x))

          data_df.head()    # 작업 확인용 출력
```

Out[36]:

	title	description
0	배스킨라빈스 활용한 차세대 혁신매장 워크샵 오픈	특히 오픈 가 개발한 챗 를 통해 신제품 아이디어를 구상하고 생성형 로 제품 ...
1	언론과 의 상생 윈윈 지혜 필요하다	챗 개발사 오픈 와 마이크로소프트 가 대상이다 생성형 를 훈련하는 과정에서 자...
2	배움으로 삶을 풍요롭게 가꾸는 부여도서관 평생교육 수강생 모집	유아 초등학생 대상 자녀와 함께하는 말랑말랑 그림책놀이 책이랑 놀아요 예술융합...
3	충북도 도정 실현 첫 걸음 도공 운영	도공에 참여하는 공무원들은 챗 등을 활용해 문서나 이미지 영상물 등을 제작하는...
4	육군 디지털 대전환 선포 데이터 중심으로 정보공유 협업체계 구축	기반 국방데이터 활용 활성화 방안 하정우 디지털플랫폼정부위원회 인공지능 데이터 분...

5 감성 분석

감성 분석 수행 후 결괏값을 데이터프레임에 저장하기

감성 분석을 할 수 있는 텍스트는 뉴스 제목과 뉴스 내용이다. title 컬럼의 텍스트와 description 컬럼의 텍스트에 대해 각각 감성 분석을 수행하고 결괏값을 데이터프레임에 저장하자. 감성 분석은 구축해 놓은 감성 분류 모델에 적용해야 하므로 만들어놓은 tfidf 객체를 통해 특성 벡터화를 수행한다. 그리고 감성 분류 모델을 통해 감성을 예측하고 결괏값을 데이터프레임에 저장한다.

1 title 컬럼에 대한 감성 분석을 수행한다.

```
In [37]:
# 1) 분석할 데이터의 피처 벡터화 ---<< title >> 분석
data_title_tfidf = tfidf.transform(data_df['title'])

# 2) 최적 매개변수 학습 모델에 적용하여 감성 분석
data_title_predict = SA_lr_best.predict(data_title_tfidf)

# 3) 감성 분석 결괏값을 데이터프레임에 저장
data_df['title_label'] = data_title_predict
```

2 description 컬럼에 대해서도 같은 작업을 하여 감성 분석을 수행한다.

```
In [38]:
# 1) 분석할 데이터의 피처 벡터화 ---<< description >> 분석
data_description_tfidf = tfidf.transform(data_df['description'])

# 2) 최적 매개변수 학습 모델에 적용하여 감성 분석
data_description_predict = SA_lr_best.predict(data_description_
                                              tfidf)

# 3) 감성 분석 결괏값을 데이터프레임에 저장
data_df['description_label'] = data_description_predict
```

3 분석 결과 데이터프레임을 CSV 파일로 저장한다.

```
In [39]: data_df.to_csv('./13장_data/'+file_name+'.csv', encoding = 'euc-kr')
```

6 결과 확인 및 시각화

감성 분석 결과 확인하기

1 다음과 같은 과정을 통해 감성 분석 결과를 확인해 보자.

```
In [40]: data_df.head()          # 작업 확인용 출력
```

Out[40]:

	title	description	title_label	description_label
0	배스킨라빈스 활용한 차세대 혁신매장 워크샵 오픈	특히 오픈 가 개발한 챗 를 통해 신제품 아이디어를 구상하고 생성형 로 제품 ...	0	0
1	언론과 의 상생 윈윈 지혜 필요하다	챗 개발사 오픈 와 마이크로소프트 가 대상이다 생성형 를 훈련하는 과정에서 자...	1	1
2	배움으로 삶을 풍요롭게 가꾸는 부여도서관 평생교육 수강생 모집	유아 초등학생 대상 자녀와 함께하는 말랑말랑 그림책놀이 책이랑 놀아요 예술융합...	1	0
3	충북도 도정 실현 첫 걸음 도공 운영	도공에 참여하는 공무원들은 챗 등을 활용해 문서나 이미지 영상물 등을 제작하는...	1	0
4	육군 디지털 대전환 선포 데이터 중심으로 정보공유 협업체계 구축	기반 국방데이터 활용 활성화 방안 하정우 디지털플랫폼정부위원회 인공지능 데이터 분...	1	0

In [41]:

```
print(data_df['title_label'].value_counts())
```

Out[41]:

```
title_label
0    711
1    289
Name: count, dtype: int64
```

In [42]:

```
print(data_df['description_label'].value_counts())
```

Out[42]:

```
description_label
0    765
1    235
Name: count, dtype: int64
```

감성 분석 결과의 데이터프레임 내용과 부정 감성 및 긍정 감성의 개수를 비교해 보면 title 분석 결과와 description 분석 결과에 차이가 있다. 단어를 기준으로 분석하기 때문에 단어의 개수가 부족하면 정확도가 떨어진다. 크롤링한 네이버 뉴스의 description은 뉴스 내용 전체가 아니라 처음 2~3줄만 제공하는 것인데 이것도 분석에 영향을 미친다.

우리가 구축한 감성 분류 모델의 정확도가 85.8%였으니 틀린 결과도 있을 것이다. 그리고 분류 모델의 학습 데이터로 사용했던 영화 리뷰의 구성 단어와 분석 데이터인 뉴스를 구성하는 단어의 차이로 인한 오차도 있을 것이다.

빅데이터 분석의 정확도를 높이려면 훈련에 사용할 데이터의 품질, 전처리 작업, 훈련 데이터와 실제 데이터의 특성 차이, 분석 모델의 종류, 모델에 적용한 매개변수 값, 텍스트 언어(한글, 영어 등)의 특성 등 고려할 점이 많다. 정확도를 높이기 위해서 우리는 일부 단계에 집중하기보다 분석 과정 전체를 수행하는 것을 목표로 프로젝트를 진행한다.

2 감성 분석 결과를 분리 저장하기 결과 분석과 시각화를 위해 뉴스 본문(description)에 대한 감성 분석을 기준으로 긍정 감성 데이터와 부정 감성 데이터를 분리한 후 비교 분석해 보자.

In [43]:
```
columns_name = ['title', 'title_label', 'description', 'description_
                label']
NEG_data_df = pd.DataFrame(columns = columns_name)
POS_data_df = pd.DataFrame(columns = columns_name)

for i, data in data_df.iterrows():
    title = data["title"]
    description = data["description"]
    t_label = data["title_label"]
    d_label = data["description_label"]

    if d_label == 0:  # 부정 감성 샘플만 추출
       NEG_data_df = pd.concat([NEG_data_df, pd.DataFrame([[title, t_
                     label, description, d_label]], columns = columns_
                     name)], ignore_index=True)
    else :            # 긍정 감성 샘플만 추출
        POS_data_df = pd.concat([POS_data_df, pd.DataFrame([[title,
                      t_label, description, d_label]],  columns =
                      columns_name)], ignore_index=True)
# 파일에 저장
NEG_data_df.to_csv('./13장_data/'+file_name+'_NEG.csv', encoding = 'euc-kr')
POS_data_df.to_csv('./13장_data/'+file_name+'_POS.csv', encoding = 'euc-kr')
```

In [44]:
```
len(NEG_data_df), len(POS_data_df)
```

Out[44]:
```
(765, 235)
```

결과 시각화하기

감성 분석 결과에서 긍정 감성 뉴스에 나타난 단어와 부정 감성 뉴스에 나타난 단어를 바 차트로 시각화하여 비교해 보자. 바 차트를 작성하기 위해서는 단어별 출현 빈도를 정리해야 한다. 명사 단어를 추출하고 TF-IDF 값으로 DTM을 구성한 후에 단어별 합을 구하면 바 차트에 사용할 단어별 출현 빈도 값이 된다.

1 명사 단어 추출하기 먼저, 긍정 감성 뉴스에서 형태소 분석을 하여 명사를 추출한다.

In [45]:
```
POS_description = POS_data_df['description']
```

In [46]:
```
POS_description_noun_tk = []

for d in POS_description:
    POS_description_noun_tk.append(okt.nouns(d)) # 명사 형태소만 추출
```

In [47]:
```
print(POS_description_noun_tk)  # 작업 확인용 출력
```

Out[47]:
```
[['챗', '개발', '사', '오픈', '마이크로소프트', '대상', '생', '성형', '를', '훈련', '과정', '자사', '저작물', '무단', '사용', '주장', '미국', '언론사', '기업', '상대로', '저작권', '소송', '제기', '건', '처음', '대규모', '언어', '모델'], ['생', '성형', '글로벌', '여행객', '명', '중', '명', '여행', '계획', '때', '생', '성형', '를', '매우', '활용', '한국인', '여행객', '다음', '여행', '계획', '때', '챗', '활용', '관심', '표', '한국', '여행객', '시간'], ['챗', '의', '오픈', '의', '경우', '최근', '샌프란시스코', '미션', '베이', ...
```

In [48]:
```
POS_description_noun_join = []

for d in POS_description_noun_tk:
    d2 = [w for w in d if len(w) > 1]  # 길이가 1보다 큰 토큰만 추출
    POS_description_noun_join.append(" ".join(d2))
                                       # 토큰 연결하여 리스트 구성
```

In [49]:
```
print(POS_description_noun_join)     # 작업 확인용 출력
```

Out[49]:
```
['개발 오픈 마이크로소프트 대상 성형 훈련 과정 자사 저작물 무단 사용 주장 미국 언론사 기업 상대로 저작권 소송 제기 처음 대규모 언어 모델', '성형 글로벌 여행객 여행 계획 성형 매우 활용 한국인 여행객 다음 여행 계획 활용 관심 한국 여행객 시간', '오픈 경우 최근 샌프란시스코 미션 베이 ...
```

In [46] 형태소 토큰화를 하여 명사 토큰okt.nouns()만 추출한 후 리스트를 구성한다.

In [48] 토큰의 길이가 1인 것은 제외한 후 연결join()하여 리스트를 구성한다.

Okt 모듈을 사용하여 형태소 토큰화를 하면서 명사만 추출한 POS_description_noun_tk를 보면 명사가 아닌 것도 있다. 우리가 사용한 Okt 형태소 분석기는 많이 사용되는 분석기 중 하나이지만 완벽하지는 않다. 정확하게 한글 형태소를 분류해 내는 형태소 분석기는 아직 없으니 아쉽지만 이대로 분석을 진행하기로 하자. 토큰의 길이가 1인 단어는 분석하는 의미가 없는 것으로 보여서 제거하고 토큰을 연결하여 하나의 리스트로 구성하였다.

2 부정 감성 뉴스에도 같은 작업을 수행한다.

In [50]:
```
NEG_description = NEG_data_df['description']

NEG_description_noun_tk = []
NEG_description_noun_join = []

for d in NEG_description:
    NEG_description_noun_tk.append(okt.nouns(d)) # 명사 형태소만 추출

for d in NEG_description_noun_tk:
    d2 = [w for w in d if len(w) > 1]   # 길이가 1보다 큰 토큰만 추출
    NEG_description_noun_join.append(" ".join(d2))
                                        # 토큰 연결하여 리스트 구성
```

3 TF-IDF 기반 DTM 구성하기 단어별 출현 빈도를 계산하기 위해 단어별 TF-IDF 값으로 DTM을 구성해야 한다. 먼저, 긍정 감성 뉴스에 대한 DTM을 구성해 보자. 문서에 나타난 단어의 TF-IDF를 구하는 작업은 문서 단위로 토큰이 연결된 POS_description_noun_join을 사용해야 한다.

In [51]:
```
POS_tfidf = TfidfVectorizer(tokenizer = okt_tokenizer, min_df = 2,
                            token_pattern = None)
POS_dtm = POS_tfidf.fit_transform(POS_description_noun_join)
```

In [52]:
```
POS_vocab = dict()

for idx, word in enumerate(POS_tfidf.get_feature_names_out()):
    POS_vocab[word] = POS_dtm.getcol(idx).sum()

POS_words = sorted(POS_vocab.items(), key = lambda x: x[1], reverse = True)
```

In [53]:
```
POS_words   # 작업 확인용 출력
```

Out[53]:	[('증권', 16.902764497816946), ('챗봇', 13.61852820992699), ('스토어', 13.490264987538776), ('거래', 12.961250834216463), ('기술', 9.641414787819226), ('오픈', 8.655939674429408), ...

In [51] TfidfVectorizer 객체를 생성하고 POS_description_noun_join에 대해 TF-IDF 값을 구하여 DTM을 구성한다.

In [52] DTM의 단어get_feature_names()마다 컬럼의 합getcol(idx).sum()을 구하여 단어별 TF-IDF 값의 합을 구하고 내림차순으로 정렬한다.

4 부정 감성 뉴스인 NEG_description_noun_join에 대해서도 같은 작업을 수행한다.

In [54]:
```
NEG_tfidf = TfidfVectorizer(tokenizer = okt_tokenizer, min_df = 2,
                            token_pattern=None)
NEG_dtm = NEG_tfidf.fit_transform(NEG_description_noun_join)
```

In [55]:
```
NEG_vocab = dict()

for idx, word in enumerate(NEG_tfidf.get_feature_names_out()):
    NEG_vocab[word] = NEG_dtm.getcol(idx).sum()

NEG_words = sorted(NEG_vocab.items(), key = lambda x: x[1], reverse
                   = True)
```

In [56]:
```
NEG_words    # 작업 확인용 출력
```

Out[56]:
```
[('개발', 51.77240616334802),
 ('오픈', 50.20679165203818),
 ('성형', 37.6516176450978),
 ('시스템', 33.387335371535414),
 ('지능', 33.297546457620385),
 ('인공', 33.11602492911232),
 ...
```

5 DTM 기반 단어 사전의 상위 단어로 바 차트 그리기 다음 과정을 통해 바 차트 그리기를 수행한다.

In [57]:
```python
import matplotlib
import matplotlib.pyplot as plt

plt.rc('font', family='Malgun Gothic')  # 한글 폰트 설정

max = 40  #바 차트에 나타낼 단어의 수
```

In [57] 바 차트를 그리기 위해 matplotLib 패키지를 임포트하고 한글을 표시하기 위해 한글 폰트를 설정한다. 바 차트에 나타낼 단어 개수를 max에 설정한다.

6 긍정 뉴스와 부정 뉴스에 많이 나타난 단어를 바 차트로 나타낸다.

In [58]:
```python
plt.figure(figsize = (10,5))
plt.bar(range(max), [i[1] for i in POS_words[:max]], color = "blue")
plt.title("긍정 뉴스의 단어 상위 %d개" %max, fontsize = 15)
plt.xlabel("단어", fontsize = 12)
plt.ylabel("TF-IDF의 합", fontsize = 12)
plt.xticks(range(max), [i[0] for i in POS_words[:max]], rotation = 70)

plt.show()
```

Out[58]:

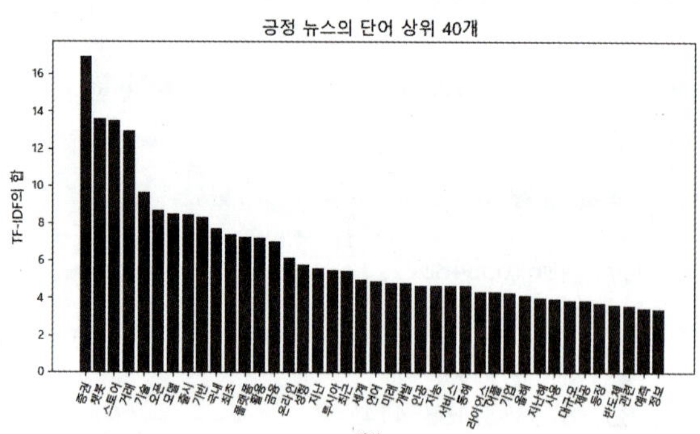

In [59]:

```
plt.figure(figsize = (10,5))
plt.bar(range(max), [i[1] for i in NEG_words[:max]], color = "red")
plt.title("부정 뉴스의 단어 상위 %d개" %max, fontsize = 15)
plt.xlabel("단어", fontsize = 12)
plt.ylabel("TF-IDF의 합", fontsize = 12)
plt.xticks(range(max), [i[0] for i in NEG_words[:max]], rotation = 70)

plt.show()
```

Out[59]:

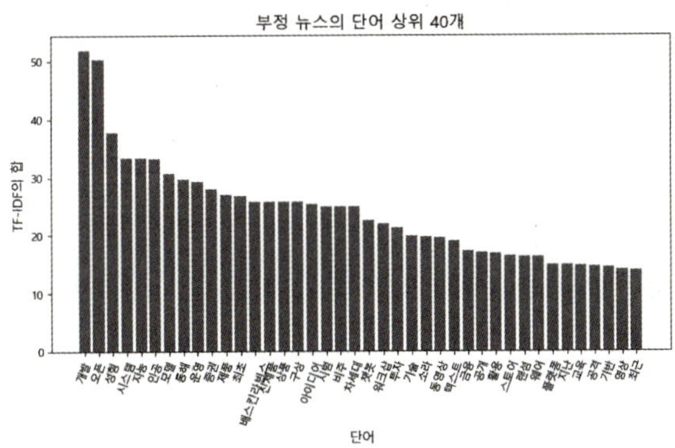

긍정 뉴스와 부정 뉴스의 단어를 비교해 보면 오픈AI에서 만든 생성형 인공지능인 챗GPT에 대한 뉴스이므로 '오픈', '(생)성형', '인공', '지능', '모델'이라는 단어가 공통으로 많이 포함되어 있어 TF-IDF 값이 높다. 긍정 뉴스에서 눈에 띄는 단어는 '스토어', '출시', '서비스', '반도체' 등이다. 챗GPT를 활용한 서비스들이 출시되고 있다는 뉴스와 국내 최초로 금융 서비스가 GPT 스토어에 출시되었다는 뉴스, 챗GPT 활성화로 인해 반도체 시장이 급성장하고 있다는 뉴스 등이 긍정 감성으로 분류되었다. 이와 비교하여 부정 뉴스에서 눈이 띄는 단어는 '랜섬', '웨어', '공격' 등이다. 챗GPT를 악용한 랜섬웨어 공격이 급증하고 있다는 뉴스와 생성형 AI를 사용하여 전문가를 사칭한 가짜 투자 앱이 기승을 부린다는 뉴스 등이 부정 감성으로 분류되었다.

03 [토픽 분석 + LDA 토픽 모델]
뉴스 텍스트에서 챗GPT 토픽 분석하기

0 분석 미리보기

뉴스 텍스트에서 챗GPT 토픽 분석하기	
목표	네이버 뉴스에서 챗GPT와 관련된 토픽을 분석하고 결과를 시각화한다.
핵심 개념	토픽 모델링, LDA, pyLDAvis
데이터 준비	▪ description 컬럼 추출 ▪ 명사 토큰 추출: okt.nouns()
분석 모델 구축	▪ LDA 토픽 모델의 입력 벡터 생성: corpora.Dictionary(), dictionary.doc2bow() ▪ LDA 모델 생성 및 훈련: gensim.models.ldamulticore.LdaMulticore()

결과 확인 및 시각화

- 분석 결과 확인: lda_model.print_topics()
- 분석 결과 시각화: pyLDAvis.gensim.prepare

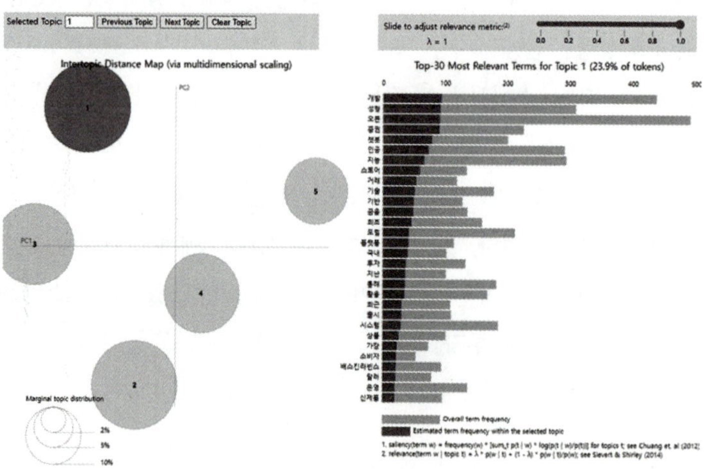

1 목표 설정

크롤링 날짜를 기준으로 최근 1,000개의 네이버 뉴스에서 '챗GPT'와 관련된 어떤 토픽이 있는지 분석해 보자. 토픽 분석은 머신러닝 기반의 LDA 토픽 모델을 사용한다.

2 핵심 개념 이해

본 프로젝트를 수행하는 데 필요한 개념을 알아보자.

토픽 모델링

토픽 모델링topic modeling은 문서를 구성하는 키워드를 기반으로 토픽(주제)을 추출하고 추출한 토픽을 기준으로 문서를 분류(클러스터링) 및 분석하는 기법이다. 문서에서 다루는 토픽을 도출하여 동향을 파악하고 새로운 문서의 토픽을 예측하는 분석에 사용한다.

LDA

LDALatent Dirichlet Allocation는 대표적인 머신러닝 기반 토픽 모델링 기법이다. 디리클레 분포를 이용해 주어진 문서에 잠재된 토픽을 추론하는 확률 모델 알고리즘을 사용한다. 하나의 문서는 여러 토픽으로 구성되어 있고, 문서의 토픽 분포에 따라서 단어의 분포가 결정된다고 가정한다. [그림 13-5]와 같이 하나의 문서에 잠재된 토픽별 단어와 관련된 토픽별 비율을 도출한다.

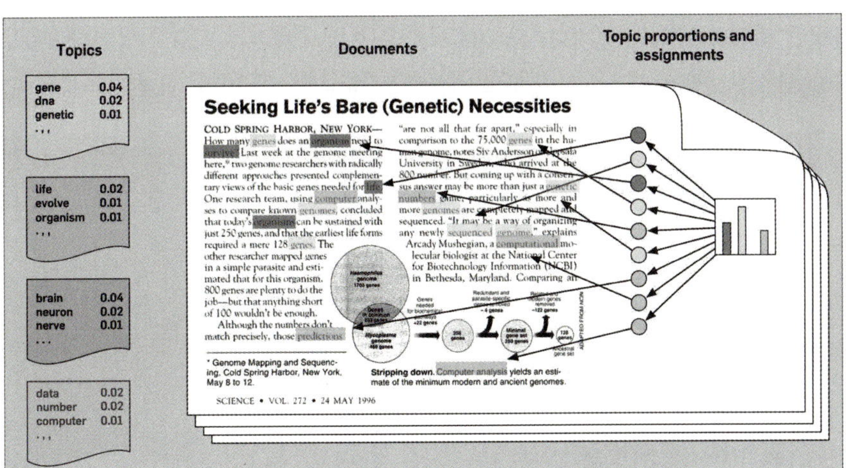

그림 13-5 문서에 LDA를 적용한 토픽 도출 예시 (출처: 브리티시컬럼비아대학교)

[그림 13-6]은 LDA 알고리즘의 구성 요소 모델을 나타낸다.

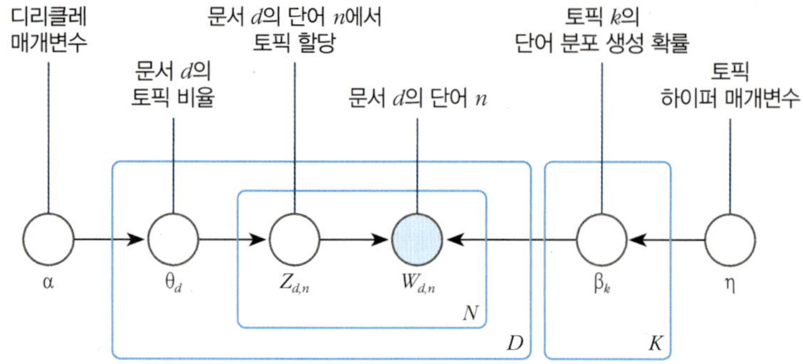

그림 13-6 LDA 그래픽 모델

LDA 기반의 토픽 모델링에서 토픽의 개수 K는 토픽 분석의 성능을 결정짓는 중요한 요소이며 사용자가 지정해야 하는 하이퍼 매개변수다.

pyLDAvis

pyLDAvis는 LDA를 이용한 토픽 모델링 분석 결과를 시각화하는 라이브러리다. 유사성에 따라 토픽간 거리 지도intertopic distance map와 선택한 토픽에서 관련성 높은 단어 30개를 바 차트로 시각화하여 보여준다.

3 데이터 준비

앞에서 크롤링한 네이버 뉴스의 전체 description을 토픽 분석용 데이터로 사용한다. 토픽 모델은 단어별 확률 분포를 분석하므로 명사를 추출한 단어(토큰) 상태의 리스트를 준비한다.

In [60]:
```
description = data_df['description']
```

In [61]:
```
description_noun_tk = []

for d in description:
    description_noun_tk.append(okt.nouns(d))      # 명사 형태소만 추출
```

In [62]:
```
description_noun_tk2 = []

for d in description_noun_tk:
    item = [i for i in d if len(i) > 1]  # 토큰 길이가 1보다 큰 것만 추출
    description_noun_tk2.append(item)
```

In [63]:	print(description_noun_tk2) # 작업 확인용 출력
Out[63]:	[['오픈', '개발', '통해', '신제품', '아이디어', '구상', '성형', '제품', '비주', '차세대', '상품', '개발', '모델', '배스킨라빈스', '시스템', '최초', '시범', '운영', '워크샵'], ['개발', '오픈', '마이크로소프트', '대상', '성형', '훈련', '과정', '자사', '저작물', '무단', '사용', '주장', ...

4 분석 모델 구축

토픽 분석을 위한 LDA 모델 구축하기

토픽 분석을 위해 파이썬의 gensim 패키지에서 제공하는 LDA 토픽 모델을 사용한다.

1 gensim은 추가로 설치해야 하는 패키지이므로 최초 한 번은 다음과 같이 !pip install 명령을 이용해 설치해야 한다.

In [ ]:	!pip install gensim

2 패키지를 설치한 후에 필요한 모듈을 임포트한다.

In [64]:	import gensim import gensim.corpora as corpora

3 LDA 토픽 모델의 입력 벡터 생성하기 gensim 패키지의 LDA 토픽 모델은 분석 데이터에서 추출한 단어description_noun_tk2로 만든 단어 사전과 단어를 카운터 기반으로 벡터화한 BoW 뭉치를 입력 벡터로 사용한다.

In [65]:	dictionary = corpora.Dictionary(description_noun_tk2)
In [66]:	print(dictionary[1]) # 작업 확인용 출력
Out[66]:	구상
In [67]:	corpus = [dictionary.doc2bow(word) for word in description_noun_tk2]
In [68]:	print(corpus) # 작업 확인용 출력
Out[68]:	[[(0, 2), (1, 1), (2, 1), (3, 1), (4, 1), (5, 1), (6, 1), (7, 1), (8, 1), (9, 1), (10, 1), (11, 1), (12, 1), (13, 1), (14, 1), (15, 1), (16, 1), (17, 1)], [(0, 1), (2, 1), (6, 1), (11, 1), (18, 1), (19, 1), (20, 1), ...

In [65] description_noun_tk2에 포함된 단어에 대해 사전을 구성corpora.Dictionary()한다.

In [66] 구성된 사전의 내용을 확인하기 위해 1번 단어dictionary[1]를 출력한다.

In [67] 단어 사전dictionary의 단어에 대해 BoW를 구하여doc2bow(), 단어 뭉치corpus를 구성한다.

In [68] 단어 뭉치corpus를 출력하여 (word_id, work_count)의 BoW 구성을 확인한다.

4 LDA 토픽 모델의 생성 및 훈련하기 LDA 토픽 모델에서 토픽의 개수 k는 자동으로 결정되지 않아서 사용자가 직접 설정해야 하는 하이퍼 매개변수다. 우리는 토픽의 개수를 5로 설정하기로 하자. gensim 패키지의 LDA 모듈을 이용해 토픽 모델 객체인 lda_model을 생성한다.

```
In [69]: k = 5  # 토픽의 개수 설정

In [70]: lda_model = gensim.models.ldamulticore.LdaMulticore(corpus, iterations
             = 12, num_topics = k, id2word = dictionary, passes = 1, workers = 10)
```

5 결과 확인 및 시각화

분석 결과 확인하기

1 토픽 모델 객체에 저장된 토픽 분석 결과를 lda_model.print_topics() 함수를 사용하여 출력해 보자.

```
In [71]: print(lda_model.print_topics(num_topics = k, num_words = 20))

Out[71]: [(0, '0.037*"오픈" + 0.027*"개발" + 0.018*"지능" + 0.017*"인공" + 0.012*"시스
         템" + 0.012*"모델" + 0.009*"성형" + 0.009*"텍스트" + 0.009*"활용" + 0.008*"증
         권" + 0.008*"투자" + 0.008*"통해" + 0.008*"기술" + 0.008*"소라" + 0.007*"동영
         상" + 0.007*"공개" + 0.007*"챗봇" + 0.006*"웨어" + 0.006*"지난" + 0.005*"영
         상"'),(1, '0.025*"개발" + 0.020*"오픈" + 0.019*"성형" + 0.017*"지능" + 0.016*"
         인공" + 0.011*"모델" + 0.010*"운영" + 0.009*"시스템" + 0.009*"통해" + 0.008*"활
         용" + 0.008*"최초" + 0.008*"랜섬" + 0.008*"공격" + 0.008*"웨어" + 0.007*"챗봇" +
         0.007*"증권" + 0.007*"비주" + 0.007*"배스킨라빈스" + 0.006*"텍스트" + 0.006*"신제
         품"'), (2, '0.020*"개발" + 0.019*"성형" + 0.019*"오픈" + 0.019*"증권" + 0.017*"챗
         봇" + 0.015*"인공" + 0.014*"지능" + 0.013*"스토어" + 0.011*"거래" + 0.011*"기술" +
         0.011*"기반" + 0.010*"금융" + 0.010*"최초" + 0.009*"모델" + 0.009*"플랫
```

```
폼" + 0.009*"국내" + 0.008*"투자" + 0.008*"지난" + 0.008*"통해" + 0.006*"출시"),
(3, '0.022*"개발" + 0.015*"오픈" + 0.014*"인공" + 0.014*"지능" + 0.010*"최초" +
0.010*"통해" + 0.009*"모델" + 0.008*"성형" + 0.008*"증권" + 0.008*"랜섬" + 0.008*"
기술" + 0.008*"시스템" + 0.008*"기업" + 0.008*"챗봇" + 0.008*"활용" + 0.007*"플랫
폼" + 0.007*"교육" + 0.007*"웨어" + 0.007*"비주" + 0.007*"스토어"'),(4, '0.027*"
오픈" + 0.019*"성형" + 0.015*"개발" + 0.012*"모델" + 0.012*"통해" + 0.012*"증
권" + 0.012*"기술" + 0.010*"시스템" + 0.010*"인공" + 0.010*"챗봇" + 0.010*"지능"
+ 0.010*"활용" + 0.010*"운영" + 0.008*"금융" + 0.008*"최초" + 0.008*"스토어" +
0.008*"출시" + 0.007*"기반" + 0.007*"소라" + 0.006*"공개"')]
```

설정한 토픽의 개수(k = 5)에 따라 5개의 토픽으로 클러스터링된 결과가 출력되었다. 이때 num_words = 20에 따라 토픽을 구성하는 주요 단어 20개가 토픽에 대한 영향력 비율과 함께 출력되었다. 네이버 뉴스를 크롤링할 때 검색어로 '챗GPT'를 사용했기 때문에 모든 토픽에서 '챗', '오픈', '인공', '지능', '(생)성형', '모델' 같은 단어가 높게 나왔다. 참고로, 12장에서 클러스터 번호에 대해 언급했듯이 토픽 번호는 랜덤으로 정해진다. 그리고 실행 시스템에 따라 설치된 패키지 버전이 다를 수 있어 토픽 모델링 결과는 실행할 때마다 약간씩 다를 수 있다.

2 모델에서 출력한 분석 결과는 [표 13-1]과 같이 우리가 직접 정리하고 최종 분석을 해야 한다. 각 토픽에 대한 레이블 역시 자동으로 만들어지지 않기 때문에 주요 단어를 고려하여 각 토픽 내용을 설명하는 레이블을 결정해야 한다.

표 13-1 토픽 분석 결과(lda_model.print_topics)

토픽 번호	주요 단어 상위 20개	토픽 레이블
0	'0.037*"오픈", 0.027*"개발", 0.018*"지능", 0.017*"인공", 0.012*"시스템", 0.012*"모델", 0.009*"성형", **0.009*"텍스트"**, 0.009*"활용", 0.008*"증권", **0.008*"투자"**, 0.008*"통해", 0.008*"기술", **0.008*"소라"**, **0.007*"동영상"**, 0.007*"공개", 0.007*"챗봇", 0.006*"웨어", 0.006*"지난", **0.005*"영상"**	영상 생성 AI
1	'0.025*"개발", 0.020*"오픈", 0.019*"성형", 0.017*"지능", 0.016*"인공", 0.011*"모델", 0.010*"운영", 0.009*"시스템", 0.009*"통해", 0.008*"활용", 0.008*"최초", **0.008*"랜섬"**, **0.008*"공격"**, **0.008*"웨어"**, 0.007*"챗봇", 0.007*"증권", 0.007*"비주", 0.007*"배스킨라빈스", 0.006*"텍스트", 0.006*"신제품"	랜섬웨어 공격

2	0.020*"개발", 0.019*"성형", 0.019*"오픈", **0.019*"증권"**, 0.017*"챗봇", 0.015*"인공", 0.014*"지능", **0.013*"스토어"**, **0.011*"거래"**, 0.011*"기술", 0.011*"기반", **0.010*"금융"**, 0.010*"최초", 0.009*"모델", **0.009*"플랫폼"**, **0.009*"국내"**, **0.008*"투자"**, 0.008*"지난", 0.008*"통해", 0.006*"출시"	금융 챗GPT 스토어
3	0.022*"개발", 0.015*"오픈", 0.014*"인공", 0.014*"지능", 0.010*"최초", 0.010*"통해", 0.009*"모델", 0.008*"성형", 0.008*"증권", 0.008*"랜섬", 0.008*"기술", 0.008*"시스템", 0.008*"기업", 0.008*"챗봇", **0.008*"활용"**, **0.007*"플랫폼"**, **0.007*"교육"**, 0.007*"웨어", 0.007*"비주", 0.007*"스토어"	생성형 AI 플랫폼 활용 교육
4	0.027*"오픈", 0.019*"성형", 0.015*"개발", 0.012*"모델", 0.012*"통해", 0.012*"증권", 0.012*"기술", 0.010*"시스템", 0.010*"인공", 0.010*"챗봇", 0.010*"지능", 0.010*"활용", **0.010*"운영"**, 0.008*"금융", 0.008*"최초", 0.008*"스토어", 0.008*"출시", 0.007*"기반", 0.007*"소라", 0.006*"공개"	생성형 AI 운영

우리가 수행한 토픽 모델링의 결과는 토픽마다 단어가 중복되어 단어만 보고 토픽의 내용을 결정하기에는 어려움이 있다. 머신러닝을 사용한 분석은 데이터가 많을수록 정확도가 올라간다. 그런 의미에서 우리가 분석한 뉴스 데이터 1,000개는 머신러닝 기반 모델에 적용하기에는 데이터 수가 부족하다. 이번 프로젝트는 상용화할 수 있는 수준의 정확한 분석보다는 머신러닝 기반의 텍스트 마이닝 과정과 관련 패키지 사용 방법의 학습을 목적으로 한다.

분석 결과 시각화하기

1 LDA 토픽 분석의 결과를 시각화하기 위해 pyLDAvis 패키지의 pyLDAvis.gensim.prepare( ) 함수를 사용한다. 토픽 분석 결과를 가지고 있는 lda_model 객체와 단어 뭉치, 단어 사전을 매개변수로 사용한다. pyLDAvis은 추가 설치해야 하는 패키지이므로 최초 한 번은 !pip install 명령을 이용해 설치해야 한다.

```
In [ ]:   !pip install pyLDAvis==3.4.1

In [72]:  import pyLDAvis.gensim

          lda_vis = pyLDAvis.gensim.prepare(lda_model, corpus, dictionary)

In [73]:  pyLDAvis.display(lda_vis)
```

TIP !pip install 명령으로 패키지를 설치할 때 permission 에러가 발생한다면, Anaconda Prompt를 [관리자 권한으로 실행] 옵션으로 실행한 후에 pip install 명령으로 설치하도록 하자.

2 pyLDAvis 객체는 display( ) 함수에 의해 [그림 13-7]과 같이 나타난다. 화면의 왼쪽 영역에는 토픽 간 거리 지도가 있고, 오른쪽 영역에는 토픽에서 관련성 높은 30개 단어에 대한 바 차트가 있다. 왼쪽 영역에서 각 토픽을 나타내는 원이 다른 원에 포함되어 있거나 많이 겹쳐져 있다면 토픽의 개수 k 값을 다르게 하여 LDA 모델을 다시 실행해야 한다.

실행 결과는 시스템이나 버전에 따라 또는 실행할 때마다 조금씩 다를 수 있다. 당황하지 말고 본인의 분석 결과를 바탕으로 분석하면 된다.

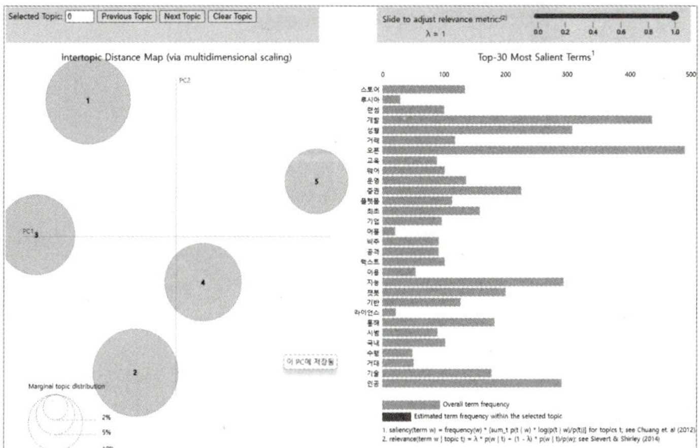

그림 13-7 LDA 토픽 분석 결과를 시각화한 pyLAvis: Out[73]

왼쪽 영역의 토픽 간 거리 지도에서 토픽 버블을 클릭하여 선택하면 오른쪽 영역에 선택한 토픽에 대한 토큰 비율과 상위 단어 30개의 바 차트가 나타난다.

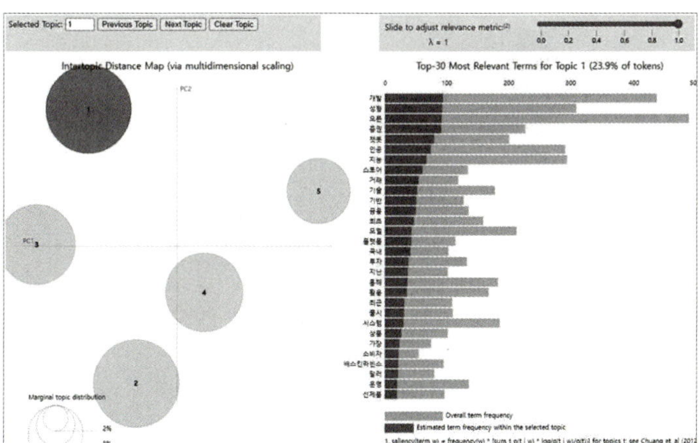

그림 13-8 pyLAvis의 토픽 간 거리 지도 영역과 토픽에 대한 단어 바 차트

오른쪽 영역 상단에 있는 관련성 매트릭 조정 슬라이드Slide to adjust relevance metric를 움직이면 현재 선택한 토픽에 특화되어 많이 출현하는 단어를 확인할 수 있다. 따라서 토픽의 특성 분석에 유용하게 사용할 수 있다.

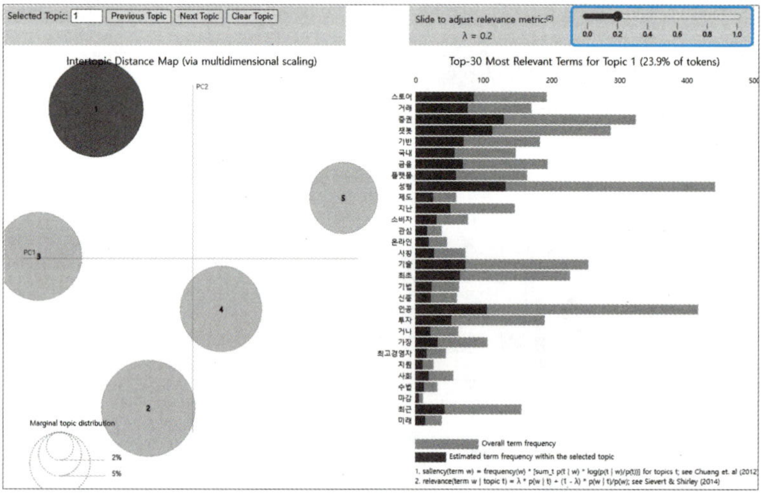

그림 13-9 pyLAvis의 관련성 메트릭 조정 슬라이드

오른쪽 영역에 있는 단어 위로 마우스를 이동하거나 단어를 클릭하면 단어의 토픽 영향력에 따라 토픽 버블의 크기가 조정되어 변하는 것을 볼 수 있다. 단어를 기준으로 토픽을 비교할 때 이 기능을 사용할 수 있다.

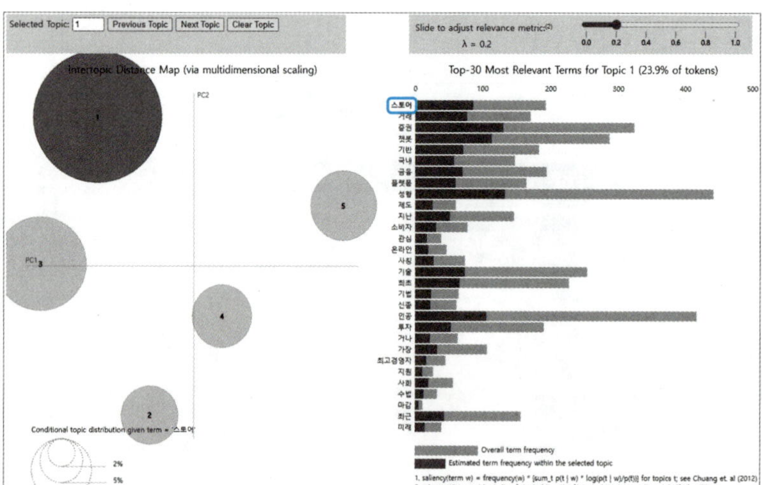

그림 13-10 pyLAvis의 단어 선택에 따른 토픽 버블의 크기 변화

3 pyLDAvis를 사용하여 시각화한 결과를 파일로 저장하자. pyLDAvis 객체는 웹 브라우저 창에 표시되므로 저장 파일 형식을 html로 설정해야 한다.

```
In [74]:  pyLDAvis.save_html(lda_vis, './13장_data/'+file_name+'_k'+str(k)+'_
          vis.html')
```

TIP 실행을 강제로 멈추게 하려면 주피터 노트북 화면 상단의 ■(interrupt the kernel) 아이콘을 클릭한다.

아쉽게도 lda_model.print_topics( ) 함수를 사용하여 출력한 토픽 번호 및 단어 목록과 pyLDAvis 시각화를 통해 나타난 토픽의 번호 및 단어 목록이 100% 일치하지는 않는다. 두 결과를 비교하여 종합적으로 분석하고 싶다면 [표 13-2]와 같이 우리가 직접 정리해야 한다. 토픽 레이블(타이틀)을 결정할 때는 Out[71]과 Out[73](그림 13-8~그림 13-10)을 이용한다. 하지만 각 토픽에서 출력된 주요 단어만으로는 토픽을 정확히 분석하기가 어려우므로 주요 단어가 포함된 뉴스의 내용을 확인하는 추가 작업이 필요하다.

표 13-2 토픽 분석 결과 종합(lda_model.print_topics + pyLDAvis)

lda_model.print_topics()에 의한 결과			pyLDAvis에 의한 결과			최종 토픽 레이블
토픽 번호	주요 단어(15개)	토픽 레이블	토픽 번호	토큰 분포 비율	토픽 특화 단어(15개) (λ = 0.2)	
0	'0.037*"오픈", 0.027*"개발", 0.018*"지능", 0.017*"인공", 0.012*"시스템", 0.012*"모델", 0.009*"성형", **0.009*"텍스트"**, 0.009*"활용", 0.008*"증권", **0.008*"투자"**, 0.008*"통해", 0.008*"기술", **0.008*"소라"**, **0.007*"동영상"**, 0.007*"공개", 0.007*"챗봇", 0.006*"웨어", 0.006*"지난", **0.005*"영상"**	동영상 생성 AI	2	23.8%	오픈, **텍스트**, 개발, 지능, 블로그, **소라**, 공개, 시스템, **동영상**, **캐릭터**, 현지, **영상**, 인공, 투자, **제작**	생성형 AI의 영상 생성
1	'0.025*"개발", 0.020*"오픈", 0.019*"성형", 0.017*"지능", 0.016*"인공", 0.011*"모델", 0.010*"운영", 0.009*"시스템", 0.009*"통해", 0.008*"활용", 0.008*"최초", **0.008*"랜섬"**, **0.008*"공격"**, **0.008*"웨어"**, 0.007*"챗봇", 0.007*"증권", 0.007*"비주", 0.007*"배스킨라빈스", 0.006*"텍스트", 0.006*"신제품"	랜섬웨어 공격	4	19%	**공격**, **랜섬**, 운영, (생)성형, 개발, **웨어**, 지능, 비주(얼), **협의**, 워크샵, 정부, 애플, 인공, 이용, **가짜**	생성형 AI를 악용한 랜섬웨어 공격 급증

2	0.020*"개발", 0.019*"성형", 0.019*"오픈", **0.019*"증권"**, 0.017*"챗봇", 0.015*"인공", 0.014*"지능", **0.013*"스토어"**, **0.011*"거래"**, 0.011*"기술", 0.011*"기반", **0.010*"금융"**, 0.010*"최초", 0.009*"모델", **0.009*"플랫폼"**, **0.009*"국내"**, **0.008*"투자"**, 0.008*"지난", 0.008*"통해", 0.006*"출시"	금융 챗GPT 스토어	1	23.9%	**스토어**, **거래**, **증권**, 챗봇, 금융, **플랫폼**, (생)성형, 제도, **소비자**, **관심**, 온라인, 사칭, 기법, 신종, **투자**	금융 서비스의 챗GPT 스토어 출시
3	0.022*"개발", 0.015*"오픈", 0.014*"인공", 0.014*"지능", 0.010*"최초", 0.010*"통해", 0.009*"모델", 0.008*"성형", 0.008*"증권", 0.008*"랜섬", 0.008*"기술", 0.008*"시스템", 0.008*"기업", 0.008*"챗봇", **0.008*"활용"**, **0.007*"플랫폼"**, **0.007*"교육"**, 0.007*"웨어", 0.007*"비주", 0.007*"스토어"	생성형 AI 플랫폼 활용 교육	5	13.2%	루시아, 대국민, 어플, 탑재, **역량**, 라이선스, 본격, **교육**, **(챌)린지**, 성과, 서울, 조직, 중소, **특화**, **강사**	생성형 AI 활용 실무 역량 강화 교육
4	0.027*"오픈", 0.019*"성형", 0.015*"개발", 0.012*"모델", 0.012*"통해", 0.012*"증권", 0.012*"기술", 0.010*"시스템", 0.010*"인공", 0.010*"챗봇", 0.010*"지능", 0.010*"활용", **0.010*"운영"**, 0.008*"금융", 0.008*"최초", 0.008*"스토어", 0.008*"출시", 0.007*"기반", 0.007*"소라", 0.006*"공개"	생성형 AI 운영	3	20%	(생)성형, 특색, 오픈, 운영, 기술, 구글, **업계**, 출시, **반도체**, **경제**, **전반**, 대규모, 주가, 과대, 예측	반도체 시장 활성화

사람이 직접 분석하고 정리할 작업이 많다는 점에 실망할지도 모르겠다. 하지만 그렇기 때문에 데이터 과학자가 필요한 것이고 우리가 데이터 과학 기반의 빅데이터 분석을 배우는 것이다. 머신러닝 라이브러리는 정해진 실행에 대한 결과를 쏟아낼 뿐이다. 그 결과에서 인사이트를 찾아내고 최종적인 분석 결과를 결정하여 활용하는 것은 우리가 해야 할 일이다.

Chapter

14

딥러닝 기반 분석

학습목표

- 딥러닝을 이해하고 LSTM 딥러닝 알고리즘을 사용하여 시계열 분석을 수행한다.
- Prophet 딥러닝 라이브러리를 사용하여 시계열 분석을 수행한다.
- CNN 딥러닝 알고리즘을 사용하여 이미지 분류 분석을 수행한다.

01 [LSTM 시계열 분석]

주가 시계열 분석하기

0 분석 미리보기

주가 시계열 분석하기	
목표	주가에 대한 일별 시계열을 분석하고 주가를 예측한다.
핵심 개념	인공 신경망, 심층 신경망, 딥러닝, RNN, LSTM, 케라스
데이터 수집	▪ 야후 파이낸스 라이브러리를 사용하여 기업의 주가 데이터 다운로드
데이터 준비 및 탐색	▪ 날짜형 변환: pd.to_datetime( ) ▪ 데이터 정규화: sklearn.preprocessing.MinMaxScaler( ) ▪ 학습 데이터 준비: 20일 기간을 기준으로 x 학습 데이터와 y 학습 데이터 저장
분석 모델 구축	▪ 텐서플로우 기반 케라스를 사용하여 LSTM 모델 구축
결과 시각화	

▪ 일별 주가 변화 및 예측에 대한 그래프

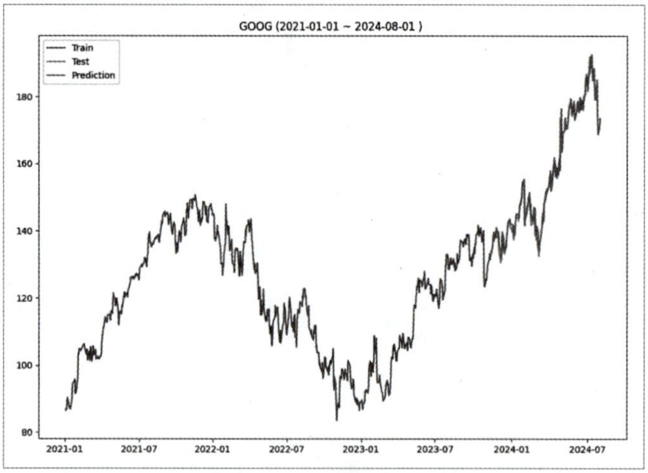

1 목표 설정

이 프로젝트의 목표는 LSTM 딥러닝 모델을 이용한 시계열 분석을 수행하여 주가의 변화를 분석하고, 분석 실행 결과를 차트로 시각화하여 일별 주가 변화에 따른 주가를 예측하는 것이다.

2 핵심 개념 이해

프로젝트를 수행하는 데 필요한 내용을 알아보자.

인공 신경망

인공 신경망ANN, Artificial Neural Network은 머신러닝 알고리즘의 하나로, 인간 뇌의 지능을 모방하고자 생물학적 뉴런Neuron을 수학적으로 모델링한 통계학적 학습 알고리즘이다. 인간의 뇌는 [그림 14-1(a)]와 같은 뉴런 860억 개와 뉴런의 가지돌기-축삭말단을 이어주어 신호를 주고받을 수 있게 연결하는 시냅스Synapse 수십 조~100조 개로 구성되어 있다. 뉴런의 가지돌기에서 자극(입력)을 받으면 축삭돌기를 통해 이 자극이 전달되고 시냅스에서 화학물질이 나와 전위Electric potential 변화를 일으킨다. 이때 뉴런은 전위를 판단하여 일정 수준을 넘으면 다음 뉴런으로 신호를 전달한다.

1957년 로젠블라트Rosenblatt는 뇌의 뉴런을 수학적으로 모델링한 퍼셉트론Perceptron을 제안함으로써 인공 신경망 이론을 발전시켰다. 퍼셉트론은 인공 신경망을 구성하는 기본 알고리즘으로, 입력값과 활성화 함수를 사용해 생성한 출력값을 다음 노드로 넘기는 가장 작은 신경망 단위다. [그림 14-1(b)]와 같이 입력층에서 각각의 입력값을 받아 전달하게 되는데, 이 입력값에 가중치를 곱해서 모두 합한 값(가중합)을 활성화 함수Activation function로 판단하여 일정 수준을 넘으면 참(1) 값을, 그렇지 않으면 거짓(0) 값을 다음 층의 노드로 전달(출력)하는 구조다.

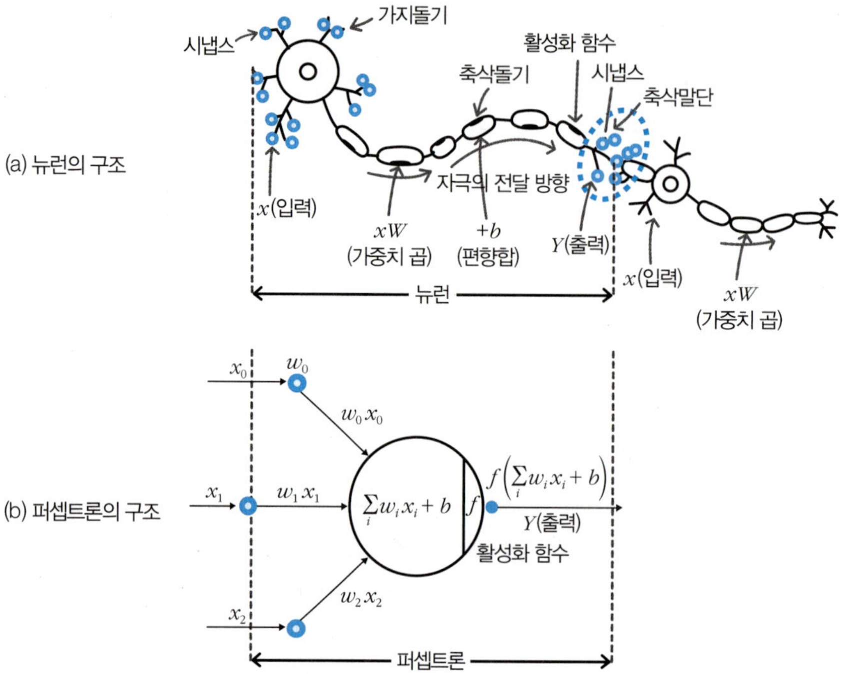

그림 14-1 뉴런과 퍼셉트론의 정보 전달 구조 비교 (출처: https://cs231n.github.io/neural-networks-1/)

[그림 14-1(b)]를 좀 더 자세히 살펴보자. 입력층의 값 x_0, x_1, x_2, …, x_n은 각각 연결된 가중치 w_0, w_1, w_2, …, w_n과 곱해져 노드로 전달된다. 노드에서 이 값들을 모두 합하여 바이어스(b)를 더한 가중합을 구해 활성화 함수로 출력값을 만든다.

- 가중합: 입력값(x)과 가중치(w)의 곱을 모두 더한 다음, 바이어스(b)를 더한 값

$$\sum_i w_i x_i + b$$

- 활성화 함수: 가중합의 결괏값이 0인지 1인지를 판단하는 함수

  예 S자 함수(시그모이드 함수) $f(x) = \dfrac{1}{1+e^{-x}}$

심층 신경망

심층 신경망DNN, Deep Neural Network은 인공 신경망의 퍼셉트론을 여러 층으로 쌓아 다층 퍼셉트론MLP, Multi Layer Perceptron으로 구성한 신경망이다. 인공 신경망의 퍼셉트론은 [그림 14-2(a)]와 같이 입력층Input layer, 은닉층Hidden layer, 출력층Output layer으로 구성된다. 심층 신경

망의 다층 퍼셉트론을 구성할 때는 [그림 14-2(b)]와 같이 은닉층을 여러 층으로 깊게 쌓는다. 그런데 은닉층이 깊어질수록 가중치를 곱해 가중합을 구하는 계산량이 급증하여 실행 시간이 길어지고, 이론과 달리 실행 결과에서 학습 성능이 떨어지는 문제가 발생할 수 있다. 이 때문에 실제 서비스에서는 입력층과 출력층만으로 구성된 인공 신경망 모델을 사용하기도 한다. 또한 은닉층이 1개 이상만 되어도 심층 신경망 모델이라고 부르기도 한다.

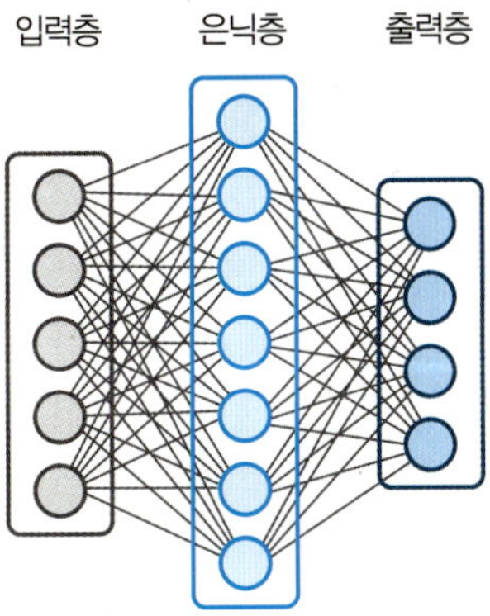

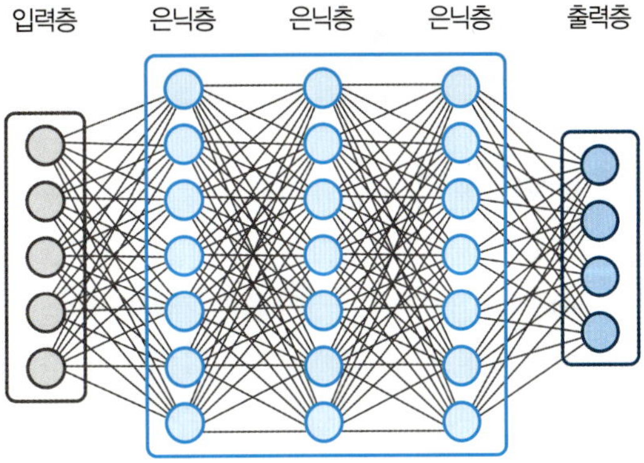

그림 14-2 인공 신경망과 심층 신경망

딥러닝

딥러닝DL, Deep Learning은 심층 신경망Deep Neural Network에서 유래한 이름이며, 다층 퍼셉트론 구조를 기반으로 하여 데이터 학습을 통해 모델을 완성하는 알고리즘이다.

[그림 14-3]과 같이, 중간 은닉층이 있는 다층 퍼셉트론에서 임의의 초기 가중치를 설정하여 결괏값 y를 계산하고 오차를 구한다. 그런 다음 오차를 줄이기 위해 수정된 가중치를 이전 노드로 전달하여 가중치를 업데이트하고 다시 결괏값 y를 계산하여 오차를 구한다. 이런 과정을 반복하여 오차를 최소화함으로써 최적화된 신경망 모델을 완성한다. 오차를 구하여 수정된 가중치를 이전 노드로 전달하는 작업을 오류 역전파Back Propagation라고 한다. 정리하면, 다층 퍼셉트론 신경망에서 결괏값 y 계산과 오류 역전파를 반복하여 결과적으로 최적화된 가중치 모델을 완성하는 학습 과정이 딥러닝이다.

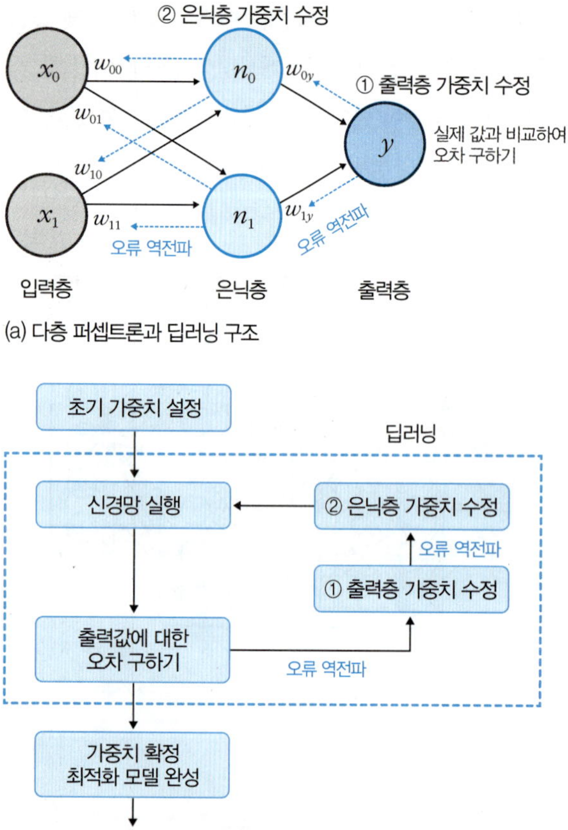

(a) 다층 퍼셉트론과 딥러닝 구조

(b) 다층 퍼셉트론에서의 딥러닝 과정

그림 14-3 다층 퍼셉트론과 딥러닝 과정

편미분(∂, partial)을 사용하여 수정된 가중치를 구하는 식은 다음과 같다.

$$w_{(t+1)} = w_t - \frac{\partial \text{ 오차}}{\partial w}$$

딥러닝 알고리즘

다층 퍼셉트론 신경망 구조를 활용한 딥러닝 알고리즘에는 순환 신경망RNN, Recurrent Neural Network, 장단기 메모리-순환 신경망LSTM-RNN, Long Short-Term Memory RNN, 합성곱 신경망CNN, Convolutional Neural Network, 생성적 적대 신경망GAN, Generative Adversarial Network, 생성적 사전훈련 트랜스포머GPT, Generative Pre-Training Transformer 등이 있다. 딥러닝 알고리즘은 필기체 인

식, 음성 인식, 이미지 인식 등의 다양한 패턴 분석 영역에서 뛰어난 성능을 보여준다. 특히 GPT 알고리즘을 기반으로 개발된 대화형(챗봇형) 검색 서비스(예 chatGPT)는 전 세계적으로 생성형 AI 열풍을 일으키며 사회 각 분야에 큰 영향을 미치고 있다. 생성형 딥러닝 알고리즘은 현재 텍스트 수준을 넘어 이미지 생성, 동영상 생성 영역으로 급격히 발전하고 있다.

RNN 알고리즘과 LSTM 알고리즘

[그림 14-4(a)]와 같이 신경망의 기본 구조는 은닉층 노드에서 활성화 함수의 출력이 출력층으로 향하는 피드 포워드 신경망Feed Forward Neural Network이다. [그림 14-4(b)]와 같이 순환 신경망, 즉 RNN은 은닉층 노드의 활성화 함수 출력을 출력층뿐 아니라 은닉층 노드에 있는 다음 계산의 입력으로 전달하여 순환적(재귀적)으로 사용한다. 은닉층에서 활성화 함수를 사용해 결과를 내보내는 역할을 하는 노드를 셀cell이라고 하며, 셀이 이전 계산값을 다음 계산에 사용하기 위해 기억하는 역할을 하므로 메모리 셀Memory cell이라고 표현한다. RNN에서는 입력층을 입력 벡터, 은닉층 셀의 출력을 은닉 상태hidden state, 출력층을 출력 벡터라고 한다. [그림 14-4(c)]는 [그림 14-4(b)]를 시점time step의 흐름에 따라 순환을 풀어서 다시 표현한 것이다.

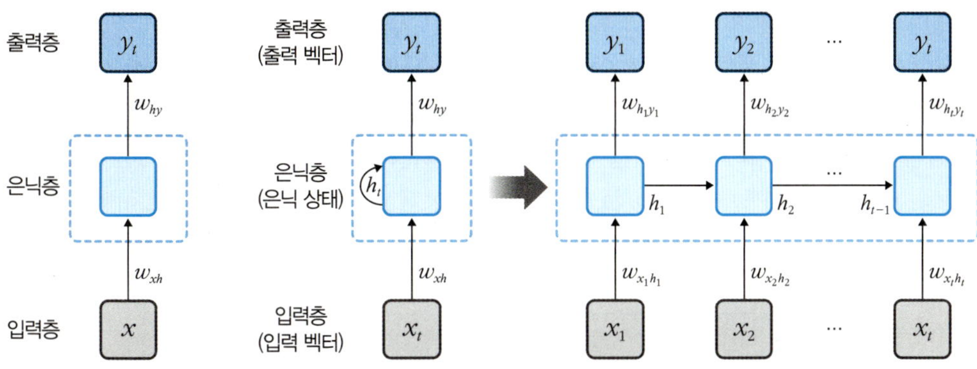

그림 14-4 RNN의 구조 (출처: https://wikidocs.net/227990, https://wikidocs.net/22886 수정)

[그림 14-5]는 RNN의 메모리 셀 구조를 표현한 것이다. 시점 t에서 은닉 노드의 상태 h_t를 결정하기 위해 입력층 x_t를 위한 가중치 w_{xh}, 이전 시점 t-1의 은닉 상태 값인 h_{t-1}을 위한 가중치 w_{hh}, 활성화 함수(하이퍼볼릭 탄젠트hyperbolic tangent 함수)를 사용한다. 이 구조를 표현한 수식은 다음과 같다.

- 은닉 상태 값: $h_t = \tanh(w_{hh}h_{t-1} + w_{xh}x_t + b_h)$
- 출력층: $y_t = f(w_{hy}h_t + b_0)$ 단, f는 출력층의 활성화 함수

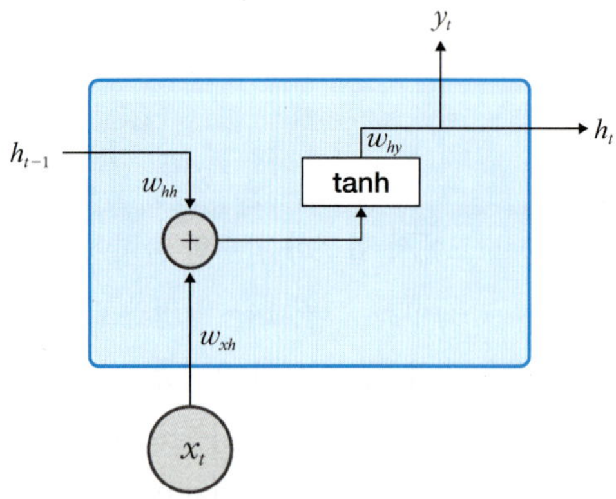

그림 14-5 RNN의 셀 구조

[그림 14-4(c)]에서 입력 벡터를 구성하는 시점의 수, 즉 시퀀스sequence가 길어지면 첫 번째 입력값인 x_1의 정보량이 점점 소실되는 기울기 소실Gradient Vanishing 문제가 발생한다. RNN은 은닉 상태 값을 계산할 때 이전 상태 값을 재귀적으로 사용하는 구조이므로 정보량이 손실되는 기울기 소실은 중대한 문제가 될 수 있다. 이러한 문제를 해결하기 위해 변형된 알고리즘이 LSTM 기반 RNNLSTM based RNN이다. 줄여서 LSTM이라 부른다. LSTM은 RNN 메모리 셀에 망각 게이트Forget gate, 입력 게이트Input gate, 출력 게이트Output gate, 후보 게이트Candidate gate를 추가해서 계산한 셀 상태Cell State 값 C_t를 이용하여 각 시점에서 필요한 정보만 유지하도록 함으로써 정보 저장 기간을 연장하여 정보량 소실 문제를 해결한 알고리즘이다.

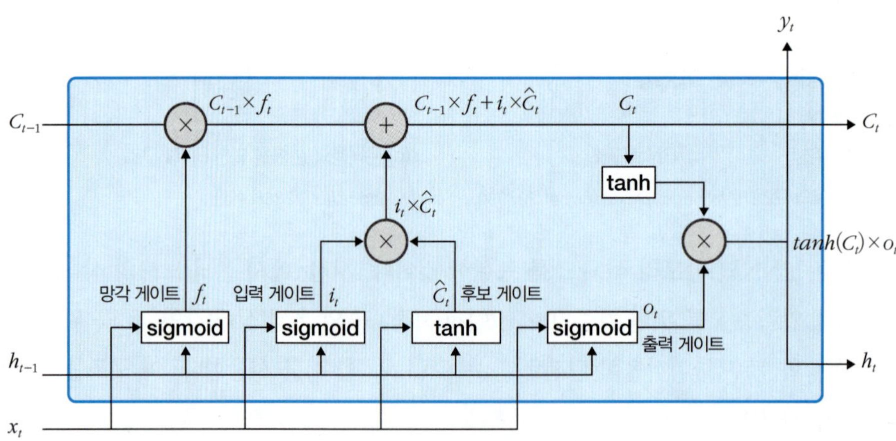

그림 14-6 LSTM의 셀 구조 (출처: https://cs231n.stanford.edu/slides/2020/lecture_10.pdf (p.116 수정))

RNN과 LSTM은 시점 정보를 반영하여 입력 정보를 순차 처리하는 순차 모델Sequential Model이다. 이러한 특징 때문에 두 모델은 자연어 처리를 위한 언어 모델 구축과 시간에 따른 추이 분석, 즉 시계열 분석에 사용된다.

딥러닝 개발 플랫폼

대표적인 딥러닝 개발 플랫폼으로 텐서플로우와 케라스, 파이토치가 있고 이외에도 아파치Apache MXNet와 CNTKMicrosoft Computational Network Toolkit, 테아노Theano 등이 있다. 테아노는 파이썬을 기반으로 한 최초의 딥러닝 라이브러리 중 하나인데, CPU 및 GPU의 수치 계산에 매우 유용하여 초기 라이브러리인데도 특정 분야에서 계속 사용하고 있다.

- **텐서플로우**TensorFlow: 구글에서 개발한 오픈 소스 라이브러리로, 가장 보편적이고 잘 관리된 딥러닝 라이브러리 중 하나다.
- **케라스**Keras: 파이썬 기반으로 작성된 매우 가볍고 배우기 쉬운 오픈 소스 신경망 라이브러리다. 텐서플로우, 티아노, CNTK 등의 딥러닝 전용 엔진 위에서 사용하는 단순화된 인터페이스를 제공한다.
- **파이토치**PyTorch: 페이스북(현 메타)에서 개발한 오픈 소스 라이브러리로, 구현이 빠르고 유연성이 좋아 초보자가 사용하기 쉬운 딥러닝 프레임워크다.

케라스를 사용한 딥러닝 모델 설계

딥러닝 개발 플랫폼인 케라스를 사용하여 딥러닝 모델을 설계하는 기본 과정을 살펴보자.

❶ **tensorflow.keras.Sequential( )**: 텐서플로우 기반 케라스가 제공하는 시퀀스 모델 선언. 다층 퍼셉트론 구조 설계는 입력층-은닉층-출력층을 순차적으로 하나씩 쌓는 계층 구조

❷ **add( )**: 시퀀스 모델 안에 실제로 층을 하나 추가하는 작업. 추가하는 층의 유형(Dense, LSTM, Conv2D 등) 및 노드 개수, 활성화 함수 등을 설정

예 model.**add**(Dense(units=64, activation='relu', input_dim=100))

- Dense( ): 기본 형태의 층. 이전 층의 모든 노드와 완전 연결된 층을 추가
- LSTM( ): LSTM 층 추가
- Conv2D( ): 2차원 입력 데이터에 대해 합성곱convolution 연산을 수행하는 층

- input_dim: 첫 번째 입력층의 노드 개수. 첫 번째 층 추가에서만 사용하는 매개변수
- unit: 추가하는 층의 노드 개수. 추가하는 층에서 출력되는 값의 개수
- activation: 출력값 생성에 사용하는 활성화 함수 예 sigmoid, tanh, relu, softmax

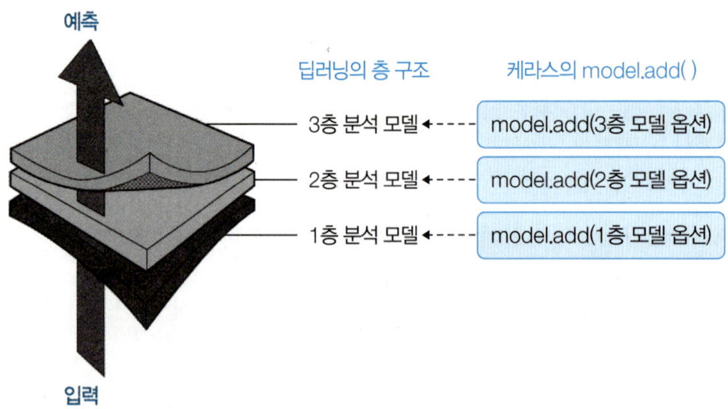

그림 14-7 케라스를 사용한 딥러닝 모델 구조 설계의 예

❸ **compile( )**: 설계한 모델에 대한 학습 준비 과정. 학습에 필요한 손실 함수loss, 최적화 방법optimizer, 평가 지표metrics 설정

- loss: 모델의 출력값(예측값)과 실제 값의 차이(손실) 계산에 사용할 함수 설정
  예 mean_squared_error, categorical_crossentropy
- optimizer: 가중치 업데이트 작업의 속도와 정확도를 높이는 최적화 방법 설정
  예 adam, sgd(확률적 경사 하강법Stochastic Gradient Descent)
- metrics: 모델의 성능 평가 지표 예 accuracy, mse, precision, recall, f1-score

❹ **fit( )**: 모델 학습 수행. 학습 데이터 및 학습에 필요한 매개변수 설정

- x: 학습용 입력 데이터가 저장된 넘파이 배열 또는 넘파이 배열의 리스트
- y: 학습용 출력 데이터가 저장된 넘파이 배열 또는 넘파이 배열의 리스트
- epochs: 모델이 전체 샘플을 학습할 총 횟수. 기본값은 1
- batch_size: 한 번에 처리되는 샘플의 수. 기본값은 32
- verbose: 학습 과정에 대한 출력 방법. 기본값은 1(0이면 출력 없음, 1이면 진행 바progress bar 표시, 2이면 에포크epoch마다 한 줄씩 출력)

fit( ) 함수는 모델 학습을 시작하고 각 에포크마다 손실과 평가 지표를 계산한다. 함수 계산이 끝나면 학습 과정에서 발생한 정보들을 담은 History 객체를 반환한다. 이 객체를 사용하여 학습 과정에서 최적 모델의 매개변수 값을 찾을 수 있다.

3 데이터 수집

LSTM 딥러닝 모델을 사용하여 2021년 1월 1일부터 2024년 8월 1일까지의 구글 주가를 분석해 보자. 프로젝트에 필요한 주가 데이터를 야후-파이낸스(https://finance.yahoo.com/)에서 수집한다.

1 야후-파이낸스에서 종목명 확인하기 주가 데이터를 다운로드하려면 야후-파이낸스에서 사용하는 기업 종목명ticker을 알아야 한다. [그림 14-8]과 같이 야후-파이낸스에 접속하여, 검색창에 'google'을 입력한다. 검색 결과로 Alphabet Inc. (GOOG)가 나오는데, 여기서 괄호 안에 있는 GOOG가 야후-파이낸스에서 사용하는 종목명이다.

TIP Alphabet은 미국 주식시장에 상장된 구글의 모회사다.

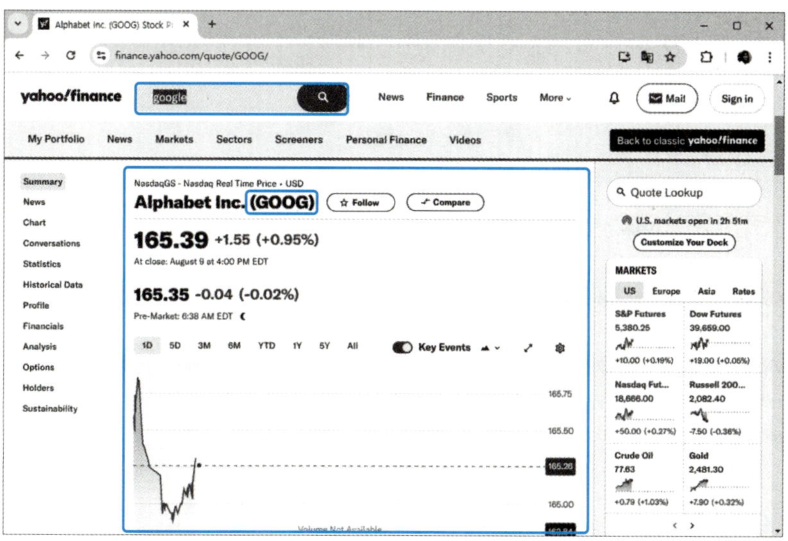

그림 14-8 야후-파이낸스에 접속하여 종목명 확인

2 야후-파이낸스 라이브러리 설치하기 주피터 노트북에 Python 3의 새 노트를 추가하고 '14장_(1)LSTM주가분석'으로 저장한다. 야후-파이낸스 라이브러리인 yfinance를 설치한다.

```
# 주가 데이터를 다운로드하기 위해 야후-파이낸스 라이브러리 설치
!pip install yfinance
```

3 주가 데이터를 다운로드하여 데이터프레임에 저장하기 야후-파이낸스 모듈을 사용하여 지정한 종목에 대한 주가 데이터를 다운로드하고 데이터프레임에 저장한다.

In [1]:
```
import pandas as pd
import numpy as np
import yfinance as yf
```

In [2]:
```
name = 'GOOG'      # 종목명: 구글

start_day = '2021-01-01'
end_day = '2024-08-01'
```

In [3]:
```
stock = yf.download(name, start=start_day, end=end_day)
```

Out[3]:
```
[*********************100%***********************]  1 of 1 completed
```

In [4]:
```
print(stock.shape)     # 작업 확인용 출력
stock.head()           # 작업 확인용 출력
```

Out[4]:
```
(899, 6)
```

Date	Open	High	Low	Close	Adj Close	Volume
2021-01-04	87.876999	88.032501	85.392502	86.412003	86.313782	38038000
2021-01-05	86.250000	87.383499	85.900749	87.045998	86.947060	22906000
2021-01-06	85.131500	87.400002	84.949997	86.764503	86.665878	52042000
2021-01-07	87.002998	89.419998	86.852501	89.362503	89.260925	45300000
2021-01-08	89.399002	90.491997	88.676750	90.360497	90.257790	41012000

In [1] 필요한 모듈을 임포트한다.

In [2] 다운로드할 종목명, 데이터 수집 시작일과 종료일을 설정한다.

In [3] 야후-파이낸스 주가 데이터를 다운로드한다yf.download().

In [4] 수집한 데이터를 출력하여 확인한다. 899행 6열이므로 데이터 샘플 899개와 6개의 주가 정보(시작가Open, 최고가High, 최저가Low, 종가Close, 평균가Adj Close, 거래량Volume)로

구성되어 있고 날짜Date가 인덱스로 설정되어 있다. 데이터 샘플이 899개인 이유는 주식 시장이 평일에만 열리기 때문이다.

4 데이터 준비 및 탐색

1 분석할 날짜와 종가 추출하기 우리는 일별 주가를 분석할 것이다. 분석에 필요한 날짜와 종가를 추출하여 데이터프레임에 저장한다.

In [5]:
```
stock2 = pd.DataFrame(stock['Close'])
stock2.head()     # 작업 확인용 출력
```

Out[5]:

Date	Close
2021-01-04	86.412003
2021-01-05	87.045998
2021-01-06	86.764503
2021-01-07	89.362503
2021-01-08	90.360497

In [6]:
```
stock2.to_csv('./14장_data/'+name+'.csv')
```

In [5] 수집한 데이터 stock에서 'Close' 열을 추출해 stock2에 저장하고, 출력하여 확인한다.

In [6] '14장_data' 폴더를 만들고, stock2를 CSV 파일로 저장해 둔다.

2 데이터 정규화하기 분석 정확도를 높이기 위해 정규화 작업을 진행한다. 스케일링 정규화 작업을 사용하여 종가를 0~1 범위로 조정한다.

In [7]:
```
stock2.reset_index()
stock_values = stock2.values
print(stock_values[0])      # 작업 확인용 출력
```

Out[7]:
```
[86.41200256]
```

In [8]:
```
from sklearn.preprocessing import MinMaxScaler
```

In [9]:
```
scaler = MinMaxScaler(feature_range=(0,1))
stock_values_scaled = scaler.fit_transform(stock_values)

stock_values_scaled[0]      # 작업 확인용 출력
```

Out[9]:
```
array([0.02676564])
```

In [7] 정규화 작업을 하기 위해 인덱스를 해제reset_index()하고, 값만 stock_values에 저장한다.

In [8] 스케일링 정규화 작업을 위해 MinMaxScaler 모듈을 임포트한다.

In [9] 0~1 범위에 대한 스케일링 객체scaler를 생성하고, stock_values에 대해 스케일링을 수행한다fit_transform(). 0번 데이터가 86.41200256에서 0.02676564로 스케일링되었다.

5 분석 모델 구축

1 시계열 분석을 위한 학습 데이터 준비하기 분석 모델에 사용할 학습 데이터 X_train과 Y_train을 준비한다. 한 달 동안의 주가 데이터를 학습하여 다음 날의 주가를 예측하는 시계열 분석을 진행하기 위해, 정규화된 주가 데이터stock_values_scaled로 X_train과 Y_train을 구성한다. 주식시장은 평일에만 개장하므로 한 달 기간에 대한 실제 주가 데이터는 20개를 사용한다. 일별 시계열 데이터인 20개 주가를 학습하여 다음 21번째 주가를 예측해야 한다. [그림 14-9]와 같이 stock_values_scaled[0]~[19]가 첫 번째 X값인 X_train[0]이 되고, 그에 대한 출력 Y_train[0]은 다음 값인 stock_values_scaled[20]이 된다. 그다음 stock_values_scaled[1]~[20]은 두 번째 X값인 X_train[1]이 되고, stock_values_scaled[21]은 출력 Y_train[1]이 된다. 이 작업을 stock_values_scaled에서 학습용 데이터로 분할한 범위 안에서 반복하여 학습 데이터를 만든다.

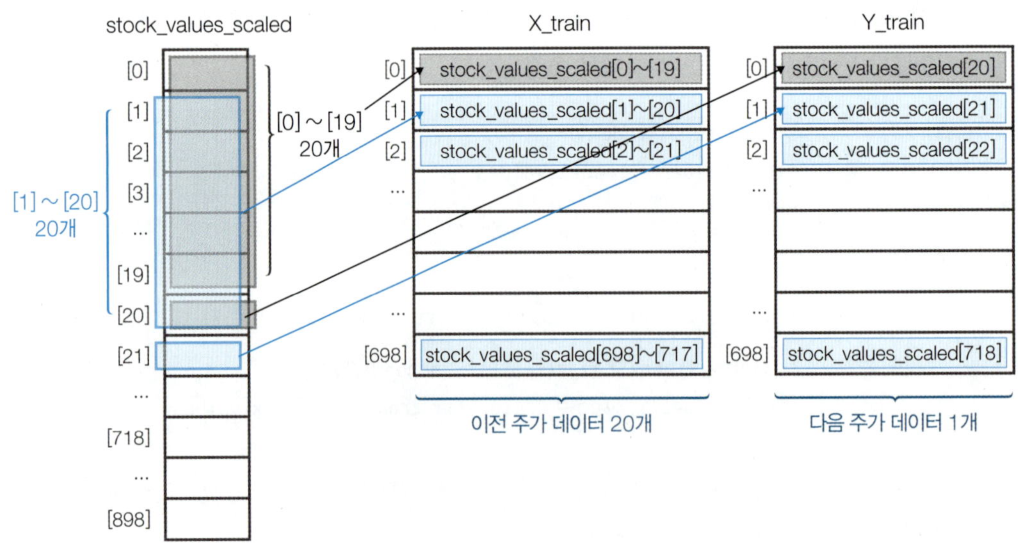

그림 14-9 시계열 분석을 위한 학습 데이터 정리 구조

In [10]:

```python
n_train = int(len(stock_values)*0.8)     # 학습용 데이터 개수
n_test = len(stock_values) - n_train     # 평가용 데이터 개수

print(n_train, n_test)   # 작업 확인용 출력
```

Out[10]:

```
719 180
```

In [11]:

```python
X_train,Y_train=[],[]

# 20일 구간의 주가를 x값으로 하고, 그다음 날 값을 y값으로 정리
for i in range(20, n_train):
  X_train.append(stock_values_scaled[i-20:i,0])
  Y_train.append(stock_values_scaled[i,0])

X_train[0]     # 작업 확인용 출력
```

Out[11]:

```
array([0.02676564, 0.03257305, 0.02999455, 0.0537923 , 0.06293394,
       0.04438949, 0.03515161, 0.03874694, 0.03223417, 0.03040674,
       0.05544565, 0.0994321 , 0.1014244 , 0.10591279, 0.10515712,
       0.11332785, 0.07373362, 0.08853626, 0.07600077, 0.10605019])
```

In [12]:

```python
X_train1, Y_train1 = np.array(X_train), np.array(Y_train)
X_train2 = np.reshape(X_train1, (X_train1.shape[0],X_train1.
shape[1],1))

print(X_train2.shape)    # 작업 확인용 출력
X_train2[0]              # 작업 확인용 출력
```

Out[12]:

```
(699, 20, 1)
array([[0.02676564],
       [0.03257305],
           ...
       [0.07600077],
       [0.10605019]])
```

In [10] 데이터를 학습용과 평가용으로 8:2 분할하여 각각의 데이터 개수를 계산한다.

In [11] 학습할 X 데이터 X_train[0]에는 stock_values_scaled[0]부터 stock_values_scaled[19]까지 20개의 데이터를 묶어서 추가하고, 학습할 출력 데이터 Y_train[0]에는 stock_values_scaled[20]을 추가한다. 이 작업을 range(20, 719)에서 반복하므로 699번 반복하게 된다.

In [12] 학습 데이터를 LSTM 모델의 구조로 변경한다. Y_train은 배열로 변형np.array( )하여 Y_train1로 저장한다. X_train은 20개 시계열 값을 하나로 묶은 배열(20×1)을 699개 가진 3차원 배열(699×20×1)로 변형np.reshape( )하여 X_train1로 저장한다.

2 LSTM 모델 구축하고 학습하기 딥러닝 모델을 구축할 때 입력층, 은닉층, 출력층의 구조와 개수를 다양하게 구성할 수 있다. 여기서는 케라스 라이브러리를 사용하여 [그림 14-10]과 같이 LSTM 딥러닝 모델을 구축한다. 즉 케라스 시퀀스 모델 객체에 한 층씩 추가add( )하면서 구축한다. 입력층에 대한 정보는 첫 번째 층을 추가add( )할 때 매개변수를 통해 설정input_shape한다. 은닉층의 첫 번째 LSTM 층을 20개 입력값에 대한 노드 20으로 구성units=20하며, 각 노드의 출력을 다음 층으로 전달return_sequence=True한다. 이전 층에서 20개의 값을 입력받아 은닉층의 두 번째 LSTM 층을 처리하고, 마지막 시퀀스 노드의 값 하나만 출력층에 전달return_sequence=False한다.

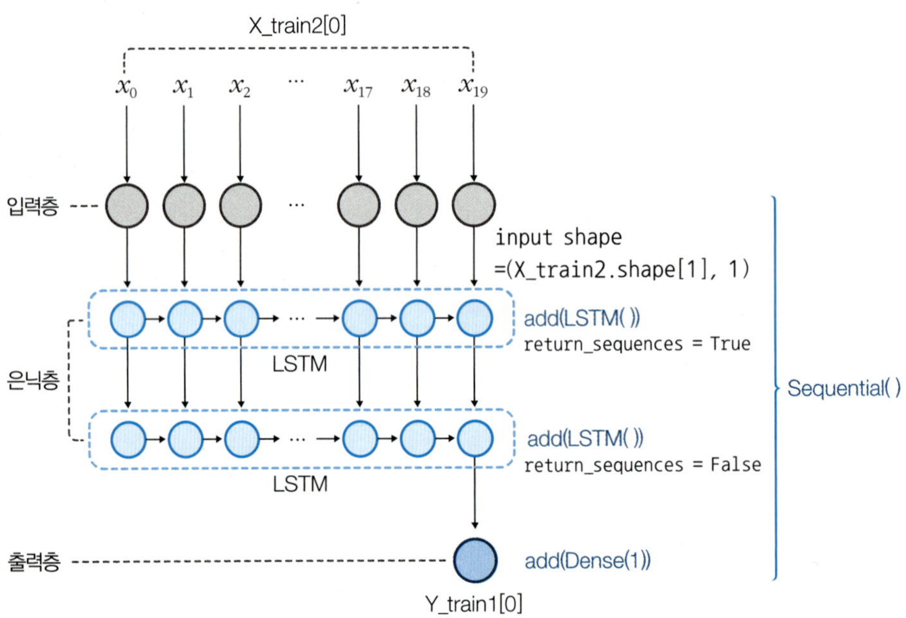

그림 14-10 LSTM 모델 구성

In [13]:
```
from tensorflow.keras import Sequential
from tensorflow.keras.layers import Dense, LSTM, Dropout
```

In [14]:
```
lstm_stock = Sequential()

lstm_stock.add(LSTM(units=20, return_sequences=True, input_
shape=(X_train2.shape[1],1)))
lstm_stock.add(LSTM(units=20, return_sequences=False))
lstm_stock.add(Dense(1))
```

In [15]:
```
# 학습 매개변수 설정
lstm_stock.compile(loss='mean_squared_error', optimizer='adam')

# 학습 수행
lstm_stock.fit(X_train2, Y_train1, epochs=10, batch_size=1, verbose=2)
```

Out[15]:
```
Epoch 1/10
699/699 - 3s - loss: 0.0045 - 3s/epoch - 5ms/step
Epoch 2/10
699/699 - 2s - loss: 0.0018 - 2s/epoch - 3ms/step
Epoch 3/10
699/699 - 2s - loss: 0.0014 - 2s/epoch - 3ms/step
Epoch 4/10
699/699 - 2s - loss: 0.0012 - 2s/epoch - 3ms/step
Epoch 5/10
699/699 - 2s - loss: 9.9603e-04 - 2s/epoch - 3ms/step
Epoch 6/10
699/699 - 2s - loss: 9.4943e-04 - 2s/epoch - 3ms/step
Epoch 7/10
699/699 - 2s - loss: 8.5731e-04 - 2s/epoch - 3ms/step
Epoch 8/10
699/699 - 2s - loss: 7.9995e-04 - 2s/epoch - 3ms/step
Epoch 9/10
699/699 - 2s - loss: 6.7093e-04 - 2s/epoch - 3ms/step
Epoch 10/10
699/699 - 2s - loss: 6.2282e-04 - 2s/epoch - 3ms/step
<keras.src.callbacks.History at 0x1ae277698d0>
```

In [13] LSTM 딥러닝 모델 구축에 필요한 모듈을 임포트한다.

In [14] 시퀀스 모델 객체를 생성하고, [그림 14-10] 구조의 모델을 구성한다.

In [15] 학습 방법에 필요한 손실 함수와 최적화 함수를 매개변수로 설정compile()한다. 전체 학습 데이터에 대해 10번 반복epochs=10하여 학습을 수행fit()한다.

3 평가 데이터로 예측 수행하기 학습 데이터 다음 시퀀스의 데이터 180개를 평가 데이터 X_test로 구성한다. 이를 위해 학습 데이터 구성과 같은 방법In [11]~In [12]으로 평가 데이터 범위의 데이터를 3차원 구조로 변형한 X 입력을 만들고, LSTM 모델에 입력하여 예측값을 구한다.

In [16]:
```
stock_test = stock_values_scaled[n_train-20:]
X_test = []

for i in range(20, len(stock_test)):
  X_test.append(stock_test[i-20:i,0])

X_test[0]    # 작업 확인용 출력
```

Out[16]:
```
array([0.50462582, 0.5221215 , 0.52670152, 0.51103781, 0.50828978,
       0.48777141, 0.49839693, 0.5187322 , 0.39552989, 0.36594305,
       0.36557664, 0.38710268, 0.3829807 , 0.40377393, 0.41302557,
       0.42942195, 0.4393148 , 0.44801679, 0.45589442, 0.44151325])
```

In [17]:
```
X_test = np.array(X_test)
X_test = np.reshape(X_test, (X_test.shape[0], X_test.shape[1], 1))

print(X_test.shape)    # 작업 확인용 출력
print(X_test[0])       # 작업 확인용 출력
```

Out[17]:
```
(180, 20, 1)
[[0.50462582]
[0.5221215 ]
...
[0.45589442]
[0.44151325]]
```

In [18]:	`predicted_value = lstm_stock.predict(X_test)`
	
	`predicted_value[0]    # 작업 확인용 출력`

Out[18]:	`6/6 [==============================] - 0s 2ms/step` `array([0.4493838], dtype=float32)`

In [16] 평가 데이터로 정리해야 하는 stock_values_scaled[699]부터 마지막 데이터인 stock_values_scaled[898]까지 총 200개의 데이터를 stock_test에 저장한다. stock_test[0]~stock_test[19]의 20개 데이터를 묶어서 X_test[0]에 추가한다. 이 작업을 range(20, 200)에서 반복하여, 평가 데이터 180개가 X_test에 만들어진다.

In [17] X_test를 3원 배열(180×20×1)로 변형한다np.reshape().

In [18] 평가 데이터를 모델에 입력하여 실행한predict() 출력값을 저장한다.

6 결과 분석 및 시각화

LSTM 모델의 실행 결과를 그래프로 시각화하여 확인해 보자.

1 그래프에 사용할 데이터 정리하기 그래프에는 원본 주가 데이터를 넣어야 하므로, 정규화 작업 이전의 원본 데이터 stock을 사용한다. LSTM 모델에서 구한 예측값predict_value은 0~1 범위로 정규화된 값이므로, 역정규화inverse_transform()를 수행하여 변환한 값을 사용한다.

In [19]:	`predicted_value = scaler.inverse_transform(predicted_value)`
	
	`predicted_value[0]    # 작업 확인용 출력`

Out[19]:	`array([132.54922], dtype=float32)`

In [20]:	`stock_train_vis = stock[:n_train]`
	`stock_test_vis = stock[n_train:]`
	`stock_test_vis['Predictions'] = predicted_value`

In [19] 정규화 상태의 예측값에 대해 역정규화inverse_transform()를 수행하여 원본 범위의 값으로 변환한다.

In [20] 학습 구간 그래프에 사용할 데이터stock_train_vis와 평가/예측 구간에 사용할 데이터stock_test_vis를 구한다.

2 그래프 그리기 학습데이터, 평가데이터, 예측값에 대한 플롯을 그린다.

In [21]:
```
import matplotlib.pyplot as plt
```

In [22]:
```
plt.figure(figsize = (12,8))
plt.plot(stock_train_vis['Close'], label = 'Train')
plt.plot(stock_test_vis['Close'], label = 'Test')
plt.plot(stock_test_vis['Predictions'], label = 'Prediction')
plt.legend()
plt.title(name + ' (' + start_day + ' ~ ' + end_day + ' )')
```

Out[22]:

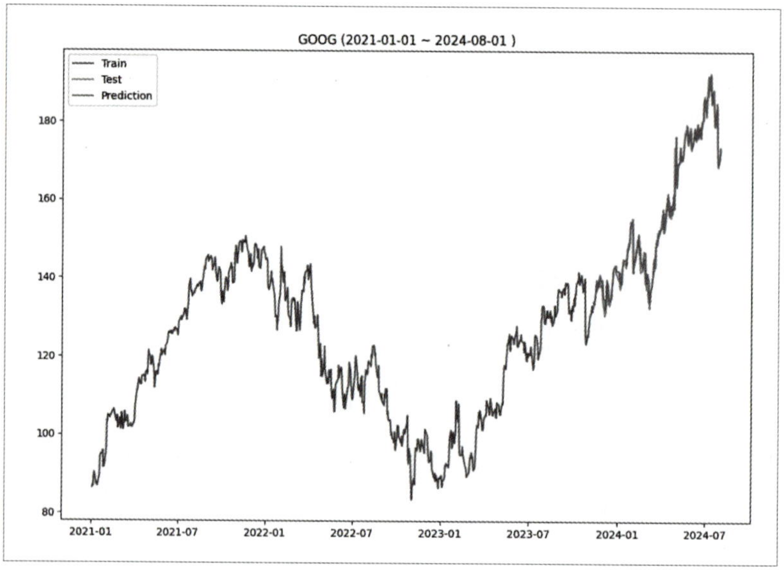

In [21] 그래프 그리기에 필요한 모듈을 임포트한다.

In [22] 플롯에 사용할 데이터와 범례, 그래프 제목을 설정하고 그래프를 그린다.

어제의 주가가 오늘과 내일의 주가에 영향을 미치기 때문에 주가는 시간이 중요한 분석 요소가 되어야 하는 시계열 데이터다. 이번 프로젝트에서는 시계열 데이터 분석에서 대표적으로 사용하는 딥러닝 모델인 LSTM을 사용하여 주가를 분석해 보았다. 오늘까지의 20개 데이터를 가지고 내일의 주가를 예측할 수 있고, 이러한 과정을 반복하면서 3일 뒤, 7일 뒤, 한달 뒤의 주가를 예측할 수 있다.

02 [Prophet 시계열 분석]

100일 후의 주가 예측하기

0 분석 미리보기

100일 후의 주가 예측하기	
목표	주가에 대한 시계열 분석을 기반으로 100일 후 주가를 예측한다.
핵심 개념	Prophet 라이브러리
데이터 수집	▪ 야후-파이낸스 웹페이지에서 기업의 주가 데이터 다운로드 파일 사용
데이터 준비 및 탐색	▪ 데이터 정보와 내용 확인 ▪ 열 이름 변경
분석 모델 구축	▪ Prophet 라이브러리를 사용하여 시계열 분석 모델 구축
결과 시각화	

▪ 트렌드 분석, 주계절성 및 연계절성 패턴 분석 그래프

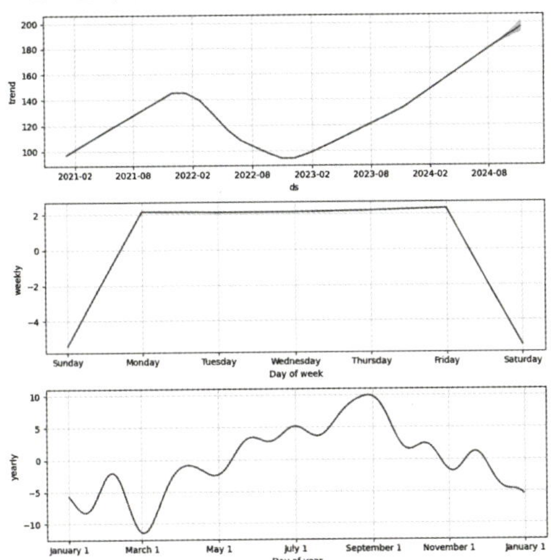

▪ 트렌드 변화 시점 반영 그래프/대화형 그래프

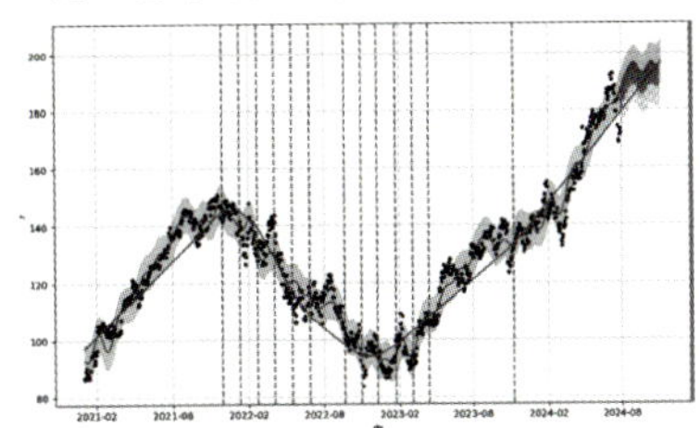

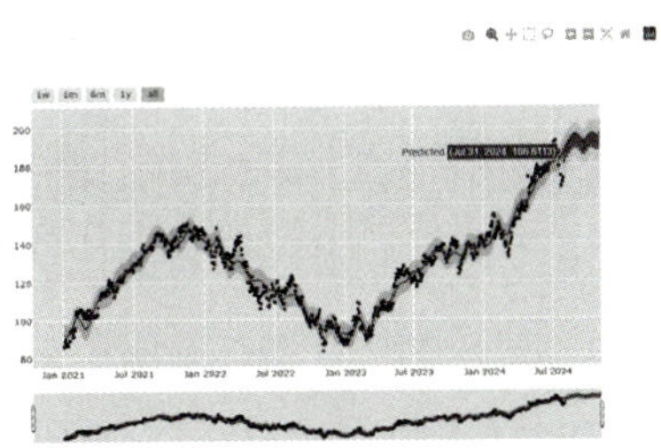

1 목표 설정

이 프로젝트의 목표는 딥러닝 모델을 이용한 시계열 분석으로 주가의 변화를 분석하고 100일 후의 주가를 예측하는 것이다. 이 분석 결과를 사용하여 시간에 따른 변화와 계절성 패턴을 그래프로 시각화한다.

2 핵심 개념 이해

프로젝트를 수행하는 데 필요한 내용을 알아보자.

Prophet 라이브러리

Prophet 라이브러리는 페이스북(현 메타)에서 개발한 오픈 소스 시계열 예측 모델이다. 날짜 정보를 X 데이터로 하여 Y를 예측하는 간단한 구조를 사용한다.

Prophet 모델의 세 가지 구성 요소인 트렌드Trend, 계절성Seasonality, 휴일Holiday을 결합하여 다음과 같이 나타낼 수 있다.

$$y(t) = g(t) + s(t) + h(t) + \varepsilon_i$$

- $g(t)$: 트렌드를 반영하기 위한 growth model 함수. 비주기적 변화를 반영하는 추세 함수
- $s(t)$: 계절성 패턴을 반영하기 위한 함수. 계절적 주기 변화 함수(연간 계절성, 주간 계절성)
- $h(t)$: 휴일과 같은 불규칙 이벤트를 시계열 예측에 모델링하기 위한 함수
- ε_i: 오차항. 모델이 설명하지 못하는 나머지 부분

Prophet 모델은 세 가지 구성 요소에 대해 완전 자동화된 시계열 분석과 대화형 그래프 시각화를 제공한다.

Prophet 모델에 입력하는 형태는 2개의 열(ds와 y)을 가진 데이터 프레임이어야 한다. dsdatestamp열은 파이썬 판다스에서 제공하는 유형을 따라야 한다. 즉 YYYY-MM-DD나 YYYY-MM-DD HH:MM:SS 같은 타임스탬프 형태의 값이어야 한다. y열은 반드시 숫자 형식이어야 하고 예측 분석 대상이 되는 값을 넣는다(출처: https://facebook.github.io/prophet/docs/).

Prophet 라이브러리를 설치해 보자. [그림 14-11]과 같이 [Anaconda Prompt]에서 마우스 우클릭하여 [기타]-[관리자 권한으로 실행]을 클릭하고, 설치 명령어를 입력한다.

- 설치 명령어:

  conda install -c conda-forge prophet

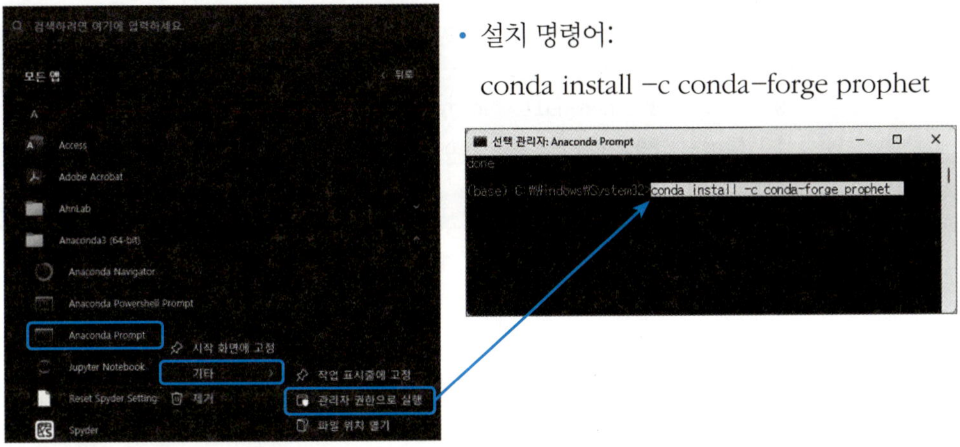

그림 14-11 Prophet 라이브러리 설치

3 데이터 수집

프로젝트에서 사용할 시계열 주가 데이터는 야후-파이낸스 웹페이지에서 다운로드한다. 우리는 이전 프로젝트에서 저장해 둔 'GOOG.csv' 파일을 사용하기로 하자.

```
In [1]:  import pandas as pd
In [2]:  stock = pd.read_csv('./14장_data/GOOG.csv')
```

In [1] 필요한 모듈을 임포트한다.

In [2] 이전 프로젝트에서 저장해 둔 'GOOG.csv' 파일을 읽어서 데이터프레임 객체 stock에 저장한다.

4 데이터 준비 및 탐색

1 데이터 내용과 정보 확인하기 데이터에 대한 기본 정보를 확인한다.

```
In [3]:  stock.info()
```

Out[3]:	<class 'pandas.core.frame.DataFrame'> RangeIndex: 899 entries, 0 to 898 Data columns (total 2 columns): # Column Non-Null Count Dtype --- ------ -------------- ----- 0 Date 899 non-null object 1 Close 899 non-null float64 dtypes: float64(1), object(1) memory usage: 14.2+ KB
In [4]:	stock.head()
Out[4]:	(table below)

	Date	Close
0	2021-01-04	86.412003
1	2021-01-05	87.045998
2	2021-01-06	86.764503
3	2021-01-07	89.362503
4	2021-01-08	90.360497

In [3] stock의 정보를 확인info()해 보면, 899개 샘플과 2개 열로 결측치 없이 구성되어 있다.

In [4] stock의 처음 5개 샘플을 확인한다. 야후-파이낸스에서 다운로드한 구글 데이터 중 날짜Date와 종가Close가 들어 있다.

2 Prophet 모델의 입력 조건에 따라 열 이름 변경하기 Prophet 모델은 입력 데이터의 구조와 열 이름이 정해져 있다. 열은 단 2개로 구성되어 있다. 첫 번째 열은 날짜 데이터로 열 이름이 'ds'여야 하고, 두 번째 열은 숫자 데이터로 열 이름이 'y'여야 한다.

In [5]:	stock.columns = ['ds', 'y']
In [6]:	stock.head() # 작업 확인용 출력
Out[6]:	(table below)

	ds	y
0	2021-01-04	86.412003
1	2021-01-05	87.045998
2	2021-01-06	86.764503
3	2021-01-07	89.362503
4	2021-01-08	90.360497

In [5] stock의 열 이름을 'ds'와 'y'로 변경한다.

In [6] stock 내용을 출력하여 확인한다.

5 분석 모델 구축

1 Prophet 모델을 생성하여 학습하기 시계열 분석을 위해 Prophet 모델 객체를 생성하고, 주가 데이터를 사용하여 학습을 수행한다.

In [7]:	`from prophet import Prophet`
In [8]:	`Pp_stock = Prophet()`
In [9]:	`Pp_stock.fit(stock)`
Out[9]:	`<prophet.forecaster.Prophet at 0x2a9efadc0d0>`

In [7] Prophet 모듈을 임포트한다.

In [8] Prophet 모델 객체를 생성Prophet( )한다.

In [9] 학습 데이터 stock를 적용하여 Prophet 모델을 학습fit( )한다.

2 Prophet 모델을 사용하여 예측하기 학습하여 완성된 Prophet 모델을 사용하여 100일 후의 주가를 예측해 보자.

In [10]:

```
future_ds = Pp_stock.make_future_dataframe(periods=100)
future_ds.tail()    # 작업 확인용 출력
```

Out[10]:

	ds
994	2024-11-04
995	2024-11-05
996	2024-11-06
997	2024-11-07
998	2024-11-08

In [11]:

```
future_ds.info()
```

Out[11]:

```
<class 'pandas.core.frame.DataFrame'>
RangeIndex: 999 entries, 0 to 998
Data columns (total 1 columns):
 #   Column  Non-Null Count  Dtype
---  ------  --------------  -----
 0   ds      999 non-null    datetime64[ns]
dtypes: datetime64[ns](1)
memory usage: 7.9 KB
```

In [12]:

```
future_y = Pp_stock.predict(future_ds)
# 작업 확인용 출력
future_y[['ds', 'yhat', 'yhat_lower', 'yhat_upper']].tail()
```

Out[12]:

	ds	yhat	yhat_lower	yhat_upper
994	2024-11-04	195.653887	188.488122	203.052365
995	2024-11-05	195.811263	188.228331	203.191484
996	2024-11-06	196.063727	189.079648	203.944762
997	2024-11-07	196.418672	189.321321	203.942877
998	2024-11-08	196.859745	189.098193	204.626120

In [10] 이후 100일periods=100의 날짜 데이터를 생성make_future_dataframe()한다. 생성된 future_ds를 확인해 보면, 2024-08-01 이후 100일인 2024-11-08까지의 날짜 데이터가 있다.

In [11] future_ds는 원래 데이터에 100일의 데이터가 추가되어 999개의 행과 날짜 열 ds로 구성되어 있다.

In [12] 미래 날짜에 대한 Prophet 예측값을 생성한다. Prophet 모델은 예측값, 예측 최솟값, 예측 최곳값을 생성한다.

6 결과 분석 및 시각화

1 결과 시각화 및 Prophet 3요소 시각화하기 Prophet 라이브러리에서 제공하는 시각화 함수를 사용하여 예측 그래프뿐 아니라 Prophet 3요소에 대한 패턴을 시각화할 수 있다.

In [13]:

```
fig_trend = Pp_stock.plot(future_y)
```

Out[13]:

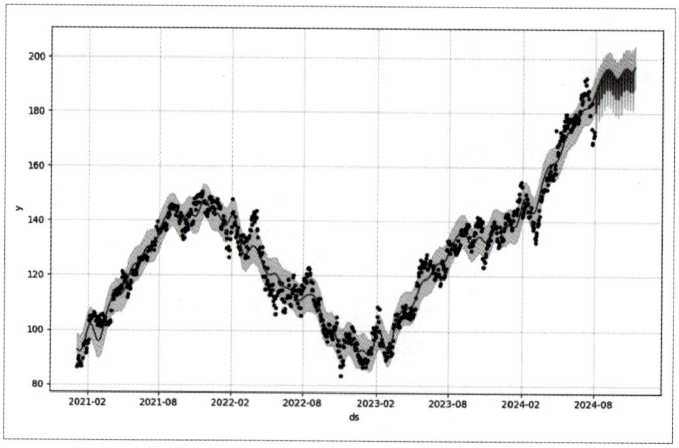

In [14]:	`fig_components = Pp_stock.plot_components(future_y)`

Out[14]:

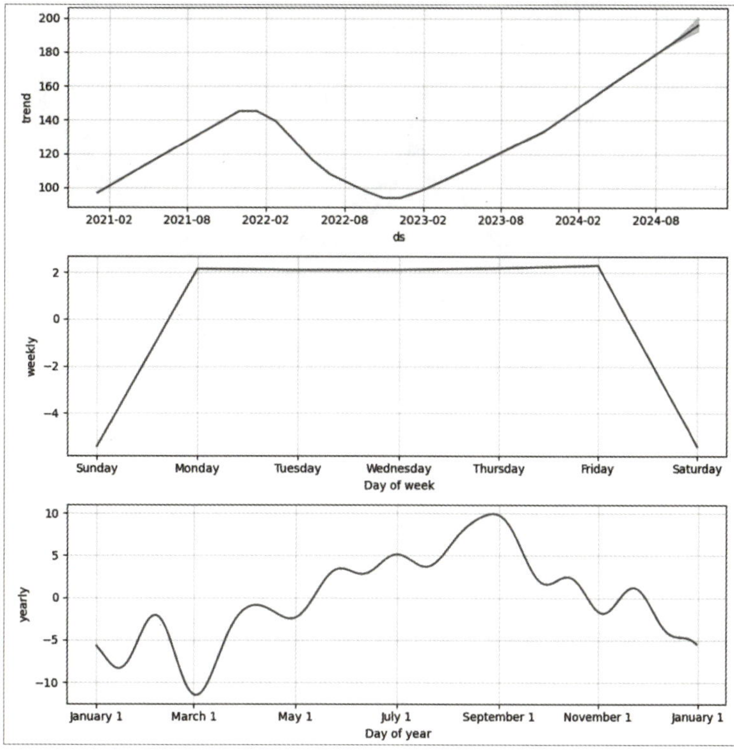

In [13] Prophet 라이브러리에서 제공하는 함수를 사용하여 그래프로 시각화한다plot( ).

In [14] 트렌드, 주 계절성, 연 계절성 패턴 분석을 그래프로 시각화한다plot_components( ).

2 트렌드 변화 시점을 반영하여 시각화하기 트렌드에서 주된 변화가 나타난 시점을 찾아 세로선을 추가한 플롯으로 시각화한다.

In [15]:
```
from prophet.plot import add_changepoints_to_plot
```

In [16]:
```
fig_trend = Pp_stock.plot(future_y)
fig_trend_changepoints = add_changepoints_to_plot(fig_trend.gca(),
Pp_stock, future_y)
```

Out[16]:

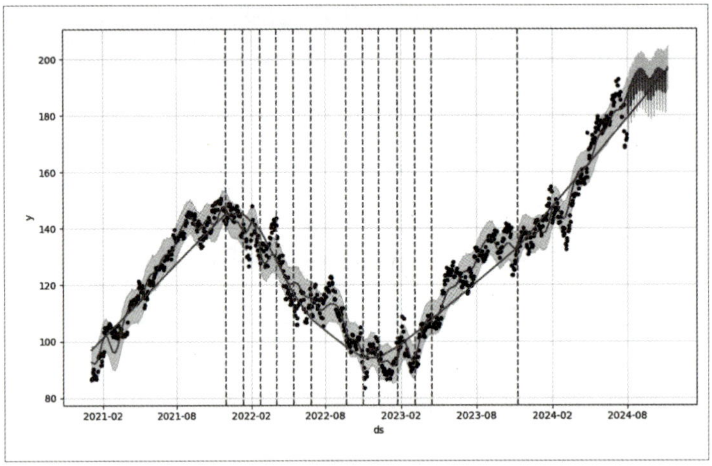

In [15] 트렌드 변화선 추가 시각화에 필요한 모듈을 임포트한다.

In [16] 트렌드 변화 시점을 추출해서 트렌드 시각화 객체 fig에 빨간 세로선을 추가하여 시각화한다add_changepoints_to_plot().

3 Prophet의 트렌드와 계절성(weekly, yearly)에 대한 대화형 시각화 표현하기 Prophet은 트렌드 플롯과 3요소(trend, yearly, weekly) 플롯에서 마우스로 드래그하여 설정한 영역을 실시간으로 다시 그려주는 대화형 플롯을 제공한다.

In [17]:
```
from prophet.plot import plot_plotly, plot_components_plotly
```

In [18]:
```
plot_plotly(Pp_stock, future_y)
```

Out[18]:

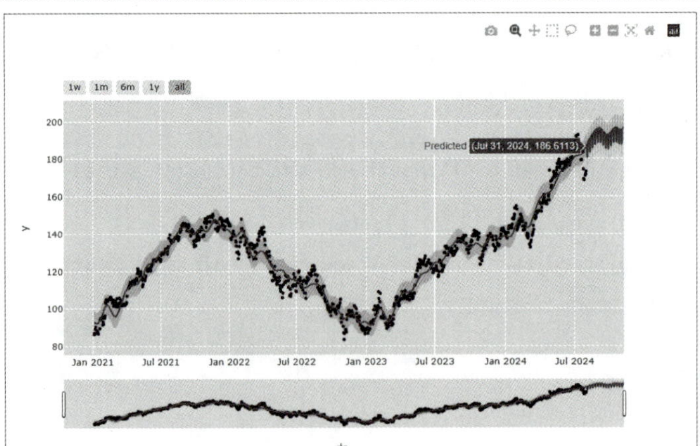

In [17] Prophet 대화형 시각화에 필요한 모듈을 임포트한다.

In [18] 트렌드 그래프를 대화형 시각화로 표현한다plot_plotly(). 대화형 그래프에서 특정 영역을 클릭&드래그하여 동적으로 재설정된 그래프를 그릴 수 있다.

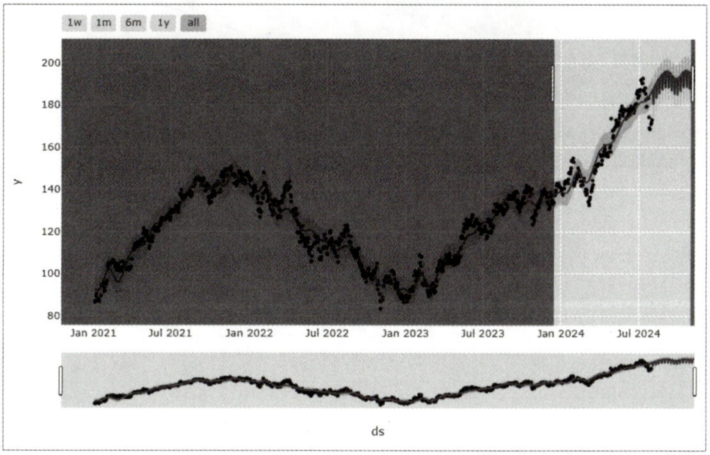

(a) 마우스로 클릭&드래그하여 상세 보기 영역 설정

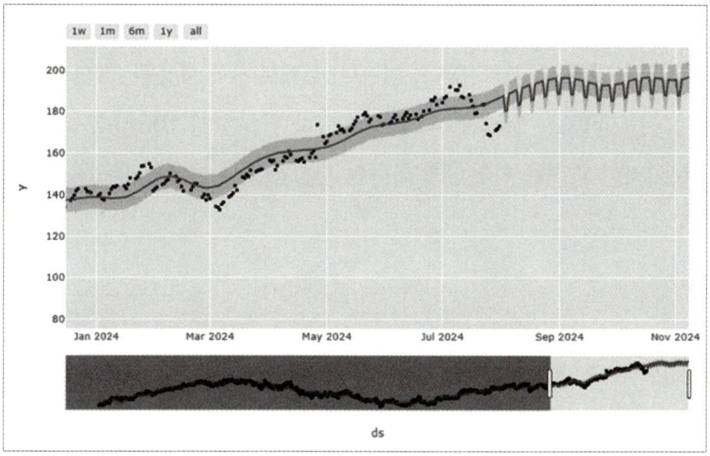

(b) 설정한 영역에 대한 그래프 시각화

그림 14-12 대화형 그래프 사용 예

In [19]:

```
plot_components_plotly(Pp_stock, future_y)
```

Out[19]:

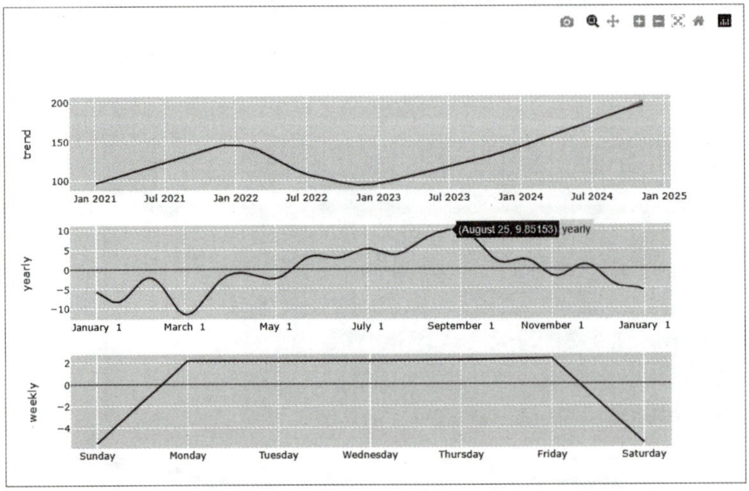

In [19] 트렌드, 연 계절성, 주 계절성 기준 분석을 대화형 그래프로 시각화한다 plot_components_plotly( ).

이번 프로젝트에서는 이전 프로젝트의 주가 데이터를 동일하게 입력하여 Prophet 모델을 사용해 시계열 분석과 미래 주가 예측을 진행하였다. 이전 프로젝트에서 사용한 LSTM 딥러닝 모델은 1일씩 입력 데이터를 만들고 예측하는 작업을 100번 반복하여 100일 후를 예측하였다면, Prophet 모델은 이러한 과정을 완전 자동화하여 제공하므로 시계열 분석을 더 쉽게 할 수 있다.

03 [CNN 이미지 분석]
숫자 이미지 분류하기

0 분석 미리보기

숫자 이미지 분류하기	
목표	손글씨 숫자 이미지를 분류한다.
핵심 개념	합성곱 신경망(CNN), 합성곱 연산, 풀링 연산, MNIST 데이터셋
데이터 수집	▪ 케라스에서 제공하는 MNIST 데이터셋
데이터 준비 및 탐색	▪ 데이터셋의 X_train 이미지 출력하여 확인 ▪ 데이터셋의 X_train 이미지에 대한 벡터 출력하여 확인 ▪ 이미지 벡터를 0.0~1.0 값으로 정규화 ▪ 출력 클래스 값을 카테고리 분류 벡터로 변형: np_utils.to_categorical()
분석 모델 구축	▪ 텐서플로우 기반 케라스를 사용하여 CNN 모델 구축
결과 시각화	

▪ 분석 모델 평가에 대한 시각화

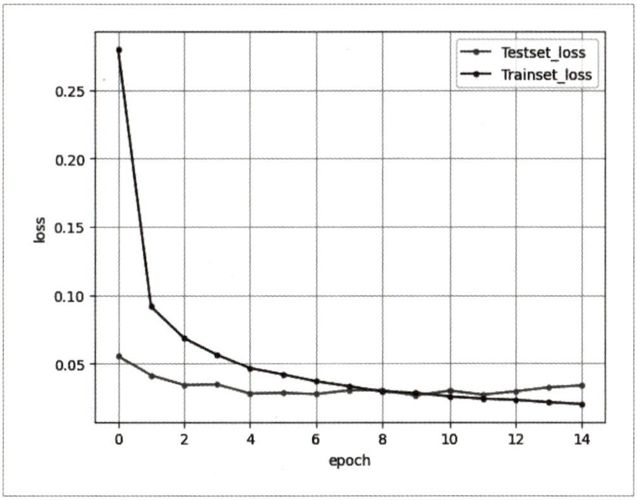

1 목표 설정

이 프로젝트의 목표는 CNN 딥러닝 모델을 이해하고 CNN 모델을 구축하여 손글씨 숫자 0~9 이미지를 분류하는 것이다.

2 핵심 개념 이해

프로젝트를 수행하는 데 필요한 내용을 알아보자.

합성곱 신경망

합성곱 신경망CNN, Convolutional Neural Network은 딥러닝 모델 중 하나로, 데이터에서 특징을 추출하고 분류하는 데 사용된다. 초기에는 이미지 처리에 주로 사용되었으나 현재는 추천 시스템, 자연어 처리 등 다양한 분야에서 사용되고 있다.

[그림 14-13]은 기존 신경망과 합성곱 신경망을 개념적으로 비교한 것이다.

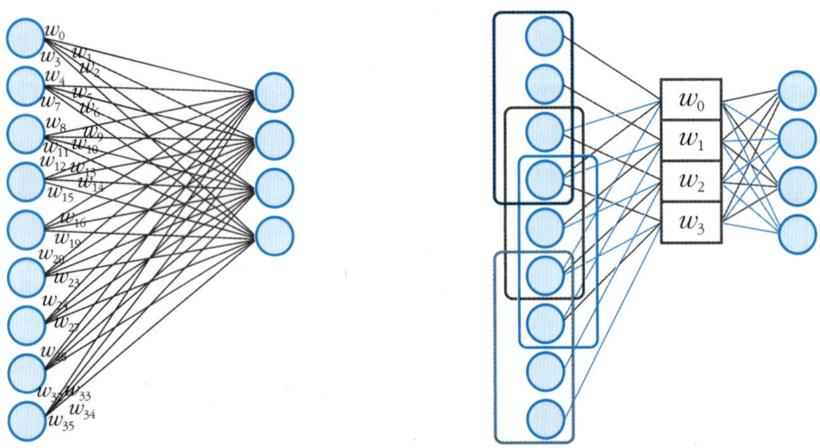

(a) 신경망의 완전 연결 연산 구조 (b) 합성곱 신경망의 부분 연결 연산 구조

그림 14-13 기존 신경망과 합성곱 신경망의 개념적 비교

[그림 14-13(a)]는 기존 딥러닝 모델의 구조를 나타낸다. 연결된 층에 있는 모든 노드가 각기 다른 가중치를 지닌 상태에서 완전 연결된 구조로 연산을 수행하므로 출력값을 결정하기까지 많은 연산이 들어가야 한다. 따라서 학습 시간이 길어지고 과적합overfitting 문제가 발생하기도 한다. [그림 14-13(b)]는 합성곱 신경망의 구조를 나타낸다. 필터filter라고 부르는 가

중치 배열과 같은 크기의 노드들을 대상으로 하여 부분 연결 구조로 연산을 수행하기 때문에 입력 크기에 비해 매개변수parameter 수가 적어서 연산 횟수와 학습 시간이 줄어든다. 일반적인 심층 신경망에서 딥러닝은 완전 연결된 수만큼의 가중치에 대한 최적 가중치 값과 최적 편향(b)을 구하는 학습 과정을 거친다. 이에 비해 합성곱 신경망에서 딥러닝은 필터를 구성하는 가중치에 대한 최적 가중치 값과 최적 편향을 구하는 학습 과정을 거친다.

합성곱 신경망은 특징 추출 단계Feature Extraction phase와 분류 단계Classification phase로 이루어져 있다. 이 중 특징 추출 단계는 합성곱층Convolution layer과 풀링층Pooling layer으로 이루어져 있다. 먼저 합성곱층에서 입력 이미지에 대한 합성곱 연산을 사용하여 특징을 추출한다. 그다음으로 풀링층에서 최대 풀링max pooling, 평균 풀링average pooling 등의 풀링 연산을 수행하여 추출된 특징을 간소화하고 데이터의 크기를 줄인다. 이 같은 합성곱층과 풀링층을 반복적으로 구성함으로써 입력 데이터에서 추상화된 특징을 추출하여 학습한다. 그다음 단계인 분류 단계에서는 학습한 특징을 기반으로 입력에 대한 최종 분류 레이블을 출력한다.

[그림 14-14]는 합성곱 신경망의 일반적인 구조를 나타낸다.

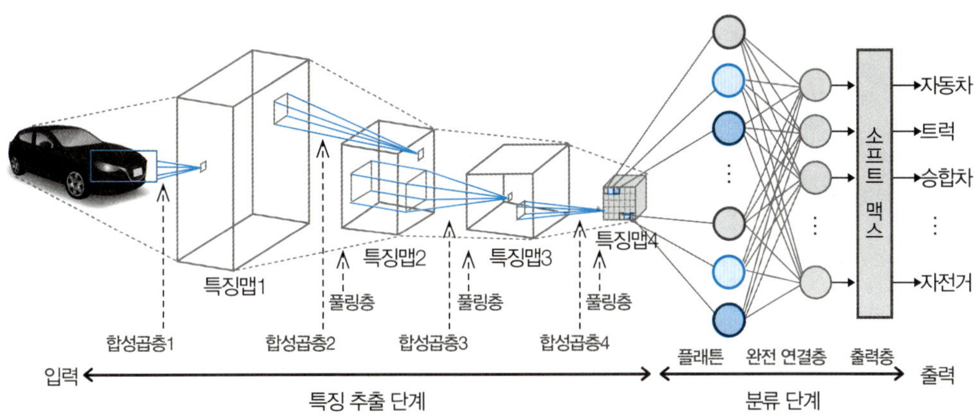

그림 14-14 합성곱 신경망의 일반적인 구조

- **입력층**: 2차원 또는 3차원의 이미지에 대한 1차원 픽셀pixel 데이터
- **특징 추출 단계**
  - 합성곱층: 합성곱 연산 후 활성화 함수(ReLu 함수)의 출력값인 특징맵Feature Maps 생성
  - 풀링층: 특징맵을 다운샘플링downsampling하여 특징맵의 크기를 줄이는 풀링 연산 수행

- **분류 단계**: 특징 추출 구간에서 최종 추출된 특징맵을 기반으로 분류한 결괏값 출력
  - 플래튼: 최종 특징맵을 완전 연결층에 입력하기 위해 1차원 형태로 변환
  - 완전 연결층: 완전 연결 신경망 층 구성
  - 출력층: 소프트맥스 활성화 함수를 사용하여 각 레이블에 속할 확률값(0~1)을 계산하고 최종 분류 레이블을 출력

풀링층은 각 합성곱층(CONV+RELU)마다 추가할 수도 있고 [그림 14-15]와 같이 2개의 합성곱층마다 추가할 수도 있다. 이 그림은 스탠퍼드대학교 컴퓨터과학과의 컴퓨터 비전 딥러닝 수업에서 사용하는 합성곱 신경망 구조다. 오른쪽 끝에 있는 FC는 완전 연결층Fully Connected Layer을 의미하며, 출력된 레이블 확률값을 가로 막대그래프로 시각화하였다.

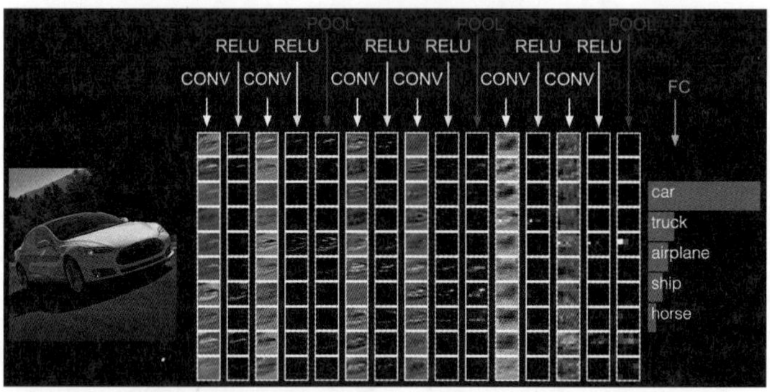

그림 14-15 합성곱 신경망 구조의 예

합성곱 신경망을 구현한 이미지 분류를 [그림 14-16]과 같이 웹에서 직접 확인할 수 있다.

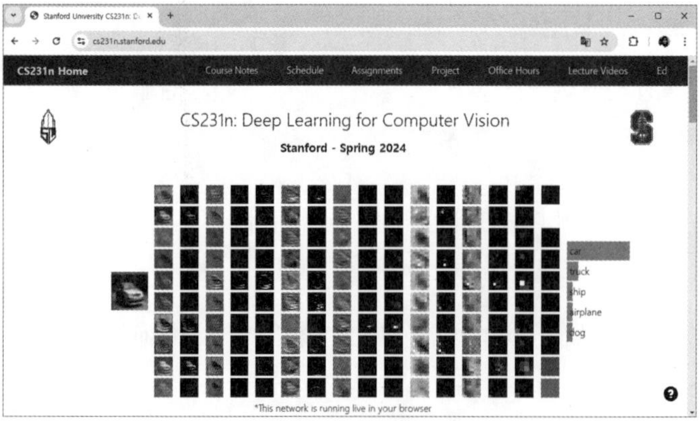

그림 14-16 합성곱 신경망의 이미지 분류 실행 (출처: https://cs231n.stanford.edu/)

합성곱 연산

합성곱 신경망은 합성곱층의 합성곱 연산Convolution operation을 통해 특징을 추출한다. 합성곱 또는 컨볼루션 연산은 $n \times m$ 크기의 행렬인 필터가 같은 크기($n \times m$)의 이미지를 처음부터 끝까지 일정한 간격stride으로 이동하면서, $n \times m$ 크기의 겹쳐지는 영역마다 해당 영역과 필터의 원소 값을 곱해서 모두 더한 값을 구하는 연산이다. 필터는 이미지 특징을 추출하기 위해 사용하는 가중치 값 배열이다. 필터를 커널kernel 또는 마스크mask라고도 한다.

[그림 14-17]에서 4×4 크기의 입력 이미지에 2×2 크기의 필터(커널)를 적용하여 합성곱 연산을 수행하는 과정을 살펴보자. 처음(왼쪽 위)부터 마지막(오른쪽 아래)까지 간격을 1씩(stride=1) 이동하면서 연산하면 Step-1부터 Step-9까지 총 9번 반복 수행하게 된다.

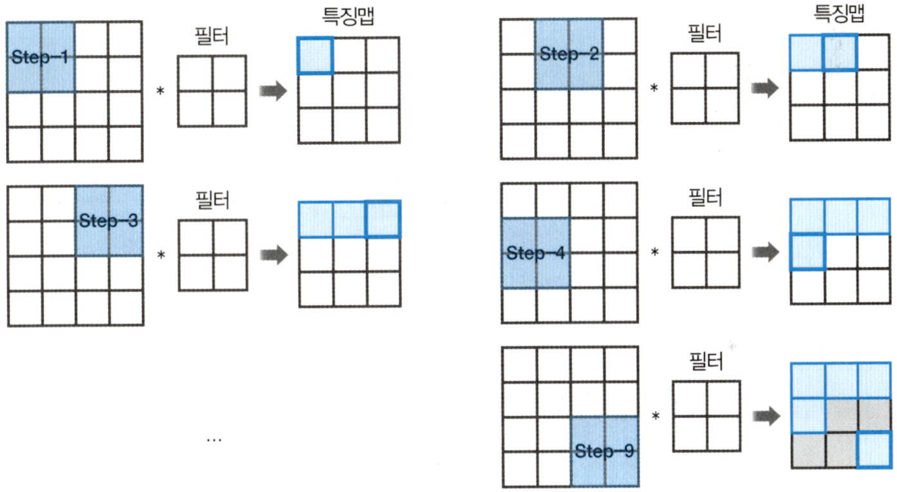

그림 14-17 합성곱 연산 구조

[그림 14-18]은 [그림 14-17]의 합성곱 연산 구조를 바탕으로 합성곱 연산을 수행한 예다.

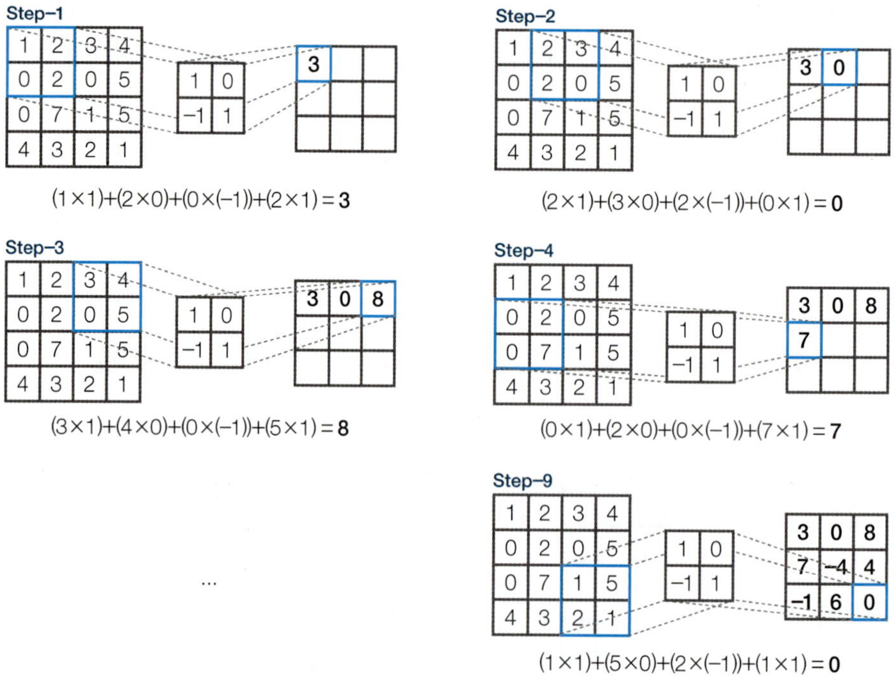

그림 14-18 합성곱 연산 수행 예: (4x4)*(2x2)=(3x3)

합성곱 연산의 출력인 특징맵의 크기($O_h \times O_w$)는 입력 크기($I_h \times I_w$)와 필터 크기($F_h \times F_w$), 이동 간격(S)에 따라 결정된다. [그림 14-18]의 예를 대입하면 다음과 같다.

$$O_h = \left[\frac{I_h - F_h}{S} + 1 \right] + \left[\frac{4-2}{1} + 1 \right] = 3$$

$$O_w = \left[\frac{I_w - F_w}{S} + 1 \right] + \left[\frac{4-2}{1} + 1 \right] = 3$$

I_h: 입력의 높이(행의 개수)　I_w: 입력의 너비(열의 개수)

F_h: 필터의 높이(행의 개수)　F_w: 필터의 너비(열의 개수)

O_h: 출력의 높이(행의 개수)　O_w: 출력의 너비(열의 개수)　S: 이동 간격, Stride

풀링 연산

합성곱 신경망의 풀링층은 특징맵을 다운샘플링하여 특징맵의 크기를 줄이는 역할을 한다.

이를 위해 최대 풀링 또는 평균 풀링 등의 풀링 연산Pooling operation을 수행한다. 풀링 연산에도 필터와 스트라이드의 개념이 들어 있다. 특징 필터와 달리, 풀링 필터는 저장된 값 없이 풀링 연산 범위를 설정하는 역할을 한다. 일반적으로 스트라이드는 풀링 필터의 크기와 같은 크기로 설정하여 모든 원소가 한 번씩 처리되게 한다.

[그림 14-19]는 2×2 풀링 필터를 사용하고 스트라이드를 1로 설정하여 최대 풀링 연산을 했을 때, 3×3 특징맵이 2×2 크기로 다운샘플링되는 것을 보여준다. 최대 풀링은 필터와 겹치는 영역 안에서 최댓값을 추출하는 방식으로 다운샘플링한다. [그림 14-19] 예제에서는 특징맵의 크기가 작아서 스트라이드를 풀링 필터와 같은 크기인 2로 설정하지 않고 1로 설정하였다.

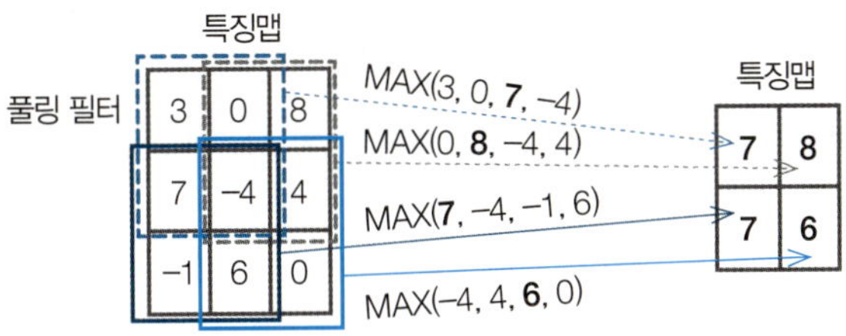

그림 14-19 풀링 연산과 다운샘플링 예: 최대 풀링 연산

MNIST 데이터셋

MNIST 데이터셋은 미국국립표준기술원NIST에서 고등학생과 인구조사국 직원 등이 쓴 손글씨를 이용해 만든 이미지 데이터셋이다. 70,000개의 숫자 이미지에 각각 0부터 9까지 레이블을 붙인 데이터셋으로, 70,000개의 숫자 이미지는 학습용 데이터 60,000개와 평가용 데이터 10,000개로 분할되어 있다.

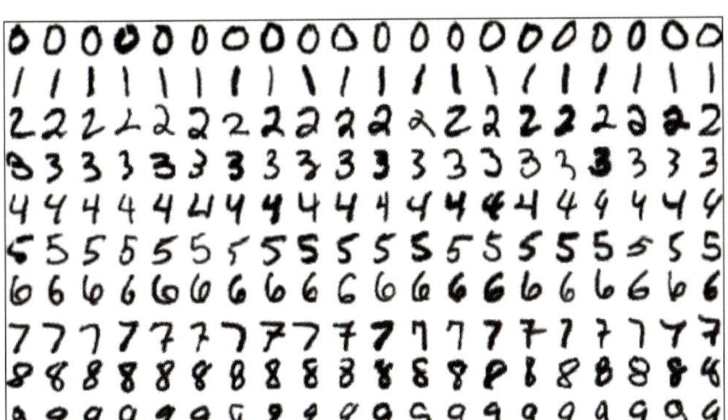

그림 14-20 MNIST 손글씨 이미지 데이터

3 데이터 수집

이번 프로젝트에서 사용할 데이터는 이미지 분류 분석에 많이 사용하는 MNIST 데이터셋이다. 케라스에서 제공하는 데이터셋을 사용한다.

In [1]:
```
from keras.datasets import mnist
```

In [2]:
```
(X_train_0, Y_train_0), (X_test_0, Y_test_0) = mnist.load_data()
```

In [1] 케라스의 MNIST 데이터셋 모듈을 임포트한다.

In [2] MNIST 데이터셋에서 제공하는 대로 학습 데이터와 평가 데이터를 로드한다load_data().

4 데이터 준비 및 탐색

1 데이터 개수, 입력 이미지와 레이블 출력하여 확인하기 분할한 학습 데이터 및 평가 데이터의 개수와 첫 번째 이미지 데이터를 출력하여 확인한다.

In [3]:
```
print("학습 데이터 수 : %d"%(X_train_0.shape[0]))
print("평가 데이터 수 : %d"%(X_test_0.shape[0]))
```

Out[3]:
```
학습 데이터 수 : 60000
평가 데이터 수 : 10000
```

In [4]:
```
import matplotlib.pyplot as plt
```

In [5]:
```
plt.imshow(X_train_0[0], cmap='Greys')
plt.show()
```

Out[5]:

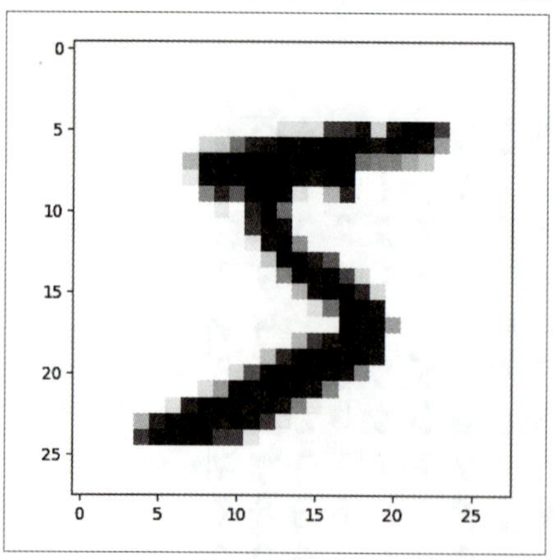

In [6]:	`print("class : %d " % (Y_train_0[0]))`
Out[6]:	`class : 5`

In [3] 데이터셋의 학습 데이터 수와 평가 데이터 수를 확인한다.

In [4] 입력 데이터를 이미지로 출력하기 위해 모듈을 임포트한다.

In [5] 첫 번째 학습 데이터 X_train_0[0]을 흑백 이미지cmap='Greys'로 출력plt.imshow()하여 확인한다. 숫자 이미지는 28×28 크기이며, 총 784개 픽셀로 이루어져 있다.

In [6] 첫 번째 학습 데이터에 대한 출력(클래스) Y_train_0[0]을 확인해 보면 5로 되어 있다.

In [7]:

```
import sys
```

In [8]:

```
for x in X_train_0[0]:
    for i in x:
        sys.stdout.write('%4d' % i)
    sys.stdout.write('\n')
```

Out[8]:

```
   0   0   0   0   0   0   0   0   0   0   0   0   0   0   0   0   0   0   0   0   0   0   0   0   0   0   0   0
   0   0   0   0   0   0   0   0   0   0   0   0   0   0   0   0   0   0   0   0   0   0   0   0   0   0   0   0
   0   0   0   0   0   0   0   0   0   0   0   0   0   0   0   0   0   0   0   0   0   0   0   0   0   0   0   0
   0   0   0   0   0   0   0   0   0   0   0   0   0   0   0   0   0   0   0   0   0   0   0   0   0   0   0   0
   0   0   0   0   0   0   0   0   0   0   0   0   0   0   0   0   0   0   0   0   0   0   0   0   0   0   0   0
   0   0   0   0   0   0   0   0   0   0   0   0   3  18  18  18 126 136 175  26 166 255 247 127   0   0   0   0
   0   0   0   0   0   0   0   0  30  36  94 154 170 253 253 253 253 253 225 172 253 242 195  64   0   0   0   0
   0   0   0   0   0   0   0  49 238 253 253 253 253 253 253 253 253 251  93  82  82  56  39   0   0   0   0   0
   0   0   0   0   0   0   0  18 219 253 253 253 253 253 198 182 247 241   0   0   0   0   0   0   0   0   0   0
   0   0   0   0   0   0   0   0  80 156 107 253 253 205  11   0  43 154   0   0   0   0   0   0   0   0   0   0
   0   0   0   0   0   0   0   0   0  14   1 154 253  90   0   0   0   0   0   0   0   0   0   0   0   0   0   0
   0   0   0   0   0   0   0   0   0   0   0 139 253 190   2   0   0   0   0   0   0   0   0   0   0   0   0   0
   0   0   0   0   0   0   0   0   0   0   0  11 190 253  70   0   0   0   0   0   0   0   0   0   0   0   0   0
   0   0   0   0   0   0   0   0   0   0   0   0  35 241 225 160 108   1   0   0   0   0   0   0   0   0   0   0
   0   0   0   0   0   0   0   0   0   0   0   0   0  81 240 253 253 119  25   0   0   0   0   0   0   0   0   0
   0   0   0   0   0   0   0   0   0   0   0   0   0   0  45 186 253 253 150  27   0   0   0   0   0   0   0   0
   0   0   0   0   0   0   0   0   0   0   0   0   0   0   0  16  93 252 253 187   0   0   0   0   0   0   0   0
   0   0   0   0   0   0   0   0   0   0   0   0   0   0   0   0   0 249 253 249  64   0   0   0   0   0   0   0
   0   0   0   0   0   0   0   0   0   0   0   0   0   0  46 130 183 253 253 207   2   0   0   0   0   0   0   0
   0   0   0   0   0   0   0   0   0   0   0   0  39 148 229 253 253 253 250 182   0   0   0   0   0   0   0   0
   0   0   0   0   0   0   0   0   0   0  24 114 221 253 253 253 253 201  78   0   0   0   0   0   0   0   0   0
   0   0   0   0   0   0   0   0  23  66 213 253 253 253 253 198  81   2   0   0   0   0   0   0   0   0   0   0
   0   0   0   0   0   0  18 171 219 253 253 253 253 195  80   9   0   0   0   0   0   0   0   0   0   0   0   0
   0   0   0   0  55 172 226 253 253 253 253 244 133  11   0   0   0   0   0   0   0   0   0   0   0   0   0   0
   0   0   0   0 136 253 253 253 212 135 132  16   0   0   0   0   0   0   0   0   0   0   0   0   0   0   0   0
   0   0   0   0   0   0   0   0   0   0   0   0   0   0   0   0   0   0   0   0   0   0   0   0   0   0   0   0
   0   0   0   0   0   0   0   0   0   0   0   0   0   0   0   0   0   0   0   0   0   0   0   0   0   0   0   0
   0   0   0   0   0   0   0   0   0   0   0   0   0   0   0   0   0   0   0   0   0   0   0   0   0   0   0   0
```

In [7] 시스템 표준 출력sys.stdout.write()에 필요한 모듈을 임포트한다.

In [8] 흑백 이미지 픽셀의 색상값을 출력하여 확인한다. 색상값은 0(흰색)~255(검정)의 범위를 갖는다. 컴퓨터가 실제로 이미지를 인식하고 처리하는 형태는 색상값, 즉 숫자형이다.

2 0~255 색상값을 0.0~1.0 범위의 실수 값으로 정규화하기 분석의 정확도를 높이기 위해 색상값 0~255를 0.0~1.0의 실수 값 범위로 정규화한다.

In [9]:
```
from tensorflow.python.keras.utils import np_utils
```

In [10]:
```
X_train = X_train_0.reshape(X_train_0.shape[0], 28, 28, 1)
.astype('float32') / 255
X_test = X_test_0.reshape(X_test_0.shape[0], 28, 28, 1)
.astype('float32') / 255
```

In [9] 정규화 작업에 필요한 모듈을 임포트한다.

In [10] 입력 (이미지) 데이터 X를 (총 샘플 수, 가로 픽셀 수, 세로 픽셀 수, 색상 수) 구조로 변형해야 한다. RGB 컬러 이미지의 색상 수는 3이고, 흑백 이미지의 색상 수는 1이다. 따라서 X를 (28, 28, 1) 구조로 변형reshape()하고, 0~255의 값을 0.0~1.0 범위의 실수 값으로 정규화하기 위해 실수형으로 변환astype('float32')한 후에, 255로 나눈 값을 저장한다.

3 출력값을 0~9 카테고리 벡터로 변형하기 모델의 입력 데이터는 0~9, 즉 10개 카테고리 중 하나를 결정하여 출력한다.

In [11]:
```
Y_train = np_utils.to_categorical(Y_train_0, 10)
Y_test = np_utils.to_categorical(Y_test_0, 10)
print(Y_train[0])  # 작업 확인용 출력
```

Out[11]:
```
[0. 0. 0. 0. 0. 1. 0. 0. 0. 0.]
```

In [11] 출력값은 0~9의 10개 클래스 중 하나의 값이 되어야 하므로, Y값을 카테고리 벡터로 변환np_utils.to_categorical()한다. In [6]에서 확인했듯이, 첫 번째 Y값은 클래스 5였다. 이를 카테고리 벡터로 변환하면, 10개 값 중에서 인덱스 5의 값만 1인 [0. 0. 0. 0. 0. 1. 0. 0. 0. 0.] 형태가 된다. 여러 개의 Y값 중에서 하나만 1을 출력하고 나머지는 0을 출력하는 방식을 원-핫 인코딩one-hot-encoding이라 한다.

5 분석 모델 구축

숫자 이미지 분류를 위한 CNN 모델을 [그림 14-21]과 같은 구조로 구성한다. 입력 이미지는 (28×28)의 2차원 픽셀 이미지다. 첫 번째 합성곱층은 합성곱 연산에 (3×3) 필터 32개를 사용하며, 활성화 함수로 렐루ReLu 함수를 사용한다. 두 번째 합성곱층은 합성곱 연산에 (3×3) 필터 64개를 사용하며, 활성화 함수는 마찬가지로 렐루 함수를 사용한다. 그리고 특징맵의 크기를 축소하기 위해서 최대 풀링함수를 사용하는 풀링층을 추가한다.

그다음 추가하는 드롭아웃은 층의 노드 중에서 임의의 노드를 꺼주는 작업을 수행한다. 노드 간 연결마다 연산을 수행하므로 연결이 많아질수록 연산 횟수도 늘어나 속도가 느려진다. 또한 과적합overfit이 발생하여 오히려 결과의 정확도가 떨어질 수 있다. 드롭아웃은 이러한 문제를 감소시키는 효과적인 방법이다.

2차원 배열인 특징맵 상태에서 분류 단계로 넘어갈 때, 1차원으로 변환해 주는 플래튼Flatten()을 거쳐 완전 연결층이 될 은닉층을 추가한다. 이때 완전 연결로 인해 발생할 수 있는 과적합을 피하기 위해 드롭아웃을 추가한다. 마지막으로 추가하는 출력층은 0~9 클래스 중 1개만 1 값을 출력해야 하므로 소프트맥스 활성화 함수를 사용한다.

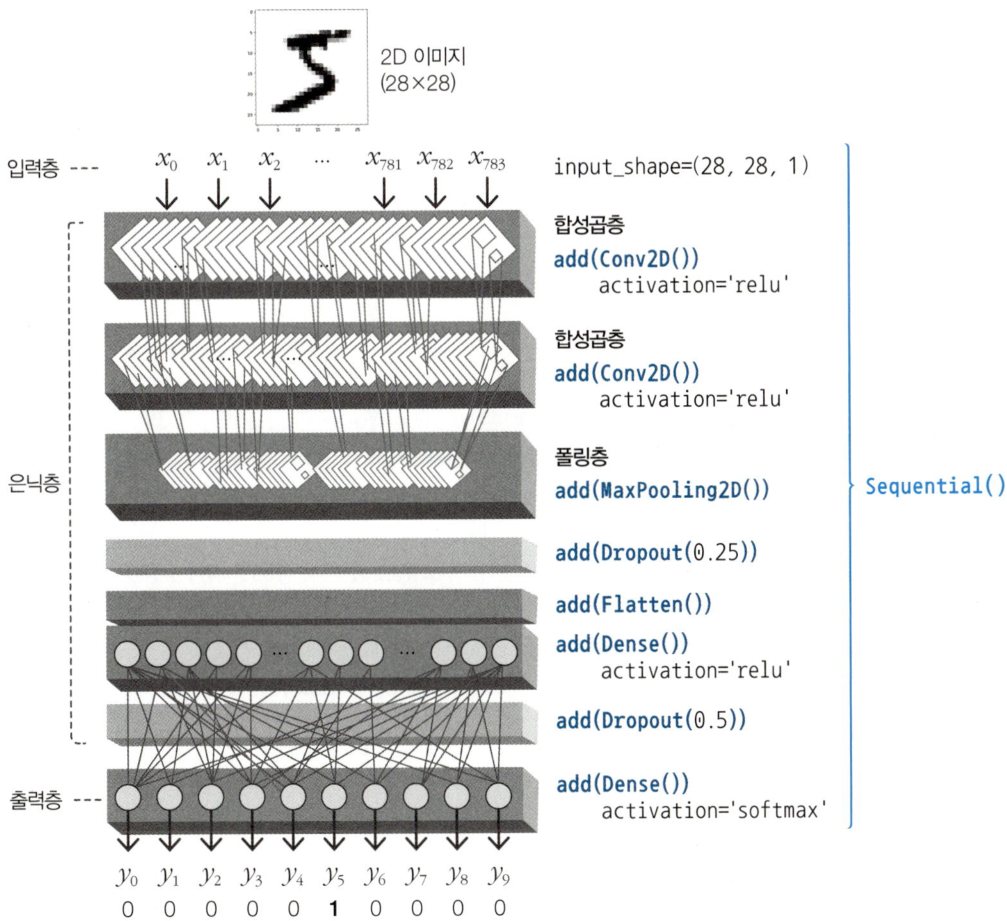

그림 14-21 CNN 분석 모델 구성

1 CNN 이미지에 대한 분류 모델 구축하기 2차원 이미지 분석을 위해 [그림 14-21] 구조의 2차원 합성곱 모델 Conv2D를 구축한다.

In [12]:
```
from keras.models import Sequential
from keras.layers import Dense, Dropout, Flatten, Conv2D,
MaxPooling2D
from keras.callbacks import ModelCheckpoint, EarlyStopping
import os  # 모델을 저장할 디렉터리 확인 및 만들기
```

In [13]:
```
model = Sequential()
model.add(Conv2D(32, kernel_size=(3, 3), input_shape=(28, 28, 1),\
          activation='relu'))
model.add(Conv2D(64, (3, 3), activation='relu'))
model.add(MaxPooling2D(pool_size=2))
model.add(Dropout(0.25))
model.add(Flatten())
model.add(Dense(128, activation='relu'))
model.add(Dropout(0.5))
model.add(Dense(10, activation='softmax'))
```

In [14]:
```
model.compile(loss='categorical_crossentropy',
              optimizer='adam', metrics=['accuracy'])
```

In [15]:
```
MODEL_DIR = './14장_data/model/'
if not os.path.exists(MODEL_DIR):
    os.mkdir(MODEL_DIR)

modelpath="./14장_data/model/{epoch:02d}-{val_loss:.4f}.hdf5"
checkpointer = ModelCheckpoint(filepath=modelpath, monitor='val_
loss', verbose=1, save_best_only=True)
early_stopping_callback = EarlyStopping(monitor='val_loss',
patience=5)
```

In [12] CNN 모델을 구축하는 데 필요한 모듈을 임포트한다.

In [13] [그림 14-21]과 같은 구조의 CNN 분석 모델을 구성한다. 첫 번째 합성곱층에서는 32개의 3×3 필터를 사용하고, 두 번째 합성곱층에서는 64개의 3×3 필터를 사용한다. 최대 풀링 함수를 사용하는 풀링층에서는 2×2 크기의 풀링 필터를 사용한다. 그리고 과적합 방지를 위해 25%의 노드를 꺼주는 드롭아웃Dropout(0.25)을 추가한다. 다음으로 플래튼을 하여 1차

원으로 변환한 층에서 다시 드롭아웃으로 50%의 노드를 꺼준다Dropout(0.5). 마지막 출력층은 10개의 클래스 값을 출력하는 10개의 노드로 구성하고 소프트맥스 활성화 함수를 사용한다.

In [14] 10개 숫자를 분류하는 학습이므로, 학습 방법 설정에서 손실 함수를 'categorical_crossentropy'로 설정하고, 최적화 함수로 'adam'을 사용한다.

In [15] 전체 샘플에 대한 반복 학습을 할 때마다 업데이트되는 학습 모델을 /14장_data/model/ 폴더에 저장하도록 저장 경로와 파일 이름을 설정한다.

학습을 많이 하면 손실이 감소하고 정확도가 높아지지만 과적합이 발생하면 오히려 정확도가 떨어진다. 따라서 학습 모델을 업데이트할 때마다 이전 학습 모델보다 손실이 감소하였는지를 체크하면서 최적 모델인지를 확인한다ModelCheckpoint( ). 학습을 반복해도 손실이 감소하지 않는다면 더 이상의 반복 학습이 무의미하다. 5회 반복하는 동안 손실이 감소하지 않는다면patience=5, 정해진 반복 학습을 다 할 필요 없이 일찍 중단하도록 설정하였다EarlyStopping( ).

2 CNN 이미지에 대한 분류 모델 학습 수행하기 설정한 학습 방법에 따라 반복 학습을 수행하면서 모델의 성능 향상을 확인하고 현재 학습 상태의 모델을 저장한다.

In [16]:
```
history = model.fit(X_train, Y_train, validation_data=(X_test, Y_test), \
                    epochs=30, batch_size=200, verbose=0, \
                    callbacks=[early_stopping_callback, checkpointer])
```

Out[16]:
```
Epoch 1: val_loss improved from inf to 0.05548, saving model
to ./14장_data/model\01-0.0555.hdf5
Epoch 2: val_loss improved from 0.05548 to 0.04112, saving model
to ./14장_data/model\02-0.0411.hdf5
Epoch 3: val_loss improved from 0.04112 to 0.03409, saving model
to ./14장_data/model\03-0.0341.hdf5
Epoch 4: val_loss did not improve from 0.03409
Epoch 5: val_loss improved from 0.03409 to 0.02784, saving model
to ./14장_data/model\05-0.0278.hdf5
Epoch 6: val_loss did not improve from 0.02784
Epoch 7: val_loss improved from 0.02784 to 0.02736, saving model
to ./14장_data/model\07-0.0274.hdf5
Epoch 8: val_loss did not improve from 0.02736
Epoch 9: val_loss did not improve from 0.02736
Epoch 10: val_loss improved from 0.02736 to 0.02626, saving model
to ./14장_data/model\10-0.0263.hdf5
```

```
Epoch 11: val_loss did not improve from 0.02626
Epoch 12: val_loss did not improve from 0.02626
Epoch 13: val_loss did not improve from 0.02626
Epoch 14: val_loss did not improve from 0.02626
Epoch 15: val_loss did not improve from 0.02626
```

In [16] 설정한 학습 방법에 따라 학습을 수행한다fit(). 한 번에 200개씩batch_size=200, 전체 샘플을 30번epochs=30 반복 학습한다. 손실 감소가 발생하지 않는다면, 30번 반복이 끝나기 전이라도 학습 반복을 일찍 중단한다callbacks. 11~15회 반복하는 동안 손실이 감소하지 않았으므로 Epoch 15에서 반복 학습을 중단하였다.

6 모델 평가 및 결과 시각화

1 CNN 이미지에 대한 분류 모델 평가하기 학습이 완성된 모델에 대해 평가 데이터를 사용하여 평가한 정확도를 출력하고, 오차값을 그래프로 시각화한다.

In [17]:
```
print("\n Test Accuracy: %.4f" % (model.evaluate(X_test, Y_test)[1]))
```

Out[17]:
```
313/313 [==============================] - 1s 4ms/step - loss:
0.0290 - accuracy: 0.9916

 Test Accuracy: 0.9916
```

In [18]:
```
import numpy as np
```

In [19]:
```
# 평가 데이터셋의 오차
y_vloss = history.history['val_loss']

# 학습 데이터셋의 오차
y_loss = history.history['loss']
```

In [20]:
```
x_len = np.arange(len(y_loss))
plt.plot(x_len, y_vloss, marker='.', c="red", label='Testset_loss')
plt.plot(x_len, y_loss, marker='.', c="blue", label='Trainset_loss')
plt.legend(loc='upper right')
plt.grid()
plt.xlabel('epoch')
plt.ylabel('loss')
plt.show()
```

Out[20]:

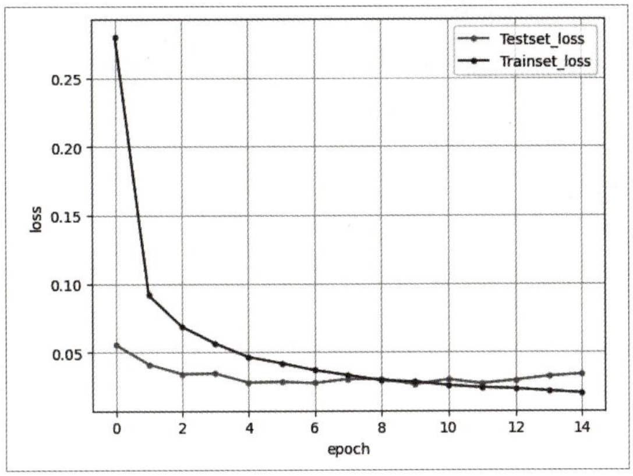

In [17] 완성된 모델의 정확도를 출력한다. 99.16%의 정확도가 나왔다.

In [18] 오차값 정리에 필요한 numpy 모듈을 임포트한다.

In [19] 반복 학습을 하는 동안 생성된 정보가 들어 있는 history 객체에서 오차값을 저장한다.

In [20] 오차값을 데이터로 한 그래프를 그린다.

2 CNN 이미지에 대한 분류 모델을 사용하여 숫자 이미지 분류 확인하기 X_train[0]을 새로운 이미지 데이터로 가정하고, 모델에 입력하여 분류 결과를 확인해 보자.

```
In [21]:  test_num = X_train[0].reshape(-1, 28, 28, 1)

In [22]:  prediction = model.predict(test_num)

Out[22]:  1/1 [==============================] - 0s 52ms/step

In [23]:  prediction  # 작업 확인용 출력

Out[23]:  array([[1.22585649e-14, 2.71255916e-17, 1.16910755e-17,
                  2.10463826e-04, 4.24589829e-21, 9.99789536e-01,
                  1.07678399e-13, 5.98828873e-15, 7.67555033e-14,
                  5.69588300e-11]], dtype=float32)

In [24]:  print('입력한 이미지는 %f 확률로 %d 입니다!'%(prediction[0, prediction.
          argmax()], prediction.argmax()))

Out[24]:  입력한 이미지는 0.998874 확률로 5 입니다!
```

In [21] X_train[0]을 새로운 입력 데이터로 가정하고, 모델의 입력층 구조에 맞게 재구성한다reshape( ).

In [22] 모델에 입력하여 분류를 실행한다predict( ).

In [23] 실행 결과를 확인한다. 0~9의 10개 클래스에 대한 정답 클래스 확률값을 구하였다.

In [24] 정답 클래스 확률값 중에서 가장 높은 값argmax( )을 가진 클래스가 분류 결과 클래스가 된다. 출력하여 확인해 보자.

이번에는 새로운 숫자 이미지 파일을 사용하여 모델의 분류 결과를 확인해 보자.

흰색 종이에 검은색 펜으로 숫자를 쓰고 핸드폰으로 사진을 찍어서 컴퓨터로 전송한다. 입력 이미지는 깔끔한 흰색 배경일수록 인식 성능이 좋으므로 이미지의 대비값을 조정하여 최대한 흰색 배경으로 수정하고 사용하는 것이 좋다. 이런 과정을 거쳐 만든 이미지 파일이 /14장_data/test7.jpg 파일이다.

In [25]:
```
from PIL import Image
```

In [26]:
```
test = Image.open('./14장_data/test7.jpg')
test.mode
```

Out[26]:
```
'RGB'
```

In [27]:
```
# 흑백 이미지로 변환하기
test_gray = test.convert("L")
test_gray.mode  # 작업 확인용 출력
```

Out[27]:
```
'L'
```

In [28]:
```
test_gray  # 확인용 이미지 출력
```

Out[28]:

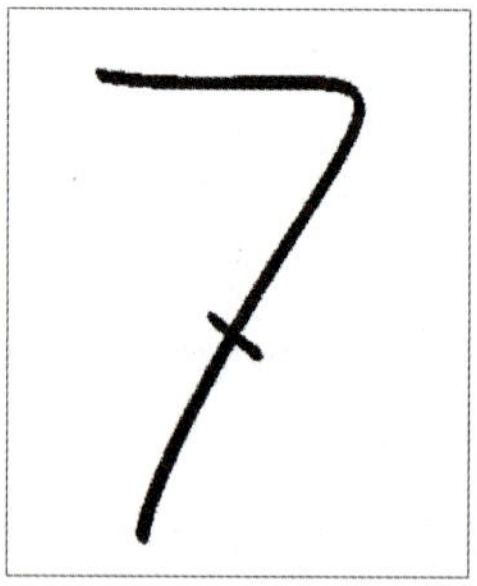

In [25] 이미지 파일을 파이썬으로 불러오기 위해 Image 모듈을 임포트한다.

In [26] 이미지 파일을 읽어와서 색상 모드를 확인한다. 디지털 시스템에서 기본 색상 모드는 3-채널을 사용하는 RGB 모드다.

In [27] 색상 수가 1인 흑백 모드로 변환convert("L")한다.

In [28] 이미지를 출력하여 확인한다.

In [29]:
```python
test_gray = test_gray.resize((28,28))
```

In [30]:
```python
test_data = np.asarray(test_gray)

# 이미지 벡터 출력
for x in test_data:
    for i in x:
        sys.stdout.write('%4d' % i)
    sys.stdout.write('\n')
```

Out[30]:
```
 255 255 255 255 255 255 255 255 255 255 255 255 255 255 255 255 255 255 255 255 255 255 255 255 255 255 255 255
 255 255 255 255 255 255 255 255 255 255 255 255 255 255 255 255 255 255 255 255 255 255 255 255 255 255 255 255
 255 255 255 255 255 255 255 255 255 255 255 255 255 255 255 255 255 255 255 255 255 255 255 255 255 255 255 255
 255 255 255 255 255 255 255 255 255 255 255 255 255 255 255 255 255 255 255 255 255 255 255 255 255 255 255 255
 255 255 255 255 255 255 255 255 255 255 255 255 255 255 255 255 255 255 255 255 255 255 255 255 255 255 255 255
 255 255 255 255 255 255 255 249 160 158 170 176 186 183 169 168 168 174 212 255 255 255 255 255 255 255 255 255
 255 255 255 255 255 255 255 255 231 212 200 195 198 197 194 194 194 189 141 208 255 255 255 255 255 255 255 255
 255 255 255 255 255 255 255 255 255 255 255 255 255 255 255 255 255 255 166 201 255 255 255 255 255 255 255 255
 255 255 255 255 255 255 255 255 255 255 255 255 255 255 255 255 255 231 129 251 255 255 255 255 255 255 255 255
 255 255 255 255 255 255 255 255 255 255 255 255 255 255 255 255 255 136 212 255 255 255 255 255 255 255 255 255
 255 255 255 255 255 255 255 255 255 255 255 255 255 255 255 255 185 161 255 255 255 255 255 255 255 255 255 255
 255 255 255 255 255 255 255 255 255 255 255 255 255 255 255 230 125 249 255 255 255 255 255 255 255 255 255 255
 255 255 255 255 255 255 255 255 255 255 255 255 255 255 254 134 214 255 255 255 255 255 255 255 255 255 255 255
 255 255 255 255 255 255 255 255 255 255 255 255 255 255 187 159 255 255 255 255 255 255 255 255 255 255 255 255
 255 255 255 255 255 255 255 255 255 255 255 255 240 218 128 247 255 255 255 255 255 255 255 255 255 255 255 255
 255 255 255 255 255 255 255 255 255 255 255 255 242  78 152 255 255 255 255 255 255 255 255 255 255 255 255 255
 255 255 255 255 255 255 255 255 255 255 255 255 215 128 180 243 255 255 255 255 255 255 255 255 255 255 255 255
 255 255 255 255 255 255 255 255 255 255 255 254 124 221 255 255 255 255 255 255 255 255 255 255 255 255 255 255
 255 255 255 255 255 255 255 255 255 255 255 191 148 255 255 255 255 255 255 255 255 255 255 255 255 255 255 255
 255 255 255 255 255 255 255 255 255 255 250 114 236 255 255 255 255 255 255 255 255 255 255 255 255 255 255 255
 255 255 255 255 255 255 255 255 255 255 187 151 255 255 255 255 255 255 255 255 255 255 255 255 255 255 255 255
 255 255 255 255 255 255 255 255 255 254 118 228 255 255 255 255 255 255 255 255 255 255 255 255 255 255 255 255
 255 255 255 255 255 255 255 255 255 217 120 255 255 255 255 255 255 255 255 255 255 255 255 255 255 255 255 255
 255 255 255 255 255 255 255 255 255 220 199 255 255 255 255 255 255 255 255 255 255 255 255 255 255 255 255 255
 255 255 255 255 255 255 255 255 255 255 255 255 255 255 255 255 255 255 255 255 255 255 255 255 255 255 255 255
 255 255 255 255 255 255 255 255 255 255 255 255 255 255 255 255 255 255 255 255 255 255 255 255 255 255 255 255
 255 255 255 255 255 255 255 255 255 255 255 255 255 255 255 255 255 255 255 255 255 255 255 255 255 255 255 255
 255 255 255 255 255 255 255 255 255 255 255 255 255 255 255 255 255 255 255 255 255 255 255 255 255 255 255 255
```

In [31]:
```python
plt.imshow(test_data, cmap='Greys')
plt.show()
```

Out[31]:

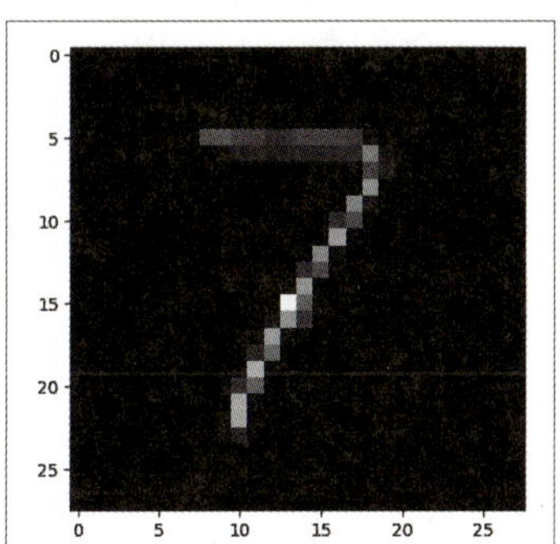

In [32]:
```
# 값 반전시키기
test_data_v = []

for i in range(28):
    row = []
    for j in range(28):
        row.append(255 - test_data[i][j])
    test_data_v.append(row)
```

In [33]:
```
for x in test_data_v:
    for i in x:
        sys.stdout.write('%4d' % i)
    sys.stdout.write('\n')
```

In [34]:
```
plt.imshow(test_data_v, cmap='Greys')
plt.show()
```

Out[34]:

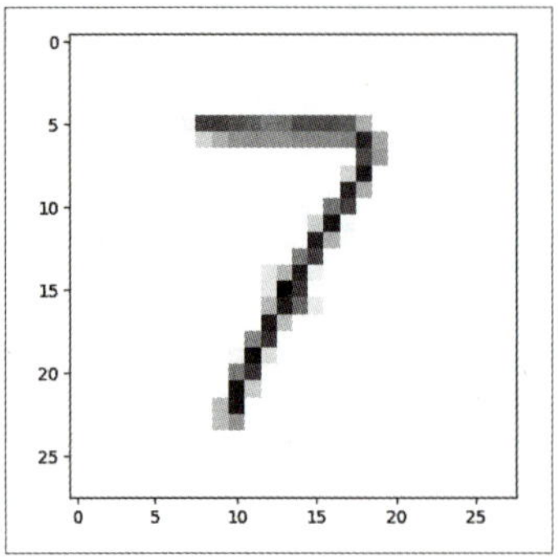

In [29] 이미지를 (28×28) 크기로 조정한다.

In [30] 이미지를 배열로 변환한 후에, 픽셀 숫자 값을 출력하여 확인해 본다. 배경이 흰색이므로 값이 0이어야 하는데, 255(검은색)가 출력되었다.

In [31] 플롯으로 출력해 보니, 검은색 배경에 흰색 글자로 인식하고 있음이 확인된다.

In [32] 이미지를 반전시키기 위해 (255−픽셀값)으로 처리한다.

In [33] 픽셀 숫자 값을 출력하여 다시 확인해 본다.

In [34] 플롯으로도 출력해 보니, 흰색 배경에 검은색 글자로 올바르게 인식하고 있음이 확인된다. 이제 입력할 이미지 배열이 준비되었다.

In [35]:	test_data_v2 = np.asarray(test_data_v) test_data_v2 = test_data_v2.reshape(-1, 28, 28, 1).astype('float32') / 255 # 작업 확인용 출력: (샘플 개수, 가로 픽셀 수, 세로 픽셀 수, 색상 수) test_data_v2.shape
Out[35]:	(1, 28, 28, 1)
In [36]:	prediction_new = model.predict(test_data_v2) prediction_new # 작업 확인용 출력

Out[36]:	1/1 [==============================] - 0s 12ms/step
	
	array([[9.3095237e-05, 9.2178695e-02, 1.8149702e-01, 1.6400229e-02,
	        1.6121351e-04, 8.3897692e-05, 7.1894838e-06, 7.0660001e-01,
	        6.5871998e-04, 2.3200382e-03]], dtype=float32)

In [37]:	test_class = prediction_new.argmax() print('입력한 이미지는 %f 확률로 %d 입니다!'%(prediction_new[0, test_class]*100, test_class))
Out[37]:	입력한 이미지는 70.660001 확률로 7 입니다!

In [35] 모델에 입력하기 위해, 이미지 데이터의 구조를 모델 입력층의 형태로 변형하고, 0~1의 실수 값으로 정규화한다.

In [36] 모델을 실행하고 결과를 확인한다.

In [37] 분류 결괏값과 클래스를 출력하여 확인한다.

지금까지 딥러닝 기반의 데이터 분석 프로젝트를 수행해 보았다. 딥러닝 모델에서는 은닉층의 종류와 개수를 다양하게 구성할 수 있다. 모델 구성 방법과 학습 매개변수 설정 수준에 따라 정확도가 달라지므로 다양한 모델을 만들어 확인해 보기 바란다.

04 [CNN 이미지 분석]

강아지 품종 분류하기

0 분석 미리보기

강아지 품종 분류하기	
목표	강아지 이미지로 품종을 분류한다.
핵심 개념	합성곱신경망(CNN), 합성곱 연산, 풀링 연산
데이터 수집	▪ 제공 이미지 파일 (또는 인터넷에서 이미지 검색 및 다운로드)
데이터 준비 및 탐색	▪ 이미지 파일의 크기 설정 ▪ 2차원 이미지 데이터를 배열로 변환 ▪ 이미지 구성 색상값을 0.0~1.0 실수 값으로 정규화 ▪ 출력 클래스 값을 카테고리 분류 벡터로 변형: np_utils.to_categorical( )
분석 모델 구축	▪ 텐서플로우 기반 케라스를 사용하여 CNN 모델 구축
결과 시각화	

▪ 입력 이미지에 대한 품종 예측

```
입력:./14장_data/dog/new₩new1.jpg => 예측: 말티즈(66.08%) 와 요크셔(33.14%)의 믹스견으로 추정됩니다.
```

```
입력:./14장_data/dog/new₩new2.jpg => 예측: 말티즈 / Score=86.53%
```

1 목표 설정

이 프로젝트의 목표는 CNN 모델을 구축하여 강아지 이미지로 품종을 학습하고, 새로운 이미지에 대한 강아지 품종을 분류하는 것이다.

2 핵심 개념 이해

14장 3절의 프로젝트와 동일한 개념에 대한 이해가 필요하다.

3 데이터 수집

프로젝트에서 사용할 데이터는 강아지 품종별로 분류되어 있는 폴더의 이미지 파일이다. 출판사 홈페이지에서 다운로드하여 사용한다. 또는 인터넷에서 이미지를 검색해서 다운로드하여 사용할 수도 있다.

그림 14-22 분석할 이미지 데이터

4 데이터 준비 및 탐색

1 데이터 불러오기 '14장_data' 폴더에서 이미지 파일을 불러와 분석 모델의 입력 형태로 준비한다.

In [1]:
```
import os, glob
import numpy as np
from PIL import Image
import matplotlib.pyplot as plt
from sklearn.model_selection import train_test_split
from tensorflow.python.keras.utils import np_utils
```

In [2]:
```
root_dir = "./14장_data/dog/"
```

In [3]:
```
categories = ["말티즈", "요크셔", "푸들"]
num_class= len(categories)
```

In [4]:
```
image_width = 64
image_height = 64
```

In [5]:
```
X = []  # 이미지 저장 리스트
Y = []  # 이미지의 카테고리 인덱스 저장 리스트

for idx, category in enumerate(categories):  # 카테고리 처리
    image_dir = root_dir + category
    files = glob.glob(image_dir + "/*.*")

    for i, f in enumerate(files):  # 각 카테고리의 이미지 파일 처리
        img = Image.open(f)
        img = img.convert("RGB")
        img = img.resize((image_width, image_height))
        data = np.asarray(img) # 규격에 맞게 조정한 img를 넘파이 배열로 변환
        X.append(data)
        Y.append(idx)
    print(f"{image_dir} : {i+1}")
# 작업 확인용 출력: 카테고리 폴더 위치와 개수 출력
# 작업 확인용 출력
print(f"image shape : {data.shape}") # (가로 크기, 세로 크기, 색상 채널 수)
print("X 데이터 총 개수 :", len(X))  # 이미지 파일의 총 개수
print("Y 데이터 총 개수 :", len(Y))  # 이미지 파일의 총 개수
```

```
Out[5]:  ./14장_data/dog/말티즈 : 10
         ./14장_data/dog/요크셔 : 10
         ./14장_data/dog/푸들 : 10
         image shape : (64, 64, 3)
         X 데이터 총 개수 : 30
         Y 데이터 총 개수 : 30
```

In [1] 필요한 모듈을 임포트한다.

In [2] 입력 데이터 파일의 위치를 설정한다.

In [3] 분류할 카테고리 레이블을 설정하고, 카테고리 개수를 저장해 둔다.

In [4] 이미지의 크기를 설정한다.

In [5] 이미지 데이터를 저장할 X 리스트와 각 이미지 데이터의 카테고리 인덱스를 저장할 Y 리스트를 생성한다. 분류할 카테고리에 대해, 카테고리 폴더 안에 있는 파일을 모두 읽어서glob.glob() files 리스트에 저장한다. 그리고 files 리스트에서 각 이미지 파일을 하나씩 읽어 3채널(RGB)로 변환convert()하고 이미지 크기를 (64×64)로 변환resize()한다. 이미지 데이터를 넘파이 배열로 변환np.asarray()하여 X 리스트에 추가X.append()하고 해당 카테고리 인덱스를 Y 리스트에 추가Y.append()한다. 카테고리 1개의 작업이 끝날 때마다 카테고리 이름과 처리한 이미지 개수를 확인할 수 있도록 출력한다. 전체 반복 작업이 모두 끝나면, 이미지 데이터의 형태와 이미지 파일의 총 개수를 확인하기 위해 출력한다.

2 입력값을 정규화하고 출력값을 카테고리 벡터로 변형하기 분석 정확도를 높이기 위해 입력값 X, 즉 색상값 0~255를 0.0~1.0의 실수 값 범위로 정규화한다. 출력값 Y는 품종 카테고리 중에서 1개를 결정하도록 카테고리 벡터 값으로 변형한다.

```
In [6]:  np_x = np.array(X)
         np_y = np.array(Y)

         print(np_x.shape)
         # 작업 확인용 출력 => (이미지 총 개수, 가로 크기, 세로 크기, 색상 채널 수)
         print(np_y.shape) # 작업 확인용 출력 => (이미지 총 개수,)

Out[6]:  (30, 64, 64, 3)
         (30,)
```

In [7]:	`X_train, X_test, Y_train, Y_test = train_test_split(np_x, np_y, test_size = 0.2, random_state = 42)`
In [8]:	`X_train = X_train.astype("float") / 255` `X_test = X_test.astype("float") / 255`

In [9]:	`Y_train = np_utils.to_categorical(Y_train, num_class)`
	`Y_test = np_utils.to_categorical(Y_test, num_class)`
	`print(Y_train[0])  # 작업 확인용 출력`

Out[9]:	`[1. 0. 0.]`

In [6] CNN 모델 입력층 데이터로 사용하기 위해 배열 형식으로 변환np.array( )한다.

In [7] 8:2 비율로 학습 데이터와 평가 데이터를 분할한다.

In [8] 0~255의 색상값을 0.0~1.0 범위의 실수 값으로 정규화하기 위해 실수형으로 변환astype('float')한 후에, 255로 나눈 값을 저장한다.

In [9] 출력값은 0~2의 3개 클래스 중 하나의 값이 되어야 하므로, Y값을 카테고리 벡터로 변환np_utils.to_categorical( )한다. 첫 번째 Y값은 카테고리가 0이고, 카테고리 벡터로 변환하면 인덱스 0의 값만 1인 [1. 0. 0.]의 원-핫 인코딩 형태가 된다.

5 분석 모델 구축

[그림 4-23]의 구조로 품종 분류를 위한 CNN 모델을 구성하기로 하자. 입력 이미지는 (64×64) 크기의 2차원 픽셀 컬러 이미지다. 첫 번째 합성곱층add(Conv2D( ))은 합성곱 연산에 (3×3) 필터 32개를 사용하며, 활성화 함수로 렐루ReLu 함수를 사용한다. 그리고 특징맵의 크기를 축소하기 위해 최대 풀링 함수를 사용하는 풀링층을 추가add(MaxPooling2D( ))한다. 두 번째 합성곱층add(Conv2D( ))은 (3×3) 필터 64개를 사용하며, 활성화 함수로 렐루 함수를 사용한다. 그리고 특징맵의 크기를 축소하기 위해 최대 풀링 함수를 사용하는 풀링층을 추가add(MaxPooling2D( ))한다.

특징 추출 단계에서 두 번의 합성곱 연산을 거쳐 생성한 2차원 배열인 특징맵이 분류 단계로 넘어갈 때, 1차원으로 변환해 주는 플래튼add(Flatten( ))을 거쳐 완전 연결층이 될 은닉층을 추가add(Dense( ))한다. 마지막으로 추가하는 출력층add(Dense( ))은 0~2 카테고리 중 1개만 1 값을 출력해야 하므로 소프트맥스 활성화 함수를 사용한다.

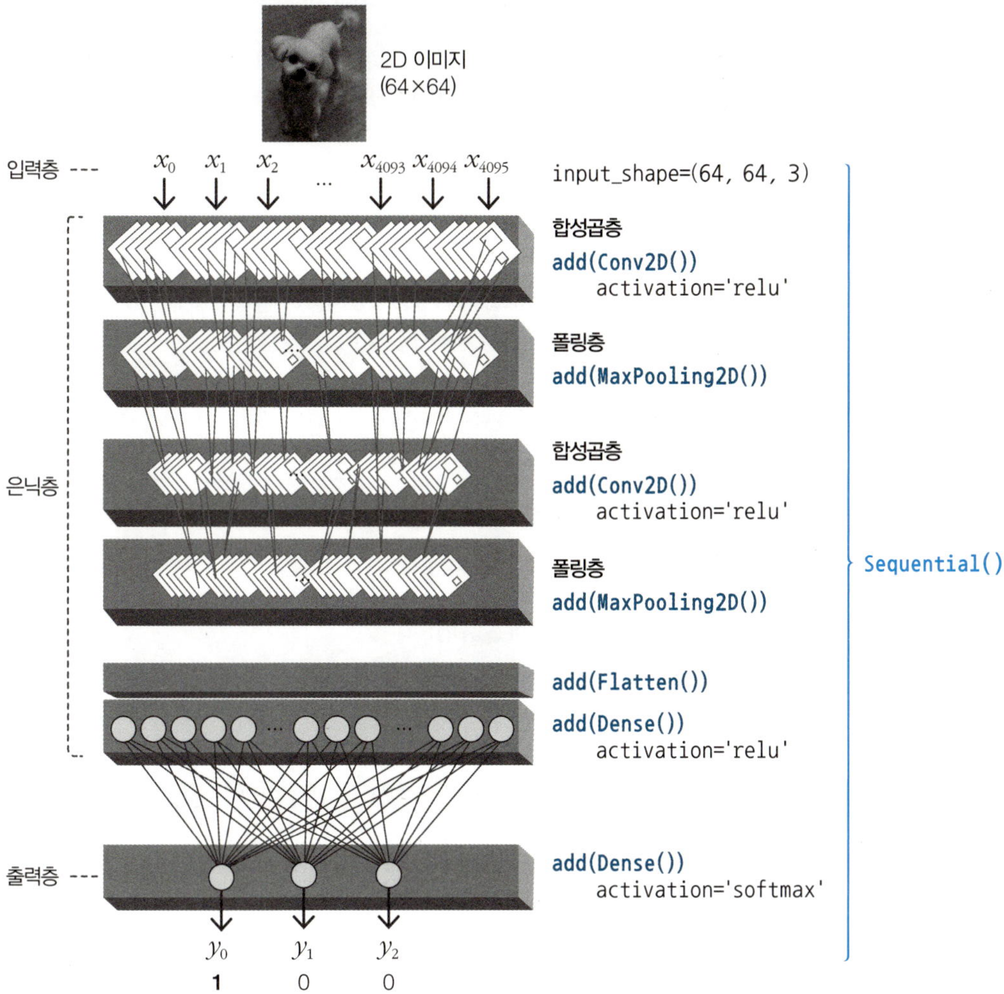

그림 14-23 품종 분류 CNN 모델 구성

1 CNN 이미지에 대한 분류 모델 구축하기 2차원 이미지 분석을 위해 [그림14-23] 구조의 2차원 합성곱 모델 Conv2D를 구축한다.

```
In [10]:
from keras.models import Sequential
from keras.layers import Dense, Flatten, Conv2D, MaxPooling2D
from keras.callbacks import ModelCheckpoint, EarlyStopping
```

```
In [11]:
# 가로 64, 세로 64, 3개의 채널(RGB)
input_shape = (image_width, image_height, 3)
```

```
In [12]:
model = Sequential()
model.add(Conv2D(32, kernel_size=(3, 3), input_shape=input_shape,
activation='relu'))
model.add(MaxPooling2D(pool_size=(2, 2)))
model.add(Conv2D(64, kernel_size=(3, 3), activation='relu'))
model.add(MaxPooling2D(pool_size=(2, 2)))
model.add(Flatten())
model.add(Dense(128,  activation='relu'))
model.add(Dense(num_class, activation='softmax'))
```

```
In [13]:
model.compile(loss="categorical_crossentropy", optimizer="adam",
metrics=["accuracy"])
```

```
In [14]:
MODEL_DIR = root_dir+'model/'
if not os.path.exists(MODEL_DIR):
    os.mkdir(MODEL_DIR)

modelpath = MODEL_DIR+"{epoch:02d}-{val_loss:.4f}.hdf5"
checkpointer = ModelCheckpoint(filepath = modelpath,
monitor='val_loss', verbose=1, save_best_only=True)
early_stopping_callback = EarlyStopping(monitor='val_loss',
patience=5)
```

In [10] CNN 모델 구축하는 데 필요한 모듈을 임포트한다.

In [11] CNN 모델의 입력층으로 사용할 (64, 64, 3) 구조를 저장해 둔다.

In [12] [그림 14-23]과 같은 구조의 CNN 분석 모델을 구성한다. 첫 번째 합성곱층에서는 32개의 3×3 필터를 사용한다. 그다음에 풀링층을 추가하여 특징맵의 크기를 축소한다. 이어서 64개의 3×3 필터를 사용하는 두 번째 합성곱층을 추가한다. 그다음에 풀링층을 추가한다. 다음으로 플래튼을 하여 1차원으로 변환하여 노드가 128개인 층을 추가한다. 마지막으로 추가하는 출력층에서는 분류할 카테고리의 개수만큼 노드로 구성하고 소프트맥스 활성화 함수를 사용한다.

In [13] 품종을 분류하기 위한 학습이므로, 학습 방법 설정에서 손실 함수를 'categorical_crossentropy'로 설정하고, 최적화 함수는 'adam'을 사용한다.

In [14] 전체 샘플에 대한 반복 학습을 할 때마다 업데이트되는 학습 모델을 /14장_data/dog/model/ 폴더에 저장하도록 설정한다. 손실이 감소하지 않는다면 반복 학습을 일찍 중단하도록 설정한다.

2 CNN 이미지에 대한 분류 모델 학습 수행하기 설정한 학습 방법에 따라 반복 학습을 수행하면서 모델의 성능 향상을 확인하고 현재 학습 상태의 모델을 저장한다.

In [15]:
```
model.fit(X_train, Y_train, validation_data=(X_test, Y_test), \
          epochs=30, batch_size=20, verbose=0,\
          callbacks=[early_stopping_callback,checkpointer])
```

Out[15]:
```
Epoch 1: val_loss improved from inf to 1.44945, saving model to
./14장_data/dog/model\01-1.4494.hdf5
Epoch 2: val_loss improved from 1.44945 to 1.09211, saving model
to ./14장_data/dog/model\02-1.0921.hdf5
Epoch 3: val_loss improved from 1.09211 to 0.98267, saving model
to ./14장_data/dog/model\03-0.9827.hdf5
Epoch 4: val_loss improved from 0.98267 to 0.91668, saving model
to ./14장_data/dog/model\04-0.9167.hdf5
Epoch 5: val_loss improved from 0.91668 to 0.88910, saving model
to ./14장_data/dog/model\05-0.8891.hdf5
Epoch 6: val_loss improved from 0.88910 to 0.76431, saving model
to ./14장_data/dog/model\06-0.7643.hdf5
Epoch 7: val_loss improved from 0.76431 to 0.73204, saving model
to ./14장_data/dog/model\07-0.7320.hdf5
Epoch 8: val_loss did not improve from 0.73204
```

	Epoch 9: val_loss improved from 0.73204 to 0.66473, saving model to ./14장_data/dog/model\09-0.6647.hdf5 Epoch 10: val_loss improved from 0.66473 to 0.62765, saving model to ./14장_data/dog/model\10-0.6276.hdf5 Epoch 11: val_loss improved from 0.62765 to 0.49532, saving model to ./14장_data/dog/model\11-0.4953.hdf5 Epoch 12: val_loss improved from 0.49532 to 0.44842, saving model to ./14장_data/dog/model\12-0.4484.hdf5 Epoch 13: val_loss did not improve from 0.44842 Epoch 14: val_loss did not improve from 0.44842 Epoch 15: val_loss did not improve from 0.44842 Epoch 16: val_loss did not improve from 0.44842 Epoch 17: val_loss did not improve from 0.44842 <keras.src.callbacks.History at 0x209db9388d0>

In [15] 설정한 학습 방법에 따라 학습을 수행한다fit( ). 한 번에 20개씩batch_size=20, 전체 샘플을 30번epochs=30 반복 학습한다. 손실 감소가 발생하지 않는다면, 30번 반복이 끝나기 전이라도 학습 반복을 일찍 중단한다callbacks.

6 모델 평가 및 모델을 이용한 품종 예측

1 CNN 이미지에 대한 분류 모델 평가하기 학습이 완성된 모델에 대해 평가 데이터를 사용하여 평가한 정확도를 출력하고, 오차값을 그래프로 시각화한다.

In [16]:

```
score = model.evaluate(X_test, Y_test)
print('loss =', score[0])
print('accuracy =', score[1])
```

Out[16]:

```
1/1 [==============================] - 0s 15ms/step - loss: 0.4964
- accuracy: 0.8333
loss = 0.4963546693325043
accuracy = 0.8333333134651184
```

In [16] 완성된 모델을 평가evaluate( )하여 손실과 정확도를 출력한다. 학습 이미지 데이터양이 많을수록 정확도가 향상되므로 많은 이미지를 사용하는 것이 좋다.

2 CNN 이미지에 대한 분류 모델을 사용하여 품종 예측하기 새로운 이미지 파일을 모델에 입력하여 품종 예측 결과를 확인해 보자.

In [17]:
```
new_files = glob.glob(root_dir+"new/*.*")

new_files   # 작업 확인용 출력
```

Out[17]:
```
['./14장_data/dog/new\\new1.jpg',
 './14장_data/dog/new\\new2.jpg',
 './14장_data/dog/new\\new3.jpg']
```

In [18]:
```
image_size = 64
new_img = []
new_X = []

# 이미지 불러오기
for i,fname in enumerate(new_files):
    img = Image.open(fname)
    img = img.convert("RGB")
    img = img.resize((image_size, image_size))
    new_img.append(img)      # 이미지 데이터 추가
    new_data = np.asarray(img)
    new_data = new_data.astype("float") / 255
    new_X.append(new_data)  # 이미지 데이터를 정규화 상태로 추가

new_X = np.array(new_X)
```

In [19]:
```
new_Predict = model.predict(new_X)
```

Out[19]:
```
1/1 [==============================] - 0s 53ms/step
```

In [17] 예측에 사용할 새 이미지 데이터 파일 이름을 읽어온다.

In [18] 이미지 데이터를 CNN 모델의 입력층 구조에 맞게 변형하여 입력 데이터 new_X를 준비한다.

In [19] 입력 데이터 new_X를 CNN 모델에 입력하여 품종 예측 결과를 new_Predict에 저장한다.

In [20]:

```
for i, c in enumerate(new_Predict):
    # 입력 이미지 출력하기
    plt.figure(figsize=(1.5,1.5))
    plt.imshow(new_img[i])
    plt.axis('off')
    plt.show()
    # 품종 예측 출력하기
    top_1 = c.argmax()    # 첫 번째 예측 카테고리의 인덱스
    if c[top_1] > 0.78:
        print(f"입력:{new_files[i]} => 예측: {categories[top_1]} /
        Score={c[top_1]*100:.2f}%\n\n")

    else:
        top_2 = np.argsort(c)[-2]  # 두 번째 예측 카테고리의 인덱스
        print(f"입력:{new_files[i]} => 예측: {categories[top_1]}
        ({c[top_1]*100:.2f}%) 와 {categories[top_2]}
        ({c[top_2]*100:.2f}%)의 믹스견으로 추정됩니다.\n\n")
```

Out[20]:

입력:./14장_data/dog/new₩new1.jpg => 예측: 말티즈(66.08%) 와 요크셔(33.14%)의 믹스견으로 추정됩니다.

입력:./14장_data/dog/new₩new2.jpg => 예측: 말티즈 / Score=86.53%

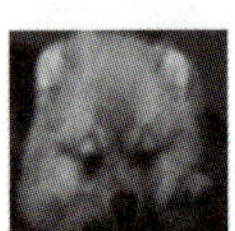

입력:./14장_data/dog/new₩new3.jpg => 예측: 요크셔(64.00%) 와 푸들(33.00%)의 믹스견으로 추정됩니다.

In [20] 입력 이미지를 출력plt.imshow()하고, new_Predict에서 예측값을 출력한다. 입력 이미지에 대한 품종 확률값 중에서 가장 큰 값이 최종적인 품종으로 결정한다. 만약 가장 큰 예측값이 0.78보다 작다면 해당 품종이라고 결론짓기가 애매하므로, 두 번째 예측값의 품종과 믹스견이라고 출력하도록 하였다.

학습 데이터가 많을수록 정확도가 향상된다. 더 많은 이미지 데이터를 수집해서 모델의 성능을 향상해 보자. 이 프로젝트는 강아지 품종 분류에 대한 프로젝트였다. 꽃 품종 분류, 물고기 품종 분류, 독버섯 식별 등 다양한 프로젝트에 응용해 보자.

Appendix

부록

01 아나콘다 주피터 노트북 설치 및 사용하기

파이썬을 설치하면 기본 에디터인 IDLE이 설치되지만 사용의 편리성을 위해 EditPlus, PyCharm, 주피터 노트북 등의 에디터를 추가로 설치하여 사용하기도 한다. 그중에서 주피터 노트북Jupyter Notebook은 사용 방법이 간단하고 파이썬 IDLE처럼 명령행마다 실행하여 결과를 확인할 수 있어서 많이 사용한다.

이 책에서는 아나콘다Anaconda를 설치한 후에 주피터 노트북을 사용하는 방법을 살펴본다. 아나콘다는 주피터 노트북은 물론, 데이터 분석에 사용하는 수백 개의 패키지(Numpy, Scipy, pandas, IPython, matplotlib, Scikit−learn, StatsModels 등)를 한꺼번에 설치할 수 있는 데이터 과학을 위한 파이썬 배포판이다.

1 아나콘다 설치 프로그램을 다운로드하기 위해 https://www.anaconda.com/download에 접속한다. 다음과 같은 화면이 나타나면 왼쪽 아래에 있는 〈Download〉 버튼을 클릭한다.

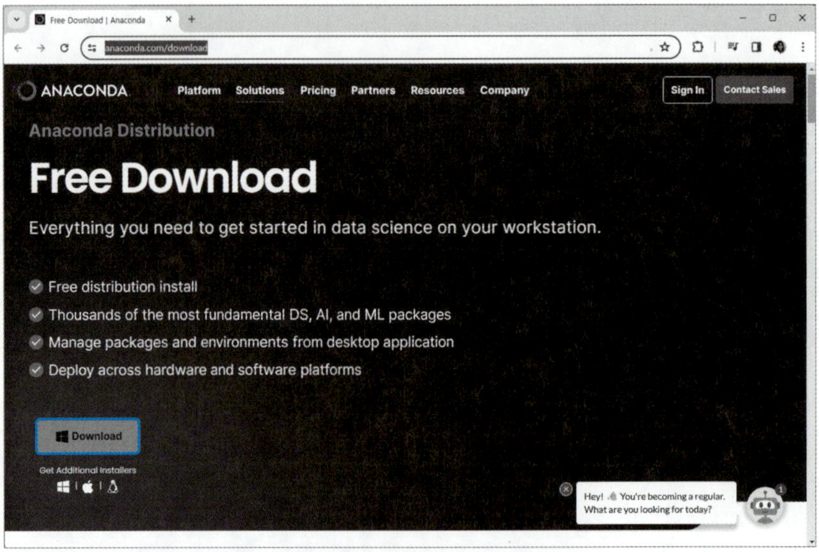

2 다운로드된 설치 실행 파일을 마우스 우클릭하고 [관리자 권한으로 실행]을 선택한다.

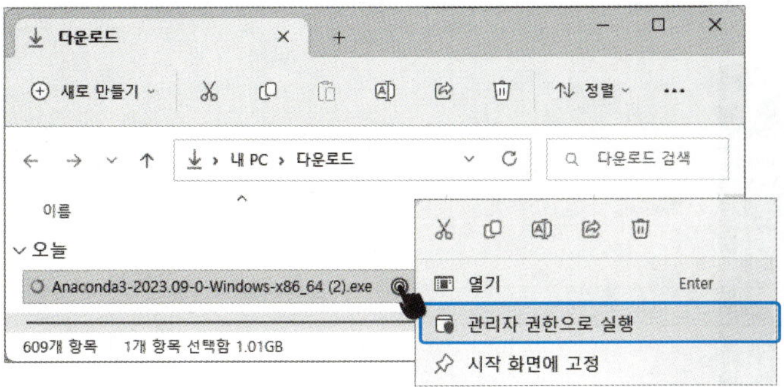

3 아나콘다 설치를 시작한다. 설치 파일을 선택하고 〈Install〉 버튼을 누른 후에는 계속 〈NEXT〉 버튼을 클릭하면서 설치를 진행한다. 설치 완료 화면에서 〈Finish〉 버튼을 누른다.

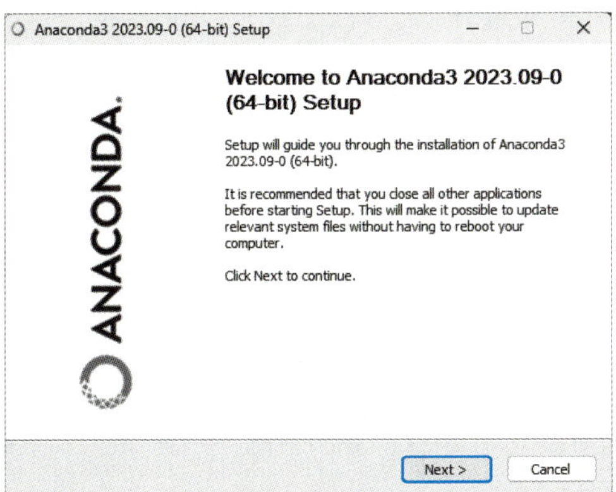

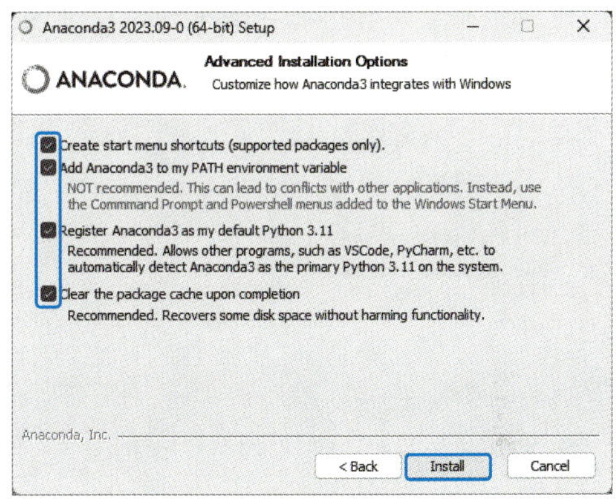

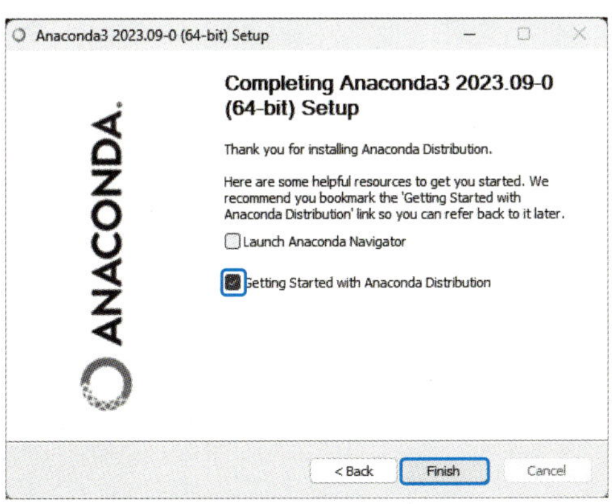

4 설치가 끝나면 윈도우의 시작 버튼을 누른다. 설치된 프로그램 목록에서 [Anaconda3] 폴더를 클릭하여 열고 [Jupyter Notebook]을 클릭하여 주피터 노트북을 실행한다.

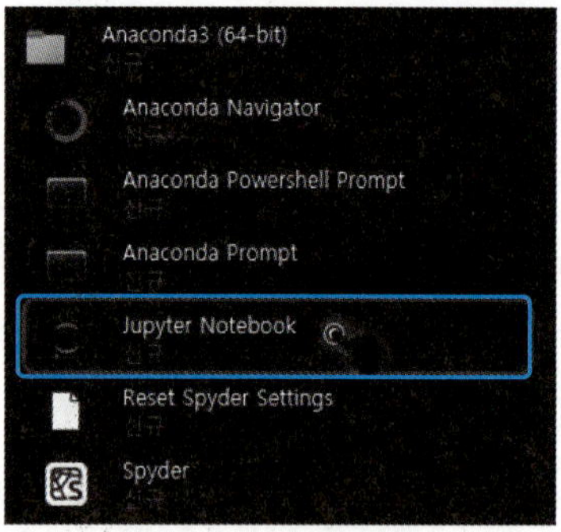

5 주피터 노트북 화면이 나타나면 오른쪽에 있는 [New]-[Python 3]을 클릭하여 새 파이썬 페이지를 생성한다. 이렇게 생성된 새 페이지를 Notebook, 즉 노트북이라고 부른다.

6 생성된 노트북 페이지에서 'Untitled'를 클릭하여 파일 이름을 변경한다.

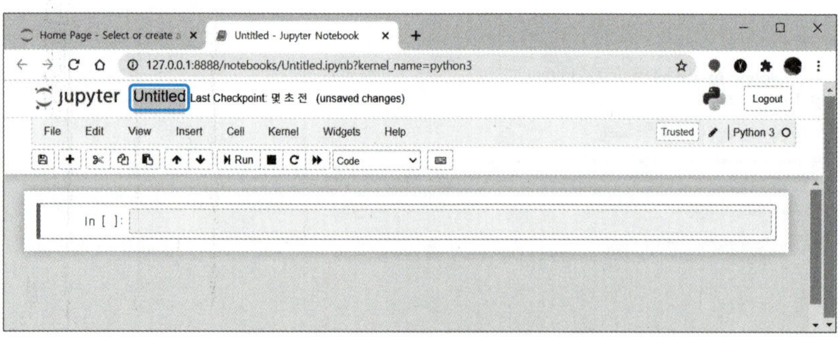

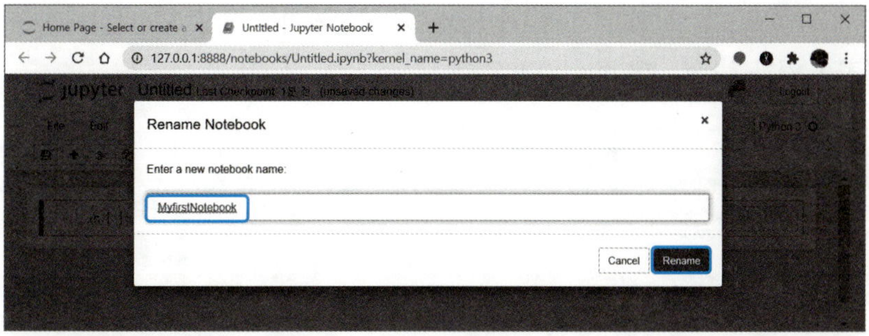

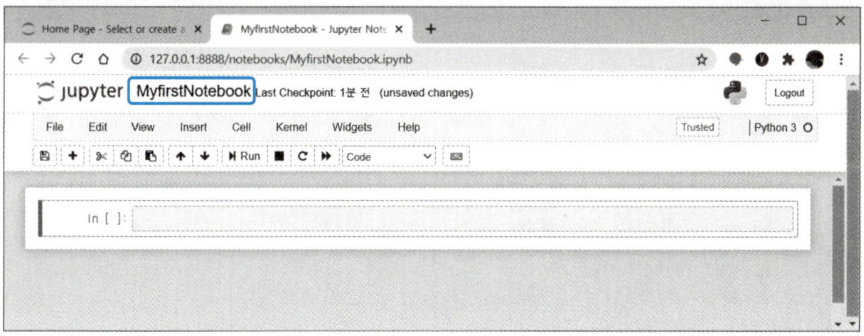

7 In [ ]:으로 표시된 코드 입력 셀에 다음과 같이 코드를 입력한다.

```
print("Hello world~ Jupyter Notebook!!")
```

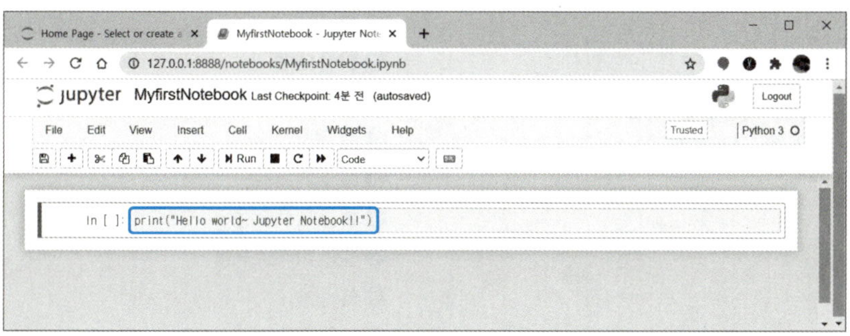

8 Shift+Enter를 눌러 코드를 실행한다. 파이썬 IDLE과 마찬가지로 명령행을 하나씩(코드 셀 하나씩) 실행하여 결과를 바로 확인할 수 있다.

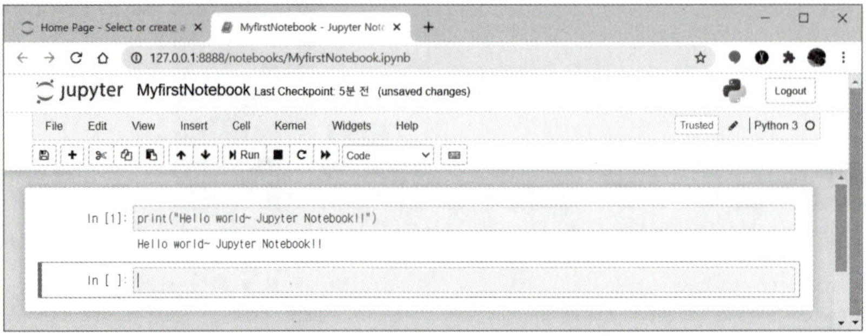

9 새로 생긴 코드 입력 셀에 다음과 같이 입력한 뒤 Shift+Enter를 눌러 실행해 보자.

```
"This is my first Jupyter Notebook"
```

In [2]:에서 [ ] 안의 숫자는 실행 작업 번호다. 셀에 코드를 입력하고 실행할 때마다 증가된 번호가 자동으로 표시된다.

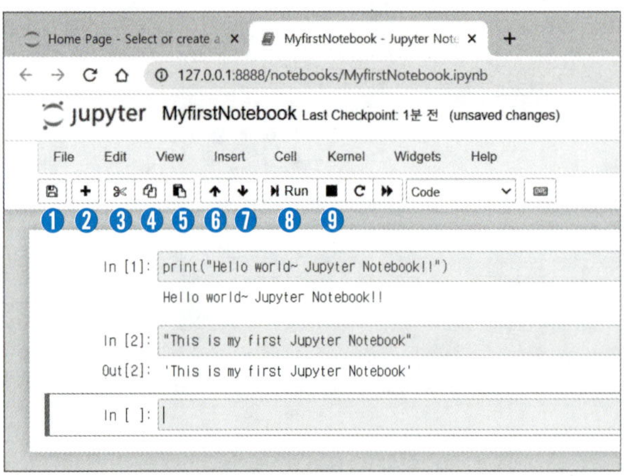

❶ 저장
❷ 입력 셀 추가
❸ 셀 잘라내기
❹ 셀 복사
❺ 셀 붙여넣기
❻ 셀을 위로 이동
❼ 셀을 아래로 이동
❽ 셀 실행
❾ 실행 중지

10 현재 노트북의 전체 실행을 제거하고 입력 코드만 있는 상태로 초기화하려면 [Kernel]–[Restart & Clear Output]을 클릭한다.

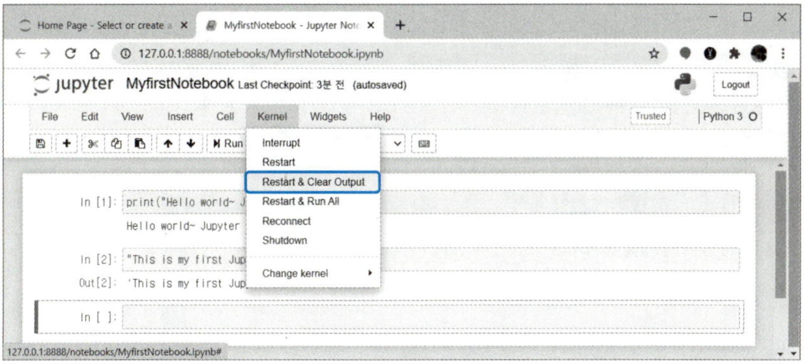

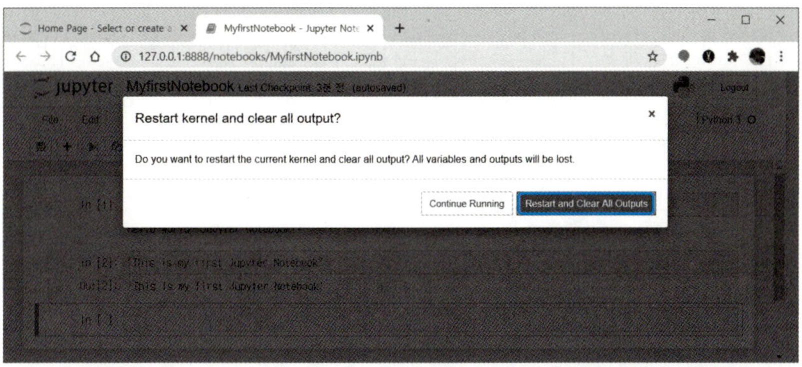

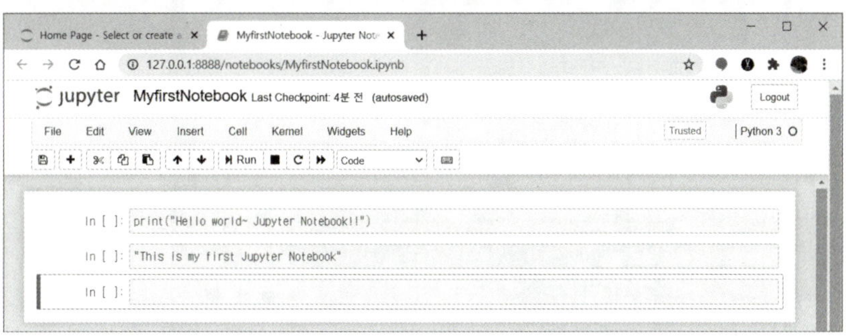

11 코드 외에 제목이나 설명을 텍스트로 입력할 경우에는 [Code] 드롭박스에서 [Markdown]을 클릭하여 현재까지 작업한 코드 셀을 텍스트 셀로 변경한 뒤 텍스트를 입력한다.

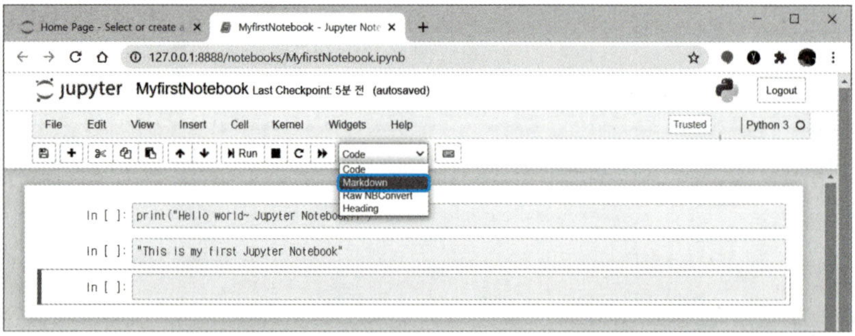

12 왼쪽에 입력하는 #의 개수에 따라 텍스트 글자 크기를 조정할 수 있는데 #이 1개이면 가장 큰 글자로 표시할 수 있다. 입력 셀과 마찬가지로 Shift+Enter를 눌러 실행하면 입력 커서가 없어지고 #의 개수에 맞게 글자 크기가 반영되어 나타난다. 이정도 메뉴만 알아도 주피터 노트북을 사용하여 파이썬 프로그램을 편리하게 작성할 수 있을 것이다.

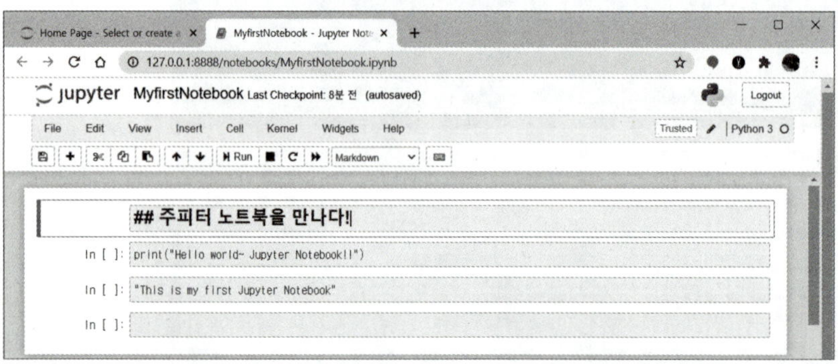

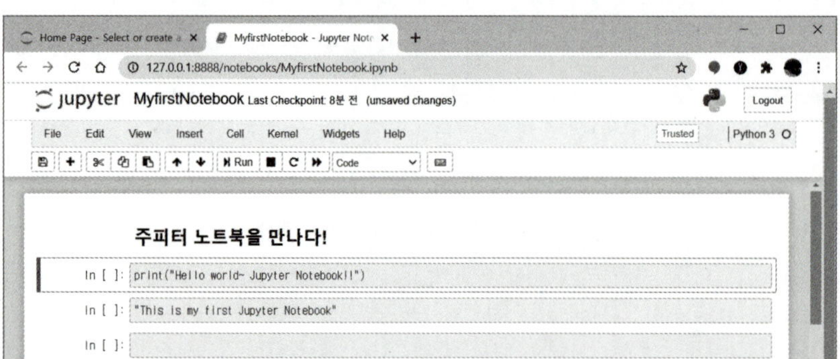

02 개발자 모드 사용하기

크롤링 작업 중에 팝업 창의 HTML 소스를 확인하려면 개발자 모드를 사용한다. 개발자 모드를 사용하는 방법을 간단히 살펴보자.

1 분석할 페이지가 열린 상태에서 F12를 누르면 개발자 모드 창이 열린다. 개발자 모드 창에서 아이콘을 클릭하여 선택한 뒤 왼쪽의 웹 페이지 창에서 확인하고 싶은 항목을 클릭하면 선택된 항목에 대한 소스 코드 위치가 개발자 모드 창에 나타난다.

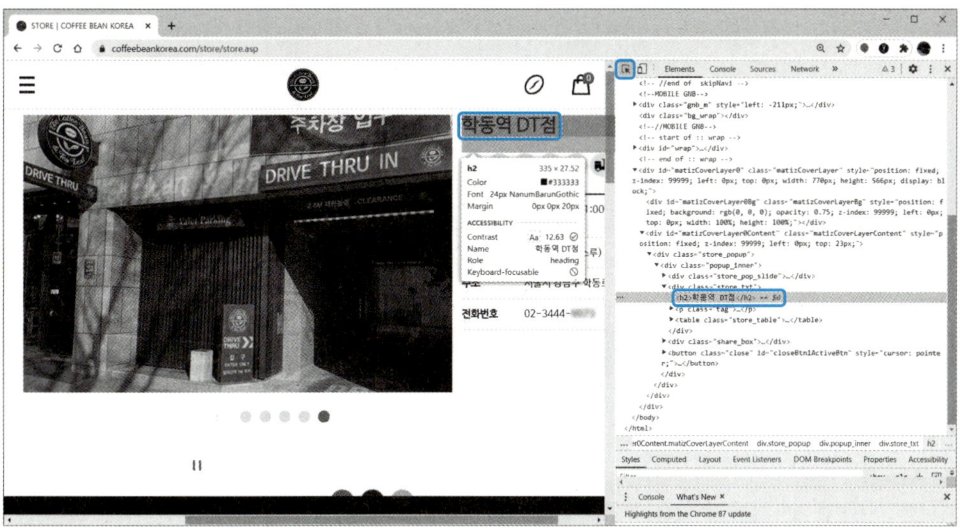

2 자바스크립트 함수의 동작과 매개변수를 확인하면 크롤링 프로그램의 명령어 작성에 사용할 수 있다.

개발자 모드 창에서 자바스크립트 함수를 검색해서 확인할 수 있다. 개발자 모드 창의 오른쪽 끝에 있는 메뉴를 확장한 뒤 [Search]를 클릭하면 아래에 Search 창이 추가된다. 검색어로 'storePop2'를 입력한 뒤 Enter 를 누르면 그 아래에 검색 결과가 나타난다.

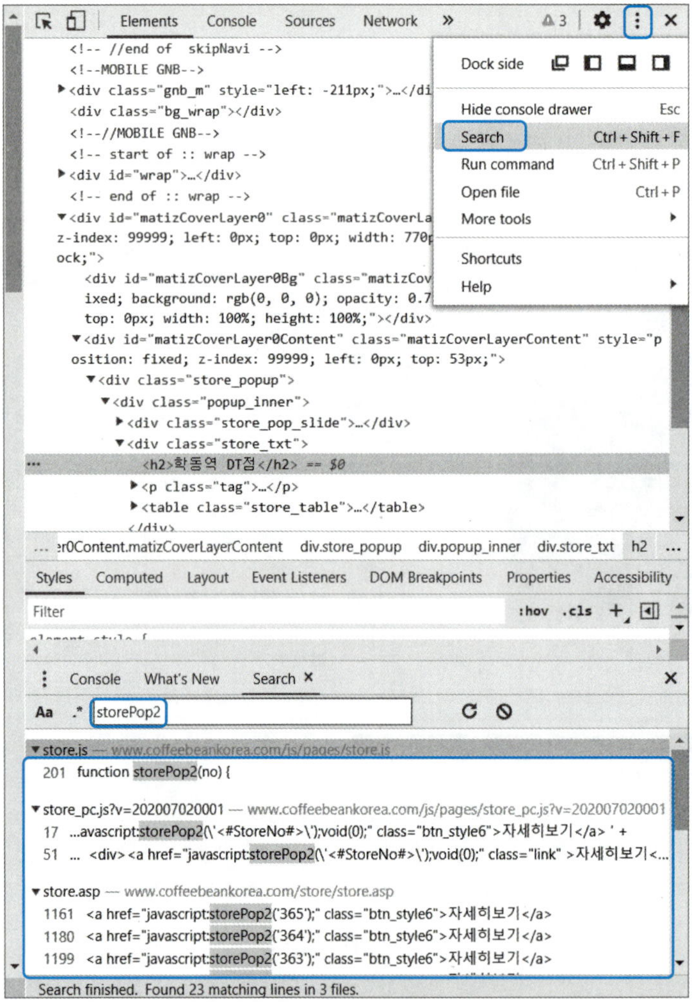

검색 결과 중에서 함수 정의를 나타내는 부분(function storePop2())을 클릭하면 함수 코드가 있는 파일인 store.js가 열리고 함수 정의 부분의 소스 코드를 확인할 수 있다.

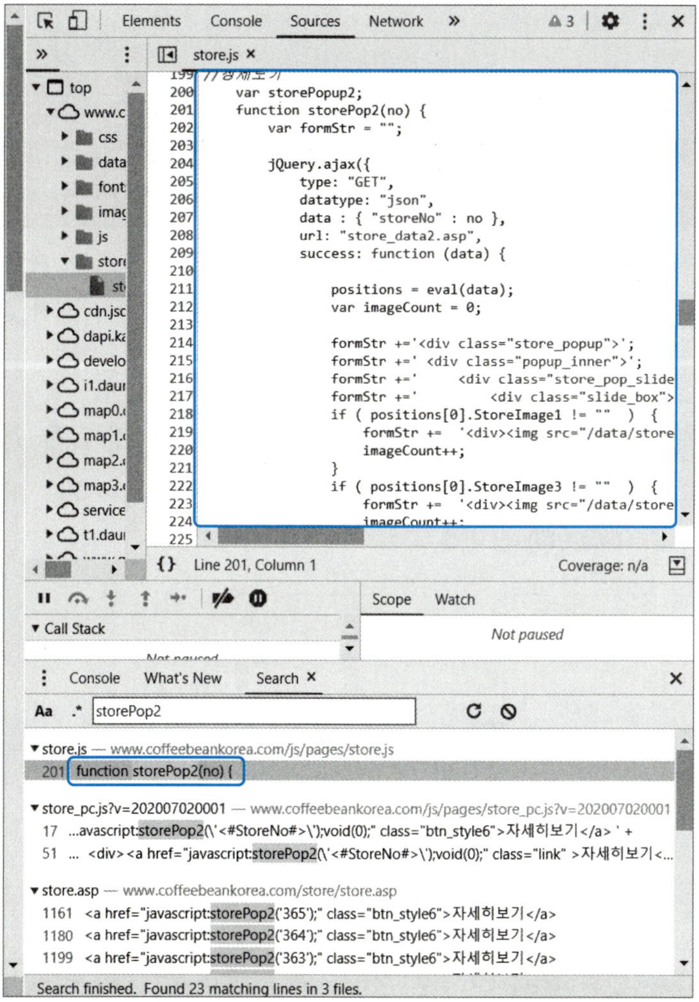

03 KoNLPy 라이브러리 설치하기

8장과 13장의 한글 텍스트 분석을 진행하려면 한글 분석 패키지를 설치해야 한다. 이 책에서는 국내에서 개발한 오픈 소스인 KoNLPy 패키지를 설치해 보자.

한글 텍스트 분석을 위한 패키지 설치는 여러 단계를 거쳐야 해서 다소 복잡할 수 있다. 뿐만 아니라 설치 순서가 바뀌면 도중에 문제가 발생할 수 있으니 순서대로 차분히 따라 해보자.

TIP 설치와 관련된 내용은 https://konlpy.org/ko/latest/install/#id2를 참고한다.

1 설치 기본 사항 확인하기 먼저, 실습에 사용할 윈도우의 비트 수를 확인한다. [내 PC]에서 마우스 오른쪽 버튼을 클릭하면 나타나는 메뉴에서 [속성]을 클릭한다. 다음과 같이 [시스템] 창이 나타나면 윈도우의 비트 수를 확인할 수 있다.

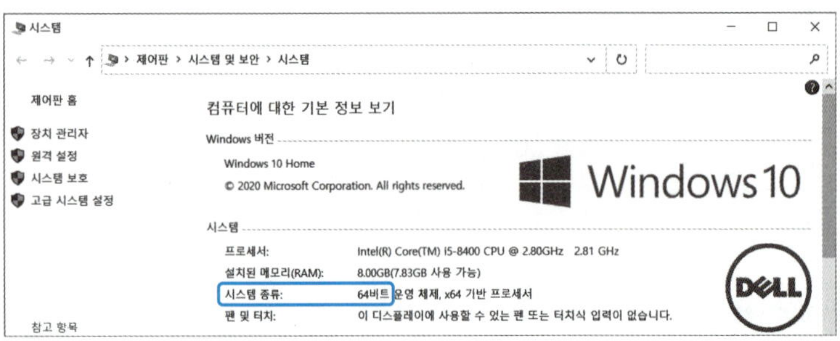

2 이번에는 아나콘다 파이썬의 버전을 확인한다. Anaconda Prompt 창에서 다음과 같이 명령어를 입력하여 파이썬 버전을 확인한다.

```
python --version
```

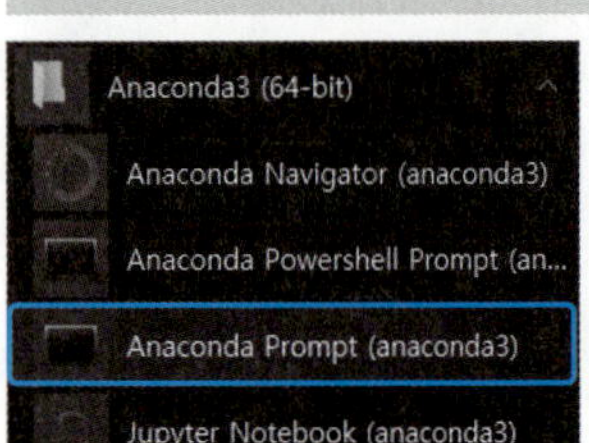

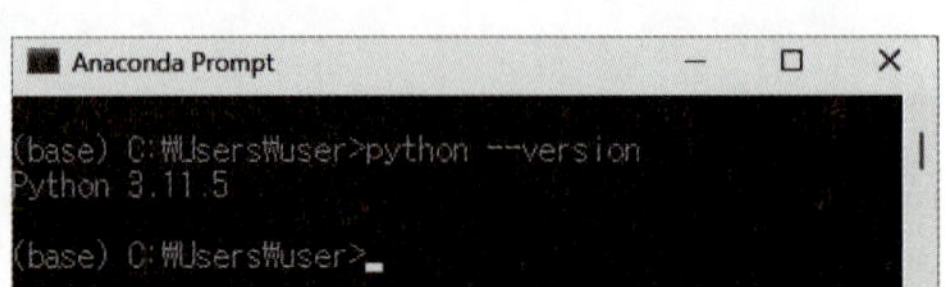

3 JDK 설치하기 koNLPy는 내부적으로 자바를 사용하기 때문에 버전 1.7 이상의 자바가 설치되어 있어야 한다. 다운로드 사이트(www.oracle.com/java/technologies/javase-downloads.html)에서 JDK 설치 파일을 다운로드한 후 설치 파일을 실행하여 설치한다(버전 1.7 이상의 JDK가 이미 설치되어 있다면 **4**단계 진행).

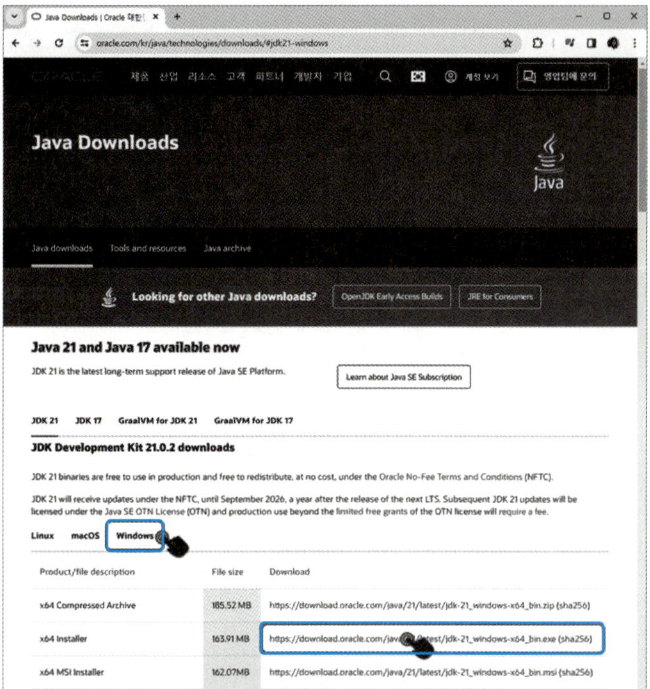

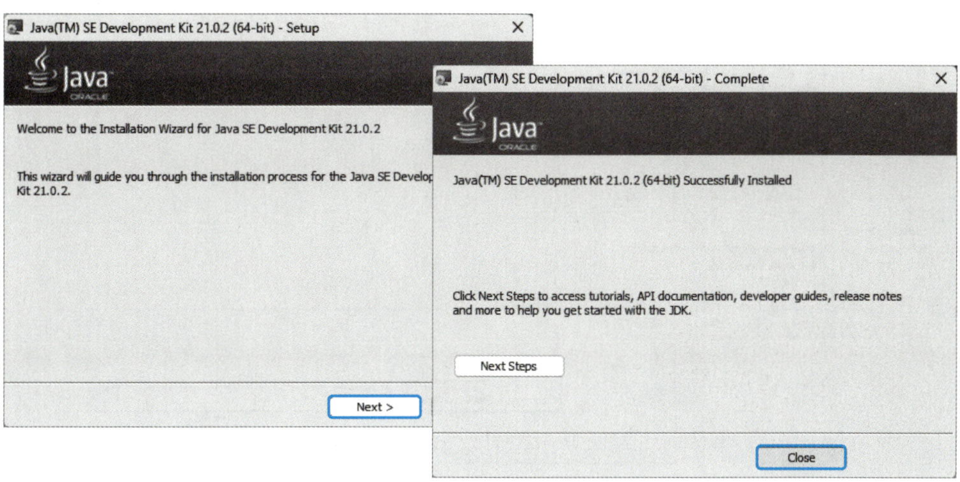

4 JAVA_HOME 설정하기 설치한 JDK 경로를 시스템 환경 변수에 등록한다. [설정]–[시스템]–[정보]를 선택하면 나타나는 화면에서 [고급 시스템 설정]을 선택한다. [시스템 속성] 창이 나타나면 [고급] 탭에서 아래에 있는 [환경 변수]를 클릭하여 선택한다.

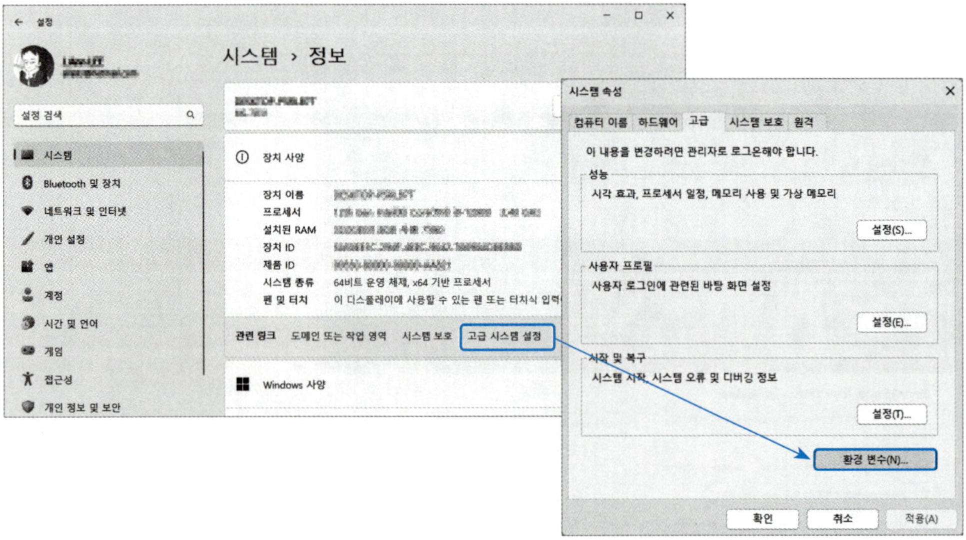

5 환경 변수 창에서 [시스템 변수] 항목의 [새로 만들기]를 클릭한다. 시스템 변수 편집 창이 나타나면 변수 이름에 'JAVA_HOME'을, 변수 값에 JDK가 설치된 경로를 입력한다.

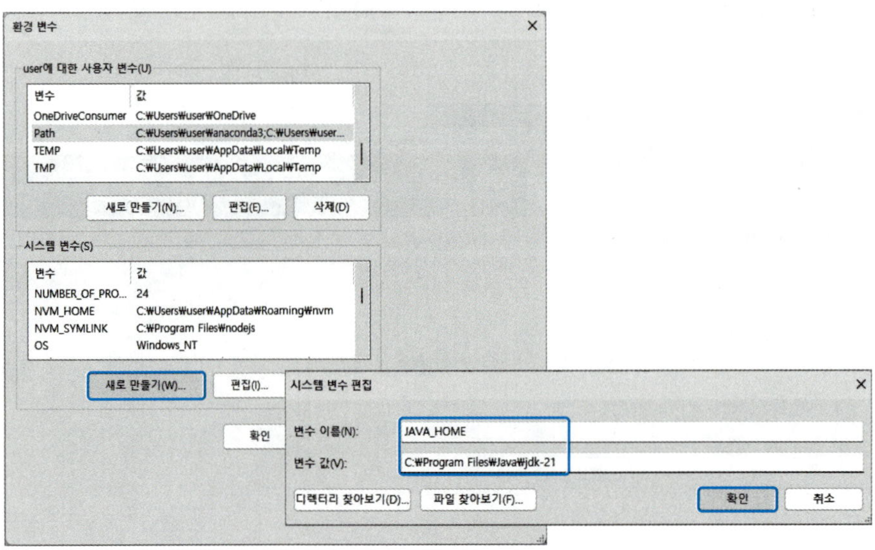

6 환경 변수 창의 [시스템 변수] 항목에서 [Path]를 선택하고 [편집]을 클릭한다. 환경 변수 편집 창에서 [새로 만들기]를 선택하고 '%JAVA_HOME%\bin'을 입력한다.

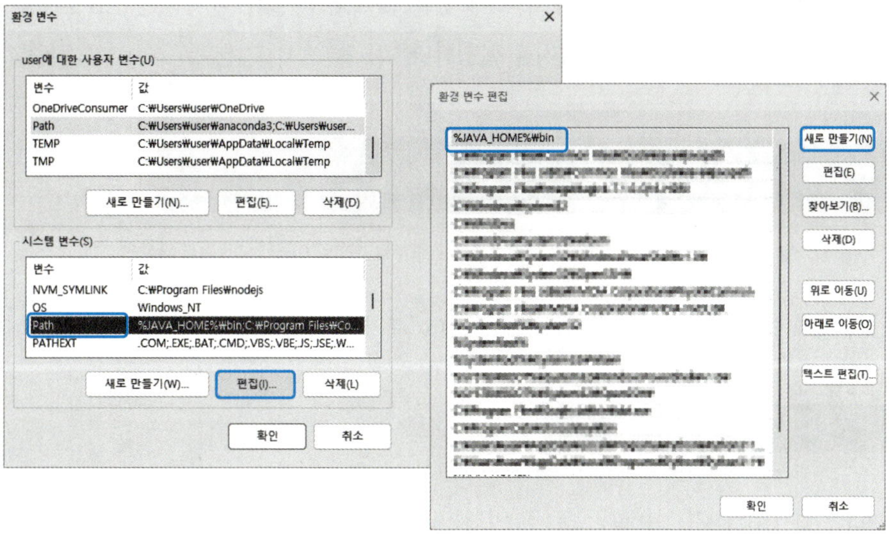

7 JPype1 설치하기 파이썬에서 JDK를 사용할 수 있게 연결해 주는 JPype.whl 파일을 다운로드하여 설치해야 한다. 다운로드 사이트(https://github.com/jpype-project/jpype/releases)에서 실습할 시스템의 파이썬 버전과 윈도우 비트 수에 맞는 JPype.whl 파일을 찾는다. 이 책에서는 아나콘다 파이썬 버전이 3.11이므로 -cp311, 윈도우가 64bit이므로 -win_amd64를 찾아서 다운로드한다.

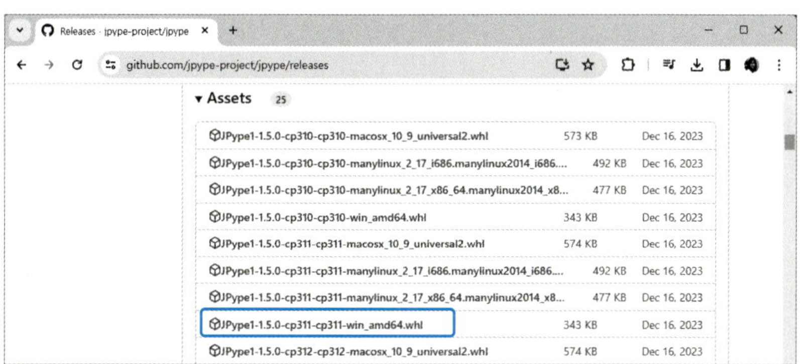

TIP 설치하기 전에 설치 명령어인 pip를 업그레이드해 두자.

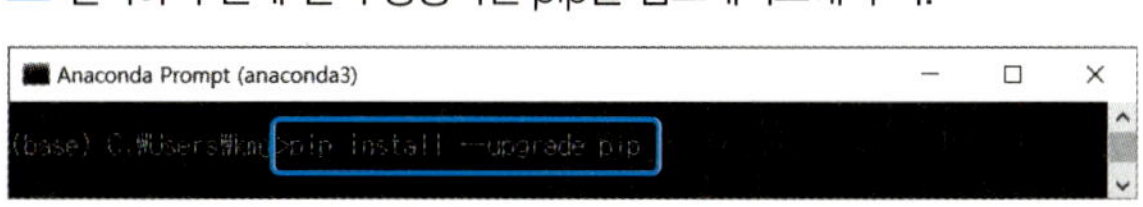

8 다운로드한 파일을 My_Python 폴더로 옮긴다. Anaconda Prompt 창에서 작업 프롬프트 위치를 JPype1-1.5.0-cp311-cp311-win_amd64.whl 파일이 있는 My_Python 폴더로 이동하고(cd 폴더 경로), 현재 위치에 있는 JPype 파일을 설치한다(pip install JPype 파일 이름). 명령을 입력하여 설치를 실행한다.

```
Anaconda Prompt
(base) C:\Users\user>cd  C:\Users\user\My_Python
(base) C:\Users\user\My_Python>pip install  JPype1-1.5.0-cp311-cp311-win_amd64.whl
```

TIP 설치 명령을 입력할 때 pip install JPype까지만 입력하고 Tab을 누르면 파일 이름을 자동으로 완성해 준다.

9 koNLPy 설치하기 다음 명령을 입력하여 koNLPy 패키지를 설치한다.

```
Anaconda Prompt (anaconda3)
(base) C:\Users\kmj\My_Python>pip install konlpy
```

10 koNLPy 설치 확인하기 설치가 끝나면 아나콘다 주피터 노트북에서 임포트하여 확인해 보자. 이때 패키지 이름은 반드시 소문자로 입력해야 한다.

```
In [ ]: import konlpy
```